역학의 철학

일러두기

원서의 미주를 모두 각주로 처리했다. (옮긴이)가 없는 각주는 저자의 주석이고, (옮긴이)로 시작하는 각주는 원서에는 없지만 설명이 필요하다고 생각하여 추가한 주석이다. 역학 용어는 대한예방의학회 한국역학회 용어위원회가 편저한 『예방의학 역학 공중보건학 용어집』(계축문화사, 2014)이 제안한 용어를 대부분 따랐다.

역학의 철학

Philosophy of Epidemiology

알렉스 브로드벤트 지음 | 전현우 · 천현득 · 황승식 옮김

생각의힘

차례

내가 반사실적 인과 이론에 관한 논문을 쓰고 박사학위를 마쳤을 때, 당시 케임브리지의 PHG(Public Health Genomics) 재단 책임자였던 지먼(Ron Zimmern)은 내게 한 가지 제안을 했다. 연구비를 지원해 줄 수 있으니 예전 지도교수였던 립튼(Peter Lipton) 밑에서 역학에 관해 연구해보겠냐는 제안이었다. 지먼은 역학에 철학적으로 흥미로운 연구 주제가 있다고 확신했고, 립튼은 내게 일자리가 필요하다는 사실을 알고 있었다. 나는 그때까지의 몹시도 진지한 철학 연구에서 얻은 통찰을 비교적 가벼운 실천적인 문제에 큰 어려움 없이 적용할 수 있으리라 믿었고, 그 제안을 받아들였다. 하지만 이것은 착각이었다. 나는 인과(causation)에 대한 철학적 문헌들을 속속들이 알고 있었지만, 역학자들이 인과에 관해 쓴 글들을 읽기 시작했을 때 떠오르는 많은 문제들에 답할 준비가 되어 있지 않았다. 심지어 제기되는 문제들을 **인식**하지도 못했다. 그러나 적어도 그들이 말하는 것 가운데 **어떤** 문제들은 철학적인 성격의 문제임을 부정할 수 없었고, 모든 문제가 단지 혼동에서 비롯되었다고 단언할 수도 없었다.

이런 경험 덕분에 나는 철학자가 모든 철학적인 문제에 대해 생각할 수 있다는 편견에서 벗어났으며, 실천적이고 전문적인 맥락에 참여하는 경험이 **철학적으로** 중요하다는 확신 또한 얻을 수 있었다. 실천적 맥락은 단지 상상만으로는 파악할 수 없는 문제를 보여 준다. 동시에 이런 경험은 나에게 철학과 철학자는 그러한 문제들을 해결하는 데 기여할 수 있는 힘을 지닌다는 확신도 심어주었다. 철학의 모든 가치를 그 유용성에서 도출할 수는 없을 것이다. 그러나 철학적 문제가 단지 철학 수업에서뿐만 아니라 도처에서 제기되고 있다면, 철학 역시 얼마든지 유용할 수 있다고 생각한다. 철학적 문제는 그 본성상 해결하기 어려운 것일 수도 있다. 하지만 철학자란 그런 난해한 문제를 다루도록 훈련된 사람들이고, 또 그 훈련 자체가 다른 문제를 해결하는 데 도움이 되는 경우도 많다. 역학의 여러 철학적 문제에 관해 역학자들이 쓴 글들을 읽을 때, 나는 철학자라면 문제를 인식하는 데 그치지 않고 그 문제를 다루는 방식을 제안할 수 있을 것이라고 생각했다. 철학자가 속 시원한 답을 내놓지 못할 수는 있지만, 적어도 합리적인 대응 방안을 제시할 수는 있을 것이다. 실무적으로 어려운 문제를 언제나 해결할 수 있지는 않기 때문에, 합리적인 대응 방안을 제시하는 것이 우리가 기대할 수 있는 최선인 경우가 많다. 이런 의미에서 철학적 문제들과 어려운 실천적 문제들은 크게 다르지 않다.

이 책은 역설적이지만 야심찬 시도를 담고 있다. 왜냐면 진정으로 철학적인 분석을 제시하면서 동시에 어떤 면에서는 유용한 저술이 되고자 시도하고 있기 때문이다. 철학적인 엄밀성과 독창성을 추구하다 보면 역학과 같은 실천적인 분야에 (얼마나 간접적이든 간에) 유용할 수 있는 무언가를 말해달라는 요구는 만족시키지 못할 가능성이 크다. 비록 이런 끊임없는 긴장을 해소하려는 나의 노력이 성공적인지는 확실하지 않지만, 그런 노력은 분명 내가 철학적 문제를 다루는 방식을 만들어 온 큰 틀이었다. 독자들도 이 점에서 나와 마찬가지이기를 바란다. 철학적으로 철저하면서도 동시에 실천적 맥락에도 충실히 참여하는 논의라는 이상이 잡힐 듯하면서도 잡히지 않는다 해도 말이다.

총서
편집인의
서문

이 '과학철학의 새로운 방향' 총서의 목적은 과학철학 분야에서 이루어지고 있는 흥미롭고 새로운 연구, 즉 새로운 방향성과 참신한 관점을 담고 있는 연구를 출판하는 데 있다. 우리는 이렇게 발전적인 새로운 시각에서 과학철학의 여러 쟁점을 다루는 책들을 간행하고자 한다. 다양한 관점 사이의 대화를 촉진하거나, 건설적이고 통찰력 있는 비평을 제시하거나, 새로운 과학 분야를 철학적으로 탐구하는 저술들이 이 총서의 이름을 달고 나올 예정이다.

알렉스 브로드벤트 교수는 의학철학[1]에서 혁신적인 연구를 수행하여 이 총서의 기획 의도와 부합하는 업적을 이루어냈다. 그는 과학철학의 새로운 연구 주제로 역학의 철학을 발굴해 냈다. 그가 지적하듯이 역학은 대단히 중요하지만 철학자들이 간과해 온 주제였다. 그의 책은 역학을 주제로 철학적 탐구를 수행할 뿐만 아니라, 어떻게 역학이 과학철학의 여러 쟁점을 새롭게 조망할 수 있는지 보여 준다.

예를 들어 브로드벤트는 역학이 인과와 설명(explanation)에 초점을 맞추게 된 경위가 무엇인지를 상세히 분석하고 있다. 역학자가 어떤 질병의 분포를 지도로 만들고 그 질병의 결정요인을 찾아내려고 하는 경우, 역학자들이 하는 일은 원인을 포획하는 데 있다. 이런 점에서 역학은 다양한 철학적 입장들을 제련하는 유용한 도가니일 수 있다. 그렇지만 브로드벤트는 실제로 더욱 중요한 개념은 설명이기 때문에 설명이 더 부각되어야 한다고 주장한다. 따라서 이 책의 핵심은 역학적 분석에서 설명과 예측의 본성 및 역할을 다루는 데 있다.

역학은 과학철학의 표준적인 그림과 잘 어울리지는 않는다. 예를 들면 역학은 통제된 실험에만 기대지 않으며, 오히려 많은 부분에서 관찰 연구를 이용한다. 그래서 지난 30여 년 동안 진행된 이른바 과학철학의 '실험적 전환'에서 역학을 분석할 만한 틀을 얻기는 힘들다. 브로드벤트가 이끄는대로 더 깊이 들어가보면, 역학에는 차곡차곡 쌓여 체계를 구축한다는 의미에서의 이론이란 없다. 역학자의 전문성은 이론 작업이나 통제된 실험을 설계하는 데 있지 않고 **방법론**에 있다. 이는 분석해 볼 만한 가치가 있는 특징이다. 이것은 좀 더 넓은 범위의 과학을 과학철학을 통해 설명하려면 이해할 필요가 있는 특징일 뿐만 아니라, 역학이 지닌 윤리

1　　　(옮긴이) 과학적 연구이자 인간 실천의 한 분야인 의학은 인식론적, 형이상학적, 윤리적으로 많은 논란거리를 품고 있을 수 밖에 없다. 즉 의학적 지식은 어떻게 정당화되는지, 질병과 같이 의학이 다루는 사태의 정체가 무엇인지, 의학과 관련된 많은 실천적 활동은 어떻게 하면 훌륭하게 수행될 수 있는지와 같은 질문이 제기될 수 밖에 없다. 의학철학은 의학과 관련된 이들 논란거리를 상세히 반성하고 검토하는 활동이다.

적인 함축을 이해하기 위해서도 필요하기 때문이다. 브로드벤트가 말했 듯이 어떤 끔찍한 유행병의 원인을 올바르게 찾아내지 못하면 비참한 결과에 이르고 말지도 모른다.

브로드벤트는 역학 연구가 보여 주는 몇몇 경향에 대해서는 비판적인 입장을 취한다. 그는 위험에 대한 '절대' 지표보다 '상대' 지표를 선호하는 경향을 비판하는 한편, 인과 강도를 나타내는 단일한 측정지표를 확립하려는 시도 역시 거부한다. 이런 경향에 맞서, 그는 맥락에 좌우되는 설명적 측정지표를 옹호한다. 더욱 일반적인 수준에서, 역학이 물리학을 흉내 내지 말아야 한다고 주장한다. 역학의 강점은 물리학을 흉내 내지 않는 데 있기 때문이다. 마지막으로, 그는 역학 연구가 법정에서 사용되는 방식을 살펴보고, 역학적 증거가 말하는 내용과 법률이 대응해야 하는 방식을 구별하지 못하면 혼동이 생긴다고 주장한다.

브로드벤트는 전체 내용을 아울러 역학의 개념적 토대에 관하여 생각하면 철학에도 좋고 역학에도 좋다고 결론내렸다. 그러나 그가 언급했듯이 다뤄야 할 쟁점은 아직 많이 남아 있다. 이 책은 시작일 뿐이다. 이 책은 과학철학의 다양한 핵심 주제를 놀랍도록 새롭게 조명할 뿐 아니라 근본적으로 중요한 과학 분야를 능숙하고 예리하게 분석해 낸다. 역학의 폭넓은 중요성을 감안할 때, 브로드벤트의 연구는 향후 연구와 정책 결정에서 중요한 의미를 가질 것이다. 편집위원들과 내가 이 총서를 통해 출판하고자 했던 것은 바로 이런 종류의 책이며, 우리는 이 책이 과학철학과 그 너머까지 큰 영향을 끼치게 되리라고 확신한다.

스티븐 프렌치
리즈대학교 과학철학 교수

감사의
글

이 책은 많은 동료들의 도움으로 만들어질 수 있었다. 낸시 카트라이트, 재키 카셀, 콜린 채시, 에이드리안 이래즈머스, 샌더 그린랜드, 댄 허드, 스티븐 존, 태데우스 메츠, 크리스 밀러, 알프레도 모라비아, 니이선 샷트만, 샌디 스틸, 데이비드 스퍼레트, 그리고 리처드 라이트 등 모두에게 너무나 감사하다. 그들의 훌륭한 논평을 더 잘 반영한 책을 쓰지 못해 미안할 따름이다. 모라비아 교수의 지속적인 격려와 지도에 관해서는 특별히 감사드리고 싶다. 물론 이 책의 부족한 점은 전적으로 내 탓이다. 그 외에도 리처드 애쉬크로프트, 로저 버니어, 론 지면에게 받은 논평은 참으로 유용했다. 지면 교수는 내가 처음으로 역학에 대한 철학적 탐구를 하도록 이끌어 주었다. 또한 여러 학회와 모임에서 이야기를 나누며 내가 역학에 대한 관점을 정립하도록 도움을 주신 많은 분들과 지정 토론자들께도 감사하다. 특히 남아프리카공화국 국립연구재단의 후원으로 2011년 12월 요하네스버그대학교에서 열린 "역학의 철학 학술대회"의 참석자와, PHG 재단의 후원으로 2010년 네 차례 열린 "역학, 위험, 그리고 유전체학" 토론회의 참석자들께 감사하다. 출판을 위한 최종 원고와 색인 준비를 도와준 에이드리안 이래즈머스도 고맙다. 예전에 나를 지도하셨던 작고하신 립튼 교수님께 진 빚은 여전히 남아 있다.

이 책을 쓰면서 여러 곳에서 연구비를 받았다. "역학, 위험, 그리고 유전체학"이라는 연구과제를 통해 PHG 재단의 지원을 받았고, "역학의 철학" 연구과제를 위해 남아프리카공화국의 국립연구재단에서 블루스키스(Blueskies) 연구비를 받았다. 또한 요하네스버그대학교에서도 연구비를 받았다.

7장은 학술지 『예방의학』에 기고한 논문(Broadbent 2011a)의 간략한 논의를 많이 개선한 글이다. 10장에는 『생물학 및 생의학의 역사와 철학 연구』에 실린 논문(Broadbent 2009a)에서 개진했던 내용을 담았다. 엘스비어에서 출판된 이 두 논문은 출판사에서 양해해 주어 이 책에 재수록되고 발전될 수 있었다. 11장에는 『법률 이론』에 쓴 논문(Broadbent 2011b)에서 처음 개진한 내용을 담았는데, 감사하게도 케임브리지대학교 출판부의 허락으로 재수록할 수 있었다.

끝으로 내 아내 니콜에게, 셀 수 없는 기나긴 토론에 대해 그리고 그녀의 사랑과 지지에 대해 감사한다. 그녀는 자신이 알고 있는 것보다 더 많이 이 연구에 기여했고, 글 쓰는 시간을 행복하게 만들어주었다.

1장

왜 역학의 철학인가?

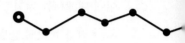

여는 글

각종 매체의 머리기사를 자주 장식하는 과학을 손꼽아 보면 역학은 분명 상위권에 있다. 어떤 것이 몸에 좋거나 나쁘다는 뉴스는 늘 들을 수 있기 때문이다. 이런 뉴스의 출처는 실제 수행된 역학 연구의 결과인 경우가 많고, 실제 연구가 없었다 해도 그런 주장이 참인지 확인하기 위해 역학 연구가 계획되고 있는 경우가 많다. 하지만 대부분의 사람들은 역학 자체에 대해서는 전혀 들어본 적이 없을 것이다.

전통적인 정의에 따르면, 역학은 인구집단의 건강을 증진시키기 위해서 인구집단 차원에서 나타나는 질병 및 건강 상태의 분포와 결정요인을 탐구하는 학문이다. 더 엄밀한 정의에는 **집단 비교**(group comparisons)와 같은 탐구 방법이 포함되기도 한다. 탐구 방법을 정의에 포함시키는 이유는 역학이 단지 개인이나 집단의 건강을 연구할 뿐 아니라 그러한 집단 간 비교라는 방법을 통해 결론을 이끌어낸다는 점을 강조하기 위해서이다. 이에 대해서는 역학 연구 설계를 설명할 2장에서 다시 살펴볼 것이다. 이제 우리가 논의의 출발점으로 삼을 정의를 다음과 같이 제시해 보자.

역학(epidemiology)[2]은 인구집단의 건강을 증진시키기 위해 여러 집단을 비교하여 인구집단 차원의 질병 및 건강 상태의 분포와 결정요인을 탐구하는 학문 분야이다.

이 정의는 물론 완벽하지 않다. 하지만 이 정의는 역학의 중요한 특징을 대체로 포괄하고 있다.

대학원이나 학부 과정에서는 보통 역학을 가르치지 않는다. 간혹 의학의 일부로 가르치는 경우도 있지만, 이 경우에도 전체 교과과정에서 보면 작은 부분에 불과하다. 심지어 교육 수준이 매우 높고 과학적으로 깨어 있는 사람들도 역학이 대체 무엇인지 알지 못하는 경우가 흔하다. 역학의 뜻을 그리스어 어원을 통해 짐작이라도 해 볼 수 있을 정도로 출중한 그리스어 실력을 가진 사람들만이 예외일 것이다.

아마도 이런 상황 때문에 과학철학자들이 역학을 간과했을지도 모르

----

2   (옮긴이) 역학(疫學, epidemiology)은 그리스어에서 기원한 용어로 'epi'는 ~에 관한(upon/among), 'demos'는 인구집단(population), 'logos'는 학문(science)이라는 뜻이다. epidemiology를 한국과 일본에서는 역학(疫學)으로, 중국에서는 유행병학(流行病學)으로 쓰고 있다.

겠다. 하지만 역학에 대해 의견을 남긴 철학자들도 일부 있었고, 그보다 훨씬 많은 철학자들은 역학에서 따 온 사례를 역학 그 자체에 대한 이해 없이 사용하기도 했다. 그 가운데 일부는 이 책에서 추후 논의하도록 하 겠다. 또 많은 역학자들도 수련 과정 중 어느 단계에선가 과학철학 수업 을 듣고, 그 과정에서 배운 내용을 자신의 분과에 적용하고 싶어한다. 하 지만 철학적 탐구를 역학이라는 과학에 철저히 적용해 보려는 포괄적인 시도는 아직 없었다. 이런 점에서 역학은 물리학 · 생물학 · 심리학과 같 은 다른 과학과 상황이 다르다. 소수의 철학자들이 역학을 언급한 바는 있지만, 역학에 대한 철학적 연구는 지금까지 없었던 것이다.

역학은 철학적으로 흥미진진하며 물리학 · 생물학 · 심리학처럼 철학 적으로 연구할 만한 가치가 충분하다. 이들 과학에서처럼, 역학에서 제기 되는 철학적 쟁점은 서로 뒤섞여 있다. 이 가운데는 오래된 문제를 새로 운 관점에서 제기하는 쟁점도 있고, 역학에 특유한 쟁점도 있다. 개별 과 학의 철학과 과학철학 사이는 물론, 과학철학과 더 일반적인 철학 사이에 도 뚜렷한 경계는 없다. 따라서 이 책은 역학의 철학이 침해되어서는 안 될 자신만의 영역을 지니고 있다고 주장하지는 않는다. 그렇지만 일반적 으로 철학자에게는 그리고 특히 과학철학자에게는 작업 대상이 될 재료 가 필요하며, 그런 재료를 얻으려면 개별 과학이 직면한 개념적 · 방법론 적 도전에 초점을 맞추는 것도 한 방법이다. 이것이 이 책을 관통하는 정 신이다.

역학에는 통계학이 적지 않게 결부되어 있으며, 통계학은 그 자체가 철학적으로 흥미로운 주제다. 이 책의 한 가지 목표는 통계학의 주요 문 제와 구분되는 역학의 철학적 문제를 찾아내는 데 있다. 이는 부분적으로는 실용적 이유 때문이다. 통계학의 철학은 그 자체로 하나의 분야이며, 다른 문헌에서 이미 적절하게 다뤄지고 있다. 하지만 통계학이 성장했기 때문에 나타난 문제도 있다. 수많은 과학 분과에서 통계학의 중요성이 커진다는 사실은 각 분과가 다루는 영역에 속하거나 그로부터 나오는 문제를 왜소하게 만들 위험을 안고 있다. 역학은 통계학을 사용한다. 하지만 역학이 단지 통계학이기만 한 것은 아니며, 역학이 직면한 개념적 도전은 통계학이 품고 있는 개념적 문제를 푸는 일로 해결될 수 없다. 이 책은 이런 주장을 옹호할 뿐만 아니라 사례들을 통해 입증하고자 한다. 동시에 이를 통해 역학이 독자적인 하나의 분과 학문임을 강조하고자 한다. 하나의 과학 분과를 철학적으로 접근하려면 반드시 이런 목표를 달성해야만 한다.

이 책은 물론 역학이라는 분과 전체를 다루거나, 역학과 연결된 모든 철학적 질문을 확인하려고 하지는 않는다. 하지만 이 책은 적어도 몇몇 큰 문제를 확인하고, 그 사이에 있는 연결 고리를 보여 주려는 목표를 가지고 있다.

어떤 주제를 다룰 것인가?

그렇다면 역학이 직면한 개념적 · 방법론적 도전은 무엇인가? 역학은 어떤 점에서 철학적으로 흥미로운가? 이 질문에 대해 완전히 포괄적인 목록을 작성하는 것은 큰 의미가 없다. 하지만 이 젊은 과학에게는 여섯 가지 두드러진 특징이 있다.

첫 번째 그리고 가장 중요한 특징은 역학이 인과에 초점을 둔다는 데 있다. 어떤 역학자들은 인과에 대한 강조가 지나치다고 불만을 제기할 정도이다.(Lipton and Ødegaard 2005) 역학자들이 질병의 '결정요인(determinant)'을 확인한다고 할 때, 그들이 가장 큰 관심을 기울이는 결정요인이란 그 지역의 공간기하학적 특징이나 논리학에서 다루는 진리 같은 것이 아니다. 그들은 **원인**에 관심을 가진다. 그리고 그들이 질병의 분포를 이해하고자 노력하는 것도 부분적으로는 분포에 대한 연구가, 카트라이트(Nancy Cartwright)의 표현을 빌리자면 원인을 '포획(hunt)'하는 데 도움이 될 수 있기 때문이다. 역학자가 원인을 추적하는 것은 역학의 사례들에 공통된 주요한 특징이며, 동시에 역학의 가장 유명한 성공 사례들에서는 모두 원인이 발견되었다는 특징이 있다. 식수가 콜레라 환자의 대변에 오염되어 있을 경우 콜레라가 발생한다는 발견이나, 각기병은 가난한 사람들에게 주로 고통을 주는 감염병이 아니라 음식으로 인한 병이라는 발견, 흡연이 폐암을 일으킨다는 발견 등을 생각해 보라. 이들은 역학의 역사에 있어 기념비적인 발견이며, 또 역학자들이 '노출(exposures)'과 '결과(outcomes)'라고 부르는 사태 사이의 인과적 연결을 확인하는 데 기여하기도 했다. 물론 많은 과학자들이 이런 종류의 일을 한다. 하지만 과학자들은 그들이 수집한 자료를 다양한 용도로 사용한다. '자연법칙'을 발견하거나(그 정체가 무엇이든지 간에), 총괄적인 이론적 틀을 개발하거나, 상수를 측정하는 등 많은 용도들이 있다. 역학자들은 이런 주제에는 보통 관심이 없다. 대체로 역학자들은 인과를 찾는 데만 관심이 있다. 역학자들이 인과에 관심을 기울인다는 것은 그들이 인과에 대해 생각하고 기술하며, 또 그것이 무엇인지 그리고 그것을 어떻게 찾아내야 하는지에 대해 연구한다는 뜻이다. 물론 철학자 역시 인과에 관심이 많기 때문에, 철학자와 역학자가 공통의 관심사를 갖는 것은 당연하다.

두 번째와 세 번째 특징은 철학이 그려 온 과학의 표준적인 그림과 역학이 서로 부합하지 않는다는 점이다. 실험도 이론도 역학의 가장 두드러진 특징이라고 볼 수 없기 때문이다. 이들은 각각 역학의 두 번째와 세 번째 특징쯤일 것이다. 이런 사실은 과학철학자에게서 그 연구 주제를 파악하기 위해 사용하는 두 가지 잘 알려진 수단을 빼앗는 결과를 가져오며, 동시에 역학적 방법론의 기초를 가르칠 때 표준적인 철학적 문헌을 사용하기 어렵게 만든다. 이런 어려움은 역학 교과서에서는 대체로 드러나지 않았다. 그 이유는 아마도 역학 교과서의 저자들이 겸손하여, 역학이라는 합판에 있는 이러한 흠집이 자신들의 이해 부족에서 기인한다고 생각했기 때문일 것이다. 하지만 사실은 과학에 대한 철학적 생각에 난점이 있다고 보아야 한다. 적어도 대부분의 과학철학자들이 사용했던 큰 그림에는 어느 정도 문제가 있다. 이런 생각은 역학에 잘 들어맞지 않기 때문이다.

역학은 흔히 '관찰적(observational)' 방법을 사용한다. 다시 말해 통제된 실험을 잘 사용하지 않는다. 두 가지 중요한 연구, 즉 코호트 연구(cohort study)와 환자-대조군 연구(case-control study)를 수행할 때 연구자는 어떠한 개입도 하지 않는다. 고전적인 형태에 따르면 환자-대조군 연구는 문제의 결과를 나타낸 사람들의 집단('환자군')을 확인하고, 노출군의 유병률과 적절한 '대조군'의 유병률을 서로 비교하는 방식으로 수행된다. 예를 들어 힐(Austin Bradford Hill)과 돌(Richard Doll)은 폐암으로 내원한 환자들을 확인한 다음, 폐암 환자 들의 흡연 습관과 다른 환자들의 흡연 습관을 비교했다. 코호트 연구의 경우, 먼저 연구 대상이 되는 집단이 무언가에 노출되었다는 정보를 수집한다. 이어서 이 집단을 일정 기간 동안 추적한 다음, 결과를 관찰한다. 예를 들어 힐과 돌은 환자-대조군 연구에 이어 수행한 코호트 연구에서 환자들의 흡연 습관을 평가하기 위한 짧은 설문지를 약 6만 명에 달하는 영국 의사들에게 배포한 다음 건강 정보를 수집했다. 이들은 특히 사망 원인을 집중적으로 조사했다. 흡연 습관에 대한 정보 역시 수십 년간 지속적으로 수집했다. 어떤 연구에서도 힐과 돌은 철학자나 과학자가 말하는 방식대로 '개입'하지 않았다. 다시 말해 이들은 일부러 누가 담배를 피우거나 끊게 하지 않았다. 철학자들은 과학에서 개입이라는 행위가 얼마나 중요한지 강조하고 있으며, 통상적인 의미로 이해된 개입은 확실히 실험의 특징이다. 하지만 역학에서는 개입이나 실험 없이 추론을 하는 경우가 흔하다.[3]

역학 연구에 개입이 전혀 없다고 할 수는 없다. 역학 연구를 수행하는 방법 가운데에는 분명 '실험적(experimental)'이라고 부르기에 적절한 기법이 몇 가지 있다. 이들 기법에는 분명 개입이 결부되어 있다. 그중에서도 무작위 대조 시험(randomized controlled trial, RCT)은 새로운 치료법을 평가하기 위해 일반적으로 사용하는 일종의 실험으로, 특히 약물 치료를 평가하기 위해 이루어진다. 무작위 대조 시험을 위해 역학자들은 피험자를 임의

----

3   (옮긴이) 과학철학을 이른바 '실험적 전환'으로 이끈 철학자는 해킹(Ian Hacking)이었다. 해킹은 자신의 1983년 저서 『표상하기와 개입하기(Representing and Intervening)』(이상원 옮김, 한울아카데미, 2005)에서, 과학 이론이 세계를 표상하는 방식을 분석하는 이론 중심적 과학철학에서 벗어나 세계에 개입하는 과학자들의 실험적 실천을 탐구하는 방향으로 나아가야 과학의 전체 모습을 올바르게 평가할 수 있다고 역설했다. 그러나 브로드벤트는 역학은 표상으로도 개입으로도 분석될 수 없는 관찰 연구를 주로 사용한다는 점에서 해킹의 '실험적 전환'으로 충분히 포착할 수 없는 측면을 지니고 있다고 지적한다.

로 두 집단으로 나눈다. 보통 한 집단은 시험 대상이 되는 약물을 투여 받고, 다른 집단은 위약을 투여 받는다. 만일 이 시험이 성공적인 이중눈가림 시험이라면 시험 참여자(환자, 의사, 역학 연구자) 가운데 누구도 어느 집단이 위약을 받았는지에 대해 시험이 끝날 때까지 알 수 없을 것이다.

무작위 대조 시험에는 분명 개입으로 볼 수 있는 절차가 들어 있기 때문에 이를 실험으로 간주할 수도 있다. 하지만 이 시험의 명칭에 '통제(controlled)'라는 용어가 쓰이고 있다고 해도 통제된 실험으로 보기는 힘들다. 최소한 밀(John Stuart Mill, 1806~1873)의 이상에 따르면, 통제된 실험에서 연구 대상이 되는 치료군과 대조군 사이에는 가능한 적은 수의 차이만이 있어야 한다. 연구자들은 치료군과 대조군 사이에 있는 수 없이 많은 불가피한 차이가 실험 결과에 영향을 주지 않도록 해야 한다. 하지만 무작위 대조 시험에서 피험자 집단 사이에는 계속해서 많은 차이들이 남아 있게 마련이다.

게다가 이들 차이는 흔히 연구 결과에 뚜렷한 영향을 끼치기도 한다. 피험자들은 연령 · 인종 · 식이 · 생각 · 습관 · 유전적 구성 등 관련이 있을 만한 다수의 요인에서 서로 다르다. 비교적 균일한 집단이라고 해도 이는 마찬가지다. 이들 특징 가운데 일부는 아마도 치료와는 무관하게 그 자체로 연구 결과를 유발하거나 예방할 수도 있다. 또 이들 가운데 일부는 치료와 상호작용하여 연구 결과를 일으키거나 예방하게 될 수도 있다. 이런 의미에서 무작위 대조 시험은 문자 그대로 통제된 실험, 다시 말해 실험실에서 유의미한 요소들을 최대한 통제한 채 이뤄지는 실험이라고 할 수는 없다. 오히려 무작위화는 통제를 대신하기 위해 도입된 것으로 보인다. 무작위화의 목표는 치료군과 대조군 사이에 있는 광범위한 차이를 골고루 분배해 그 효과를 상쇄시키는 데 있다. 무작위화를 통해 같은 결과를 얻는다 해도, 무작위화가 관련된 변수를 실제로 통제하지는 않는다. 무작위화가 진정한 통제된 실험과 정말로 동등한 것으로 볼 수 있는지 여부는 대단히 중요한 방법론적 질문일 것이다. 이 주제는 철학적으로도 일정 정도 관심을 끌고 있다.(Worrall 2002; 2007; 2010; 2011; Howick 2011)

역학에 통제된 실험이 없다는 사실을 역학이 인과를 찾아내는 데 주안점을 두고 있다는 사실과 함께 생각해 보면 왜 인과 추론이 역학자들 사이에서 활발한 논쟁을 불러오는지 설명하는 데 확실히 도움이 된다. 또한 역학의 관찰 연구를 과학에서 배제할 수 없기 때문에 실험을 과학 또는 과학 활동의 일반적인 특징이라고 생각해서는 안 된다. 사실 새삼스러울 것도 없다. 고대부터 이어져 온 천문학 역시 실험을 중심으로 하고 있지는 않다.(비록 천문학이 인과 추론을 중점에 놓고 연구하는 분야라고 보기는 힘들지만) 하지만 역학의 세 번째 특징은 과학에 대한 통상적인 해명에 더욱 심각한 문제를 제기한다. 바로 역학에는 이론이 없다는 점이다.

역학은 지난 수십 년간 매우 빠르게 발전해 왔으나, 다른 분야와는 달리 축적된 이론을 가지고 있지 않다. 역학자들의 전문성은 방법론에 있다. 역학은 흡연이 폐암을 일으킨다는 사실을 발견했다. 하지만 이 사실이 뒤집어진다고 해도 역학 이론의 구조에 큰 변동이 있을 것 같지는 않다. 아마도 흡연이 폐암을 일으킨다는 결론을 이끌어낸 방법에 의문을 품는다던가, 같은 방법으로 추론했던 다른 결론을 의심해 본다던가 하는 식의 간접적인 효과는 있을 것이다. 또 이런 의심은 아마도 역학자들이 사용하는 현재의 생의학적 지식이 기반한 틀에 꽤 변화를 일으킬지도 모른다. 하지만 이런 변화는 오직 간접적인 효과일 뿐이다. 생물학적 지식 가운데 핵심적인 부분이 뒤바뀐 상황을 상상해 보라. 예를 들어 라마르크의 유전 이론이 사실은 인간의 유전을 설명하는 데 있어 현재 후성유전적 효과로 알려진 것 보다 훨씬 더 큰 범위에서 설명력을 지닌다고 가정해 보자. 그렇다면 우리의 획득 형질은 과거에 생각했던 것보다는 우리의 자손들에게 훨씬 더 많은 유전적 영향을 끼칠 것이다. 이는 상당히 많은 함축을 지닌다. 이 이론은 다른 생물학적 이론과 부합하지 않으며, 또 이 이론과 부합하지 않는 다른 이론들은 바뀌어야 한다. 진화생물학, 세포생물학, DNA에 대한 우리의 이해 등 모든 이론들의 중요한 부분이 바뀔 것이다.

반면 역학에는 이런 중요한 함축을 지닌 이론적 영역이 없다. 흡연이 폐암을 유발한다는 주장 배후의 이론은 생의학의 여러 다른 분과에 속한다. 역학은 인과적 연결을 발견하면 이를 생의학의 다른 분야에 넘겨 그들의 이론적 틀에 맞추도록 한다. 만일 역학 연구 결과에 오류가 있다면 역학자들이 사용한 방법론에 의문을 제기할 수 있을 것이다. 하지만 역학에는 자연선택에 의한 진화론이나 일반상대성이론과 같이 새로 발견된(인과적) 사실에 부합하도록 손질해야 할 거대 이론은 없다.

역학의 네 번째 특징은 그 방법이 상대적으로 영역에 둔감하여 여러 영역에 적용될 수 있다는 데 있다. 본질적으로 역학은 여러 상태를 셈하여 그 결과를 서로 비교해 결론을 이끌어내는 작업이다. 이들은 건강과 관련된 상태를 셈하는 데 관심을 가진다. 하지만 그 외의 다른 많은 사물도 얼마든지 셀 수 있기 때문에 역학의 방법은 곧바로 건강이나 질병 개념에도 영향을 끼치게 된다. 우리는 10장에서 이를 살펴볼 것이다. 역학의 방법이 영역에 **완전히** 둔감하다는 식의 주장은 부정확하다. 특정한 방법을 특정한 상황 속에서 사용할 때에는 명시적 또는 묵시적 가정이 깔려 있게 마련이다. 그런데도 현대 역학이 의학을 확장시키는 데 상당한 원동력이라는 점이나, 동시에 이런 효과는 역학의 핵심 방법이 기존 의학의 한계를 뛰어넘어 적용될 수 있기 때문이라는 점은 분명한 사실이다. 역학의 방법은 BRCA1 유전자가 유방암의 유병률과 어떻게 연결되는지에 대한 연구에 적합한 만큼이나 인터넷 사용 수준과 자살률 사이의 관계를 검토하는 데에도 적합하다. 역학은 의학적으로 흥미로운 건강 상태의 범위를 넓히는 데 기여하고 있으며, 의학이 관심을 가져야 할 건강 상태에 영향을 끼칠 원인의 범위에 대한 시야를 넓히는 데에도 기여하고 있다. 비만은 환경적·유전적 위험 요소에 대한 일련의 역학적 연구를 통해 의학의 영역을 넓힐 수 있다는 사실을 잘 보여 주는 사례이다. 비만 치료 역시 기존 의학의 관심 대상은 아니었다. 비만이라는 문제가 수면 위로 올라왔기 때문에 의사는 체중에 대해 상담을 하고 운동 처방을 내리게 되었다. 역학은 이러한 확장 과정에서 중심적인 역할을 수행했다. 하지만 셀 수 있고 비교할 수 있는 것의 한계는 의학적으로 중요한 범위의 한계 바깥에 있게 마련이므로, 이 확장이 어떻게 그리고 어디서 그 기세가 꺾일지 생각해 보는 것도 꽤 흥미로운 철학적 질문이 될수 있다.

다섯 번째 특징은 역학에만 고유한 것은 확실히 아니다. 역학은 '인구집단 사고(population thinking)'를 중심으로 전개되어 왔다. 이 말이 친숙하게 쓰이는 맥락이 있다. 바로 생물학의 철학이다. 역학에서는 인구집단을 건강과 관련된 속성을 지닌 단위로 간주하기 때문에 그것이 중요하다. 이런 생각은 때로 직관과 다르다. 질병으로 고통 받는 것은 개인이기 때문이다. 하지만 어떤 인구집단에서 발견할 수 있는 질병의 수준 측정은 역학의 중심 과제이기 때문에, 이런 과업을 완수하기 위해서는 인구집단을 건강 관련 속성을 지닌 단위로 간주할 필요가 있다. 이 그림 속에는 수많은 흥미진진한 철학적 문제가 들어 있다. 어떤 문제는 일반적이다. 예를 들어 우리는 인구집단 사고가 단순히 도구적인 수단에 불과한지 아니면 인구집단 자체가 어떤 속성을 지닌 단위인지에 대해 질문할 수 있다. 어떤 문제는 좀 더 역학에 특수하다. 어떻게 인구집단의 속성이 개인의 속성과 연결되는지, 인구집단과 개인 양편을 오가는 추론 가운데 무엇이 유효한지에 대해 물을 수도 있다. 아니면 특정 맥락에서는 인구집단에서 개인으로 가는 추론이 윤리적·법률적으로 보증되는지 물어볼 수도 있다. 이런 주제에 대해서는 11장에서 법률적 맥락을 고려하며 검토할 것이다.

역학의 여섯 번째 특징은 이 과학이 짊어진 위험 부담이 크다는 데 있다. 이 점은 인식적으로 중요할 뿐 아니라 도덕적으로도 중요하다. 역학자가 올바른 결론을 이끌어내지 못하면 그릇된 결론을 도출하는 것만큼이나 큰 비용을 초래할 수 있다. 이 점은 다른 많은 과학과 아주 대조적이다. 다른 과학의 경우 올바른 결론을 도출하지 못할 때 치러야 할 비용은 (적어도 단기적으로는) 단지 과학의 진보가 조금 늦어진다는 것 뿐이다. 하지만 역학의 경우는 다르다. 인간면역결핍바이러스(이하 HIV)가 후천성면역결핍증후군(이하 AIDS)의 원인인데도 그런 사실을 파악하지 못했다면, 실제로는 원인이 아닌 것을 AIDS의 원인이라고 선언하는 것만큼이나 위험할 것이다. 이런 인식적 위험을 다루는 과학적 태도란 어떤 것인지 역시 철학적으로 흥미로운 질문이다.

지금 우리는 구체적인 문제들이 아니라 주제를 전반적으로 개괄하고 있다. 이들 주제는 개념적이거나 방법론적인 도전을 불러올 역학의 여러 특징에서 유래했다. 이 책은 다른 많은 철학적 논문들과는 달리 어떤 통일적인 논증이나 입장을 중심에 두고 구성되지 않았다.(물론 이 책은 다음 절에서 확인할 수 있듯 통일된 주제를 지니고 있다.) 이 책은 논증하기보다는 탐색하고 설명하기 위한 구조로 이뤄져 있다. 저자의 역량이 닿는 한 정교하고 창의적인 논증을 통해 하나의 입장을 방어할 수 있다고 기대하는 모습은 일부 철학 전통의 그리 바람직하지 못한 특징이다. 특히 이들 철학자들은 마치 법정이나 의회에서처럼 반대 입장과 적대적으로 대결하는 경우가 많다. 항공기 승무원이 어떤 학술대회에 가고 있는 전형적인 분석철학자에게 이렇게 물어보았다. "차 또는 커피를 드릴까요?" 이 철학자는 의기양양하게 이렇게 답했다. "네, 주세요!" 다른 한편 과학은 대결하기보다는 캐어 묻는 편이다. 이 책의 접근 방식도 그와 같다. 이 책에서 철학적 논증은 어떤 입장을 세우고 옹호하기보다는 무언가를 발견하는 도구로 쓰인다. 어떤 의견이나 입장이 공격을 받을 때, 그것은 단지 그 의견의 오류뿐만 아니라 허위 때문에 벌어지는 일이기도 하다.

개요

이 책의 내용은 다음과 같이 요약할 수 있다. 인과와 인과 추론(causal inference)은 역학과 역학적 방법론에서 지나치게 강조되고 있다. 반면 설명과 예측은 지금보다 더 강조될 필요가 있다. 설명은 연관성 강도 측정지표(3장)나 인과 추론의 본성(4장과 5장)을 이해할 때 인과 그 자체보다 좀 더 유용한 개념적 수단이다. 인과는 각각 측정 대상과 추론 목표의 일부분에 불과하기 때문이다. 역학자들이 정말로 추구하는 것은 **설명**이며, 역학자들의 활동은 설명을 통해 기술될 때 훨씬 분명히 드러난다. 또 설명은 적절한 예측 이론을 수립할 때 중추적인 개념이기도 하다.(6장) 유감스럽게도 예측은 철학자와 역학자 모두에게 무시되었던 주제이다.(7장) 적절한 설명처럼, 좋은 예측은 진지하게 대응해야 할 대안 가설들과 가볍게 무시해도 괜찮은 가설들을 분별할 수 있어야 한다.

이들 주제에 대한 논의는 3장에서 7장까지에 걸쳐 발전시킬 것이다. 나머지 부분에서는 더 세부적인 문제들을 다룰 것이고, 앞서 얻은 교훈을 적절하게 적용할 생각이다. 8장은 기여도 측정지표를 다룬다. 이 개념은 전혀 간단하지 않다. 8장의 결론은 기여도란 어떤 결과가 그 노출에 의해 설명되는 수준이라는 데 있다. 9장은 '위험 상대주의'를 다룬다. 불행히도 일부 역학자 사이에는 일종의 퇴행적인 사고 경향이 널리 퍼져 있다. 위험 상대주의는 물리학을 부러워하고 따라하려는 태도다. 인과 강도를 맥락에 맞는 설명적 지표가 아니라 하나의 단일한 지표로 측정하려는 경향을 통해 이 사고방식은 더 심해진다. 10장은 이른바 '다요인주의', 곧 현대 역학의 또 다른 병폐를 해명한다. 어떤 역학자들은 이 사고방식을 이로운 변형이라고 보기도 한다. 하지만 다요인주의는 질병을 설명적 원인과의 관계 속에서 정의해야 한다는 요건을 포기했기 때문에 비판받는다. 11장은 법률가들이 역학적 증거를 다루려 할 때 겪게 되는 다양한 애로사항에 대해 논의한다. 인과적 물음을 선호하고 설명적 물음에 주의를 기울이지 않은 점이 혼동을 일으킨 부분적인 이유가 된다. 변호사들은 일반적인 통계적 사실에 의해 특정한 사건들을 설명할 수 있다는 생각에 저항하고 있으며, 이는 충분히 그럴 만한 일이다. 그러나 통계적 사실을 개별 인과 설명이 옳다는 증거로 받아들이기를 거부하는 태도는 분명 비합리적이다. 여기에서도 주제는 설명이 역학 연구를 수행하는 데 있어 인과보다 더 큰 관심을 받을 필요가 있다는 데 있다. 이 주제는 마지막 장인 12장에서 다시 살펴볼 것이다.

2장

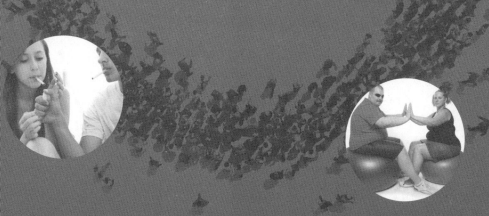

철학적 · 역학적 기초 사항

요약

이번 장에서는 몇 가지 중요한 철학적 문제를 만나게 되며, 이들이 역학에 어떤 중요성을 지녔는지 알아 본다. 가장 먼저 귀납(induction)의 문제를 다룰 것인데, 이 문제는 경험으로부터 배우려는 우리의 노력에 훼방을 놓기 때문이다. 나는 **정당화**(justificatory)의 문제와 **기술적**(descriptive) 문제를 구분한 다음, 정당화의 문제는 역학의 관심사일 필요가 없지만 기술적 문제는 역학의 관심사라고 분석할 것이다. 좋은 귀납이 인과적 연결에 의해 뒷받침된다는 점은 명백한 사실이다. 따라서 우리는 귀납에 대해 알기 위해 인과적 연결이 대체 무엇이며 어떻게 그에 대해 알 수 있는지에 대해 물어볼 것이다. 불행히도 인과는 경험을 통해서만 배울 수 있는 무언가이며, 그래서 (귀납의) 정당화 문제를 해결하는 데는 별 도움을 주지 않는다. 그렇지만 좋은 귀납 추론을 기술하고, 나쁜 귀납 추론과 구별하는 데에는 도움을 줄 수 있을 것이다. 그 다음에는 역학으로 눈을 돌려, 이 젊은 과학의 간략한 역사를 살펴보는 한편, 이 과학이 지닌 몇 가지 기본 개념들, 연구 설계 방법, 개념적 진척 방향에 대해 짧게 소개하겠다.

귀납의 문제

○

　　　　　경험과학은 경험으로부터 배우기 위한 가장 체계적이며 반성적인 노력이다. 하지만 우리는 대체 어떻게 경험으로부터 배울 수 있는가? 이 질문을 18세기에 가장 유행했던 방식으로 던진 철학자는 흄(David Hume)이었고(Hume 1739, 1권 3부; Hume 1748, §§Ⅳ~Ⅶ), 러셀(Bertrand Russell)은 『철학의 문제들』의 아름다운 서문에서 이 질문에 오늘날 통용되는 **귀납의 문제**(the problem of induction)라는 이름을 붙였다.(Russell 1912, Ch.Ⅶ)

　흄은 우리가 왜 과거의 경험을 미래에 겪게 될 경험의 안내자로 간주하는지 물었다.[4] 내가 살아온 동안 태양은 늘 떠올랐다. 따라서 나는 태

----

[4]　　　사실 흄의 질문은 그의 심리철학 용어로 표현하면 좀 더 복잡한 형태를 띠고 있지만, 이 논의에서 나는 그러한 특징을 모두 무시할 것이다. 이런 방법을 택해도 무관한 이유는 다음과 같다. 첫째, 그의 심리철학을 현대 심리학과 통합하는 과제는 쉽지 않다. 둘째, 그가 확인했던 문제는 그의 심리철학에 의존하지 않고도 대단히 유사한 형식의 문제로 제시할 수 있으며, 따라서 심리철학이 거부되더라도 살아남을 수 있다. 따라서 이 논의를 단순·복합 인상과 관념 그리고 그 '모사 원리(copy principle)' 등의 말로 수행하면 그의 원전에 더 충실하기는 하겠지만, 불필요한 혼란을 불러올 것으로 보인다.

양이 내일도 떠오를 것이라고 예상한다. 그런데 대체 왜 그러한가? 또 다른 예도 있다. 내가 지금까지 먹은 한 입의 빵 각각은 모두 나를 살찌웠다. 따라서 나는 다음 한 입 역시 나를 살찌울 것이라고 예상한다. 왜 이 한 입이 독극물일 것이라고 예상하지는 않는가? 흄은 이 예상이 그가 '이성'이라고 부른 마음의 능력에 의해 생겨난 것이 아니라고 논증했고, 이 논증은 흄 이후의 많은 철학자들로부터 성공했다는 평가를 받았다. 물론 흄이 말한 '이성'은 우리가 통상 생각하는 것보다 상당히 좁은 범위 속에 있다는 점을 꼭 알고 있어야 한다. 흄은 '이성'이라는 말로 선험적인 추론 능력만을 사용하는 활동을 지시했을 뿐이다. 이런 추론 능력은 경험에 호소하지 않는다. 흄에 따르면, 어떤 결론을 선험적인 추론으로 보증할 수 있는지 여부를 알고 싶다면 문제의 주장과 위배되는 상황을 상상할 수 있는지 검사해보면 된다. 즉 우리가 그 주장과 반대로 생각할 수 있는지 살펴보면 된다. 이 검사를 통과할 수 있는 두 가지 방법이 있다. 하나는 그 주장과 위배되는 상황을 상상할 수 없는 경우다. 이 경우, 문제의 주장은 필연적으로 참이다. 예를 들어 나는 나 자신과 하나이며 같은 대상으로서 동일하다는 주장이 이런 지위를 얻을 수 있을 것이다. 또 하나는 문제의 주장이 이미 믿고 있는 전제들로부터 연역 논리에 의해 도출된 주장인 경우다. 그렇다면 결국 흄은 우리가 대체로 경험으로부터 획득하는 여러 믿음들(예를 들어 태양이 내일 또 떠오를 것이라는 믿음이나 내가 먹을 빵이 나를 살찌울 것이라는 믿음)이 이들 두 지위를 획득하지 못한다고 생각했던 셈이다. 우리는 태양이 내일 떠오르지 못할 수 있다고, 그리고 이 빵이 나를 죽일 수 있다고 상상할 수 있다. 게다가 삶의 모든 기간 동안 어떠한 예외도 없이 태양이 떠올랐고 빵이 나를 살찌웠다고 해도 이런 상황을 여전히 상상할 수 있다.

흄의 논증을 이루고 있는 여러 요소들 가운데에는 분명 공격받을 수 있는 요소들도 있다. 상상 가능성이 가능성과 연역적 함축 관계를 보이는 데 좋은 검사 조건인지, 그리고 연역 추론만이 선험적 추론의 유일한 종류인지와 같은 문제가 가장 두드러진다. 그러나 이런 문제에도 불구하고 흄의 논증에는 설득력이 있다. 내가 지금까지 먹은 빵이 나를 살찌웠다는 사실로부터 다음에 먹을 빵도 나를 살찌울 것이라는 결론을 도출해낼 수 있는 확인 가능한 추론 과정은 존재하지 않는다. 이들 두 명제는 논리적으로 구분된다. 그리고 논리적 참의 본성과 그 인식론에 대한 흄의 견해를 거부한다고 해도 '지금까지 내가 먹은 빵은 나를 살찌웠다.'라는 명제로부터 '다음에 먹을 빵도 나를 살찌울 것이다.'라는 명제를 추론할 수 있게 해 준 논리적 관계에 우리가 어떻게 도달하게 되었는지를 알 수 있는 뾰족한 방법은 없어 보인다.

이 핵심에서 출발해서 흄의 추론이 진행되는 방식을 간략히 재구성해 보면 다음과 같다. 지식의 원천에는 오직 두 종류만이 있다. 위에서 잠시 살핀 대로 좁은 의미에서의 이성 그리고 경험이다. 미래 경험에 대한 우리의 지식은 이성에서 도출되는 것이 아니며, 그렇다면 그것은 경험에서 도출될 수 밖에 없다. 우리는 과거의 경험으로부터 성공적인 학습의 **경험**을 얻게 된다. 내가 지금까지 먹어온 빵이 늘 나를 살찌운 상황을 겪었기 때문에, 나는 이 빵 역시 나를 살찌울 것이라고 추론한다. 또한 이런 추론은 빵이 나를 살찌울 것이라거나 태양이 떠오를 것이라는 식의 추론만큼이나 흔하게 사용될 것이다.

물론 과거의 경험으로부터 해가 내일 떠오르거나 빵이 나를 살찌울 것이라는 식의 추론에는 한 가지 중요한 문제가 있다. 이런 논증은 출발점에서부터 실격이기 때문이다. 이들 논증은 증명하려는 결론을 이미 가정하고 있다. 다시 말해 미래의 경험은 과거의 경험과 유사할 것이라고 이미 가정하고 있다. 우리가 대체 어떻게 경험에서 배울 수 있느냐는 질문은, 이런 학습 과정을 서술하는 모형을 이미 사용하고 있다는 의미에서 부분적으로 답이 된 상태다. 우리는 과거의 경험으로부터 미래에 무엇이 일어날지 배운다. 하지만 이 모형은 문제의 학습 과정이 결국 전적으로 보증되지 않은 상태라는 점을 밝혀줄 뿐이다. 미래의 경험이 과거와 유사할 것이라는 믿음에는 어떠한 기초도 없다. 이런 믿음이 논리적 참이 아닌 한, 그것을 믿어야 하는 유일한 기반은 우리의 과거 경험이 그랬다는 것뿐이며, 또 과거 경험과 미래 사이의 유관성(relevance)은 바로 우리가 수립하길 바랬던 목표다.

바로 이런 구조가 귀납의 문제 속에 있는 '짧은 순환'이라고 불린다. 지금 문제가 된 논증은 순환적인데, 이는 그것이 입증하고자 하는 결론을 이미 참이라고 가정했기 때문이다.[5] 또 이 순환은 그보다 더 긴 형태의 논증이 있기 때문에 짧다고 할 수 있다. 긴 논증에 대해서는 다음 절에서 다루고, 여기서는 가능한 오해를 방지하기 위해 아래 두 가지를 살펴본다.

----

5   지금 문제가 되는 순환성은 그렇게 분명하지는 않다. 귀납에 대한 귀납적 정당화는 'P다. 그러므로 P다.'와 같은 형태를 지니지 않는다. 이런 형태를 지닌 논증은 **전제 순환**(premise circular)이라고 부른다. 이는 전제 논증의 결론이 전제의 일부를 구성하고 있다는 뜻이다. '귀납은 과거에 작동했으므로, 앞으로도 작동할 것이다.'라는 논증은 결론에서 전제를 다시 진술하지는 않는다. 귀납의 귀납적 정당화는 **규칙 순환**(rule circular)이라고 부른다. 이는 전제에서 결론으로 옮겨갈 수 있는 무언가가 있다는 규칙을 결론에서 말하고 있다는 뜻이다.

먼저, '귀납'이라는 말의 서로 다른 용법을 구분하는 것이 중요하다. 몇몇 학자들은 '동일한 일이 반복되리라고 예상하라.'와 같은 특정한 추론 양식을 가리키는 데 '귀납'이라는 용어를 사용한다. 예를 들어 러셀은 이런 용례를 따라 **귀납의 원리**를 제시했다. 하지만 이 책에서 사용하는 좀 더 흔한 용법에 따르면, '귀납 추론'이나 '귀납'이란 곧 **연역적으로 타당한 것은 아니지만** 일종의 추론으로 간주해야 할, 즉 최소한 참인 결과를 지향하는 연산으로 볼 수 있는 **모든 추론**을 포괄한다.(Lipton 2004, Ch.1) 귀납을 이런 식으로 넓게 파악할 경우, '동일한 일이 반복되리라고 예상하라.'는 원리와 결부되어 있는 조금 더 좁은 추론의 집합을 지시하기 위해 **열거적 귀납**(enumerative induction)이라는 용어를 사용하기도 한다.

흄이 반복적인 사건의 계열, 예를 들어 낮 다음에 밤이 오고 빵을 먹으면 살이 찌는 것 등의 계열을 통해 귀납 논의의 틀을 짰다고 해도, 우리가 하게 될 다수의, 아니 아마도 대부분의 귀납 즉 비연역적 추론은 반복적인 사건에 대해 이뤄지지 않는다. 나는 창 밖에서 들리는 커다란 기계음을 통해 큰 차량(아마도 트럭)이 엔진 회전수를 높이고 있다는 사실을 추론할 수 있다. 이는 어떤 소음을 들었거나 트럭을 보았던 과거의 경험에서 미래의 상황으로 향하는 추론이 아니다. 여기에서 나는 트럭이 그곳에 있는지 살피기 위해 창가로 갈 의도를 전혀 가지고 있지 않았다. 나는 많은 경우 트럭 소리는 듣지만 그 모습은 결코 보지 못하며, 그 반대의 경우도 흔하다. 물론 내가 문제의 트럭을 보려고 했다면 충분히 볼 수 있었을 것이다. 하지만 이런 결론은 예시한 트럭 추론의 결론이 아니다. 트럭 추론의 결론은 저 바깥에 트럭이 있다는 것이다. 이로부터 또 다른 귀납 추론을 통해 (내 마음이 돌변한 경우) 내가 바깥을 살피러 갔을 경우 나는 트럭을 볼 수도 있었을 것이라는 결론에도 도달할 수 있다. 마찬가지로, 만일 내가 도로에 눈을 가린 채 뛰어들었다면 나는 결국 차에 치이게 될 것이라는 추론을 할 수도 있다. 이들 추론 가운데 어느 쪽도 과거에 보고 들었던 트럭에 대한 경험에 필연적으로 또는 배타적으로 기초를 두고 있지 않다. 나는 트럭이 어떻게 작동하는지, 그리고 그 정도로 큰 트럭은 어떤 엔진을 장착하는지와 같은 지식을 나열할 수 있다.

이런 종류의 추론은 특히 과학에서 흔하게 찾아볼 수 있다. 과학에서는 추론의 결론이 추론에 사용된 증거와 전적으로 다른 경우가 흔하기 때문이다. 지구에서 멀리 떨어진 어떤 별에서 방출되는 전자기 복사의 스펙트럼을 관측해 보면 적색 쪽으로 쏠려 있으며, 그보다 더 멀리 떨어진 별의 스펙트럼은 적색 쪽으로 더 쏠려 있다. 우리는 이로부터 별들이 지구에서 멀어져 가고 있으며, 더 멀리 떨어져 있는 별은 더 빠른 속도로 지구에서 멀어져 가고 있다고 추론한다. 이런 추론은 우리가 지금까지 본 별의 스펙트럼에서 적색편이(redshift)를 관측했다는 과거 경험에 기초를 두고 있지 않다. 이는 수많은 이론에 바탕을 두고 있다. 그 가운데 특히 도플러 효과와 구성 원소에 따라 결정되는 전자기 복사의 특징적 · 불변적 방출 패턴에 대한 이론을 손꼽을 만하다. 항성 후퇴 가설은 이들 가설과 더불어 적색편이를 **설명한다**. 그리고 이런 식의 설명은 우리가 해설을 시작한 사례와 상당히 다른 성격을 지니지만, 이 역시 귀납 추론이다. 적색편이가 관측되었다고 해도 더 멀리 있는 항성에 더 붉은 빛을 방출하는 원소가 있다는 가설은 얼마든지 잘못될 수 있다.

이런 종류의 추론은 **최선의 설명으로의 추론**(inferences to the best explanation)이라는 이름으로 잘 알려져 있고, 과학과 일상생활 모두에서 공통적으로 이뤄지고 있다. 이 빵 조각이 나를 살찌울 것이라고 믿는 이유를 묻는다면, 나는 지금까지 내가 먹어 왔던 다른 빵 조각들이 나를 살찌울 것이라는 사실보다는, 빵의 구성 성분에 대해 무언가를 말할 것 같다. 이는 우리의 **반성적** 귀납 추론 가운데 다수가 기존 증거로부터 단순히 외삽한 것이 아니라 이론에 근거한 여러 단계의 추론 과정을 포함하고 있다는 점을 시사한다. 비록 많은 경우 우리의 비반성적 행동은 미래의 경험이 과거와 비슷할 것이라는 예상하에서 이뤄지지만 말이다. 최선의 설명으로의 추론은 특히 역학적 추론에 아주 잘 들어맞는 것처럼 보이며, 이어지는 논의에서도 아주 중요한 역할을 한다. 반면 단순한 외삽은 역학적 귀납 추론의 모형으로서는 상대적으로 쓸모없으며 위험하기까지 한 것으로 보인다. 이런 비판은 7장에서 다룬다.

모든 철학자가 과학적 추론이 최선의 설명으로의 추론이라는 시각을 받아들이지는 않는다. 하지만 귀납 추론을 이해하는 출발점은 귀납이 하나 이상의 형태를 지닐 수 있다는 점을 이해하는 데 있다.

귀납 추론을 명확히 이해하기 위해 알아야 할 두 번째 사항으로 귀납 추론이 필연적으로 미래에 대한 추론은 아니라는 점을 들 수 있다. 흄에게 귀납의 문제는 과거의 경험으로부터 미래의 경험을 추론해 내는 과정을 설명하고 정당화하는 일이다. 하지만 만약 우리가 귀납 추론의 결론은 꼭 경험이어야 한다는 가정을 버린다면, 귀납 추론이 미래를 대상으로 한다는 가정도 마찬가지로 버릴 수 있을 것이다. 과학적 추론은 귀납 추론이 꼭 미래 경험을 대상으로 할 필요가 없다는 점을 예증한다. 어떠한 인간 과학자도 블랙홀이 열리는 장면이나 DNA 나선이 풀리는 장면, 전자 껍질이 붕괴하는 장면을 관찰하지는 못할 것이다.[6] 과학적 추론은 귀납 추론이 미래에 대해 이뤄질 필요가 없다는 명제의 사례도 보여 준다. 티라노사우루스 렉스의 식생활은 누구나 생각할 수 있듯 명백히 과거의 현상이지만, 그에 대해서는 지금 사용할 수 있는 증거로부터 귀납 추론을 해야 결론을 얻을 수 있다.

경험과학은 경험에서 배우기 위한 우리의 체계적·반성적 노력이지만, 유감스럽게도 경험으로부터 대체 어떻게 해야 배울 수 있는지는 전혀 분명하지 않다. 그렇지만 우리는 분명히 경험에서 배운다. 이렇게 말하는 편이 더 정확할 것이다. 우리는 경험으로부터 배운 것을 어떻게 **정당화해야** 하는지에 대해 분명히 알지 못한다. 과학적 관점에서 볼 때 이것은 분명 중요한 문제다. 과학은 자동적·무반성적 학습 과정이 아니기 때문이다. 과학은 지적 활동이며, 혹독한 비판을 견뎌낼 주장을 내놓는 것은 그 자체로 분명 자부심을 가질 만한 일이다. 이런 과학적 지식 주장은 종교적·신화적 지식 주장과 대조할 수 있을 것이다. 이런 상황 속에서 귀납의 문제는 과학의 토대를 혹독한 비판 앞에 드러낸다. 경험적 근거와 과학 그 자체는 이런 비판에 대해 어떠한 답변도 할 수 없는 것 같다. 이런 상황이 바로 과학자가 철학자를 필요로 하는 한 가지 이유이다.

귀납의 문제에 답하기 위해 수많은 철학자들이 노력해 왔다. 그런 노력 가운데 일부는 상당히 훌륭했지만, 과학적 관점에서는 대부분 큰 도

----

6   물론 어떻든지 간에 과학은 경험에 대해 이뤄진다는 과학에 대한 해석이 있으며, 또 보증을 지닌 믿음이란 경험에 대한 믿음뿐이라는 견해도 있다.(Van Fraassen 1980) 그럼에도 과학적 주장의 뚜렷한 특징은 그것이 직접적으로 경험에 대해 이뤄지지는 않는다는 점에 있다. 실증주의적·경험주의적 재정식화는 단지 재정식화일 뿐이다. 이 연구의 목적상 나는 과학적 담론에 대한 소박한 실재론적 해석을 가정할 것이다.(과학적 실재론에 대한 권위 있는 연구로는 Psillos 1999 참조)

움이 되지 않았다. 아마도 최근 철학자들이 제공하는 전략 가운데 과학적 관점에서 가장 큰 도움이 되는 것은 귀납의 **정당화** 문제와 **기술적** 문제를 구분하자는 입장일 것이다.(특히 Lipton 2004, Ch.2를 참조) 우리는 귀납 추론을 어떻게 **정당화하는지** 물어보았고, 또 '아무 것도 그렇게 하지 못한다.' 또는 '우리가 생각할 수 있는 것 중에서는 아무 것도 귀납을 정당화하지 못한다.'는 아주 곤란한 결론에 도달하고 말았다. 하지만 이런 답이 귀납 추론 속에 무언가 **잘못된** 부분이 있다는 주장을 입증하지는 못한다. 그런 주장은 내 컴퓨터가 키보드를 통해 입력된 기호들을 모니터에 표시해 주는 방법을 나로서는 이해하지 못하므로 내 컴퓨터가 문제의 연산을 멈추게 될 것이라는 주장과 다를 바 없다. 다른 관점에서 보면, 정당화 없이 모든 귀납 추론을 좋은 귀납 추론이라고 볼 수는 없을 것이다. 많은 귀납 추론은 정당한 추론이 아니다. 또한 귀납 추론을 곧 연역적이지 않은 추론이라고 보는 우리의 정의는 어떤 비연역적 추론 가운데 불합리한 추론과 정당한 추론을 구분하는 실천적 과제를 다루는 데는 대단히 부적절하다. 그렇다면 귀납의 다른 문제는 **기술적** 문제다. 다시 말해 귀납 추론을 기술하는 과제이다.

귀납의 정당화 문제를 철학적 회의론의 일반적이고 괴이한 하나의 형태로 간주하고, 이런 회의론은 기나긴 겨울밤을 소일하는 목적 이외에는 적합하지 않기 때문에 논파할 수 없을 뿐이라고 주장하면서 그것을 물리치기는 매우 쉽다. 하지만 기술적 문제는 난롯가에서 푸는 이야기 보따리를 한참 넘어서는 실천적 가치를 지닌다. 또한 이는 어느 정도의 정당화 가치도 가진다. 무엇이 좋은 인과 추론을 만드는지를 잘 기술하면, 문제가 되는 귀납 추론을 정당화할 수 있게 하는 한편 다른 어떤 결론이 아니라 지금 선택된 바로 그 결론을 택한 이유도 정당화할 수 있기 때문이다.

역학자들이 연구 설계를 고민하고 데이터가 가설을 얼마나 뒷받침하는지 평가하는 한편, 어떤 행동이나 개입이 원하는 결과를 가져올 수 있는지 밝히려고 할 때 그들이 직면하는 문제가 바로 기술적 문제다. 따라서 이 책에서 다루는 문제는 기술적 문제라고 할 수 있다.[7]

귀납에서 인과로

우리는 경험을 바탕으로 귀납을 정당화하려 하면 '짧은' 순환이 일어난다고 평가했다. 경험을 바탕으로 귀납을 정당화하려는 시도를 인과를 통해 행하게 되면 더 긴 형태의 순환 논증이 된다. 흄은 귀납 추론의 결론이 그 전제에 어떻게 연결되어 있는지 물어보았다. 전제로부터 연역적으로 타당한 논증의 결론을 이끌어 내는 장치는 논리적 필연성이다. 귀납 추론에도 그런 장치가 있는가? 흄에 따르면 유일한 후보는 인과다. 태양이 과거에도 떠올랐다는 점에 근거해 내일 아침에도 태양이 떠오를 것이라고 추론할 때, 우리는 과거의 일출과 내일

----

7   어떤 이들은 좋은 인과 추론의 특징이 맥락에 따라 바뀔 것이라고 예측할 수 있다. 이들의 생각에 따르면, 이는 아직 밝혀지지 않은 귀납 추론의 보편적 형식이 있다고 가정하기보다는 철학자들의 과학 연구, 특히 역학과 같은 과학에 대한 연구에서 많은 결실을 기대할 수 있는 근본적인 이유가 된다. 만일 보편적 형식이 있다면, 그것은 제한적 맥락 내에서는 특정한 초점에 매여 있는 연구에 의해 이뤄진 만큼이나 초점을 지닌 연구에 의해서도 쉽게 발견될 수 있을 것이다. 하지만 만일 그렇지 않다면, 초점 없는 연구는 혼란을 불러올 것이다.

의 일출 사이에 일종의 인과적 연결이 존재할 것이라고 가정하기 때문에 그렇게 할 수 있다. 흄이 생각하기에 전제와 결론을 이어주는 무언가가 없다면 귀납 추론은 "전적으로 불안정할 것"(Hume 1748, §Ⅳ)이며, 따라서 인과는 "우리에게 우주의 시멘트"(Hume 1739, Abstract)로서 귀납 추론의 전제와 결론을 이어주는 접착제이다.

인과를 통한 우회로 역시 귀납을 정당화하는 데 도움을 주지는 못한다. 이 길 역시 순환성을 해소할 수는 없기 때문이다. 흄이 논증했듯이 인과적 지식은 오직 경험을 통해서만 얻을 수 있다. 우리는 경험을 통하지 않고서는 무언가가 다른 어떤 사태를 일으킨다(예를 들어 빵을 먹으면 살이 찐다.)는 사실을 알 수 없으며, 따라서 인과에 대한 지식에 호소하여 귀납 추론을 정당화하는 시도는 귀납 추론의 신빙성에 대한 지식에 직접 호소하여 귀납 추론을 정당화하는 시도보다 조금도 낫지 않다. 후자의 시도에 대해서는 이미 앞서 짧은 순환을 다루면서 논의했다.

물론 우리의 과제는 정당화가 아니라 기술적 문제이기 때문에, 인과를 통한 우회로는 나름의 가치를 지닌다. 우선, 현실의 귀납 추론을 정당화하려는 노력을 기술하는 데 있어 인과를 통한 우회로는 동일한 일이 반복될 것이라는 무분별한 예측보다 훨씬 더 설득력 있다. 앞 절에서 논의한 것처럼 만일 이 샌드위치는 나를 살찌울 것이며 독은 없을 것이라는 예측을 **정당화하려면**, 나는 왜 내가 그렇게 생각하는지 설명해야 한다. 그리고 이런 설명에는 샌드위치가 지닌 성분에 대한 지식과 그런 성분들로 이뤄진 샌드위치가 내 몸에 미치는 영향이 무엇인지에 대한 인과적 지식이 포함되어 있을 것이다. 물론 이런 인과적 지식은 다른 샌드위치들이 여러 사람들에게 끼친 효과에 대한 지식에 기초를 두고 있다. 또 이런 수준에서 해당 추론은 동일한 일이 반복될 것이라는 예측과도 여전히 연루되어 있다. 하지만 이런 추론이 동일한 일이 반복되리라고 예상하는 것**만은** 아니다. 몇몇 이유에서, 우리는 인과적 지식을 통한 우회로를 이용하여 이 샌드위치가 나를 살찌울 것이라고 주장한다. 우리는 단지 비슷한 샌드위치들을 섭취한 후 건강한 삶이 연장되었다고 주장하는 것이 아니다. 지금껏 내가 먹었던 다른 샌드위치들이 나를 살찌웠고(달리 말해, 나에게 건강한 삶의 연장을 가져다 주었고), 그 샌드위치들의 구성 성분 덕분에 그런 일이 가능했으며, 지금 먹는 이 샌드위치도 비슷한 성분으로 되어 있어서 결국 나를 살찌울 것이라고 주장하는 것이다.

따라서 인과를 통한 우회로는 우리가 현실적으로 쓰는 귀납적 실천을 더 잘 서술하는 것처럼 보인다. 최소한 우리가 반성적으로 수행하는, 따라서 습관 · 가정 또는 여타 자동적인 믿음 형성 메커니즘과는 다른 귀납에 대해서는 그렇다. 우리가 과학에 대해 탐구하고 있다면, 바로 이런 반성적인 귀납 추론이 우리의 관심사이다.

인과를 통한 길은 또한 귀납을 기술하려는 기획의 관점에서 볼 때도 유용한데, 이는 우리에게 일정한 방향을 제시하기 때문이다. 만일 우리가 인과란 무엇이며 인과적 지식이 무엇인지에 대해 어떤 내용을 말할 수 있다면, 왜 이런 종류의 지식을 통해 우리가 좋은 귀납 추론을 할 수 있는지에 대해서도 무언가를 말할 수 있을 것이다. 또 우리가 좋은 귀납 추론 속에서 인과적 지식의 역할에 대해 무언가 말할 수 있게 된다면 어떤 주어진 추론이 올바른 종류의 인과적 지식을 채택하는지, 또 그것을 올바른 방식으로 사용하는지 여부를 살필 수 있을 것이고, 그에 따라 우리는 나쁜 추론과 좋은 추론을 구분하는 방법 역시 마련할 수 있을 것이다.

인과를 통한 길은 또 다른 더 많은 과제를 낳기도 한다. 인과란 무엇인지 그리고 우리는 그것을 어떻게 알 수 있는지에 대해 무언가 말할 필요가 있기 때문이다. 인과를 어떻게 아느냐는 과제는 귀납의 기술적 문제를 이루는 한 부분이며, 인과가 무엇인지 묻는 과제 역시 기술적 기획을 진지하게 받아들이는 한 반드시 수행해야 할 과제다. 몇몇 뛰어난 사람들의 정력적인 노력이 있었지만, 경험적 문제에 대한 우리의 추론이 대체로 인과에 호소한다는 점을 현실적으로 부정하기는 힘들기 때문이다. 어떠한 과학도 이런 사실을 역학보다 더 잘 보여 주지 못한다.

역학: 간략한 역사

역학이란 무엇인가? 앞에서 정의한 바에 따르면 역학은 '인구집단의 건강을 증진시키기 위해 여러 집단을 비교하여 인구집단 차원의 질병 및 건강 상태의 분포와 결정요인을 탐구하는 학문 분야'이다.

역학 교과서에서는 이 정의가 다양하게 변형되어 널리 사용되고 있다.[8] 또 이 정의의 핵심 요소 역시 일반적으로 받아들여지고 있다. 핵심 요소란 다음과 같다. 역학의 연구 대상은 건강 상태의 분포와 그 결정요인이고, 인구집단의 건강을 개선하는 것은 이 과학의 목표이며, 집단 비교는

----

8   이런 정의의 요소들은 여러 저술에서 찾아볼 수 있다.(Last 1995; Morabia 2004; Szklo and Nieto 2007; Rothman, Greenland, and Lash 2008; Porta 2008)

그 방법이다. 이 정의가 방법적 구성요소와 그 임무에 대한 진술을 모두 포함하고 있다는 사실은 특별히 언급할 만하다. 또 이 두 요소는 연구 대상과 쉽게 분리할 수 없으며 그 분리가 유용하지도 않다는 점 역시 중요하다. 역학의 방법은 인구집단의 건강을 개선하려는 관심 때문에 지금의 모습을 가지게 되었다. 물론 연구 대상이 되는 현상 역시 방법에 영향을 끼쳤다. 이번 절에서는 이 정의에서 등장한 요소들이 어떻게 결합되어 있는지, 그리고 역학이 어떤 식으로 하나의 분과로서 대두했는지 간략히 살펴보겠다.

　제대로 된 역학의 역사를 서술하는 일은 이 책의 범위를 넘는 과업이다. 이런 과업을 달성한 흥미로운 책으로 특히 모라비아(Alfredo Morabia)의 『역학적 방법과 개념의 역사』(A History of Epidemiologic Methods and Concepts. 2004)가 있다. 모라비아는 역학의 역사를 **형성 이전, 발아기, 고전기, 현대** 네 시기로 나눈다. 형성 이전 시기는 인류 문명의 시작에서부터 19세기가 끝날 무렵까지를 일컫는다. 이 시기에는 역학이라는 한 우산 아래 묶을 수 있는 다양한 활동은 있었지만, 이들 모두를 묶어줄 수 있는 과학적 분과도, 오늘날 역학의 특징으로 손꼽을 수 있는 형식적 · 통계적 도구도 없었다. 위대한 역학 연구로 가장 많이 언급되는 연구들이 이 시기의 끝 무렵에 많이 분포한다는 점은 얼마간 역설적이다.

　19세기 중엽 오스트리아제국에서 활동한 의사 젬멜바이스(Ignaz Semmelweis)의 사례를 보자. 그는 자신이 관리하던 두 병동의 산욕열 발생률이 매우 다르다는 사실에 직면했다. 당시 의사들은 산욕열이 '독기(miasma)' 또는 각 병동이 위치한 지역의 나쁜 공기에 의해 일어난다고 생각했다. 이 병이 미생물에 의해 일어날 수도 있다는 생각이 일부 '접촉론자(contagionists)'에 의해 제기된 바 있으나 널리 수용되지는 않았다. 또 접촉론자들의 생각 그 자체도 다양한 지점에서 잘못되어 있었다. 적어도 당시에는 접촉에 의한 감염이라는 개념은 많은 질병에 적용하기 힘든 상태였다. 젬멜바이스는 산욕열의 차이를 독기로 설명하는 데 만족할 수 없었다. 독기로는 두 병동 사이의 **차이**를 해명할 수 없었기 때문이다. 그는 산욕열 발생률의 차이를 설명할 수 있는 다른 요인을 찾기 시작했다. 그는 다양한 가능성을 검토하고, 그 중 대부분을 다양한 이유로 기각했다. 한 번은 죽은 환자에게 의식을 집전하기 위해 성직자가 산욕열 사망률이 높은 병동을 지나간다는 사실을 알게 되었다. 젬멜바이스는 성직자가 걸어가는 길을 바꾸도록 설득했다. 성직자를 본 여성들이 시름에 잠겨 돌연 산욕열에 걸릴 가능성이 있다고 본 것이다. 하지만 어떠한 효과도 볼 수 없었다. 분만 자세에서의 차이에 호소하는 설명도 기각했다. 자세 차이를 없애 보았지만 산욕열 발생률에는 어떤 변화도 없었기 때문이었다. 하지만 젬멜바이스가 없애지 못한 차이가 하나 있었다. 의대생들이 산욕열의 위험이 더 심했던 병동에 입원한 여성들을 진찰했던 것이다.(다른 병동에서는 조산원들이 산모를 진찰했다.) 젬멜바이스는 학생들이 산모들을 더 거칠게 다루기 때문에 산욕열이 일어났을 가능성도 검토해 보았지만 분만의 고통은 의대생들 때문에 겪어야 하는 어떤 곤란함에 비해서도 훨씬 더 크다는 점에 비추어 볼 때 그 가능성은 기각해야만 했다. 그러던 중 그는 의대생들의 시간표를 보고 뭔가 감을 잡을 수 있었다. 시체 해부 수업 다음에 바로 산부인과 수업 일정이 잡혀 있었기 때문이다. 이를 통해 그는 해부용 시체에서 묻은 무언가('시체 유래 물질')가 학생들의 손에 묻어 산욕열의 위험을 높이는 원인이 되었다고 추정하기에 이르렀다.

수업 시간표를 바꿀 수 없었기 때문에 그는 학생들에게 염화석회수 용액으로 손을 씻게 했다. 당시로서는 매우 참신한 생각이었다. 결과는 극적이었다. 문제의 병동이 겪던 높은 산욕열 발생률이 급격히 떨어졌다. 산욕열을 완전히 제거할 수는 없었지만, 다른 병동만큼이나 낮은 수준까지 떨어졌던 것이다.(이 이야기를 다룬 수많은 역사책이 있는데, 이 중 철학적으로도 흥미로운 지적을 했던 문헌으로는 Carter 1994를 참조)

지금까지의 설명은 이 사건을 압축적으로 재구성한 것이다. 이것을 여기에서 다시 언급하는 데에는 몇 가지 이유가 있다. 첫째, 이 이야기는 역학과 철학 양쪽에서 공유하는 전승이며, 특히 20세기 과학철학에서 등장한 설명에 대한 주요 이론들은 그 사례를 잘 해설한다는 점을 장점으로 내세웠다.(Hempel 1966; P. Lipton 2004) 둘째, 이 사례는 역학의 정의를 구성하는 요소들을 훌륭하게 묘사한다. 역학은 인구집단의 건강을 증진하는 데 관심이 있으며, 두 집단의 비교라는 방법을 통해 수행된다. 젬멜바이스가 산욕열을 완전히 없애지는 못했다는 데 주목해 보라. 그는 두 병동 사이의 산욕열 사망률의 **차이**를 없앴을 뿐이다. 셋째, 학생들의 손에 묻은 무언가가 차이의 원인이고 그 물질을 제거하면 차이도 없어질 것이라는 가설은 **의학적 혁신**이었다. 당시 질병 전달을 설명하기 위해 통용되던 이론은 젬멜바이스가 제안한 설명적 가설 및 정책적 제안과 일치하지 않았다. 잘 알려져 있는 것처럼 젬멜바이스의 제안은 거부하기 힘든 증거에도 불구하고 널리 받아들여지지는 않았다.(Gillies 2005) 역사 속의 다른 많은 이야기들처럼, 이 이야기에서 역학은 일종의 선도적(pioneer) 과학으로서의 역할을 수행했다. 심지어 역학은 알려지지 않았을 뿐만 아니라 설명되지도 않았고, 심지어 이전에는 **의심까지** 받았던 사실을 연구하도록 다른 과학 분과들을 이끈다. 이런 탐정과도 같은 역할이 역학에 고유한 것은 아니지만, 다른 과학에서 흔하게 찾을 수 있는 특징 또한 아니다. 아마도 고고학 역시 비슷한 설명적 초점을 지니고 있을 것이나, 역학처럼 즉시 떠오르는 사례는 그리 많지 않다. 경제학이나 다른 '강성' 사회과학의 경우, 몇몇 측면에서는 역학과 비슷한 부분을 지니고 있으나 (수학의 활용과 같은 측면), 이들은 이미 알려진 현상을 이해하는 데 초점을 맞추고 있지 아직 알려지지 않은 현상을 찾아내는 일에는 대체로 관심을 가지고 있지 않다. 마지막으로, 젬멜바이스의 결론은 산욕열에 대한 완전한 이해를 제공하지 않았다. 젬멜바이스는 해부용 시체에서 산모들로 옮아가 이들을 감염시킨 미생물을 발견하지는 못했다. 그는 '시체 유래 물질'이 여성에게 옮겨졌으며, 이것이 여성의 몸 속에서 패혈증을 일으킨다는 가설을 세웠다. 이런 가설은 거짓이었다. 젬멜바이스의 가설 가운데 올바른 부분은 의대생들의 손에 묻어 있던 **무언가가** 문제를 일으켰다는 사실 정도다. 이 사실 배후에 깔린 기저 메커니즘은 질병이 세균에 의해 일어날 수도 있다는 이론이 등장한 다음에야 완전히 이해될 수 있었다. 동일한 장면을 많은 역학적 발견에서 찾아볼 수 있다. 예를 들어 담배 흡연으로 인해 체내에 흡수되는 모든 발암물질의 작용은 아직 완전히 이해되지 못했다. 역학의 이러한 특징은 이미 정립되어 있는 의학적 및 과학적 지식과의 긴장을 불러일으킬 수도 있다.(Russo and Williamson 2007; Broadbent 2009a; 2011c)

형성 이전 시기 이후의 '발아기'는 의학에 적용할 목적에 따라 통계학의 방법을 발전시킨 시기라고 볼 수 있다. 역학과 의학의 다른 분과 사이의 경계선이 분명하지는 않은 상태이기 때문이다. 이 시기는 20세기의 전반부 약 50년에 해당하는데, "인구집단 사고와 집단 비교에 대한 이론이 처음으로 역학적 개념과 방법 속으로 녹아들기 시작했던 시기"(Morabia 2004, 112)였다. 이 시기에는 아직 역학 교과서가 존재하지 않았다. '고전기' 역학은 제2차 세계대전 이후 등장했으며, 이때 대규모 **코호트 연구**(다음 절에서 다룬다.)도 나타났다. 영국 의사를 대상으로 한 흡연 연구와 프레이밍엄 심장 연구[9](이들 연구는 지금도 수행중이다.)가 이 시기의 역학 연구를 잘 보여 주는 전범이라고 할 수 있다. 역학 교과서도 속속 등장했으며, 그 저자의 상당수는 통계학자가 아닌 의사들이었다. 따라서 통계학자와 의사의 공동 작업은 이 시기 역학의 성과를 달성하는 데 매우 중요한 역할을 했다. 반면 '현대' 역학은 연구자들이 의사가 아니라 다른 학문을 전공한 박사라는 특징을 지닌다. 현대 역학은 전문가가 수행하는 수많은 연구들로 이뤄진다. 흡연과 폐암 사이의 관계에 대한 고전적 연구 배후에 있는 원리는, 그런 연구를 가능하게 했던 다수의 개념적 발전들만큼이나 상대적으로 이해하기 쉽다. 하지만 현대 역학 학술지에 수록된 이론적 논문들은 대부분의 역학자들도 이해하기 힘든 내용으로 가득하며, 이 분과 바깥의 사람들은 염두에 두지도 않은 채 작성되었다. 현대 역학

----

9   (옮긴이) '영국 의사 연구(British Doctors Study)'는 역학자이자 의사인 돌과 통계학자인 힐이 흡연과 폐암의 관련성을 입증하기 위해 1951년 영국의사 약 4만 명을 대상으로 시작한 전향적 코호트 연구로, 2001년까지 50년간 이들 코호트를 추적 관찰한 역학 연구다. 흡연이 폐암 발생 위험을 증가시킨다는 가설은 윤리적 이유로 실험 연구가 불가능했으나 오랜 기간에 걸쳐 대상자를 추적 관찰한 여러 연구 결과를 종합하여 입증하였다. '프레이밍엄 심장 연구(Framingham Heart Study)'는 심장질환 위험 요인을 알기 위해 1948년 매사추세츠주 프레이밍엄 마을 주민 약 5천 명을 대상으로 시작한 전향적 코호트 연구로 현재까지 수행되고 있는 역학 연구다. 역학자 토머스 로일 도버가 초창기 연구책임자를 맡아 이끌었고 흡연, 고콜레스테롤, 비만, 고혈압 등이 심장질환의 원인임을 밝혀냈다. 위험요인(risk factor)이라는 용어가 최초로 사용된 연구이기도 하다. 최초 연구대상자의 자손을 대상으로 연구가 지속되고 있고 심장질환의 유전적 요인에 대한 중요한 연구 결과가 계속 발표되고 있다.

은 이제 성숙한 단계에 도달했으며, 약간의 통계학적 지식을 통해 상식을 응용하는 작업으로 보기 힘든 지점에 있다. 현대 역학 활동의 본성과 의미를 즉각적으로 알아보기는 힘들다는 사실은, 그 활동이 여러 가지 방식으로 해석될 수 있을 뿐만 아니라 엉뚱한 방식으로 오해될 수도 있다는 함축을 지닌다. 이것은 역학에 관한 철학적 논의가 필요한 한 가지 이유일 것이다.

역학 연구의 기본적 방법들

○

　　　이 책은 논의에 필요할 경우에만 전문적인 개념들을 사용한다. 전문적인 내용을 다룰 경우, 이 주제에 익숙하지 않은 독자들에게는 너무 난해하지만 익숙한 독자들에게는 실망스러운 서술이 될 수 있기 때문이다. 특히 익숙한 독자들은 훨씬 더 긴 분량과 충분한 기술적 세부사항을 동원한 서술에 비해 빈약한 서술에 실망할 수도 있을 것이다.(충분한 다른 서술로는 Rothman 2002; Szklo and Nieto 2007; Rothman, Greenland, and Lash 2008) 여기에서는 역학에서 사용되는 주된 연구 설계 방법에 대해 훑어본다. 이런 서술은 역학에 익숙하지 않은 독자들에게 이 분과가 어떻게 작동하는지에 대한 느낌을 주는 데 적절할 것이고, 익숙한 독자들에게도 흥미로운 부분이 있을 것이다. 역학 연구 설계가 지닌 특유한 여러 성질들에 부여된 이론적 근거는 언제나 논쟁에서 자유롭지 않기 때문이다.

실제 역학 연구에서는 이번 철학적 탐구가 관심을 가지는 것보다 훨씬 많은 종류의 연구 설계가 사용되고 있으며, 이들을 아주 다양한 방식으로 결합할 수 있다. 다만 우리의 목적을 위해 탐구할 주된 연구 설계는 다음 세 종류다.

- **환자-대조군 연구**: 이전에는 후향적(retrospective) 연구로 불렸다.
- **코호트 연구**: 이전에는 전향적(prospective) 연구로 불렸다.
- **무작위 대조 시험**

수서(Mervyn Susser)는 역학의 이론적 부분에 대한 고전적 연구에서 역학과 전통적인 의학 연구의 결정적인 차이는 다음과 같다고 지적하고 있다. 역학 연구에서는 "우리가 할 수 있는 한 여러 환자들을 그들이 속한 인구집단과"(Susser 1991, 6) 연관시키는 방법을 사용하지만, 전통적인 의학은 개별 환자에 대한 병력 연구에 의존한다. 병력 연구를 할 때 연구자는 개별 환자 또는 환자의 집단을 조심스럽게 조사한다. 이 방법이 의학에만 국한된 것은 아니다. 연구 대상은 "한 부족의 마을, 공장의 각 층, 정신병동, 병원 조직"(Susser 1991, 5) 모두가 될 수 있다. 수서의 관찰은 역학의 본질적 특징, 다시 말해 **집단 비교**가 지니는 중심적 역할을 보여 준다. 이에 대해서는 1장의 첫 문단에서 이미 언급한 바 있다. 이들 연구 설계에서는 두 집단 또는 그 이상의 집단을 비교하게 된다. 이는 역학을 정의할 때 집단 간 비교를 언급하는 이유다. 집단 비교가 없다면 인구집단 건강과 관련된 변수의 분포나 그 결정요인에 대한 연구는 결코 역학이 될 수 없을 것이다.(이 점은 Morabia 2004에 상세히 해명되어 있다.)

환자-대조군 연구에서 대상 환자를 판별해 내는 고전적인 장치는 병원이었다. 이는 환자-대조군 연구가 어떤 결과를 겪고 있는 **환자들을** 확인하는 과정에서 시작하기 때문이다. 폐암 사망과 같이 드물지만 심각한 결과를 찾는 데는 병원만큼 좋은 장소가 없다. 다음으로 환자-대조군 연구는 환자가 겪은 일 속에서 찾을 수 있는 노출과 대조군, 즉 실제로는 환자가 되지 않았으나 환자들과 무언가 비교할 만한 부분이 있는 사람들이 겪은 일 사이에서 찾을 수 있는 노출을 비교한다. 예를 들어 흡연과 폐암의 관계에 대해 이뤄졌던 고전적인 환자-대조군 연구에서 환자는 폐암 환자였으며 대조군은 일반 인구집단에서 추출한 사람들이었다. 이 연구는 두 집단의 흡연 습관을 비교했다.

흡연 사례는 환자-대조군 연구의 주된 어려움 가운데 하나를 보여 준다. 다시 말해 적절한 대조군을 판별하기는 매우 어렵다. 흡연에 대한 몇몇 환자-대조군 연구에서는 다른 질병으로 병원에 온 환자들을 대조군으로 삼았다. 그들의 병이 흡연 습관과는 무관하며, 따라서 이들의 특징이 연구에 편리할 뿐 아니라 적절한 대표성을 지니고 있다는 가정 덕분이다. 물론 이런 가정에는 문제가 있었다. 흡연은 흡연자에게 대단히 많은 방법으로 해악을 끼칠 수 있으며, 대단히 많은 질병에 기여할 수 있다는 사실을 제대로 감안하지 않은 가정이기 때문이다.(이에 대해서는 9장에서 다룬다.) 즉 여기에서 환자와 대조군 사이의 차이를 곧 흡연 습관에서의 차이라고 보는 관점은 흡연이 폐암 사망률에 기여하는 수준을 과소평가하게 된다. 이런 가정은 흡연과 폐암 사이에 깊은 관계가 있다는 합의가 더디게 형성되는 데 기여한 많은 요인 가운데 하나였다.(역시 9장에서 상세히 논의한다.)

코호트 연구는 많은 측면에서 환자-대조군 연구를 반대 방향으로 완전히 뒤집은 연구 방법이다. 코호트 연구는 사람들의 '코호트(cohort)'[10]를 일정 기간 동안 추적하며, 동시에 관심의 대상이 되는 노출과 결과를 측정한다. 코호트 연구를 다른 연구와 구분해 주는 특징은 결과가 알려지기 전에 노출이 평가된다는 점이다. 코호트 연구는 노출과 결과 사이의 인과적 관계를 밝히는 매우 중요한 방법이며, 매우 강력한 증거를 제공할 수 있다. 하지만 이들은 굉장히 많은 시간을 필요로 하며 환자-대조군 연구에 비해 비용이 많이 든다.(건강 기록이 점점 더 전산화되고 있는 오늘날에는 코호트 연구의 비용이 낮아졌으며, 코호트에 대해 후향적 연구가 수행되는 경우도 점점 더 흔해지고 있다.) 역학자들은 연구 중인 코호트가 병에 걸리거나 죽는 것을 멍하니 기다리기보다 코호트에 대해 환자-대조군 연구를 수행한다. 이는 매우 흔한 연구 설계 조합의 하나이며, **코호트 내 환자-대조군 연구**라는 이름으로 불린다.

환자-대조군 연구에서 사용하는 추론이 코호트 연구에서 사용하는 추론을 뒤집은 구조라는 점에 주목해 보자. 코호트 연구에서 연구자들은 노출의 패턴을 살펴본 다음, 노출된 코호트의 위험과 노출되지 않은 코호트의 위험을 비교한다. 하지만 환자-대조군 연구에서 연구자들은 결과를 겪고 있는 사람들의 **노출** 위험도와 결과를 겪고 있지 않은 사람들의 노출 위험도를 비교한다. 역학에서 **위험**이란 문제의 사람이 속한 전체 인구집단을 분모로 하며, 특정한 시간 동안 문제의 결과를 겪게 된 새

---

10   (옮긴이) 코호트(cohort)는 고대 로마의 병제 단위인 코호르스(cohors)에서 유래한 용어로, 어떤 공통된 특성이나 속성 또는 경험을 공유한 집단으로 정의된다. 미국 최초의 역학 전공 교수이자 존스홉킨스대학교 역학교실 초대 주임 교수를 역임한 웨이드 햄튼 프로스트가 코호트라는 용어를 최초로 역학적 맥락에서 사용했다.

환자의 수를 분자로 하는 비율이다. 역학의 용법상 '위험'이 순전히 통계적 개념이라는 점을 이해하는 것이 매우 중요하다.

환자-대조군 연구에서 어떤 결과를 겪는 사람들의 노출 위험도를 그렇지 않은 사람들의 노출 위험도와 비교하기 위해 역학자들은 오즈비(odds ratio, OR)라는 측정지표를 도입한다. 어떤 질병의 오즈는 그 질병에 걸린 사람의 수를 그 질병에 걸리지 않은 사람의 수로 나눈 값이다. 따라서 오즈비는 두 집단의 오즈 사이의 비(ratio)다.[11] 환자-대조군 연구에서 이런 계산의 바탕이 되는 집단은 환자군과 대조군이다. 우리의 관심사는 아니지만, 특정 조건 하에서는 오즈비가 상대위험도에 가까워진다는 1951년의 수학적 발견(Cornfield 1951)은 역학에서 매우 중요했다. 예를 들어 어떤 오즈비는 몇몇 병원에 내원한 상대적으로 작은 인구집단에 대해 수행된 환자-대조군 연구로부터 획득할 수 있다. 노출된 또는 노출되지 않은 집단이 전체 인구집단 속에서 나타나는 결과의 위험에 대해서는 어떠한 정보도 없이 말이다. 오즈비를 사용해 위험비(risk ratio)를 추정할 수 있다는 점은 환자-대조군 연구를 매력적으로 만든다. 다만 이 연구 방법은 상대위험도를 평가하는 싸고 빠른 방법인 만큼 (인구집단 자체를 비롯한 다양한 원천에서 비롯된) 바이어스[12]에 취약하기도 하다.

----

11   (옮긴이) 수학에서는 odds를 '배당률'이나 '승산'으로 옮기지만, 역학에서는 '오즈'나 '대응비'로 옮긴다. 두 오즈의 비로 정의되는 odds ratio를 한국에서는 '오즈비', '교차비' 또는 '대응위험도'로 옮긴다. 일본에서는 '오즈비(オッズ比)'로, 중국에서는 '비차비(比值比)'로 옮긴다.

12   (옮긴이) 바이어스(bias)는 연구 과정에서 발생하여 결과를 왜곡시키는 체계적 오류로 정의된다. 일본에서는 '바이어스(バイアス)'로, 한국에서는 '바이어스, 비뚤림, 편의(偏倚)' 등으로, 중국에서는 '편의(偏倚)'로 쓰고 있다. 이 책에서는 '바이어스'로 통일해 옮겼다. '비뚤림'이라는 한국어 번역 용어의 어원은 '비뚤다'라는 형용사이므로 사전상으로는 '비뚤임'이 맞으며, '비틀(리)다'에서 유래한 '비틀임(림)'으로 쓰는 편이 낫다.

무작위 대조 시험은 신약을 검사하는 데 흔히 사용되는 방법이다. 이 연구는 다음과 같이 진행된다. 시험약은 시험군에게 지급하고, 대조군에게는 위약을 지급하거나 해당 조건에서 수행되는 통상적인 치료를 수행한다.(윤리적인 이유로 후자의 조치가 지시되는 경우가 흔하며, 현장에서도 이를 더 선호한다. 현존하는 가장 효과적인 치료법보다 더 효과적이지 않은 치료법을 개발한다는 것은 의학적으로도 상업적으로도 의미 없는 일이다.) 참여자들은 무작위로 각 집단에 할당된다. 시험 대상이 되는 인구가 충분히 많다면 두 집단 사이의 결과 차이가 우연히 나타날 가능성은 극히 작아진다. 이에 따라 (시험 대상 인구가 많으면 많을수록) 결과에서의 차이가 문제의 노출에서 기인했다고 말할 수 있게 된다. 무작위 대조 시험은 '눈가림법', 즉 피험자에게 그들이 어느 집단에 배정되었는지 알려주지 않는 방법을 요구한다. 누가 어떤 집단에 배정되었는지 아는 경우 생길 수 있는 사람에 의한 바이어스를 방지하기 위해서이다. 이론상으로 무작위 대조 시험은 인과성에 대한 매우 좋은 증거를 제공하며, 역학적 연구 설계의 황금률로 간주되어 왔다. 물론 이 방법에 대한 강력한 비판도 계속해서 있어 왔다. 이 방법 역시 바이어스나 우연한 오류로부터 자유로울 수 없기 때문이다. 무작위 대조 시험에 얽혀 있는 여러 어려움들에 대한 광범위하고 공정한 조사로는 하윅(Jeremy Howick)의 작업을 들 수 있다.(Howick 2011 ; 무작위 대조 시험에 대한 영향력 있고 강력한 다른 비판은 Worrall 2002와 Worrall 2007을 참조) 만일 어떤 치료방법이 효과가 있다면 환자·의사·역학 연구자는 그들이 시험군에 속하는지 여부를 알 수 있을지도 모른다. 어떤 치료법은 사실상 효과는 없는 한편 명백한 부작용이 생길 수 있다. 위약이라는 개념 또한 면밀한 검토에 의해 지지되는 것은 아니다. 인과적으로 정말 중립적인 사물은 존재하지 않으며, 따라서 위약을 사용하기로 결정하려면 치료 효과가 어떻게 생겨나는지에 대해 가정을 사용할 수 밖에 없다.(예를 들어 식물성 기름 캡슐은 콜레스테롤을 낮추는 약물에 대한 무작위 대조 시험에서 위약으로 흔히 사용된다. 이는 유감스러운 일인데, 일부 식물성 기름은 그 자체로 콜레스테롤을 낮출 수 있기 때문이다. Golomb 1995; Howick 2011, Ch.7) 운동처럼 매우 중요한 몇몇 건강 관련 행동의 경우에는 적절한 위약을 생각하기가 대단히 힘들다. 마지막으로 무작위 대조 시험을 현장에서 사용할 수 있는 경우 역시 제한되어 있다. 이 시험은 시험군이나 대조군에게 위험하다고 알려졌거나 그렇다고 의심되는 경우 수행할 수 없다. 또 이 시험은 고위험군에 속하는 사람들은 일반적으로 제외하고 이뤄진다. 예를 들어 매우 나이가 많거나 어린 사람처럼 의료적 관심과 처방이 부족한 집단에게는 이런 시험이 잘 이뤄지지 않는다.

무작위 대조 시험을 과도하게 강조하는 사람들이 있기 때문에 이런 결점을 다시 언급할 만한 가치가 있다. 그렇다고 하더라도 적절한 환경 속에서 제대로 수행된다면 무작위 대조 시험이 설득력 있는 역학 연구가 될 수 있다는 사실만은 부인할 수 없다.

이들 세 종류의 연구가 지닌 상대적인 장점은 각 연구 설계가 수행하기 용이한지 그리고 인과적 사실을 밝혀내는 도구로서 효과적인지, 이 두 가지 요인에 달려있다. 환자–대조군 연구는 이들 가운데 분명 철학적으로 가장 흥미로운 방법일 것이다.(실제로는 무작위 대조 시험이 더 많은 관심을 받았다.) 이 연구는 인과 추론이라는 목적을 달성하는 데는 가장 취약한 연구 설계이고 다른 방법에 비해 더 많은 방법론적 난점을 가지고 있지만(특히 다양한 바이어스에 취약), 실무적 관점에서는 수행하기 가장 쉬운 방법이기도 하다. 따라서 이 방법은 폭넓게 사용되고 있으며, 위에서 기술한 단순한 방식은 매우 다양한 방식으로 변용되고 있다. 예를 들어 비(非)환자 집단에서 대조군을 골라내는 작업은 대단히 어려울 수 있다. 아주 긴 잠복기를 지녔거나 증상이 없는 시기를 지닌 질병을 가진 환자의 경우 그렇다. 이런 환경하에서 환자-코호트 연구 설계가 사용되기도 한다. 여기에서 연구자들은 사람들이 문제의 질병에 걸렸는지 여부와 무관하게 주어진 코호트 속에서 대조군을 골라낸다.(Szklo and Nieto 2007, 95~97; Rothman, Greenland and Lash 2008, 123~124)

결론

ⓞ

우리는 역학을 포함한 모든 과학의 토대에 자리잡은 몇 가지 깊이 있는 철학적 문제를 살펴보았다. 과학은 경험으로부터 배우기 위해 우리가 기울이는 최선의 노력이다. 하지만 경험이 어떻게 지식을 전해줄 수 있는지는 여전히 불분명하다. 이런 상황은 우리가 과학적 지식 주장을 근원적으로 정당화하려 한다면 심각한 문제가 된다. 하지만 실천적 목적하에서는 지식에 대한 근원적 정당화는 대체로 불필요하다. 실천을 위해서는 무언가가 지식이라는 사실로 충분하기 때문이다. 실천적 문제는 지식을 쓰레기와 구분하는 방법이다. 경험에서 배운다는 맥락에서 볼 때, 이 문제는 좋은 귀납적 추론을 나쁜 귀납적 추론 또는 어떤 중요한 의미에서도 추론이 아닌 것들로부터 구분하는 문제라고 볼 수 있다. 이 문제를 **귀납의 기술적 문제**라고 부르자. 사실 이 책에서 역학을 다룰 때 우리는 바로 이 문제에 대해 관심을 두고 있는 것이다. 귀납의 기술적 문제에 대한 가장 분명한 답은 이렇다. 좋은 귀납적 추론은 인과적 연결에 의해 보장되는 추론이다. 이런 사실은 왜 인과가 역학에서 중심적인지, 그리고 인과의 본성과 그에 대한 우리의 인식적 접근 가능성에 대한 이해가 이 책의 매우 많은 부분을 이루고 있는지 설명해준다.

우리는 또한 역학적 맥락에 맞게 이들 일반적인 철학적 문제를 변형하여 논의할 것이다. 이에 앞서, 철학자와 역학자가 '문제'에 접근할 때 그들의 관심은 서로 다르다는 점을 지적할 필요가 있다. 철학자에게 문제는 대체로 좋은 것이다. 문제란 그들에게 흥미로운 상대이면서 동시에 철학적 작업을 수행할 기회다. **철학적으로 흥미로운 문제**가 있다고, 즉 아주 만족스러운 투로 **철학적 문제**가 있다고 말하는 모습은 철학계에 아주 흔한 풍경이다. 20세기의 철학적 저술 가운데 가장 널리 읽히는 저술의 이름은 『철학의 문제들』(Russell 1912)이기도 하다. 반면 역학자들이 『역학의 문제들』이라는 책을 찬양하는 모습은 상상하기 힘들다. 이런 차이에는 생각해 보면 당연한 이유가 있다. 철학자에게 문제가 없는 상황은 그 자체로 심각한 문제다. 특정한 유형의 문제가 없다면 철학도 없을 것이기 때문이다. 하지만 역학은 목숨을 살리는 것을 목적으로 한다. 역학에 문제가 있다면 살릴 수 있는 목숨이 줄어들 뿐이다. 이런 차이에도 불구하고 역학의 실천적 맥락에서는 문제에 대한 철학적 태도를 상황에 따라 아주 유용하게 받아들일 수 있을지 모른다. 참된 개념적 문제를 잊어버리는 것은 전혀 올바른 태도가 아니다. 어떤 치료가 대단히 경솔하고 불완전한 방식으로 뒷받침되고 있는 상태가 문제가 되고 있으며, 이것이 현실적인 문제이기도 하다고 해보자. 이런 문제는 무시한다고 해서 사라지지 않는다. 그렇다면 여기에서 핵심은 그 문제와 해결책의 실천적 중요성에 집중하면서도, 문제를 철저히 다루는 면에서도 게을리하지 않는 노선을 취해 두 태도 사이에서 모종의 균형을 추구하는 데 있다. 그런 균형이 가능하다면 말이다.

3장

3장

인과 해석 문제

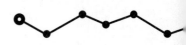

요약

왜 역학은 인과의 본성에 그렇게 집착하는 것일까? 3장은 그 이유 가운데 하나로 연관성(association) 강도 측정지표가 인과 강도 측정지표로도 사용된다는 사실에 초점을 맞추고 있다. 연관성 측정지표가 인과 측정지표로 사용될 때, 그 측정지표가 추가적으로 가지게 되는 의미는 수학적 정의를 통해서는 포착할 수 없다. 실무를 전담하는 역학자조차도 자신의 발견을 일반에게 알리려면 인과적 주장이 제기하는 해석의 문제를 넘어야만 한다. 그런데 인과에 대한 논의를 선도해온 철학적 접근 방식(확률적 접근 및 반사실적 접근) 역시 이 문제에 유용한 해결책을 제공하지 못한다. 내가 제안하는 새로운 접근 방식은 어떤 노출이 두 집단 사이의 결과 차이를 최소한 연관성 측정지표를 통해 표현된 수준만큼 설명해 내는지 묻는다. 나는 개별 인과의 개념을 가정한 후, 일반 인과는 개별 인과에 대한 정량적 주장으로 환원된다고 주장한다.

인과 해석 문제

○

역학자들은 인과라는 문제를 매우 중요하게 취급한다. 역학 저널에는 인과에 관한 다수의 논문이 실리고 있고(Hill 1965; Rothman 1976; Doll and Peto 1981; Vandenbrouacke 1988; Robins and Greenland 1989; Suser 1991; Krieger 1994; Northridge 1995; Greenland 1999; Beyea and Greenland 1999; Greenland and Robins 2000; Rothman and Greenland 2005; Lipton and Ødegaard 2005; Dekker 2011), 역학 교과서에도 인과에 대한 장이 포함되어 있다.(Szklo and Nieto 2007; Rothman, Greenland, and Lash 2008; Bhopal 2008) 더 정확히 말해 역학자들은 인과를 찾아내는 일에 관심이 있을 뿐만 아니라 인과의 본성에 대해서도 고민하고 있다. 왜 그런가?

립튼(Robert Lipton)과 외데고르(Terje Ødegaard)는 인과를 언급하는 것이 역학의 본질은 아니며, 연관성에서 도출된 확률 정보만이 역학적 관심의 적절한 대상이라고 주장했다.(Lipton and Ødegaard 2005) 그러나 킨케이드(Harold Kincaid)는 이런 견해가 실무적 관점과 이론적 관점 모두에서 문제가 있다고 보았다.(Kincaid 2011) 실무적 관점에서 볼 때, 역학자들이 의료적·정책적 결정에 영향을 끼치려는 생각을 가지고 있다면, 이들은 반드시 인과를 주장해야만 한다. 단순한 연관성만으로는 어떠한 합리적인 의사결정자도 설득할 수 없기 때문이다. 이론적 관점에서 볼 때, 역학은 심지어 연관성에 대해 논의할 때도 인과적 가정을 묵시적으로 품고 있다. 세상에는 무수히 많은 단순한 연관성이 존재한다. 킨케이드는 다음과 같은 사례를 사용한다. "화요일에 커피를 음용한 사람들은 백혈병에 덜 걸린다."(Kincaid 2011, 76) 이 사례는 매우 도움이 된다. 사물을 분할하는 방법은 무수히 많으며, 그런 여러 방법 가운데 일부가 연관성을 드러내리라는 점은 수학적으로 명백하다. 100명의 사람이 안에 있는 방 하나가 있다고 가정해 보자. 우리는 이들이 지닌 속성들의 목록을 생각할 수 있는 한 무수히 뽑아 볼 수 있다. 머리카락의 색, 눈동자의 색, 키, 성, 좋아하는 음식, 향수의 브랜드 등등. 가령 방의 왼편에 있는 모든 사람들은 공유하지만 오른편에 있는 사람들은 누구도 공유하지 않는 속성이 있다고 해 보자. 그런 속성을 모두 한데 모아볼 수도 있고, 거기에 이름을 붙일 수도 있다. 그 이름을 '시시함'이라고 해 보자. 그렇게 하면, 우리는 이 방의 왼쪽에 모여 있다는 속성을 시시함과 관련시킬 수 있을 것이다.

이런 논의는 과학철학에서는 매우 익숙한 문제를 보여 준다. 자연법칙이란 결코 단순한 연관성이 될 수 없다는 사실을 보이는 시도(Bird 1998, 29)도 있었고, 더 심각한 문제 제기로 귀납의 논리에는 어떠한 희망도 없다는 주장도 있었다.(Goodman 1983, Ch.3) 물론 시시함이라는 속성은 대단히 '부자연'스러우며, 이런 점은 많은 과학철학자들이 자연법칙과 귀납추론에 대해 논의하면서 계속해서 강조했던 바 있다. 역학자들이 연구하는 많은 속성들은 하루 동안의 식사에서 상대적으로 얼마나 많은 올리브유를 섭취하느냐는 연구처럼 별 관련 없는 속성을 한데 모아 놓은 것에 불과해 보인다. 하지만 어떤 속성은 다른 속성보다 더 '자연스럽다'는 시각(특히 Quine 1969; Bird 2007)에 동의하기를 원하는지 여부와는 무관하게, 우리가 특정한 속성을 (현재의 상태를 가져오는 데 있어) 다른 속성보다 더 중요한 잠재적 원인으로 간주하기를 바란다는 점은 명백한 사실이다. 우리는 시시함이라는 속성이 시시한 사람들이 방의 왼편에 있게 된 사실의 원인이라거나, 이 사실의 효과 또는 무엇이 되었든 다른 원인을 공유하는 효과라고 생각하는 일을 **정말로** 바라지 않는다. 심지어 시시함과 왼편에 있는 것 사이에 완벽한 연관성이 있다고 하더라도 말이다.

쟁점은 이렇다. 만일 우리가 모든 인과적 판단을 회피한다면 시시한 연관성 역시 연구의 주제로 심각하게 받아들여야 할 것이다. 어떠한 인과적 연결도 불가능한(예를 들어 시공간적 사실이나 인간 생물학의 사실 등으로 인해) 것이 명백해 보이는 경우에 대해서도 그렇다. 인과적 언어는 흔히 역학적 저술에서 은폐되어 왔다. 이들은 대체로 또는 배타적으로 연관성에만 초점을 뒀다. 하지만 '원인'이나 그와 유사한 말을 꺼리는 역학자라고 해도 암묵적으로는 인과적 판단에 의존하기 마련이다. 역학적 주장을 말이 되게 하기 위해서라면 이는 피할 수 없는 일이다.

이 논증은 역학자들이 인과라는 개념을 회피할 수 없다는 사실을 보여 주지만, 왜 이들이 인과의 정체에 대해 고민해야 하는지 말해 주지는 못한다. 역학자들은 인과적 개념을 계속해서 사용하면서, 인과의 본성이라는 문제는 철학자들에게 떠넘기면 안되는가?

이런 질문에 대해 완전하게 답하려면 상당히 복잡한 논의가 필요하다. 이번 장의 목적은 역학의 인과 주장이 지닌 본성을 이해하는 데 있으며, 역학자들이 이런 주제에 대해 생각할 필요성을 느낀다는 사실을 설명하는 데 있지는 않다. 그럼에도 인과에 대한 역학자들의 관심 방향이 왜 지금처럼 된 것인지에 대해 몇 가지 관점에서 생각해 보는 일은 우리에게 도움이 될 수 있다. 만일 우리가 역학자들이 인과의 본성에 대해 고민하는 이유를 대략이라도 알게 된다면, 역학적으로 유용하면서도 철학적으로 흥미로운 이야깃거리가 생겨날 수 있다.

만일 당신이 역학 교과서나 인과에 대해 서술한 역학 문헌을 뒤적이고 있다고 해 보자. 당신은 현대 역학 연구들이 질병을 '다요인적', '복합적'이라고 표현한 문장들을 마주하게 될 것이다. 아마도 '다인과성 (multicausality)'이라는 용어까지 확인할 수 있을 것이다.(Rothman 1976; Susser 1991; Krieger 1994; Rothman and Greenland 2005; Rothman, Greenland, and Lash 2008; Broadbent 2009a) 이들 용어의 의미가 언제나 분명한 것은 아니다.(이들 내용은 10장에서 상세히 탐구할 것이다.) 또 역학이 많은 부분에서 실험적이지 않고 '관찰적'이라는 사실도 알 수 있다. 이런 상황은 힐이 역학에서의 인과 추론에 대해 아마도 가장 잘 알려진 방법론적 지침을 제시했다는 사실에서 기인할 것이다.(Hill 1965) 하지만 역학의 이러한 특징이 지닌 의미는 그렇게 분명하지는 않은데, 그 이유는 철학자들이 통제된 실험의 인식론적 속성에 대해 놀라울 정도로 적은 관심만을 기울였기 때문이다. 그래서 역학에서 통제된 실험을 사용할 수 없다는 사실이 어떤 결과로 이어지는지 역시 분명하지 않다.[13] 이 문제에 대해서는 다음 장에서 논의한다.

하지만 심지어 실무 중심의 역학자들조차도 인과의 본성에 대해 조금

----

13   '통제된'이라는 말은 때로는 두 비교측정 집단 사이의 교환가능성을 성립시키기 위한 기술을 지시하기도 한다. 하지만 여기에서 '통제된 실험'이란 고전적인 의미로 사용된 말로, 실험 수행자가 관심을 가진 변수를 문자 그대로 통제하고, 또 정확히 동일한 실험 도구를 사용했으나 하나 이상의 변수를 다르게 만들어 각각의 결과를 비교하는 작업을 말한다.

이라도 생각하지 않을 수 없게 만드는 더 직접적인 이유도 한 가지 있다. 역학이 사용하는 많은 측정지표들은 그 형식적 특징을 통해서는 정의되지도, 포착되지도, 강조되지도 않는 인과적 함축을 가지고 있다. 이 함축은 다음과 같은 질문을 불러 온다. 어떤 인과적 사실을 정량화하거나 측정하려는 의도에서 사용된 어떤 표현은 실제로 인과적 사실을 측정하고 있는가? 다시 말해 그 표현이 담고 있는 주장은 어떤 인과적 사실을 전달하는 것으로서 **해석되어야** 하는가?

이 문제는 다음과 같이 대략적으로 요약되기도 한다. '상관관계는 인과가 아니다.' '연관성은 인과가 아니다.' 하지만 이런 구호들은 형이상학의 입장에서 볼 때 명백한 참이라고 할 수 없다. 어떤 철학적 관점에 따르면, 인과가 있다는 주장은 곧 **특정한 종류**의 상관관계가 있다는 주장과 다르지 않기도 하다. 위 두 구호가 역학에 퍼져 있는 것은 사실이지만, 역학적 연관성에 대한 측정지표를 사용할 때 이 주장들을 어떻게 적용할 것이냐는 의문에 분명한 답은 없는 상황이다.

역학은 질병의 분포와 결정요인에 관심을 가진다. 분포의 측정지표에는 개념적인 난점이 없다. 이는 어떤 대상의 분포를 측정하는 일은 곧 본질적으로 그것이 얼마나 자주 일어나는지 세는 일이기 때문이다. 수를 세는 것은 아주 기본적인 계산이며, 역학자들이 사용하는 위험(risk) · 율(rate) · 비(ratio)[14]는 그와 같은 계산 결과에 근거해 조금 더 복잡한 계산을 수행한 결과일 따름이다.

반면, 결정요인의 양을 표시하거나 측정하려는 시도, 더 정확히 말해 그와 같은 요인들이 무엇을 의미하는지 보이려는 시도는 계산으로 환원될 수 없다. 아무리 세련된 계산을 사용할 수 있더라도 마찬가지다. 역학은 변수 사이의 연관 강도를 표현하기 위해 일정 범위의 측정지표를 사용한다. 때때로 이들 연관 강도 측정지표는 어떤 인과적 사실을 드러내는 한편, 그 양을 표시하고 측정하기 위해 사용된다. 이들 지표는 두 변수 사이의 연관성을 측정하는 데만 사용되지도, 이들 변수 사이에 모종의 인과적 관계가 있다고 말하기 위해서만 사용되지도 않는다. 이들은 두 변수 사이에 바로 문제의 인과적 관계가 있다고 말하기 위해 쓰인다. 이제부터는 연관 강도 측정지표를 이런 방식으로 사용할 경우, 이들을 **인과 강도 측정지표**라고 표현할 것이다.

인과 강도 측정지표는 순수한 수학적 정의가 함축하고 있는 내용보다 더 많은 사항들을 함축한다. 수학적으로 이것은 연관 강도 측정지표이지만, 인과 강도 측정지표로 사용할 경우 추가적인 함축이 드러난다. 각도를 조금 달리해 살펴보면, 어떠한 인과 강도 측정지표에 대해서든 두 가지 잠재적인 해석이 가능하다. 이들 측정지표의 내용이 오직 수학적 내용에만 한정된다고 볼 수도 있고, 인과적 내용까지도 포함한다고 볼 수도 있다. 따라서 어떤 특정한 인과 강도 측정지표에 대해 그것이 인과적 측정지표로서 올바로 사용되었는지, 다시 말해 이들 지표가 인과적인 어떤 사실을 측정하고 있는지 아니면 질병의 분포에 대한 여러 숫자들을 단순히 계산한 것인지에 대한 질문을 제기해 볼 수 있다. 이들 측정지표

----

14   (옮긴이) 역학에서 위험(risk)은 분율(proportion)로도 표현하고 분자가 분모에 포함되는 형태로 0과 1 사이에 값이 위치한다. 흔히 백분율(%)로 사용하며, 분율의 예로는 시점 유병률, 치명률, 이환율, 기여위험도 등이 있다. 율(rate)은 분율의 분모에 시간의 개념이 포함된 특수한 형태의 지표다. 율의 예로는 발생률, 발병률, 기간유병률, 조사망률, 연령특수사망률 등이 있다. 비(ratio)는 두 측정값이 완전히 독립적일 때 한 값을 다른 값으로 나눈 분수 형태로 나타내는 지표로, 성비, 사산비, 모성사망률, 상대위험도, 오즈비 등이 있다.

를 다루는 또 다른 방법도 있다. 역학자들이 사용하는 인과 강도 측정지표는 최소한 두 가지 변수와 연결되어 있다는 점에서 단 하나의 수(예를 들어 환자의 절대 수)에 관심을 기울이는 기본적인 분포 측정지표와는 수학적으로 다르다고 할 수 있다. 그러나 이런 수학적 차이가 분포와 결정요인 사이의 차이를 모두 설명해 주지는 않는다. 그렇다면 문제는 인과 강도에 대한 어떤 주장이 실제로 인과 강도에 대한 주장이라는 입장과, 아니면 어떤 인구집단 안에 있는 몇 가지 변수들의 분포를 표현하는 방식에 불과하다는 입장 사이의 대립에 있다.

우리가 어떤 형식을 취하는지 그리고 이 형식이 수학적으로 무결하다는 점이 확인되었는지와 무관하게 이 문제는 여전히 남아 있다. 이 문제를 해결하려면 먼저 해당 측정지표가 대체 무엇을 측정하고 있는지 확인할 필요가 있기 때문이다. 이들은 **단지** 연관성 측정지표일 뿐인가? 아니면 노출과 결과 사이에 있는 인과적 연결에 대한 측정지표이기도 한가? 만일 후자라면 문제의 지표들이 우선 측정하는 것은 연관 강도임에도, 이들 지표가 인과적 사실을 '측정'한다는 말은 대체 무슨 뜻인가? 여기에 문제가 있다. 왜냐하면 지금의 쟁점은 이들 측정지표들의 수학적 정의로는 해소할 수 없기 때문이다. 연관성 지표들이 연관은 물론 인과를 표현하는 데에도 사용된다고 해 보자. 이 때 수학이나 기타 형식적 방법들은 연관성 지표에 담긴 **인과적 함축**을 어떻게 이해해야 하는지에 대해 알려주지 않는다. 이것을 **인과 해석 문제**라고 부르기로 하자.

인과 해석 문제는 활동 중인 역학자들이 늘 접하는 문제다. **기여분율** (attributable fraction)이라는 이름을 지닌 일군의 측정지표들을 사례로서 살펴보자. 이 측정지표들에 대한 역학적 전문 용어들은 표준화되지 않은 것으로 그 악명이 높다.(Rothman, Greenland, and Lash 2008, 65~66) 로스만 (Kenneth J. Rothman)·그린랜드(Sander Greenland)·래쉬(Timothy L. Lash)가 제 안한 대로 '기여분율'이라는 말을 어떠한 특정 측정지표를 지시하는 데 도 사용하지 말고, 어떤 노출이 있을 때 그 노출이 결과의 유병률에 얼 마나 기여했는지를 노출된 인구의 전체 유병률에 대비해 양으로 표시하 려는 측정지표군을 지시하는 말로만 사용하기로 하자.(Rothman, Greenland, and Lash 2008, 62) 이 측정지표군은 다음 특징을 공유한다. 이들 가운데 어 떤 지표든 인과적 사실을 표현하기 위해 사용하려면, 경험적 결과에 대 한 계산 이상의 작업을 수행할 필요가 있다.

예를 들어 초과분율(excess fraction, EF)이라는 개념을 검토해 보자.(Greenland and Robins 1988 ; 동일한 개념을 Szlko and Nieto 2007에서는 노출된 인구집단에서의 기여 분율이라고 부른다.) 이 개념은 다음과 같이 정의되는데, R_E는 노출된 집단 의 위험을, R_U는 비노출 집단의 위험을 말한다.

$$EF = \frac{R_E - R_U}{R_E}$$

초과분율은 노출 인구집단의 위험도가 비노출 인구집단의 위험도 를 얼마나 **초과하는지를** 그 노출된 인구집단의 위험도에 대한 분율 (proportion)의 형태로 알려 준다. 우리는 하루에 궐련[15] 한 갑을 피우는 흡 연자가 폐암에 걸릴 일생 동안의 위험도가 약 10%라고 추산할 수 있다. 이것은 흡연자의 10%가 일생 동안 폐암에 걸린다는 뜻이다. 비흡연자가 폐암에 걸릴 일생 동안의 위험도는 약 0.5%로 추산할 수 있다. 그렇다면 흡연자가 폐암에 걸릴 위험의 초과분율은 (10%-0.5%)/10%=95% 이다. 이것은 흡연자의 폐암 위험도가 비흡연자의 위험도를 초과하는 양은 흡연자의 폐암 위험도 가운데 95%에 해당한다는 것을 뜻한다.

그런데 '초과'라는 말은 대체 무슨 뜻인가? 초과분율은 수학적으로 명료하다. 하지만 수학적 정의는 인과적으로 중립적이다. 이 식은 어떠한 두 수에 대해서든 적용할 수 있다. 따라서 이 식을 인과적 사실을 표현하고 측정하며 정량화하는 데 사용하는 선택에는 곧 이 식이 인과적 사실을 표현하고 측정하며 양으로 표시한다는 해석이 함축되어 있다. **초과**분율이 곧 **기여**분율이라고 보는 시각 속에는 초과분율이 어떻게 해서 일어난 일인지에 대한 모종의 주장이 있다. 그러나 정말로 일어난 것은 대체 무엇인가? 수학으로는 이 질문에 답할 수 없다. 이것이 바로 인과 해석 문제이다.

기여도를 정확히 이해하기 위해서는 주의해야 할 몇 가지 특유한 함정이 존재한다. 이에 대해서는 8장에서 살펴볼 것이다. 하지만 계산과 인과 주장 사이에 있는 앞서 지적한 일반적인 차이는 개념적으로 명료해 보일 만큼 단순한 측정지표에도 적용할 수 있다. **상대위험도**(relative risk, RR)가 바로 그와 같은 측정지표일 것이다. 상대위험도는 아래와 같이 계산한다.

$$RR = \frac{R_E}{R_U} = \frac{10}{0.5} = 20$$

----

15   (옮긴이) 궐련은 종이로 연초를 말고 흡입 부분을 처리한 담배를 가리킨다. 최근에는 고풍스러운 어휘가 되었지만 굳이 궐련이라고 표현한 이유는 궐련이 개발된 이후, 즉 20세기 초중반부터 폐암이 급증했기 때문이다. 궐련과 폐암의 증가 사이에는 높은 연관성이 있고, 또 그 덕분에 현대 역학의 기념비적 성과도 가능했다.

이 식은 흡연자와 비흡연자가 동일한 수만큼 있을 때 흡연자가 일생 동안 폐암에 20배 많이 걸린다고 말해 준다. 물론 현장에서 유의미한 값을 산출하려면 이런 측정지표는 성이나 다른 인구학적 세부 사항에 따라 달라져야 하겠지만, 예시를 위해서는 이들 사항을 무시할 수 있다.

예를 들어 우리는 평생 담배를 피운 흡연자의 폐암 상대위험도가 $10 \div 0.5 = 20$이라고 계산할 수 있다. 하지만 이 값은 궐련 흡연이라는 노출이 폐암의 위험을 20배 상승시키는 데 책임이 있다는 것을 의미하지는 않는다. 다른 한편, 폐암 환자들 중에서 흡연의 '상대위험도'를 계산하는 일은 오해를 불러일으키며, 확실히 이상한 계산법이라고 할 수 있다. 다시 말해 우리는 R_E를 살아가면서 어떤 시점에 흡연을 했던 사람 가운데 폐암 환자의 비율이라고 받아들일 수도 있다. R_U의 경우, 흡연자 가운데 폐암에 걸리지 않은 사람의 비율이라고 받아들일 수도 있다. 그 다음 우리는 후자로 전자를 나눌 것이다.(이렇게 하면 흡연자에 대한 폐암의 상대위험도를 구한 셈이다.) 상대위험도를 이렇게 계산하는 방식이 이상하게 느껴지는 이유는 '노출'이나 '결과' 같은 단어에 붙어 있는 몇 가지 기본적인 인과적 가정 덕분이다. 그리고 이 가정은 상대위험도의 수학적 정의 속에서는 찾을 수 없고, 그 계산 결과에 차이를 불러오지도 않을 것이다. 따라서 상대위험도를 인과적 불가지론에 따라 사용한다고 해도(즉 어떠한 인과적 함축도 지니지 않는다고 본다고 해도) 그런 태도를 취하려면 수학적 정의가 알려주는 내용보다 **무언가** 더 필요하다는 사실은 변하지 않는다. 흡연과 폐암 사이의 관계를 나타냈던 용례에서처럼 인과적 사실들을 양으로 표시하기 위한 수단으로 상대위험도를 사용하려면, 분명 수학적 정의가 함축하는 것보다 무언가 더 많은 것이 필요하다. 우리의 질문은 '무언가 더 많은' 것이 대체 무엇이냐는 데 있다.

나는 역학자들이 왜 인과를 찾으려는 노력만큼이나 인과의 본성 그 자체에도 관심을 기울이느냐는 물음으로 논의를 시작했다. 이 질문에 대해 여기에서 제안된 한 가지 답변에 따르면, 역학자들이 사용하는 인과 강도 측정지표는 해석의 문제를 품고 있다. 다시 말해 이들이 인과 강도 측정지표로 사용될 때 그리고 인과적 사실을 표현하고 측정하며 양으로 표시할 때 이들 수식의 의미는 그 수학적 정의를 한참 뛰어넘는다. 이 답변은 철학적 탐구에 유용한 지침을 제공한다. 인과 해석 문제를 풀고자 하는 역학자들에게 대체 무엇이 필요한지 알려주기 때문이다. 역학자들은 자신들이 사용하는 인과 강도 측정지표가 지닌 순수 수학적 정의 이상의 추가적인 함축을 반드시 알아야만 한다.

역학의 인과 강도 측정지표를 어떻게 해석해야 하는지 분명하지 않은 상황은 우리의 연구를 두 가지 방식으로 제약한다. 첫째, 우리는 **인과란** 무엇인지 묻기보다는 인과 강도 측정지표를 통한 양적 주장에 특별히 초점을 맞춰 **역학에서의 인과적 주장이 대체 무엇을 의미하는지** 물어야 한다. 역학자들이 알 필요가 있는 것은 '흡연은 폐암을 일으킨다.'는 말의 뜻이 아니라 '매일 한 갑을 흡연하는 흡연자의 폐암의 평생 상대위험도는 비흡연자에 비해 20'이라는 말의 뜻이다. 둘째, 우리가 여기에서 그와 같은 인과적 주장의 의미를 완전히 해명할 필요는 없으며, 이 측정지표의 수학적 정의에 대한 인과적 해석에 담긴 **추가적인 함축**을 해명할 필요가 있을 뿐이다.

문제의 구호는 상관관계는 인과관계가 아니라고 말하고 있다. 구호라는 것이 대체로 그렇듯이 이것 역시 중의적이다. 강경한 형이상학적 주장으로도 읽을 수 있고, 현장에 주는 온건한 주의사항의 일부로도 읽을 수 있기 때문이다. 이 중의성은 일종의 양가적 성격을 띠고 있다. 이를 현장에 주는 주의사항으로 읽는다고 해도 한 가지 적절한 해석에 비춰 볼 경우 명백한 오류다. 우리는 '연관성은 인과가 아니다.'라는 말은 '연관성이 필연적으로 인과 **때문에** 나타난 것은 아니다.'라는 말을 의미한다고 합당하게 가정해 볼 수 있다. 하지만 이 가정은 결코 참이 아니다. 양자물리학을 자신의 영역에 국한된 이론으로 보고 논외로 한다면, 이 가정은 최소한 거시적인 경험적 연구에 적용될 만한 준칙으로서는 명백히 참이 아니다. 만일 어떤 상관관계가 단지 어떤 사건들이 그 항인 순서쌍 (또는 n짝)[16]들의 집합이고, 또 이 각 사건들은 임의의 인과적 역사에 의해 만들어졌다면, 이런 사건들이 왜 일어나게 되었는지에 대해 집합 내의 모든 사건 또는 일부 사건이 지닌 인과적 역사들로 이뤄진 인과적 설명 또한 아마 **존재할** 것이다. 연관성이 우연에 의해 일어난다고 말할 때, 사람들이 염두에 두는 내용은 바로 방금 말한 것과 같은 인과적 해명일 것이다. 사람들은 다음과 같은 생각을 염두에 두고 있을 것이다. '연관성에 대한 인과적 설명은 대체로 거의 알려져 있지 않으며, 아마도 대단히 복잡할 것이다. 특히 검토 대상이 되는 가설이 무엇이든, 그 가설에 의해 설명은 분명 달라질 것이다.' '우연한' 연관성이라도 그것이 왜 일어났는

----

16   (옮긴이) 순서쌍(ordered pair)은 〈서울, 대전〉처럼 두 개의 원소를 순서를 생각해 묶은 것이다. n짝 (n tuple)은 원소의 개수와 무관하게 순서를 생각해 묶은 것이다. 집합은 원소에 의해서만 정의되지만, 순서쌍 또는 n짝에서는 원소 사이의 순서 역시 각 쌍 또는 짝을 구별하는 속성이다. 예를 들어서 집합 {서울, 대전, 동대구, 부산}의 경우 4개 원소를 어떻게 배열하든 같은 집합이지만 네 순서짝 〈서울, 대전, 동대구, 부산〉은 예를 들어 〈서울, 동대구, 대전, 부산〉과는 서로 다른 네 순서짝이다.

지 알고 있다면 다른 연관성처럼 설명할 수 있다. 예를 들어 '시시한' 연관성 역시 특정한 방식으로 설명할 수 있다. 즉 방의 왼편에 있는 각각의 사람들이 왜 결국 그 곳에 있게 되었는지에 대한 설명이 가능하다. 그리고 이들 설명을 모두 합칠 수 있다면 결국 시시한 연관성에 대해서도 설명을 얻을 수 있을 것이다. 하지만 이런 과정은 그리 흥미롭지 않은 긴 이야기만을 만들어 낼 뿐이다.

이렇게나 불요불급한 부분이 많은 구호 가운데 우리의 목적을 위해 가장 유용한 요소는, 하나의 상관관계 또는 연관성[17]은 하나 이상의 인과적 설명을 허용한다는 사실이다. 이런 재정식화는 역학을 재검토하는 일에 좀 더 잘 들어맞으며, 또 상관관계가 역학자들의 측정을 도울 수 있는 유일한 대안이라는 골치 아픈 사실을 우리가 적절히 다룰 수 있게 해 준다. 그렇다면 인과 해석 문제란 대체 어떻게 연관성 측정지표들을 사용해 인과적 사실에 관하여 무언가를 말할 수 있느냐는 질문이라고 할 수 있다. 이들 개념적으로 중요한 질문은 현장의 맥락에서 중요한 질문과 구분할 필요가 있다. 즉 인과 해석 문제는 우리가 어떻게 문제의 연관성을 설명하는 인과적 사실을 찾아낼 수 있는지, 그리고 우리가 사용하려는 측정 방식의 근원이 무엇인지에 대한 질문과는 구분할 필요가 있다. 인과 추론에 대해서는 다음 두 장에서 상세히 다루겠다.

----

17   우리의 목적을 위해서는 '상관관계'와 '연관성'을 구분할 필요가 없다. 문제의 구호는 '상관관계'라는 말을 사용하지만, 역학자들은 대체로 연관성이라는 말을 쓴다. 이 때문에 두 단어를 병기했다.

문제의 나머지 성분을 찾기 위한 탐구

인과 해석 문제는 역학에 한정되지 않는다. 이 문제는 어떤 인과적 주장을 위해 연관성을 언급하는 측정지표를 사용하게 되는 경우 언제나 발생하게 될 문제다. 흄은 이런 상황에 어떻게 대처해야 하는지에 대해 질문했고, 또 다음과 같이 유명한 최소주의적 답을 남겼다. 인과적 주장이란 그와 연결된 사건들이 예외 없는 규칙성에 연루되어 있다는 주장이다. 규칙성이란 첫 번째 종류의 사건이 언제나 두 번째 종류의 사건과 결합되어 있는 식의 상황을 말한다.(흄과 같은 방식의 생각은 물론 이 규칙성이 우연하고 일시적인 배열이라는 함축을 가진다.) 이 말을 현대 역학의 용어법대로 바꿔 써 보면 $R_E = 100\%$, 즉 노출이 결과를 언제나 일으킨다는 뜻이다. 흄의 답이 그리 튼튼하지 못하다는 사실은 이미 입증되었으나, 그의 질문은 역학이 인과적 연관성에 대한 정량화된 주장을 할 때마다 언제나 다시 살아난다고 할 수 있다. 흄의 '연관성 측정지표'란 전부가 아니면 전무다. A 종류의 사건이 일어나면, B 종류의 사건이 언제나 일어나거나 아니면 언제나 일어나지 않는다. 반면, 역학의 연관성 측정지표는 정량화되어 있다. 하지만 이에 대해서도 동일한 해석상의 질문이 제기될 수 있다. 이들 측정지표가 인과적이라고 해 보자. 그러나 이렇게 가정한다고 해서 측정지표상의 연관성이 무슨 뜻인지 분명해지는 것은 결코 아니다. 흄이 말하는 항상적 연접을 말하는가, 불완전한(확률적인) 수치로 표시되어 있으며 역학적 측정지표가 사용된 연관성을 말하는가? 이 책에서 인과 해석 문제라고 부른 쟁점은, 바로 이런 의미에서 근대 철학에서 인과적 주장의 의미론과 인과의 형이상학적 구조에 대한 철학적 연구를 시작한 인물인 흄이 맞서 싸웠던 문제와 동일하다. 배경을 알고 나면 역학자들이 이러한 철학적 문제와 연계되어 있다는 사실이나 이들이 여러 교과서를 통해 인과 해석 문제에 답하려고 한다는 사실은 그렇게 놀랍지 않다.

하지만 이런 분석은 역학자들이 반드시 철학자가 되어야 한다거나 만족스러운 인과 이론이 제시될 그날(분명 그런 날은 오지 않을 것이다.)까지 역학적 작업 또는 발전이 기다려야 한다는 주장을 함축하지는 않는다. 역학자들은 어떤 노출이 위험에 일정한 수준 기여한다거나 특정 노출이 특정 결과의 인과적 위험 요소라고 말할 때, 그런 주장에 대해 어떤 방식으로든 해명할 필요가 있다. 이런 주장들의 수학적 측면은 여러 교과서를 통해 잘 설명되었다. 그러나 인과적 함축은 일반적으로 여러 교과서를 통해서도 잘 설명되지 않았다. 많은 저자들이 인과라는 주제를 해명하기 위해 최선의 노력을 기울였음에도 그렇다. 이런 상황은 그 저자들의 철학적 훈련이 부족해서 벌어진 일이라고는 볼 수 없다. 사실 그런 훈련이 인과 해석 문제에 답하는 데 얼마나 도움이 되는지도 전혀 분명하지 않다. 이런 상황은 문제를 역학의 맥락에서 필요한 용어로 설정하지 않고 인과의 **본성**을 이해하겠다는 더 일반적인 문제에 알맞게 설정했기 때문에 벌어진 일이다. 그렇다면 이런 작업은 특정한 철학적 논의와는 분리해서 다룰 필요가 있을 것이다. 만일 인과에 대해 철학적으로 적합한 이론을 사용할 수 있다면 양자를 분리해서 다룰 필요가 없겠지만, 지금은 그런 상황이 아니다.

인과 해석 문제에 대한 어떤 분명한 답변도 제시된 바 없다. 명백히 틀린 답변조차도 없었다. 문제 자체가 명료하게 제기되지도 않았기 때문이다. 따라서 이제 우리는 인과에 대한 두 가지 주요한 철학적 접근 방식을 검토할 것이다. 여기에서 이 방식들은 그 자체로 가치 있는 것이 아니라 인과 해석 문제에 대한 답을 제시할 수 있는 후보로 간주될 것이다. 문제의 접근은 **확률적 접근**과 **반사실적 접근**이다. 두 방식 모두 인과 해석 문제에 딱 맞는 이론이 아니라는 결론을 피하기는 어렵다. 다시 말해 이 두 방식은 모두 역학자들이 연관성 측정지표에 대한 수학적 정의 이외의 내용으로서 사용하는 인과적 주장 속에 함유된 '나머지 성분'이 무엇인지를 역학자들에게 말해 주는 데 딱 맞지는 않는다.

확률적 접근

인과를 다루는 다른 많은 과학들처럼 역학은 일반 인과 주장이 옳은지를 밝히는 데 배타적인 관심이 있지 모든 개별 인과 주장이 옳은지 밝히는 데 관심을 기울이지는 않는다. 개별 인과 주장이란 '흡연은 이주일에게 폐암을 일으켰다.'[18]라는 식의 주장을 말한다. 흡연과 폐암의 관계는 대단히 중요한 역학의 관심사지만, 역학은 이주일에 대해서는 아무 것도 말하지 않는다. 이 과학은 흡연과 폐암 사이

----

18   (옮긴이) 저자는 원문에 '흡연은 메리에게 폐암을 일으켰다.'라고 썼다. 이주일은 한국의 1970~80년대를 대표하는 희극배우로 1940년 태어나 2002년 향년 63세를 일기로 타계했으며, 1980년대 '코미디의 황제'로 불리는 등 시대를 풍미했다. 2001년 폐암을 진단 받고 금연 명예교사, 범국민금연운동추진위원회 공동대표를 맡았으며, 흡연이 폐암을 일으킬 수 있다는 경고를 담은 공익광고에 출연하는 등 활발한 금연 캠페인을 전개한 업적을 감안하여 본문에 등장시켜 보았다.

의 인과적 연결이 있는지에 대해서만 배타적으로 관심을 기울일 뿐, 흡연이 이주일의 바로 그 폐암을 일으켰는지 (또는 일으킬 것인지)에 대해서는 전혀 관심이 없다.

철학자들은 많은 경우 다음과 같은 **형식**을 일반 인과 주장의 전형으로 채택한다.(Eells 1991 ; Salmon 1993 ; Hitchcock 2004 ; Hausman 2010)

흡연은 폐암을 일으킨다.

그런데 이런 표현 속에는 이미 문제가 있다. 이렇게 표현하는 목적이 역학에 쓸모 있는 정보를 전달하기 위해서라면 그렇다. 역학에 특징적인 인과 주장은 이런 형식이 아니다. 역학적 주장 속에는 양적 요소가 포함되어 있다. 역학자들이 직면한 인과 해석 문제란 곧 양적 요소를 넘어선 특징을 이해하는 과제이며, 이런 부분이 '흡연은 폐암을 일으킨다.'라는 형식으로 이뤄져 있다고 보는 입장은 설득력이 없다. 우리가 다음과 같이 말했다고 해 보자.

흡연의 기여로 인해 흡연자들이 폐암에 걸리게 될 생애 위험의 초과분율은 95%이다.

이 문장은 다음을 뜻하지 않는다.

흡연자들이 폐암에 걸리게 될 일생 동안의 초과분율은 95%이며 흡연은 폐암을 일으킨다.

흡연은 폐암을 일으킬 수 있으나, 95%라는 초과분율에는 흡연 이외의 요인이 기여한 부분도 있을지 모른다. 엘스(Ellery Eells)의 주장대로라면, 사례가 전혀 실현되지 않은 원인-효과 관계라고 하더라도 확률적 인과 주장과 양립할 수 있다면 문제의 초과분율은 전적으로 흡연 아닌 다른 요인의 기여에 의해 성립되었을 수도 있다.[19]

엘스의 입장은 진지한 비판적 사유 없이는 받아들일 수 없다. 그의 입장은 '사이렌의 노래 소리는 난파를 일으킨다.'라는 주장도 참으로 만들지도 모른다. 하지만 지금 우리의 관심은 이런 형식을 지닌 문장들이 참인지 거짓인지 여부는 아니다. 초점은 이런 문장들이 '흡연은 폐암을 일으킨다.'는 주장이 모호하다는 사실을 잘 보여 준다는 데 있다. 엘스의 방식에 따라 이 문장을 해석할 경우, 이 문장은 흡연율 또는 폐암의 유병률에 전혀 민감하지 않은 방식으로도 해석할 수 있다.(사례가 전혀 없는 경우에도 원인-효과 관계를 주장할 수 있게 되므로) 이 문장은 인구집단 기여분율에 대한 주장으로 해석할 수도 있다. 다시 말해 흡연이 실제로 발생한 폐암 가운데 특정한 비율에 대해서는 책임이 있는 상황을 지시한다고 해석할 수도 있다. 여러 가지 서로 다른 역학적 측정지표들은 부분적으로는 이들 가능한 의미들을 서로 구분하기 위해 존재한다.

'흡연은 폐암을 일으킨다.'와 같은 모호한 주장 안에서도 역학자들은 서로 구별되는 여러 가지 주장들을 하기 때문에, 그런 모호한 주장을 분

----

19   "내가 이해한 방식에 따르면, 양의 확률적 인과 유형은 그것이 언급하는 원인 유형이 개항으로 예화된다는 점을 전혀 보장하지 않는다. 또한 이들은 문제의 원인 유형이 보편적으로 예화되어 있다고 해도, 효과 유형이 예화되어 있다는 보장을 단 하나의 개항에 대해서도 주지 못한다."(Eells 1991, 7)

석하려고 해 봤자 역학자들에게 유용하리라 기대할 수는 없다.

그럼에도, 적어도 어떤 철학적 분석은 모호하거나 불명료한 개념에 한 줄기 빛을 내려주기 위해 의도되었을 수 있다. 그러니 이제 '흡연은 폐암을 일으킨다.'라는 형식으로 된 주장을 철학자들이 어떻게 분석하고 있는지 탐사해 보자. 우선 이런 주장을 **일반 인과 주장**이라고 부르겠다. 이 주장은 **인과적 일반화** 또는 **일반 인과**라는 개념을 말한다고 해석될 수 있다. 전자를 택하면, 일반 인과 주장은 일반화의 형식을 띤다는 함축도 택하게 된다. 이런 흔한 가정은 3장 뒷 부분에서 시험받게 된다. 후자는 일반 인과라는 무언가가 있다고 가정한다. 물론 강직한 형이상학자라면 이런 가정에도 분석의 차가운 빛을 비춰야만 한다. 하지만 일반 인과와 같은 것이 있는지도 분명치 않고, 그것이 있다손 치더라도 역학자들의 주장과 어떤 관련을 맺는지도 불분명하다. 그러면 **일반 인과 주장**에 초점을 맞추는 편이 낫다. 이때 '일반'이란 개인이 아니라 인구집단과 관련된다는 단순한 표현이다. 아주 적은 숫자의 인구(1에 수렴할 수도 있는)에 대해서도 일반 인과 주장을 할 수 있을까? 이 질문은 어떤 단계에서든 해결이 이뤄지기는 해야 할 부분이다. 하지만 지금은 이에 대해서는 많은 역학적 주장이 이런 질문과는 연결되어 있지 않다고 가정하도록 하자.

'흡연은 폐암을 일으킨다.'라는 진술을 분석하는 한 가지 유력한 방법에 따르면, 이런 진술은 확률의 증가에 관련된 주장이며, 그래서 일반 인과도 다음과 같이 확률 증가와 관련이 있다. 정식화하면 다음과 같다.

C는 E를 일으킨다. ⇔ C는 E의 발생 확률을 높인다.[20]

이 분석을 우리의 사례에 적용해 보자.

흡연은 그것이 폐암의 확률을 증가시킬 경우 오직 그 경우에만 폐암을 일으킨다.

C가 E의 확률을 증가시킨다는 주장을 정식화하는 데에는 여러 방식이 있다. 하지만 대체로 C가 주어졌을 때 E일 확률이 −C 가 주어졌을 때(C 혹은 C가 아닐 때) E일 확률보다 크다는 식의 표현이 기본적으로 사용된다. 이 방식을 따라 인과에 대한 소박한 확률 이론(이하 소박 인과 이론)을 기술할 수 있다.

C는 E를 일으킨다. ⇔ $P(E|C) \geq P(E|-C)$

여기에서 괄호 속의 E와 C는 각각 'E 유형 사건의 발생'과 'C 유형 사건의 발생'을 의미한다. 또한 '확률의 증가'는 그 자체로 '확률을 증가시

----

20   (옮긴이) 이 정식화에 쓰인 기호 ⇔는 논리학에서는 매우 혼하게 사용되는 관계인 'if and only if(통상 약어 iff)'를 지시하기 위해 사용되었다. 이 정식화를 한국어로 표현하는 방식으로 다음 두 가지를 제안할 수 있다.

  1) 임의의 사건 유형 C와 E에 대해, C는 그것이 E가 일어날 확률을 증가시킬 경우 오직 그 경우에만 E를 일으킨다.
  2) 임의의 사건 유형 C와 E에 대해, C는 E를 일으킨다는 말은 곧 C는 E의 발생 확률을 높인다는 말이다.

통상 철학에서는 1)이 많이 쓰이지만, 1)은 2)와는 달리 두 문장 사이의 관계가 핵심이라는 점을 확실히 보여 주지는 않는다. 다만 두 문장의 관계가 어떤 구조인지를 엄격하게 보여 주는 장치를 그대로 드러낸다는 점에서는 장점이 있다. 이 관계를 한국어로 표현할 필요가 있을 경우 이 책에서는 1)을 사용하도록 하겠다.

킴'을 의미하지 않는다는 사실도 중요하다. 그런 해석은 직관적이기는 해도 순환적이라는 점에서 문제가 있다. 확률적 접근이 성공의 가능성을 가지려면, '확률의 증가'는 위에서 제시된 부등식에 국한해서 이해되어야 한다.

소박 인과 이론은 잘 알려진 반례에 취약하다. 다른 사건의 확률은 끌어 올리지만, 그 다른 사건을 일으키는 데는 전혀 기여하지 않는 사건이 여럿 있기 때문이다. 이런 유형의 사건들은 대단히 흔하다. 결과가 그 원인의 확률을 높이는 경우가 가장 극적일 것이다. 일반적으로 믿을 만한 모든 지표(indicator)는 (그 지표의 결과를 제외하고) 그와 관련된 모든 사건들의 확률을 높인다. 이런 반례들에 자극을 받아, 확률적 인과 이론가들은 단순한 확률 증가 외에 추가적인 요구 조건을 덧붙인다.

어떤 원인은 결과의 확률을 높이지 않는 것으로 보이기도 하고, 심지어 낮추는 것으로 보이는 경우도 있다. 이런 종류의 사건 유형으로 많이 논의된 사례로, 골프에서 말하는 심한 슬라이스[21]가 있다. 이런 타구는 홀인원 확률을 크게 낮추지만, 이 경우에는 공이 나무에 맞으면서 홀인원이 되버리는 사례이다.(Suppes 1970, 41 ; Salmon 1993, 139) 논의가 많이 이뤄진 다른 사례로 피임약이 있다. 어떤 경구피임약은 몇몇 여성들에게는 혈전색전증을 일으키지만, 동시에 임신을 막는 효과도 있기 때문에 혈전색전증이 일어날 확률을 낮춰주기도 한다.(Hitchcock 2004) 이런 사례들에 대한 표준적인 답변은 주변 상황이 상세하게 서술되면 될수록 슬라이스

----

21   (옮긴이) 슬라이스(slice)는 골프 용어로, 목표로 한 지점에서(오른손잡이 기준) 스윙 한 공이 오른쪽으로 심하게 휘어지는 샷을 말한다. 왼쪽으로 심하게 휘는 샷은 훅(hook)이라고 부른다.

와 피임약은 각자가 일으킬 수 있는 효과의 확률을 올리게 된다는 것이다. 물론 이런 답변에는 문제가 있다. 이렇게 답변하려면 확률 이론가들은 모든 관련된 주변 상황을 낱낱이 밝히는 가망 없는 프로젝트에 발을 담궈야 하기 때문이다. 그리고 이런 식의 기획은 바로 확률이라는 개념을 도입해서 우리가 피하고자 했던 상황일 것이다.

인과는 곧 확률의 증가라는 핵심 생각을 보존하거나 확장함으로써 소박 이론을 좀 더 정교한 방식으로 변형한 여러 변종 이론들이 존재한다.(Suppes 1970 ; Cartwright 1983a, 1989 ; Eells 1991 ; Salmon 1993 ; Hausman 2010) 물론 이런 변종 이론들의 성과는 널리 받아들여지지 않고 있다. 하지만 이들 변종 인과 이론이 번창하는 현 상황 속에는 분명 일말의 진실이 반영되어 있다. 철학자들은 소박 인과 이론의 핵심을 이루는 사고 속에는 지속적인 반대에도 불구하고 시간과 노력을 들여 확장할 만한 매력이 있다고 본다. 역학자 역시 다음 두 가지 이유에서(철학자들의 선호 이유와 이들 이유는 동일하다) 소박 인과 이론이 매력적이라고 볼 것이다.

첫째, 확률 이론은 **예외**를 다루는 데 적합한 구조이다. 역학 용어로 말하자면, 확률 이론은 노출 위험도가 100%보다 적은 상황을 다루기에 적합하다. 모든 흡연자가 폐암에 걸리는 것은 아니지만, 흡연이 폐암을 일으킨다는 주장은 여전히 참이다. 이런 사실은 인과 주장 속에 예외가 포함되어 있다는 점을 보여 준다. 흡연이 폐암을 유발하지 않는 경우가 분명히 있다. 사실 대부분의 흡연자는 폐암에 걸리지 않는다.

확률적 접근은 인과 주장과 예외 모두를 유효하게 다루는 한 가지 방법을 제공한다. 심지어 많은 (아마도 대부분의) 흡연자들이 폐암에 걸리지 않는다 해도 흡연은 폐암의 확률을 끌어올릴 수 있다. 이런 성격을 지닌 확률 증가 주장과 그에 대응하는 인과 주장 사이에는 공통 기반이 있으며, 이 기반은 인과에 대한 확률 이론가들의 눈으로 봤을 때 설득력이 대단히 높다. 예를 들어 엘스는 다음과 같이 말하고 있다.

> 인과성에 대한 확률적 관점이란, 원인이 그 결과를 필연적으로 결정한다는 식의 관점이 아니라, 오직 그 결과의 확률을 증가시킨다는 식의 관점일 따름이다.(Eells 1991, 1)

이런 주장은 대단히 매력적이다. 원인은 실제로 그 결과를 필연적으로 결정하지 않기 때문이다. 만일 원인이 결과를 필연적으로 결정한다면 일반 인과 주장은 예외를 허용하지 않을 것이다. 다시 말해 원인 사건 유형의 사례는 반드시 결과 사건 유형의 사례로 귀결된다. 일반 인과 주장은 예외를 허용하지 않는 방식으로 해석할 수 있다. 이 해석에 따르면 흡연이라는 위험에 노출된 사람들의 위험도는 언제나 100%라고 봐야 하며, 이에 따라 흡연이 폐암을 일으킨다는 주장은 거짓이 된다. 하지만 흡연은 폐암을 일으키는 원인이다. 따라서 일반 인과 주장은 예외를 허용하는 방향으로 해석해야 하며, 원인은 그 결과를 필연적으로 결정하지 않아야 한다. 이는 '인과성에 대한 확률적 관점'이 제안하는 바와 같은 그림이다.

두 번째 이유는 다음 맥락에서 찾을 수 있다. 철학자와 역학자 모두는 수학에 매혹되어 있기 때문에 인과에 대한 확률적 접근에 이끌린다. 확률 이론은 수학이며, 많은 철학자들은 상당한 수준의 '수학 시샘증'을 가지고 있다. 이들의 눈에 비친 수학자들은 명료하고, 엄밀하며, 정확하다.

철학은 이런 성질을 가지길 열망하지만, 열망하던 이상에 도달하는 일은 극히 드물다. 수학이 보여 주는 수준에 도달하는 것은 너무나 힘든 일이다. 인과에 대한 확률 이론은 인과에 대한 **수학적** 이론을 약속하며, 수학의 상태를 부러워하는 철학자들과 역학자들은 형이상학적 사변에서 나오는 어떠한 이론보다도 정확하고 명료하며 엄밀한 이론이 확률 이론 덕분에 가능할 것이라고 생각한다.

최근 인과에 대한 관심이 수학적 기법을 선호하는 분과 내에서 폭발적으로 증가하면서 복잡한 양상으로 전개되고 있다. 다음과 같은 대담한 진술도 공공연히 제기되고 있다.

간단히 말해, 인과성은 수학화되었다.(Pearl 2000, XX)

사실 펄(Judea Pearl)과 같은 입장은 상황을 복잡하게 만든다. 그런 입장은 인과에 대한 확률 이론으로 볼 수 없기 때문이다. 펄의 입장에 따르면, 인과성은 실제로는 확률 이론의 도구와 같은 **현존하는** 수학적 도구만을 사용해서는 분석되지 않는다. 그러한 도구들은 다른 도구를 통해 보완되어야 한다. 예를 들어 펄은 'do' 연산자를 도입한다. 인과성이 수학화되었다는 대담한 주장은 자신의 연구가 철학적 분석이 **아니라는** 것을 시인하는 것이기도 하다. 물론 이 방향이 인과를 둘러싼 철학적 문제들에게 한 줄기 빛을 비춰주는 것만은 사실이다. 그러나 철학자들이 이 빛을 어떻게 쓸 것이냐는 문제는 여전히 남아 있다. 펄과 같은 주장은 아직 철학적 문제에 대한 답변으로는 부족하다.

이는 복잡하고 어떤 의미에서는 얄궂은 상황을 만들어낸다. 어떤 철학자들은 인과를 확률을 통해 이해하고 싶어한다. 확률 이론은 수학이 지닌 명료성, 엄밀성, 정확성을 모두 보유하고 있기 때문이다. 하지만 인과성을 다루는 데 성공한 수학적 기법들을 살펴보면, 대부분은 새로운 개념을 도입한 덕분에 성공을 거둔 경우가 많다. 게다가 이런 기법을 개발하는 학자들은 자신의 주장이 확률 이론에 국한된다고 생각하지도 않는다. 이런 수학적 특징을 띠는 주도적인 입장은 특히 반사실적 개념과 깊이 연결되어 있다.(Spirtes, Glymour, and Scheines 2000 ; Pearl 2009)

하지만 이런 사실 때문에 인과에 대한 확률적 분석에 기대를 거는 철학자들이 달성할 수 있는 수학적 분석과 이를 통해 얻을 수 있는 편익이 전부 다 구렁텅이에 처박혔다고 볼 수는 없다. 스퍼티스(Peter Spirtes) · 글리모어(Clark Glymour) · 샤이니스(Richard Scheines)의 작업에 따르면, 인과를 이론화하기 위해 취할 수 있는 두 가지 접근 방식을 구분하는 일은 대단히 중요하다. 첫째, '플라톤 이래 이어져 온 철학자식의 접근'이 있다. 이는 인과에 그것과는 다른 어떤 요소를 통해 그 필요충분조건을 제시하는 데 핵심이 있다. 정말로 이런 방식이 플라톤의 접근 방식인지 또는 흄의 접근 방식인지조차 논란의 여지가 있다. 하지만 이런 문제는 지금은 한 켠으로 미뤄두도록 하자. 인과에 대한 확률 이론가들은 확률 이론이 제공하는 수학적 도구를 매일같이 활용함에도 이런 접근 방식을 취한다. 둘째, '유클리드 이래 이어져 온 수학자식의 접근'이 있다. 이는 인과 개념을 명시적으로는 정의하지 않은 채 실제로 사용되는 공리들로부터 무엇이 도출되는지 살펴보는 방식으로 이뤄진다. 물론 이들이 인과 개념을 묵시적으로는 정의하고 있을 수도 있다. 만일 인과를 수학화하는 과제가 이런 접근 방식을 완수하는 과제라고 이해한다면, 인과를 수학화한다고 해서 철학적 문제가 바로 해결되는 것은 아니다. 다시 말해 이들은 'C는 _____할 경우 오직 그 경우에만 E를 일으킨다.'라는 문장의 빈 칸을 채울 말을 곧바로 제시하지는 못할 것이다. 하지만 인과에 대한 확률적 분석이 열망하는 종류의 수학화는 바로 문제의 빈 칸을 채울 문장이 없으면 완수되지 않는 작업이다. 따라서 확률적 접근을 통해 이뤄질 이 수학화는 펄이나 스퍼티스 · 글리모어 · 샤이니스에 의해 이뤄진 바 있는 수학화보다 더 **강력한** 종류의 수학화이다. 물론 이 작업은 인과를 **철학적으로** 정의하기 위해 수학적 개념, 특히 확률 이론의 개념을 사용한다. 또한 이 작업은 우리가 인과에 대해 이미 명시적 · 묵시적으로 지니고 있는 믿음을 공리체계로 만드는 방법뿐만 아니라 이미 존재하는 수학적 개념들을 복합적으로 활용하는 방식으로도 인과를 식별하려고 할 것이기 때문에 (기존 작업보다) 더 강력하다.

  이런 구별을 의심하고, 좀 더 약한 종류의 수학화를 통한 접근 방식이 인과의 본성을 이해하는 데 결정적인 도움을 줄 것이라고 주장하고 또 그렇게 되기를 바라는 사람이 있을지도 모르겠다. 하지만 그런 일은 일어나기 힘들다. 스퍼티스와 그 동료들에 따르면, 인과에 대한 수학적 접근의 이점은 이론적 · 실천적 결실을 거두기 쉽다는 데 있다. 하지만 이런 전략이 가져다주는 결실이 우리가 정말로 인과를 이해하는 데, 다시 말해 인과의 본성을 이해하는 데 있어 이전에는 없었던 발전을 가져다주는지는 전혀 분명하지 않다.(이들도 그렇게 생각하지는 않는 것 같다.) 러셀이 말했듯, "우리가 얻기 원하는 바를 미리 가정해 버리는 방법에는 여러가지 이점이 있다. 그러나 그 방법의 이점이란, 강도질이 정직한 노력보다 더 나은 만큼의 이점일 뿐이다."(Russell 1919) 비록 수많은 경험 과학과 수학적 과학들(유클리드, 뉴턴, 프레게, 힐베르트, 콜고모로프 등)이 각자의 방식으로 인과에 접근해 소기의 성과를 실제로 거두었다고 해도(Spirtes, Glymour, and Scheines 2000, 3), 이런 접근들이 인과의 본성에 대한 심도 있는 통찰을 보여 주었다는 결론을 내릴 수는 없다. 동일한 상황에서 다음과 같은 주장을 할 수도 있는 것이다. 이들 과학자들의 성공은 신비로운 일이다. 왜냐하면 인과에 대해 실제로는 아무 것도 모르면서 그처럼 성공적인 결과를 내놓을 수 있었다는 사실은 대단히 신비로운 일이기 때문이다.

앞선 논의에 따라 이런 결론이 가능하다. 철학자들이 인과에 대해 제기하는 전통적인 질문에 답한다는 목적에 비춰보면, 확률적 답변이 매력적인 최우선적인 이유는 그 결실과는 무관하다. 실질적인 결실은 사람들이 사용하는 인과적 가정을 공리로 만드는 작업을 통해 충분히 얻을 수 있다. 오히려 확률적 답변은 인과 개념을 이해할 수 있게 만들어 주기 때문에 매력적이다. 이 답변은 대체 무엇이 인과인지에 대해 전통적인 철학이 계속해서 제기해왔던 질문에 대해 수학적 분석이 달성할 수 있는 명료성·엄밀성·정확성을 지닌 답을 제공해 준다는 의미에서 그렇다. 확률적 접근은 'C는 _____할 경우 오직 그 경우에만 E를 일으킨다.'라는 문장의 빈 칸을 다른 접근보다 더 정확하게 밝혀줄 수 있다고 약속한다.

명료성과 엄밀성은 어떤 이론이든 바라는 목표이다. 하지만 정확성은 경우가 조금 다르다. 정확성을 추구하려면 확률 이론으로 인과를 설명해서는 곤란하지 않은가? 인과적 사실은 우리가 정확하게 알기 어려운 종류의 사실이라고 생각할 소지가 많다. 어떤 철학자들은 올바름, 회화의 아름다움, 우정의 본성, 얼마나 많은 모래 알갱이가 모여야 모래 더미가 되느냐는 문제, 서로 비견할 수 있는 업적을 쌓은 두 명의 테니스 스타 가운데 누가 더 위대한 선수인지와 같은 문제처럼 정확히 답할 수 없는 대상이 있다고 주장한다.(모호성이 얼마나 만연해 있는지, 또 그것의 철학적 함축이 무엇인지에 대해서는 Williamson 1994를 참조) 아마도 인과 또한 이러저러한 이유 때문에 그에 대해 정확하고 참된 주장을 펼 수 없는 종류의 개념일지 모른다. 하지만 이런 가능성은 **정확한** 인과 이론의 매력은 바로 다음과 같은 생각에 근거를 두고 있다는 점을 보여 줄 뿐이다. 인과는 아름다움이나 모래더미와 같은 개념과는 다르다. 존중받을 만한 견해들에 따르면, 아름다움이나 모래더미에 대한 사실은 확정적이지 않지만 인과적 사실은 확정적이라는 점에서 인과는 아름다움이나 모래더미 등의 개념과는 다르다. 만일 인과적 사실들이 명확히 정해져 있다면, 그 사실들을 정확히 기술할 수도 있어야 한다. 그리고 바로 그런 기술이야말로 인과에 대한 확률 이론이 그들의 장황하고 흐릿한 경쟁자에 맞서 제시할 필요가 있는 내용일 것이다.

예외를 다루면서 정확성을 추구한다는 두 가지 매력이 확률적 인과 이론을 선호할 만한 이유의 전부는 아니다. 그러나 이 두 가지가 근본적이다. 그것들은 확률적 접근을 옹호하는 철학자들의 근본적인 동기이며, 확률 이론이 역학 및 더 일반적인 과학의 맥락에서 적절한 이론으로 취급되어야 할 근본적인 이유이기도 하다.

이런 매력에도 불구하고, 일반 인과 주장에 대한 어떠한 확률 이론도 다양한 장애물·반대 의견·반례를 완전히 극복하지는 못했다. 하지만 이런 이론이 정말로 수많은 장애물을 극복할 수 있다고 하더라도, 역학에서의 인과 해석 문제에 확률적 접근을 사용하는 데는 대단히 중요한 장애물이 존재한다.

확률적 접근이 지닌 중요한 난점은, 인과란 확률의 증가라는 기본 생각이 역학에서의 인과 해석 문제에 답하기에 좋지 못한 형태라는 데 있다. 확률을 인과력을 재는 측정지표로 사용할 경우, 노출로 인해 결과가 일어날 확률이 상승하는 수준이 바로 그 측정지표로 채택될 것이다. 다시 말해 이 측정지표에 대한 수학적 정의가 보여 주는 대로 인과력이라는 개념의 의미를 이해하는 것이 최적의 방법이자 가장 정확한 값을 얻는 방법이다. 그러나 인과 해석 문제를 풀기 위해서는 이런 주장 이상의 해석이 필요하다. 수학적 정의로는 이런 목적을 이룰 수 없다. 따라서 인과에 대한 확률 이론을 통해 인과 해석 문제에 답할 경우, 적절한 답은 인과가 확률 상승을 가져온다는 기본 생각을 넘어서 있는 **추가적인** 세부 사항들 없이는 내놓을 수 없다. 이는 인과에 대한 확률 이론이 인과 해석 문제에 답할 수 없다는 뜻이 아니다. 단지 확률 상승이라는 개념만으로는 이 과제를 완수할 수 없다는 사실을 보일 뿐이다. 그리고 방금 말한 추가적인 세부 사항들에 대해 철학자들이 서로 동의하지 못하고 있는 만큼, 적어도 가까운 미래에는 아무리 희망적인 역학자라도 확률적 접근을 숙달함으로써 이득을 보지는 못할 것이다.

확률 상승은 곧 역학의 연관성 측정지표가 인과적으로 해석되기 이전에 그 지표가 측정하는 것이다. 누군가가 비흡연자에 비해서 흡연자가 폐암에 걸릴 상대위험도는 20이라고 말했다고 가정해 보자. 이 말은 흡연자가 비흡연자보다 20배 더 많이 폐암에 걸린다는 것과 마찬가지로 들린다. 이런 결론은 상대위험도의 수학적 정의에서 벗어나 있다. 지금 우리는 상대위험도를 인과적으로 해석하고자 할 때 무엇을 **더할** 필요가 있느냐고 묻고자 한다. 어떤 인과 이론은 확률 상승이라는 개념(이 개념은 무엇이 더 '많이' 일어나는지 알려줄 수 있을 뿐이다.) 이외의 다른 개념을 추가하지 않으면 그것이 사용하는 측정지표에 대해 아무 것도 주장할 수 없는 이론이다. 이는 물론 인과 이론 속에 확률의 자리가 전혀 없다는 식의 주장은 아니다. 다만 인과를 확률로 환원할 수 없다는 말일 따름이다. 좀 더 정확히 말해 연관성 측정지표에 대한 인과적 해석은 확률에 대한 주장들로 환원할 수 없다.

이런 논증을 예증하기 위해 〔표 3.1〕을 살펴보자. 연관성의 강도에 대한 세 가지 척도가 세 가지 방식으로 나타나 있으며, 여기에 사용된 숫자는 세 가지 가설적 연관성으로부터 주어진 것이다. 비교의 초점은 어떤 연관성이 가장 강한지 여부는 측정지표에서 독립적인 사실이 결코 아니라는 데 있다.

이들 연관성 가운데 어떤 연관성이 가장 강할까? 그 답은 연관성 측정지표로 무엇을 사용하느냐에 따라 바뀐다. 여기에서 제시한 세 가지 측정지표는 상대위험도, 위험도차, 인구집단 초과분율(population excess fraction,

	노출 유병률 P_e	노출 위험도 R_E	비노출 위험도 R_U	상대 위험도 RR	위험도 차 RD	인구집단 초과분율 PEF
연관성 1	10%	20%	10%	2.0	10%	9%
연관성 2	50%	80%	65%	1.2	15%	10%
연관성 3	70%	10%	8%	1.3	2%	15%
어떤 연관성이 가장 강한가?				연관성 1	연관성 2	연관성 3

[표 3.1] 가설적 연관성과 그 강도의 측정지표

PEF)을 말한다. 상대위험도는 이미 이번 장 앞부분에서 정의한 바 있다. 위험도차(risk difference, RD)는 어떤 위험 요인에 노출되었던 인구와 그렇지 않은 인구의 위험도차를 말한다.

$$RD = R_E - R_U$$

인구집단 초과분율은 좀 더 간단히 말해 초과분율이라고도 부른다. 이 용어는 이미 앞에서 살펴본 바 있다. 인구집단 초과분율은 **전체** 위험도 (R_T), 즉 전체 인구집단의 위험도와 **비노출** 위험도 사이의 차이를 전체 위험도로 나눈 값이다. 계산 방식은 다음과 같다.

$$PEF = \frac{R_T - R_U}{R_T}$$

예를 들어 전체 남성 인구에 대해 폐암의 평생 위험도가 1% 수준이라고 해 보자. 이 가운데 비흡연자의 평생 위험도가 0.5%라면, 인구집단 기여위험도는 (1-0.5)/1=0.5 또는 50%이다. 이는 전체 인구집단의 위험 중 50%가 그 인구집단에 속하는 비노출 인구집단의 위험에 비해 초과로 생겨났다는 사실을 말해준다.

인구집단 초과분율을 이해하는 직관적이지만 잘못된 방법이 있다. 어떤 인구집단에 대해, 그 가운데 문제의 위험에 노출된 집단이 더 이상 그 위험에 노출되지 않았을 경우 위험이 얼마나 감소하게 되는지 알려주는 값으로 받아들이는 방법이 바로 그렇다. 예를 들어 흡연으로 인한 폐암의 인구집단 초과분율을 모든 사람들이 흡연을 그만둘 경우 폐암의 위험이 줄어드는 수준을 알려주는 값으로 받아들이는 경우가 있을 수 있다. 이런 해석은 만족시키기 아주 어려운 조건이 실현되었다는 가정 없이는 결코 참이 아니다.(8장에서 상세히 논의) 하지만 이런 해석 방침이 인구집단 초과분율을 직관적으로 포착하는 데 도움이 되는 것만은 분명한 사실이다. 한편 인구집단 초과분율은 인구집단 기여위험도라는 표현으로도 알려져 있다. 초과위험을 기여도라고 말할 수 있는 상황에 대한 한 가지 교묘한 질문이 가능한데, 이에 대해서도 8장에서 다루겠다.

이제 [표 3.1]에서 사용한 세 가지 수치로 이뤄진 집합에 주목해 보자. 우리는 세 변수에 대해 가상의 값인 노출된 집단의 위험도(노출 위험도), 비노출 집단의 위험도, 그리고 노출된 집단의 유병률(노출 유병률)을 제시했다. 유병률이란 전체 인구 가운데 노출된 인구의 비율을 의미한다. 다시 말해 노출 집단의 크기를 노출 집단의 크기 + 비노출 집단의 크기로 나눈 비를 말한다. 노출 유병률을 여기에 포함시킨 이유는 이 값으로 인구집단 기여위험도를 계산할 수 있기 때문이다. 이 값은 다른 두 측정지표의 값과 일관된다.(상대위험도와 위험도차)[22] 중간 세 열의 값은 각각의 연관성에 대해 상대위험도, 위험도차, 인구집단 초과분율을 보여 주고 있다.

이 표의 가장 아래 줄에서는 어떤 연관성이 가장 강한지 묻고 있다. 그런데 이에 대한 답은 측정지표마다 다르다. 연관성 1은 상대위험도에서

---

[22]   앞서는 조금 다른 식을 제시했지만, 그 식은 다음 수식에서 유도했다.

인구집단 초과분율 $= \dfrac{Pe(RR-1)}{Pe(RR-1)+1}$ (유도과정은 Szklo and Nieto 2007, 87 참조)

가장 강하다. 연관성 2는 위험도차에서 가장 강하다. 연관성 3은 인구집단 초과분율에서 가장 강하다.

이들 표현이 제각기 다른 종류의 확률 증가를 표현한다는 시각은 충분히 지지받을 만하다. 이런 가정에 따르면, '상대위험도=2'(연관성 1)라는 표현은 노출 인구집단 가운데 무작위로 고른 사람이 문제의 결과를 겪고 있을 확률이 비노출 인구집단 가운데 무작위로 고른 사람이 그럴 확률보다 두 배 높다는 뜻이다. 반면 '위험도차=10%'(역시 연관성 1)라는 표현은 노출 인구 가운데 임의로 고른 사람이 문제의 결과를 겪고 있을 확률이 비노출 인구집단 가운데 무작위로 고른 사람이 그럴 확률보다 0.1 높다는 뜻이다. 또 '인구집단 초과분율=9%'라는 표현은 인구집단에서 무작위로 고른 개인이 문제의 결과를 겪고 있을 확률이 비노출 인구집단보다 0.09 높다는 뜻이다.

이미 지적했듯이 이런 사실들은 확률적 접근 속에는 인과 해석 문제에 대한 준비된 답변 같은 것이 들어 있지 않다는 것을 보여 준다. 우리는 각각의 측정지표를 인과적으로 해석하는 데 필요하면서도 수학이 알려 주는 수준을 넘어서는 더 **많은** 것을 알기를 원한다. 그러나 확률 해석 속에는 이런 의미에서 우리가 필요로 하는 어떠한 것도 없는 듯하다.

하지만 확률적 접근을 이해하는 또 다른 방식이 있을 수 있다. 이 방법에 따를 경우, 인과 해석 문제를 피할 수 있으며 이 문제에 대한 나름의 답도 내놓을 수 있다. 인과를 이들 다양한 측정지표로 표현된 확률과 동일시하기보다는, 이들이 **모두** 확률 상승을 표현한다고 볼 수 있게 해 주는 어떤 포괄적인 의미가 있다고 주장할 수 있다. 또한 인과를 여러 측정지표 가운데 하나가 아니라 이런 포괄적인 확률 상승과 동일시할 수도 있다. 포괄적인 확률 상승이 없을 경우 이 지표는 확률 증가만을 보여 준다. 그러면 인과적 해석은 곧 포괄적인 확률 상승이 있다는 주장이 된다.

물론 '기저의' 또는 '포괄적인'이라는 형용사를 '인과적'이라는 형용사를 말하지 않고 명료하게 사용하기는 아주 어렵다. 하지만 그런 과제를 달성할 수 있다고 하더라도, 확률적 접근을 이와 같이 이해하는 방침은 학자들이 확률적 접근을 택한 이유라고 앞서 지적했던 중요한 장점 가운데 하나를 희생하는 방향이라고 할 수 있다. 정확성이 사라져 버리는 것이다. 정확성은 확률을 0과 1 사이의 값으로 표현할 수 있기 때문에 가능한 특징이다. 만일 포괄적인 확률 증가 역시 0과 1 사이의 값으로 표현할 수 있다면, 우리는 [표 3.1]에 등장했던 연관성 가운데 어떤 연관성이 이 눈금을 기준으로 했을 때 가장 높은 확률 증가를 보여 주는지 물어볼 수 있다. 이는 0과 1 사이에 있는 두 숫자 사이의 차이 역시 0과 1 사이에 있는 어떤 수일 것이며, 따라서 언제나 0과 1 사이에 있는 서로 다른 두 숫자 가운데 하나는 다른 하나보다 더 크다는 결론을 내릴 수 있기 때문이다. 그러나 이 질문에 답하기는 그리 쉽지 않다. [표 3.1]은 연관성에 대한 세 가지 표현 가운데 무엇이 가장 큰 확률 증가를 표현하는지에 대해 측정지표와 무관하게 답할 수는 없다는 점을 보여 주고 있기 때문이다. 확률은 0과 1 사이의 숫자로 표현되어야 한다는 생각을 버리면, 확률 이론가들은 다른 동등한 측정지표는 얻지 못한 특권을 한 측정지표에게 부여하는 무리한 결정도 피할 수 있다. 하지만 이런 생각은 인과에 대한 확률 이론이 매력적이었던 중요한 이유인 정확성 역시 포기하는 선택이다.

이런 평가가 지금의 맥락 속에서 추상적이라고 볼 근거는 전혀 없다. 정확성에 대한 약속 덕분에, 확률적 접근은 반사실적 접근보다 유리한 고지에 먼저 오를 수 있다. 반사실적 접근을 하려면 먼저 인과적 주장 분석에 쓸 수 있는 명확한 의미론적 값이 각각의 용어에 할당되어 있다고 주장해야만 한다. 확률의 증가를 나타내는 부등식이 확률적 접근이 찾으려는 인과 주장 분석의 틀이라는 주장이야말로 확률적 접근이 지닌 매력의 핵심이다. 또한 이 접근은 정확성을 추구할 수 있는데, 이 정확성은 0과 1 사이에 있는 서로 다른 두 숫자 가운데 하나의 숫자는 반드시 다른 숫자보다 더 크다는 명백한 사실로부터 유래한다.

남은 대안은 우격다짐으로 또는 모종의 재기 넘치는 추론에 의해 제시된 측정지표 가운데 한 가지를 최우선적인 척도로 취급하자는 식의 노선이다. 하지만 이런 답변 노선은 인과에 대한 확률 이론 속에서 찾을 수 있는 어떠한 명시적인 동기도 지니고 있지 못하다. 게다가 이 노선은 그 자체로 대단히 매력 없는 방향이기도 하다. 문제의 여러 측정지표 가운데 한 가지가 인과 강도 측정지표인 반면, 다른 측정지표는 **다른 무언가**를 나타낸다는 주장에는 별다른 설득력이 없다. 어떤 측정지표에 의해 표현된 확률 증가에, 다른 측정지표에 대한 인과적 해석이 의존한다는 생각 역시 설득력 없기는 마찬가지다. 각각의 척도가 서로 다른 방식으로, 서로 다른 확률을 표시하면서 인과 강도를 보여 준다고 보는 시각이 오히려 더 설득력 있는 입장이다. 인과적 해석은 이들 측정지표 모두가 어떤 방식으로든 공유하는 다른 무언가가 있다고 주장한다.

얼핏 보기에 인과에 대한 확률적 해석은 아마도 역학에 적합해 보일 수도 있을 것 같다. 이렇게 난해한 조사를 벌인 목적 가운데 일부는 이런 외양이 그저 표면적일 뿐이라는 사실을 보이는 데 있다. 인과적 측정지표를 통해 확률 증가를 확인할 때 마주치는 애로사항을 원리상 극복할 수 있다고 가정한다 해도, 여전히 인과 해석 문제와 같은 어려운 문제를 극복해 낸 성과는 존재하지 않는다. 이런 문제가 풀리지 않는 한 활동 중인 역학자들이 인과에 대한 확률적·철학적 접근을 통해서 인과 해석 문제를 풀 수는 없을 것이다.

반사실적 접근

오늘날 인과에 대한 또 다른 지배적인 사유에 따르면, 인과는 반사실적 의존(counterfactual dependence)과 깊이 연관되어 있다. 그 핵심적인 생각은 다음과 같다.

만일 C가 E를 일으킨다면, C가 발생하지 않을 경우 E도 발생하지 않을 것이다.

여기에서 의존이란 시간과 무관한 것으로 이해되어야 하는데, 우리는 언어적 규약상 미래에 대한 반사실문(반사실적 조건문)과 미래에 대한 다른 종류의 조건문들을 엄격히 구별하지 않기 때문이다. '만약 내가 언젠가 부자가 된다면(if I were to become) 나는 요트를 살텐데.(would buy)'라는 문장과 '만약 내가 언젠가 부자가 되면(if I become) 나는 요트를 살 것이다.(will buy)'라는 문장은 쉽게 구별되지 않는다. 반면 '만일 내가 부유하게 태어났더라면 나는 요트를 샀을텐데.'라는 문장은 분명 일종의 자기 연민을 품고 있고, '만일 내가 부유하게 태어났다면 나는 요트를 샀다.'라는 수 수께끼의 일부를 연상시키는 문장과는 구별된다. 어찌되었든 인과를 고찰할 때는 반사실적 의존이라는 생각이 시간에 민감하지 않은 방식으로 사용되며, 이때 반사실적 의존은 실제 일어난 사건들 대신 대안적으로 가능한 사실에 의해 성립된다. 인과적 사실들은 이러한 대안적인 사실들의 부분집합이 된다.

철학자 루이스(David Lewis)는 개별 인과의 맥락에서 반사실적 접근을 가장 온전한 모습으로 발전시켰다.(Lewis 1973a; 2004)[23] '만일 P가 아니었다면, Q가 아니었을 텐데'와 같은 형식의 주장들은 모호하면서 불가사의하다. 루이스의 중요한 기여는 그런 주장들을 어느 정도 명료하게 이해할 수 있는 의미론적 이론을 제안한 데 있다. 그의 이론은 반사실적 주장들에 대해 아주 분명한 것은 아닐지라도 다소간의 이해를 제공함으로서, 인과에 대한 반사실적 분석이 단지 하나의 신비를 다른 신비로 대체하는 것에 머무르지는 않도록 해준다.(Lewis 1973b; 1973c; 1979)

그러나 확률적 접근과 마찬가지로 반사실적 접근의 기본적인 생각 속에도 잘 알려진 여러 난점이 있다. 확률적 접근에서 그랬듯이, 이런 난점들은 반사실적 접근에 의지해서 인과 해석 문제(CIP)에 대한 해결책을 찾아보려는 역학자들이 실망할 수 밖에 없는 이유가 된다. 가장 잘 알려진

---

23   이들은 인과를 수학화하려는 접근에서도 빈번히 등장한다는 점을 지적해 두겠다.(Spirtes, Glymour, and Scheines 2000; 특히 Pearl 2009) 하지만 나는 여기에서 엄격한 의미에서의 철학적 접근에만 주의를 돌릴 것이다. 지금 인용한 연구와 유사한 유형의 연구들은 여기에서 말하는 인과에 대한 확률적 접근과 깊이 연결되어 있기 때문이다. 다시 말해 인과의 '수학화', 즉 인과적 신념을 공리화하고 그 귀결을 보는 작업은 인과의 본성에 대한 철학적 질문에 직접적인 답을 제시해 주지 못한다. 반사실문은 수학적 개념을 선재하고 있지 않기 때문에, 반사실문을 통해 인과에 대한 **철학적**('수학적'과 반대되는 의미에서) 분석을 수행하자는 움직임은 확률적 접근 노선과는 달리 '수학 시샘증'의 귀결은 아니라고 할 수 있다.

어려움은 결과가 그 원인에 언제나 반사실적으로 의존하지는 않는다는 사실이다. 이는 다음과 같은 사례를 생각해 보면 명백하다. 우리는 때때로 어떤 원인이 결과를 일으키지 못하는 경우에도 그 결과가 확실히 일어나도록 계획하고 장치를 마련해둔다. 예를 들어 병원에는 전기 공급이 중단되는 경우를 대비해 비상용 발전기가 준비되어 있어야만 한다. 이제 전기 공급에는 문제가 없고 전등의 불은 계속 켜져 있다고 하자. 이 때 전기 공급이 전등이 켜진 원인인 것은 분명하나, 배전망이 망가질 경우 전등이 꺼졌으리라는 반사실적 주장은 결코 참이 아니다. 배전망이 망가질 경우, 비상용 발전기가 대신 작동했을 것이기 때문이다. 철학자들은 이 난점을 매우 상세히 탐구했고(예를 들어 Collins, Hall, and Paul 2004), 많은 철학자들은 반사실적 의존이나 그것에서 파생된 어떤 개념도 인과를 성립시키기 위해 반드시 필요하지는 않다는 일반적인 결론에 도달했다.

이보다 덜 알려진 난점은 하나의 결과는 보통 우리가 기꺼이 원인으로 간주하는 것들보다 더 많은 사건들에 의존한다는 사실이다.(Schaffer 2005 ; 2007a ; Broadbent 2008 ; 2012) 통상 우리는 산소의 존재가 내가 지금 이 글을 쓰는 원인이라고 말하지 않는다. 산소를 언급하며 글을 작성하는 사건에 대한 인과적 설명을 하지도 않고, 그것을 토대로 내가 무엇을 쓸 지 (혹은 내가 뭔가를 쓰기는 할지) 예측하지도 않는다. 또 우리는 반사실적 시험만을 통과했다는 사실에 근거해 도덕적 · 법적 책임을 사람들에게 지우지도 않는다. 또 다른 난점은 인과가 이행적(transitive)[24]이냐는 문제와 관련된다. 반사실적 의존은 이행적이지 않지만, 반사실적 인과 이론가들은 여러가지 이유에서 인과를 강제에 의해 이행적이게 만들려는 경향이 있다. 그러나 인과가 다른 이행적이지 않은 관계들과는 다를지라도, 인과 역시

이행적이지 않다고 생각할 이유들이 있다.(Hitchcock 2001 ; Broadbent 2012)

이들 문제는 다른 곳에서 철저히 다루어졌기 때문에 여기에서는 자세히 다루지 않는다.(Kvart 1991 ; Hitchcock 2001 ; Hall 2004 ; Lewis 2004 ; Bjornsson 2007 ; Broadbent 2012) 요점은 다수의 문제가 있으며, 그래서 인과적 해석 문제에 대한 답변으로서 인과에 대한 반사실적 이론을 끌어들이려고 마음 먹었다고 해도, 그러기 위해서는 주의를 깊이 기울여야 한다는 데 있다.

그럼에도 인과적 해석 문제에 대한 반사실적 답변은 확률적 접근에 따른 답변보다는 비교적 더 분명하다. 다음과 같은 주장을 보자.

어떤 인구집단에서 흡연 위험의 인구집단 초과분율은 50%이다.

반사실적 접근에 따라 이 주장의 인과적 해석에 함축된 '나머지 성분'을 분석해 보자. 그 결과 가운데 가장 단순한 형태는 다음과 같을 것이다.

만일 문제의 인구집단에서 아무도 흡연하지 않았다면, 그 인구집단에서 흡연의 위험은 현재 위험보다 50% 적을 것이다.

실제로 이는 문제의 측정지표(즉 초과분율)를 설명하는 방식으로 가끔 사용된다. 다음 주장도 비슷한 방식으로 검토해보자.

----

24   (옮긴이) 인과가 이행적이라는 말은 다음과 같은 추론이 옳다는 말이다.

A가 B를 일으키고, B가 C를 일으킨다면, A는 C를 일으킨다.

비흡연자들에 비해, 흡연자들 가운데 폐암의 생애 상대위험도는 약 20이다.

만일 이 주장을 한 가지 인과적 사실을 나타내는 문장으로 해석한다면, 반사실적 접근에 따라 인과의 나머지 성분은 그 주장에 다음과 같은 함축을 부여할 것이다.

만일 비흡연자가 흡연을 한다면, 그들에게 일생 동안 폐암이 생길 위험은 그들이 현재 겪는 실제 위험보다 약 20배로 커질 것이다.

다른 측정지표들에 대해서도 유사한 방식의 번역을 어렵지 않게 생각해낼 수 있다. 문제는 이러한 간단한 주장들이 거짓이라는 데 있다. 이것이 반사실적 접근의 두 번째 난점이다. 일반적으로 어떤 노출이 없을 때 결과가 줄어드는 수준은 인구집단 초과분율보다는 다소 적을 것이라고 예상할 수 있다. 왜냐하면 문제의 노출을 대신하는 무엇이든, 그것 역시 문제의 결과를 어느 정도 일으킬 수 있기 때문이다. 만일 어느 누구도 궐련 담배를 피우지 않는다고 해 보자. 그렇다고 해도 더 많은 사람들이 (예를 들자면) 말린 담뱃잎, 여송연(cigar), 파이프담배를 피울 수 있다. 결국 폐암의 위험은 상당히 줄어들겠지만, 그 수준은 인구집단 초과분율이 시사하는 수준만큼은 아닐 것이다. 또 비흡연자들이 흡연을 하게 된다면 폐암의 위험은 상당히 높아질 것으로 예상할 수 있지만, 꼭 20배로 증가하지는 않을 것이다. 비흡연자들이 대체로 더 건강한 습관을 가졌거나, 이미 간접흡연으로 인해 일정량의 담배 연기에 노출되었다면 실제로 폐암의 위험 증가는 20배보다 더 적을 수도 있다. 20배 이상 증가할 수도 있는데, 비흡연자 중에는 다른 건강상의 문제 때문에 담배를 피우지 않는 사람이 있을 수도 있고, 어떤 비흡연자는 가족 중에 암환자가 많다는 이유에서 흡연을 피하는 성향을 암에 걸릴 성향과 동시에 가질 수도 있기 때문이다. 결국 인과적 해석 문제에 대한 간단하고 분명한 형태의 반사실적 답변은 일반적으로 참이 아니다.

상황이 이렇다고 해서, 반사실적 접근의 핵심적인 생각을 활용해 인구집단에 대한 인과적 주장을 분석하려는 시도가 완전히 멈춘 것은 아니다. 그런 시도 가운데 가장 유망한 노선은 인구집단에 대한 인과적 주장을 모종의 인과 모형에 상대적이게 만드는 노력이다. 여기에서 인과 모형이란 변수들의 집합이다. 이 모형 속에서는 변수들 사이의 관계가 미리 결정되어 있고, 그 변수들의 값은 변수 간 상호관계 또는 전능한 모형 제작자에 의해 결정된다. 인과 모형들이 지닌 다른 속성도 여기에서는 논외로 해 두자. 이는 인과적 해석 문제에 대해 좀 더 강력한 답변을 가능케 한다. 이 인과 모형의 제작자는 모든 종류의 골치 아픈 복잡성을 허용할 수 있다. 이런 다음, 그는 인과 강도 측정지표에 대한 인과적 해석은 **어떤 변수들이 특정한 값들을 가지고 그 변수들 간에 어떠한 관계가 성립한다는 가정하에서** 무슨 일이 일어날 것인지 보여 주는 주장이라고 말할 것이다.

예를 들어 'PEF=50％'(인구집단 초과분율은 50%이다.)라는 주장은 우리에게 다음과 같이 말한다. 현재 컬런 흡연자의 여송연 흡연 습관을 지금 상태에 묶어두고 그 인구집단에서 컬런 흡연 비율을 0으로 놓으면, 폐암의 생애 위험도는 현재 위험보다 50％ 낮아질 것이다. 이것은 모든 흡연자가 갑자기 금연을 하면 무슨 일이 일어날지에 관한 주장도 아니고, 그들이 애초에 비흡연자였다면 무슨 일이 일어날지에 관한 주장도 아니다. 좀 더 정확히 말해, 이는 세부사항들이 그럴듯하게 채워졌지만 상당히 인위적인 어떤 상황에서 예상할 수 있는 폐암 위험에 대한 주장이다. 마찬가지로, RR＝20(상대위험도는 20배이다)라는 주장은 만일 인구집단에서 비흡연자의 건강 습관 및 상태를 흡연의 결과로 생기는 건강 상태를 제외하고는 흡연자의 경우와 유사하게 설정하고 비흡연자의 흡연 습관 역시도 흡연자의 습관과 유사하게 설정하면, 비흡연자에게서 20배 많은 폐암이 생긴다고 예상하는 것으로 해석될 수 있다.

이런 접근이 인과에 대한 철학적 질문에 어느 정도 답변할 수 있느냐는 문제는, 철학적 분석이 인과의 근본 개념을 얼마나 건드리느냐에 달려 있다. 물론 다양한 분석들이 시도되어 왔다.(Woodward 2003; Menzies 2004; Halpern and Pearl 2005; Menzies 2007; Schaffer 2007b) 이들은 모두 반사실적 접근이라는 우산 아래 있는데, 이는 원인을 차이의 원천으로 간주하기 때문이다. 여기에서 차이란, 실제로 일어난 일과 만일 다른 변수들의 값은 그대로인데 어떠한 변수의 값이 바뀌면 일어났을 일 사이의 차이를 말한다.

인과를 분석하기 위해 루이스가 사용한 것과 같은 단순한 반사실적 조건문이 아니라 인과 모형을 사용하는 주된 이유는, 이를 통해 어떤 요인이 만들어내는 차이를 보다 정확하게 보여줄 수 있기 때문이다. 추정상의 원인이 없었다면 상황이 어떻게 진행되었을까라는 답하기 어려운 질문을 놓고 논쟁하는 대신, 우리는 일정한 변수들이 다른 값을 가졌더라면 어떻게 되었을지 **이야기**해 주는 구조 방정식의 집합을 명시할 수 있다. 수많은 가능 세계들 중에서 어떤 것이 더 근접한 가능 세계인지 논쟁하는 대신, 이론가들은 인과 주장이 참인지 여부는 주어진 모형에서 표현되는 어떠한 조건들이 만족되는지 여부에 달려있다고 명시할 수 있다. 예를 들어 멘지스(Peter Menzies)는 원인이란 '디폴트 모형'에서의 차이라고 제안한다. 이때 디폴트 모형이란 그 모형의 여러 내생 변수에 '디폴트 값'을 부여하는 구조 방정식들의 집합이다.[25] 이런 디폴트 값들은 반드시 현실에 있는 변수의 값일 필요는 없다. 아주 거칠게 말해, 어떤 모형 속에서 한 변수 C가 자신의 디폴트 값과는 다른 값을 갖고, 다른 변수 E도 그것의 디폴트 값과 다른 값을 갖도록 만드는 경우, C는 바로 그 모형 속에서 E의 원인이다.(Menzies 2007) 이런 접근은 분명 결과가 그것의 원인에 반사실적으로 의존한다는 주장보다는 더 세련되기는 하지만, 인과를 특징짓는 데 있어서 실제적인 것과 반사실적인 것의 차이에 호소한다는 점에서는 변함이 없다.

불행히도 이런 세련된 형태의 반사실적 접근 역시 인과 해석 문제를 해결하지 못한다. 반사실적 인과 이론에 대한 문헌들에서 이미 폭넓게 논의되었던 문제들과 거의 똑같은 인식론적 · 형이상학적 문제들이 발생하기 때문이다. 인식론적으로 보면, 무슨 일이 **일어날지**(what would happen)를 어떻게 알 수 있느냐는 골치 아픈 문제는 주어진 인과 모형이 실제와 같다는 것을 어떻게 알 수 있느냐는 골치 아픈 문제로 변형된다. 아무리 정교해지더라도, 실천적인 관점에서 보면 이들 문제는 어떤 노출이 문제

----

25   내생 변수는 다른 변수들을 조작하는 구조 방정식에 의해 결정되는 변수들이다. 외생 변수는 그 값을 '바깥으로부터', 다시 말해 모형 작성자로부터 받는다. 구조 방정식은 변수의 값을 '정하는' 계산으로, 마치 컴퓨터 프로그래밍을 할 때처럼 좌변에는 우변에 적은 식의 값을 적는다. 이에 대한 좀 더 온전한 설명은 이 책에서 인용한 많은 저술에서 찾아볼 수 있다.(특히 Halpern and Pearl; Pearl 2009)

가 되는 결과의 원인인지 직접적으로 묻는 행동과 별반 다르지 않다. 인과적 해석 문제의 용어를 사용해 보자. 지금 채택된 인과 모형의 각종 장치들에 따르면, 어떤 노출 및 그것과 관련된 어떤 결과에 대해서 양측의 연관성이 모형 제작 이론가가 설정한 조건들을 만족할 경우 노출은 결과의 원인이다.(물론 이는 인과 모형에 상대적이다.) 그러나 만일 가용 자료와 양립할 수 있으면서도 앞서 언급한 연관성으로는 모형 제작 이론가가 제시한 조건을 만족시키지 못하는 또 다른 인과 모형이 가능하다면, 어떤 모형이 올바른 모형인지를 결정하기 전까지는 하나의 인과적 해석이 올바른 해석인지 정할 수 없을 것이다. 그리고 이 문제, 즉 무엇이 올바른 인과 모형이냐는 물음은 우리가 논의를 시작했던 바로 그 질문을 좀 더 세련되게 묻는 데 지나지 않는다.

형이상학적 관점에서 보더라도 모형의 사용은 어떤 물음에도 실질적인 답변을 하지 않는다. 우리는 모형 제작 이론가가 설정한 인과의 조건을 만족하지 못하지만 인과적이라고 볼 수 있는 드문 상황을 생각해낼 수도 있다. 순환성이라는 또 다른 걱정거리도 생긴다. 모형이 가질 수 있는 세부 사항들 가운데 오직 일부만이 명세화된다는 점이 문제의 출발점이다. 모형 내에서 일어나는 일에 영향을 미칠 수 있는 모형 외적인 요소들이 많지만, 규약에 의해 이들은 모형의 작동에 영향을 미치지 못한다고 설정된다.(Halpern and Pearl 2005, 878) 이러한 규약은 인과의 개념을 가정하고 있다. 어떤 주장을 하나의 인과 모형에 상대화하는 시도를 위해서는, 그리고 그런 인과 주장의 참·거짓을 정하기 위해서는 결과에 영향을 미칠 수 있는 모든 다른 인자가 모형 내적인 원인에 의해서든 외적인 원인에 의해서든 영향을 받지 않고 변함없이 유지된다고 주장해야만 한다. 그런데 '결과에 영향을 미칠 수 있는 요소'라는 개념은 인과적 개념이고, 그 개념은 이런 종류의 이론이 성공의 희망을 갖기 위해 필수적이므로, 순환성을 걱정하지 않을 수 없다. 그러한 인자들은 매우 다양해서 그것을 명세화할 수 있는 가망은 사실상 없다.(Spirtes, Glymour, and Scheines 2002, 21) 만일 어떤 사람이 스퍼티스와 그 동료들처럼 인과의 필요충분조건을 제공하는 목적이 아니라 인과를 공리화하고 연역하려는 목적만을 가지고 있다면, 그에게 순환성은 문제가 되지 않을지도 모른다. 그러나 만일 연관성에 대한 어떤 역학적 측정지표를 인과적으로 해석하는 방식이 무엇을 의미하는지 알고자 하는 사람이라면 상황이 다르다. 그는 이런 종류의 순환성을 알아채지 못할 경우 혼란에 빠질 것이고, 알아챌 경우 실망하게 될 것이다.

확률적 접근과 마찬가지로 반사실적 접근에는 한 가지 그럴듯한 요소가 있다. 그 요소란 이렇다. 연관 강도 측정지표가 인과적 함의를 갖는 요소로 올바르게 해석되는 경우, 우리는 문제의 노출에 대해 **모종의** 반사실적 가정이 주어질 경우 결과에서도 **모종의** 차이가 있을 것이라고 예측할 수 있다. 그러나 이는 애초에 인과 해석 문제를 성립시키는 데 꼭 필요한 조건이다. 왜냐하면 노출이 없을 경우에도 결과에 아무런 차이가 없다면, 연관성의 강도가 얼마이든지 간에 그것을 인과적으로 해석하기는 어렵기 때문이다. 문제는 인과적 해석이 정확히 무엇을 말하느냐에 있다. 그것은 분명 반사실적 **함축**을 가질 수 있다. 하지만 어떤 주장의 인과적 의미를 그것이 지닌 반사실적 함축으로 대체하려는 시도는 성공적이지 않다.

설명적 접근[26]

◉

　　　　　이번 장에서 우리는 활동 중인 역학자가 인과
성에 대해 논의할 때 직면하는 문제를 논의했다. 이 문제는 역학자들이
인과적 사실을 표현·측정·정량화할 때 사용하는 연관 강도 측정지표
를 해석하는 문제라고 할 수 있다. 그런데 우리는 인과를 분석해 온 주요
철학적 접근 방식들은 대개 인과 해석 문제를 푸는 데 잘 준비되어 있지
못하며, 쉽고 분명하고 임박한 발전을 약속하지도 못한다는 점을 확인할
수 있었다. 이는 이들 접근 방식이 단순히 여러 반론에 시달린다는 사실
때문만은 아니고, 애초에 인과 해석 문제에 답하기 위한 접근 방식이 아니
기 때문에 나타나는 특징이다. 게다가 인과 해석 문제는, 많은 경우 일반
적이고 모호해지기 쉬운 인과 분석보다 좀더 정교하게 범위를 좁힌 문제
다. 인과 해석 문제의 이런 특성 덕분에, 앞서 살펴봤던 두 가지 방향이 실
패했다고 상심할 필요는 없다. 계속해서 말하지만 우리에게 필요한 것은
인과의 본성에 대한 **완전한** 이론이 아니다. 인과적 사실을 표현·측정·
정량화하는 데 사용하는 연관 강도 측정지표가 대체 무엇을 의미하는지
를 순수 수학적 함축과는 별도로 해명하는 것이 지금 답할 필요가 있는
과제다. 달리 말해 연관성 측정지표가 대체 언제 인과 강도 측정지표로
사용되는지 알아내는 것이 문제다. 물론 여기에서 우리는 역학적 측정에

26　　　　(옮긴이) 몇몇 독자들이 설명적 접근이 반사실적 접근과 어떤 차이가 있는지 혼동스럽다는 지적을
보내주었다. 다음 글에서 두 접근 사이의 혼동에 대해 상세한 해명을 제시했으니 본문의 서술이 불충분하다고 생
각하는 독자들은 참고하기 바란다. 전현우, 『역학의 철학』, 3장 "인과 해석 문제"에 대한 주석(http://blog.naver.
com/non_organ/220445637152).

만 관심을 둘 것이다.

다음은 연관성 강도 측정지표를 인과적으로 해석하는 데 쓸 수 있는 간단한 규준이다.

어떤 노출이 결과에서 측정된 순 차이[27]를 설명할 경우 오직 그 경우에만 연관성 강도 측정지표는 인과 강도 측정지표다.

연관 강도 측정지표는 노출의 현존 또는 부재에 따라 결과에서 관측되는 순 차이, 또는 노출의 정량적 변이에 따라 결과에서 관측되는 순 차이의 측정지표가 된다. 그러므로 동등하지만 다음과 같은 좀 더 우아한 정식화가 가능하다.

인과 강도 측정지표는 노출에 의해 설명되는 결과에서 관측된 순 차이의 측정지표다.

이는 이 책의 나머지 부분에서 사용할 '인과 강도 측정지표'의 정의이다.
이 정의를 사용하는 접근 방식을 설명적 접근이라고 부르자. 여기에 담긴 생각은 상당히 단순하다. 비흡연자에 대조했을 때 흡연자가 폐암에 걸릴 상대위험도가 20이라고 하자. 이 때 설명적 접근에 따르면, 방금 주장을 인과적으로 해석할 경우 20의 상대위험도가 흡연자와 비흡연자 간

----

27   (옮긴이) 순 차이(net difference)는 노출로 인한 전체 효과에 대해 그것을 저감시키는 모든 현실적 요소가 작용하고 나서 남는 효과의 양으로, 실제 실현·측정되는 효과의 양이 된다.

흡연 상태의 차이에 의해 설명된다고 말할 수 있다. 또 폐암에서 흡연이 기여하는 정도가 인구집단 초과분율 50%라고 해 보자. 이 말은 문제의 인구집단에서 발생한 폐암 환자의 50%를 흡연이 설명한다는 것을 의미한다. 또 다른 지표를 써 보자. 흡연자와 비흡연자에 대해, 폐암의 인과적 위험도차가 9.5%라고 하자. 이 말은 흡연자에게는 비흡연자에 비해 폐암 발생 위험이 9.5% 추가된다는 뜻이다.

이러한 제안을 하기 위해서는 '설명한다'라는 말이 무엇을 뜻하는지에 대해 좀 더 상세히 살펴볼 필요가 있다. 이 말은 다양한 의미를 가지고 있으며, 또 철학적 분석의 중요한 주제이기 때문이다. 특히 설명을 인과적으로 분석할 경우 순환성에 빠져버릴 명백한 위협도 있다. 미리 말하자면, 개별 인과 개념을 기초 개념으로 가정하여 일반 인과 주장을 분석함으로써 이 위협을 피할 것이다. 그와 같은 분석은 정보값을 가지며, 순환적이지 않다.

그렇다면 '설명한다'라는 말은 무엇을 뜻하는가? 분명히 지금 쟁점이 되는 설명의 의미는 때때로 '총체적 설명(total explanation)'이라고 불리는 유형의 설명과는 다르다. 다시 말해 여기에서 설명은 문제의 현상이 발생한 이유에 대한 완전하고 포괄적인 해명을 의미하지 않는다. 폐암은 많은 요인의 결과이며, 예를 들어 흡연이 이 암에 얼마나 기여하느냐는 주장은 명백히 이런 요인들의 목록과는 다르다. 이와 같은 접근을 통해 가능한 설명의 종류는 **대조** 설명이라고 할 수 있다. 이런 설명은 **차이** 또는 대조를 설명하는 데 관심이 있다. 이제 우리가 달성해야 할 목표는 대조를 설명하는 데 무엇이 필요한지를 해명하는 일이다. 만약 우리가 그런 해명을 할 수 있다면, 설명적 접근은 인과 해석 문제의 해결책을 제공해 줄 것이다. 또 우리는 그에 이어서 그 해결책을 평가할 수도 있을 것이다.

이런 설명을 하기 위한 일반적 규칙을 생각해 볼 수 있다. 이에 따르면 둘 사이의 임의의 차이를 설명하기 위해서는 역시 둘 사이에서 찾을 수 있는 추가적인 차이를 지적할 필요가 있다. 예를 들어 흡연자와 비흡연자의 폐암 위험도차를 설명하려면 두 집단의 또 다른 차이, 이를테면 흡연 습관을 지적해야만 한다. 반대로 이 차이가 두 집단 모두가 공유하는 요인, 이를테면 산소에 대한 접근성으로 설명된다고 말할 수는 없다.

립튼(Peter Lipton)이 저술한 과학철학 문헌은 이러한 생각을 철저하게 탐구하고 있다. 그는 좋은 대조 설명이기 위한 필요조건으로 다음과 같은 **차이 조건**이 있다고 보았다. 비록 이 조건이 충분조건은 아니지만 말이다. 이 때 설명은 **개별** 사건에 관한 **인과적인** 설명을 담고 있어야 한다.

> 왜 Q가 아니라 P인지 설명하기 위해서는, P와 Q 아님(not-Q) 사이의 인과적 차이를 반드시 지적해야 한다. 문제의 차이는 P의 원인을 구성하면서, 동시에 Q 아님 사례에서는 이에 대응하는 사건이 없다는 점에서 양자 사이의 차이이다.(Lipton 2004, 42)

이 책에서 발전된 여러 중요한 생각은 바로 이 생각에서 출발했으며, 상당히 강력한 힘을 지닌다. 하지만 그 중요성은 철학계에서 철저히 과소평가되어 왔다. 그것은 이 모형이 제시하는 '차이 만들기(difference making)' 방식이 인과성에 대한 반사실적 접근이 제시하는 차이 만들기 방식과 전적으로 다르다는 점을 알아차리지 못했기 때문이다.(Broadbent 2012) 이로 인해 그간의 생각과 상당히 다른 이 생각의 장점이 아직 충분히 탐구되지 못했다고 할 수 있다.

반사실적 접근은 다음과 같은 생각에 호소한다.

원인에 의한 차이 만들기: 어떤 원인은, 만일 그 원인이 없었거나 달랐다면 그 결과가 없었거나 달랐을 것이라는 의미에서 차이를 만들어낸다.

한편 대조적 설명에 대한 립튼의 모형은 아래와 같은 생각에 호소한다.

결과에 의한 차이 만들기: 어떤 원인은, 바로 그 원인이 현재 나타난 결과와 그와는 달리 나타난 결과(혹은 결과가 없는 상태) 사이의 차이라는 의미에서 차이를 만들어낸다.

두 생각은 완전히 다르다.(Broadbent 2012, 469~470) 첫 번째 의미에서는 차이를 만들어 내지만 두 번째 의미에서는 차이를 만들지 않는 사건이 많이 있기 때문이다. '결과가 다르거나 없을 때'를 해석하는 방식에 따라 이런 차이가 빚어진다. 예를 들어 산소가 없다면 나는 이 문장을 쓰지 못했을 것이기 때문에, 산소의 현존은 차이를 만들어낸다. 하지만 이는 결과에 의한 차이는 아니다. 왜냐하면 산소의 유무에 의한 차이는 이 문장을 쓰고 있는 지금의 나와 이 문장을 쓰고 있지 않은 가장 그럴듯한 시나리오상의 나 사이의 차이가 아니기 때문이다. 이런 시나리오로 내가 다른 문장을 쓰고 있거나 창문 밖으로 나가기 시작하는 경우가 있을 수 있다. 하지만 산소는 이 모든 시나리오상에 존재한다.

이런 논의는 곧 원인이 결과에 의한 차이를 만들어낸다는 주장을 인과를 연구하는 철학자 다수가 받아들이지 않는다는 것을 의미한다. 그렇다고 해서 이 주장이 잘못된 것은 아니다. 철학은 다수 의견이 권위의 근원이 아니라 종종 의심의 대상이 되는 분야이기 때문이다. 원인이 결과에 의한 차이를 만들어낸다는 주장은 역학에서 여러 차례 응용되었던 생각이다. 이는 놀랄 만한 일이 아니다. 이 생각은 역학의 가장 유명한 초기 사례 중의 하나, 즉 젬멜바이스가 19세기 비엔나의 한 병동에서 산욕열에 관해 수행했던 작업을 상세히 연구해서 얻은 것이기 때문이다.(Lipton 2004, Ch.3; Hempel 1966) 그러나 여기에서는 인과성의 본성에 대해 강력한 주장을 할 필요는 없다. 지금 필요한 것은 인과 해석 문제에 대한 답을 약속하는 설명 모형이다.

립튼의 정식화는 아직 인과 해석 문제에 대한 답으로 준비되어 있는 상태가 아니다. 이 정식화는 특수한 또는 개별 대상 사이의 차이를 설명하기 위해 설계되어 있지 인구집단 사이의 차이를 설명하기 위해 설계되어 있지는 않기 때문이다. 게다가 이 정식화는 인과 해석 문제가 설명하기를 요구하는 인과 개념을 이미 사용하고 있다.

이들 단점 가운데 첫 번째는 다음과 같은 **인구집단 노출 차이 조건**으로 치료될 수 있다.

어떤 결과상의 차이, 즉 A 집단에서의 결과가 B 집단에서의 결과보다 n만큼 더 큰 사실을 설명하려면, A 집단에서의 결과 중 적어도 n만큼에 대해서는 원인이 되는 A 집단과 B 집단의 노출 차이를 반드시 보여야만 한다.

'n만큼'이라는 구절은 어떠한 연관 강도 측정지표에 대해서든 적용될 수 있다. 위와 같은 인구집단 노출 차이 조건은 어떤 노출에서의 차이가 노출 인구집단에서 일어난 결과를 최소한 연관성 측정지표가 지시하는 만큼의 노출–결과 연관성만큼 일으켰다면 노출에서의 차이가 결과에서의 차이를 설명할 수 있어야 한다고 요구한다.

인구집단 노출 차이 조건은 원인의 개념을 사용하며, 게다가 그 개념은 연관성 측정을 인과 강도 측정으로 바꾸기 위한 부가적인 작업을 필요로 한다. 그렇다면 이 조건이 인과 해석 문제에 대한 답으로 사용될 경우 악순환이 벌어지는 것은 아닐까?

만일 '결과의 n만큼 원인이다.'라는 말 그 자체를 일반 인과 주장으로 해석하지 않는다면, 이 주장은 순환이 아니다. 대신 (쟁점이 되는 악순환을 피하려면 이 말은) 개별 사례를 직접 계량하는 방식으로 해석되어야만 한다. 예를 들어 문제의 측정지표가 상대위험도=20이고, 노출은 흡연이며, 결과는 폐암이라고 해보자. 이 경우 흡연이 '최소한 n만큼' 원인이라는 말은, 흡연이 개별 폐암 환자들 가운데 n만큼의 수에 있어 폐암의 원인이라는 뜻이다. 여기에서 n은 비흡연 폐암 환자의 수보다 최소한 $19(=20-1)$배이다.

이 분석은 역학이 제시하는 일반 인과 주장을 개별 인과에 대한 양적 주장으로 환원시키는 효과를 지닌다. 여기에서 개별 인과 개념은 (더 분석되지 않는) 원초적인 개념이다. 이 분석은 겉보기에는 순환적이지만 그저 겉으로만 그럴 뿐 실제로는 그렇지 않다. 분석 대상 인과 주장은 일반 인과 주장인 반면, 이 개념을 분석하기 위해 사용된 개념은 개별 인과이기 때문이다. 일반 인과와 같은 것이 존재한다고 가정할 필요는 전혀 없으며, 심지어 우리가 그런 개념을 가정한다고 해도 여기에서 전개한 종류의 분석은 일반 인과 개념을 사용할 수도 없다.

흡연은 흡연자가 걸리는 폐암의 유일한 원인일 필요가 없다는 점을 여기에서 짚어둘 필요가 있겠다. 흡연은 여러 원인 가운데 한 가지 원인이기만 하면 된다. 물론 흡연은 흡연자이면서 폐암 환자인 사람 가운데 최소한 n만큼에 대해 원인일 필요는 있다. 또 그렇게 해석할 경우 오직 그 경우에만 흡연의 폐암 상대위험도가 20이라는 주장이 적절할 것이다. 만일 흡연이 소수의 환자에게만 폐암의 원인이라면, 그리고 단지 그렇게 보일 뿐 실상은 인과적이지도 않다면, 20이라는 상대위험도가 연관성을 보이는 측정지표일 수는 있어도 폐암에 대한 흡연의 인과력을 보여 주는 측정지표라고 말하는 일은 부적절하다. 이 연관성에 대해 더 복잡한 해설이 추가되어야만 그런 주장이 말이 될 수 있을 것이다.

또한 이 노출은 문제의 결과를 n만큼보다 더 설명할 수도 있다. 어떤 노출이 그것 없이도 발생할 수 있는 사건에서 인과적 역할을 하게 되는 경우는 상당히 흔하다. 흡연 사례를 생각해 보라. 몇몇 흡연자들은 설사 흡연을 하지 않았더라도 폐암에 걸린다. 하지만 이들이 흡연을 하고 있기 때문에, 이 흡연 습관이 폐암의 전개에 있어 모종의 인과적 역할을 한다는 주장은 상당한 설득력을 지니게 된다. 마찬가지로 히말라야의 셰르파들에게는 허리 디스크가 상당히 흔할 수 있으나, 이들이 무거운 짐을 지고 나르는 일을 그만둔다고 해도 일부 셰르파들은 자신의 근골격계가 가진 내적 취약성 때문에 허리 디스크에 걸릴 수도 있다. 어쨌든 만일 허리 디스크가 이들에게서 발병했다면, 무거운 짐은 다른 경우에는 발병하지 않았을 환자들 가운데 다수의 발병에 모종의 인과적 역할을 했을 것이다.(Broadbent 2011b, 256)

이런 사항은 인과성 측정지표가 **순** 인과력 측정지표를 뜻하며, 노출의 총체적 효과 측정지표가 아니라는 점에서 중요하다. 많은 역학자들은 이를 분명히 보이는 데 애로사항을 느끼고 있으며(8장 참조), 또 법률적 맥락에서도 이 점은 중요하다.(11장 참조) 하지만 이들 문제의 측정지표는 순(net) 효과에 대한 측정지표이며, 노출 인구집단의 결과가 지닌 총체적 위험이 아니라 오히려 두 인구집단 사이의 위험도차를 설명한다는 점을 늘 염두에 두면, 인과 해석 문제가 문제가 되는 한 이 차이는 상당히 흥미로운 부분이지 어떤 문제라고 볼 수는 없을 것이다.

결론

우리는 인과에 대한 논의를 주도하는 두 철학적 접근이 인과 해석 문제에 답변하는 데는 큰 도움을 주지 못한다는 사실을 확인할 수 있었다. 설명적 접근은 다른 접근보다 더 유망해 보인다. 설명적 접근에 대한 요약과 인구집단 노출 차이 조건을 함께 제시하면, 우리는 인과 해석 문제에 대한 다음과 같은 해결책을 확보하게 된다.

인과력에 대한 측정지표는 노출에 의해 설명되는 결과에서의 순 차이가 얼마나 되는지 측정하는 지표다. 특정 결과가 집단 B보다 집단 A에서 n만큼 높다는 결과의 차이를 설명하려면 우리는 집단 A와 B 사이에 있는 노출에서의 차이를 지적해야만 한다. 이 차이는 집단 A에서 문제의 결과를 최소한 n만큼 일으킨 원인이어야 한다.

이 해결책은 '최소한 n만큼 일으킨다.'는 말을 문제의 노출이 노출 집단에서 일어난 결과 가운데 n만큼의 환자들에게 원인이라는 식으로 이해할 경우 순환적이지 않다. 이는 양적인 일반 인과 주장이 지닌 인과적 요소를 개별 인과 사실의 합산으로 환원시키는 효과를 가져온다.

이번 장은 역학에서 사용되는 인과 강도 측정지표의 의미론에 초점을 맞추었고, 역학자들이 어떻게 인과에 대해 알게 되는지에 대해서는 아직 검토하지 않았다. 다음 두 장에서는 이 질문을 제기하려고 한다.

4장

인과 추론 · 이행 · 안정성

요약

　　4장에서는 인과의 본성이라는 주제에서 인과를 어떻게 하면 찾아낼 수 있느냐는 주제로, 즉 형이상학에서 인식론으로 넘어가려고 한다. 우리는 철학적 분석이 기여할 수 있는 부분은 인과 추론의 비법을 제시하는 데 있지 않고, 역학의 필요를 충족시키는 인과 추론이 어떤 것이어야만 하는지 말하는 데 있음을 알게 될 것이다. 또한 역학 연구를 의학적 조언이나 의료 정책으로 '이행'시키겠다는 생각을 거부하고, 오히려 역학적 증거를 사용할 때, 특히 역학에서 사용되는 인과 추론을 사용할 때 마주치는 두 가지 도전을 구분하는 데 집중할 것이다. 첫 번째 도전은 **안정성**(stability)이다. 이는 어떤 발견이 곧장 거짓으로 밝혀지지는 않는 경향을 말한다. 두 번째 도전은 **예측**(prediction)이다. 예측은 인과 추론과 다르며, 철학자나 심지어 역학자조차 그렇게 주목하지 않았던 주제다. 예측에 대해서는 6장과 7장에서 다루고, 이번 장과 다음 장에서는 안정성에 대해 다루겠다. 문제에 맞서 어떤 조치를 취하기 위해서는, 근거에 비추어 볼 때 가장 그럴듯한 결과가 무엇인지 아는 것만으로는 충분하지 않다. 고려 중인 조치에 적극적인 정당성을 부여하기 위해서는, 근거가 특정한 표준을 충족하는지 또는 어떤 기준선을 통과하는지 여부를 알아야만 한다. 이런 평가는 최선의 내기와는, 즉 확률 정보에 따라 판돈을 거는 행위와는 구분될 수 있는 질적 평가다.

무엇이 좋은 인과 추론을 만들어 내는가?

넓게 보자면 우리는 이 질문에 대한 답을 이미 알고 있다. 역학에서의 좋은 인과 추론이려면, 인구집단의 건강을 증진시키는 데 쓸모가 있는 인과적 지식을 내놓는 추론이어야만 한다. 이는 1장에서 제시한 역학의 정의로부터 얻을 수 있는 자연스러운 결론이다. 그러나 어떤 역학 지식의 조각을 **쓸모 있게** 만들어주는 것이 무엇인지 말하지 않으면 이 답은 별다른 정보를 주지 못한다. 인과 추론에 대한 철학적 이론을 인과 추론의 비법이라고 볼 수 없지만, 좋은 인과 추론이란 어떤 것인지 말해줄 수는 있다. 역학의 맥락에서, 좋은 인과 추론의 조건은 인과 추론이 사용되는 방식에 의해 강하게 제약된다. 역학은 의료 및 공중보건을 위한 판단을 내릴 때 인과 추론에 의존하기 때문이다. 이번 장은 이런 맥락에 의해 부과된 제약을 탐구할 것이며, 또한 인과 추론이 이런 제약 조건을 만족시키기 위해서 꼭 가져야만 할 하나의 속성에 대해 논의할 것이다. 이 문제의 속성은 바로 안정성이다. 이것이 무엇을 의미하는지는 이 장의 말미에서 정의하고, 다음 장에서는 **안정성**이라는 속성을 어떻게 찾아낼 수 있는지에 대해 탐구하겠다.

생의학적 연구, 의료 현장, 공중보건 분야에 종사하는 다른 모든 사람들처럼 역학자들은 종종 '이행'이라는 말로 지식의 생산에서 그 사용으로 향하는 과정을 지시한다. 어떤 지식이 쓸모 없다면, 비난은 그 지식에 대한 이행 작업의 실패에 집중될 것이다. 이번 장에서는 이런 생각이 일종의 신화라는 점을 보일 것이다. 내가 보기에 역학적 지식을 사용하기 위해 가장 먼저 넘어야 할 어려움은 바로 문제의 지식이 정말로 **안정적인**지 여부를 판단하는 데 있다. 이번 장에서는 안정성이라는 속성에 대해, 그리고 다음 장에서는 안정성을 탐지하는 방법에 대해 논의하겠다.

'이행' 이라는 신화

●

생의학 연구에서 **이행**이라는 말은 이미 연구가 **이뤄진** 과학적 지식과 그 지식을 **사용하는** 활동 사이에서 일어나는 일을 기술하기 위해 사용된다. '이행' 그리고 '이행 연구'는 생의학에서 크게 주목받고 있다. 『미국 역학 저널』에 수록된 한 연구에 따르면, 이 저널에 실리는 논문 가운데 이행 연구의 비율은 1999년에 16%였으나 2009년에는 33%에 달했다.(Khoury, Gwinn, Ioannidis 2012, 522) 이 사실은 생의학적 발견이 곧바로 공중보건을 증진시키는 방향으로 매끄럽게 이어지지는 않는 상황을 반영하고 있다. 이런 상황은 아주 다양한 범위의 연구에 대해 참이다. 인간 유전체를 지도화하는 작업으로부터, 흡연·운동·식습관이 심장병의 핵심 결정요인인지 여부를 확인하는 작업까지 모두 그렇다. 유전체 연구를 생각해 보라. 맞춤 의료에 대한 약속은 가까운 미래에는 결코 이뤄질 것 같지 않다. 흡연을 생각해 보라. 세계의 몇몇 나라에서는 확실히 흡연 인구가 크게 줄어들었다. 하지만 흡연 인구가 줄어든 나라는 얼마 되지 않는다. 심지어 이들 나라에서도 여전히 많은 수의 젊은이들이 (물론 아직 중독되지 않은 상태에서) 흡연을 시작한다. 식습관과 운동의 경우 문제는 더 심각하다. 열량 섭취는 날로 **늘어나지만** 신체 활동은 날이 갈수록 **줄어드는** 상황이 산업화된 나라에서는 늘 벌어진다. 이러한 발견은 매우 상이한 방식으로 공중보건에 영향을 끼칠 수 있다. 아마도 각각의 연구 결과들을 '이행'시키는 여러 과제는 각각의 과제마다 매우 달라서 모든 '이행'이 공유하는 일반적인 내용이라고는 없는 것처럼 보인다. 하지만 이행 과제들은 동일한 좌절을 가져온다는 점에서는 비슷해 보인다. 여기에서 '좌절'이란 우리가 알고 있는 내용과 우리가 할 수 있는 것 사이에는 절망적일 만큼 놀라운 수준의 거리가 흔히 있다는 데서 기인한다.

이행 연구와 관련된 주제, 특히 '증거 기반(evidence based)' 정책·의료에 대한 철학적 작업이 약간 있기는 하지만, 철학적 관점에서 '이행'이라는 비유를 직접 조사한 연구는 없었다. 증거를 수집하여 임상 의사들이 쓸 수 있는 상태로 만들어내는 과업을 목표로 하는 코크란 연합(Cochrane Collaboration)과 같은 조직들은 생의학 연구와 의료 현장 사이에 있는 간극을 좁히기 위한 시도를 하는 것처럼 보인다. 또한 코크란 연합이나 '증거 기반 의학' 운동을 주도하는 조직들의 노력 일반은 분명 철학적으로 잘 검토된 바 있다.(Worrall 2002; Cartwirght 2010; 2011; Howick 2011) 하지만 이행이라는 비유 그 자체는 철학적 분석의 직접적 대상이 된 바 없다.

철학적 검토를 거치고 나면, '이행'은 신화이며 도움이 되는 생각도 아니라는 점이 분명히 드러날 것이다. 이행이라는 표현은 일종의 좌절에서 기인한 것이다. 역학에서의 발견과 성과, 좀 더 일반적으로 말해 생의학적 과학에서의 발견과 성과가 공중보건에서는 기대했던 만큼 성과를 내지 못한다는 좌절 말이다. 이행이라는 비유는 생의학적 성과를 잘 표현하기만 하면 긍정적인 효과가 일어나게 되리라는 생각을 담고 있다. 하지만 바라던 효과가 없는 상황을 이렇게 나타내는 일은 근본적으로 잘못되었다. 이행이라는 표현은 생의학이 맞닥뜨린 도전보다는 그 좌절을 더 많이 반영한다.

예를 들어 흡연이 암을 일으킨다는 사실의 발견을 흡연 유병률의 감소로 아무 장벽 없이 **이행시킬** 수 있다는 주장을 문자 그대로 받아들이면 이는 거짓일 뿐이다. 여기에서 이행이라는 단어는 비유적으로 쓰인 것이다. 여기에서 '이행'을 비유적으로 해석하자면, 공통의 동의를 얻은 목적에 생의학적 연구 성과를 적용하는 것을 뜻한다. 하지만 그렇다면 이런 비유는 매우 위험할 정도로 부정확한 의미를 지닌다. 이행이라는 비유는 의사 결정 과정에 참여하는 여러 참여자들이 각기 서로 다른 가치체계를 가질 수도 있다는 사실을 숨기고 있기 때문이다. 환자들은 아마도 어떤 치료법은 원하지 않을지도 모른다. 또는 와인이 주는 즐거움을 그로 인해 잃을 수 있는 수명만큼이나 높이 평가할지도 모른다. 정부는 시민적

자유라는 증거 때문에 흡연을 완전히 금지하는 법안을 **채택하지** 않을 수도 있다. 이런 영역에서 내리는 결정은 언제나 가치 평가적 요소를 품고 있다. 이런 결정은 경험적 증거만 감안해서는 결코 이뤄질 수 없는 법이다. 아무리 과학 자체에 가치 평가적 요소가 포함되어 있다고 생각하는 사람이라고 하더라도(상세한 논의로는 Douglas 2009를 참조), 경험적 증거**만으로는** 흡연을 전적으로 금지하는 정책이 올바른 정책인지 답할 수 없다고 인정해야 한다. 이런 식으로 해석할 수 있는 한, 이행이라는 은유는 경험적 증거가 지지하지 않는 입장에도 과학적 권위를 부여하는 잘못된 주장으로 흐를 수 있다.

공중보건에 유효한 영향을 주길 바라는 과학자들의 좌절된 희망을 되살릴 수 있는 다른 초점이 필요하다. 이 초점이 바로 **안정성**이다. 과학 철학자들은 최근 들어 생의학적 과학의 연구 성과를 어떻게 하면 가장 잘 사용할 수 있느냐는 질문을 부쩍 많이 묻는 듯하다. 특히 카트라이트는 생의학적 연구 결과를 응용해 의료적 · 정책적 개입 결과를 예측할 때 생기는 여러 의문에 철학자들이 도움을 줄 수 있다고 제안한 바 있다.(Cartwright 2010) 이번 장과 다음 장에서 나는 카트라이트의 생각과 조금 다른 곳에 초점을 맞출 것이다. 카트라이트는 과학적 성과를 활용하는 올바른 **방법**에 초점을 맞췄다. 하지만 그보다 먼저 풀어야 할 질문이 있다. 여러 연구 결과 가운데 **어떤** 결과를 활용해야만 하느냐는, 그리고 믿을 수 없는 결과로부터 믿을 수 있는 결과를 구분할 수 있는 방법은 있느냐는 질문이 바로 그것이다. 믿을 수 있는 결과를 제대로 사용하는 방법은 물론 중요한 문제다. 하지만 믿을 수 있는 결과를 판별하는 문제가 그보다 먼저다. 바로 이 질문이 이번 장과 다음 장의 초점이 될 것이다.

연구 결과를 올바로 사용하는 방법에 대해서는 6장과 7장에서 살펴보도록 하자.

안정성이 필요한 이유

◉

　　　　　이행은 신화였지만, 그 속에는 일말의 진실이 담겨 있다. 이 일말의 진실을 확인하기 위해서는 이행이라는 비유 아래 깔려 있는 중심 문제, 즉 이 표현이 잘못 나타낸 문제에 초점을 맞출 필요가 있다.

　이행이라는 비유 아래 깔려 있는 문제는 이미 살펴본 대로 간단하다. 이 문제를 좀 더 정확하고 간단하게 표현하면, 역학 연구나 다른 생의학 연구를 인구집단의 건강을 증진시키는 데 **사용하는**(using) 과제다. 그러나 이 과제는 참담한 절망을 불러일으킬 정도로 어렵다.

　생의학 연구 결과를 공중보건을 증진시키는 데 사용하기 위한 노력은 다양한 맥락 속에서 이루어진다. 이 모두를 관통하는 공통의 도전 과제가 과연 존재할까? 아마도 그렇지 않을 것이다. 하지만 역학 자체에 있어, 그리고 역학이 이런 복잡한 노력 속에서 수행하는 역할에 있어 한 가지 대단히 중요한 도전 과제가 있는 것은 분명하다. **안정적인 결과를 확인하는**(identifying stable results) 과제가 바로 그것이다. 안정성을 정의하는 과제는 다음 절에서 다루도록 하자. 여기에서는 안정적인 결과란 곧장 뒤집히지는 않을 결과라는 정도로 하고 논의를 진행하도록 하겠다.

　다음은 안정적인 결과를 확인하는 과업이 역학적 연구 결과물들을 활용하는 데 중심적인 중요성을 지니고 있다는 주장을 뒷받침하는 간략한 논증이다.

(역학의 불안정성 논증)[28]

1) 만일 어떤 결과의 잠재적 사용자가 문제의 결과는 곧 의심의 대상이 될 수도 있다고 생각한다면, 그 결과를 활용하기는 어렵다.

2) 종종 역학적 연구 결과는 그 잠재적 사용자들이 볼 때 그 성과가 곧 의심의 대상이 될 수 있다고 생각할 수 있는 종류의 결과다.

3) 따라서 역학적 연구 결과를 활용하는 일은 종종 어렵다.

이 논증은 지금의 목적에 비춰 봤을 때, 형식적으로 타당한 전건 긍정식[29]과 유사하다. 또 1)은 명백히 참이다. 예를 들어 심장병의 위험 요인에 대해 어떤 연구 결과를 적용하려는 사람이 있다고 해 보자. 만일 그 연구 결과가 추가적으로 연구되었을 때 곧 반박될 것이라고 생각할 이유가 있다면, 그 연구 결과를 사용하는 선택을 하기는 대단히 어려울 것이다. 그렇다면 2)가 올바른지를 살펴보자.

정말로 역학적 발견의 안정성은 많은 경우 의심할 만한 것인가? 분

----

28   (옮긴이) 학계에 통용되거나 저자가 붙인 이름이 아니라 옮긴이가 지시의 편의를 위해 붙인 이름이다.

29   (옮긴이) 전건 긍정식(modus ponens)은 다음 형식을 띠는 연역 논증, 즉 경험적 정보와는 무관하게 논리적 추론 규칙에 의해서만 타당한 논증이다.

P면 Q이다.
P이다.
따라서 Q이다.

명 많은 역학적 연구 결과는 안정적이다. 흡연과 폐암 사이의 연결 관계는 안정적인 것으로 밝혀져 있다.(US Department of Health and Human Services 2004) 하지만 안정적이지 않은 역학적 연구 결과들도 많이 있었다. 2007년에 영국 의학 한림원은 환경적 노출과 질병 사이에 일정한 강도의 연관성이 밝혀진 경우 어떻게 조치해야 하느냐는 질문에 명확히 답하기 위한 보고서를 하나 출간했다.(Rutter 2007) 이 보고서는 '아마도 타당하지 않지만' 여전히 의료 행위를 권고하기 위해 이뤄지고 있는 인과 추론 가운데 학계에 보고된 수많은 연관성을 다루고 있다. 가장 유명한 것으로 환자-대조군 연구에서는 연관성이 보고되었지만 무작위 대조 시험을 통해서는 실험적으로 검증되지 않은 호르몬 대체 요법과 관상동맥 질환 사이의 연관성 사례가 있다. 비슷하게 심근경색의 위험이 단기작용 칼슘 채널 차단제와 연관되어 있다는 추론이나, 임신부의 카페인 섭취가 출산율에 미치는 수치상의 효과, 비타민 보충제가 사망률에 끼치는 효과, 어떤 청소년의 알코올 섭취가 그 청소년이 나이가 들어 알코올을 남용하거나 의존하는 상황으로 연결되는 효과 등은 하나같이 처음의 연구에서는 모종의 인과적 연결이 존재하는 사례라는 평가를 받았으나 이후의 연구에서는 그렇지 않다는 결과를 통해 반박되었다.(Rutter 2007, 67~71)

역학에 불안정한 사례가 있다는 사실 자체가 특정 역학적 연구 결과의 안정성을 의심할 만한 합당한 증거가 될 수 있을까? 어떤 사람은 건강한 과학은 언제나 스스로를 수정한다며 반박할 것이다. 여기에서 '불안정성'이라고 부른 특징은 과학적 발전을 위해 밟아 나가야 하는 건강한 절차 이외에는 아무 것도 아니다. 이런 주장이 참일 수도 있다. 하지만 이런 주장이 역학의 불안정성 논증을 반박할 수는 없을 것이다. 누구도 곧 뒤집어지리라고 예상할 수 있는 연구 결과에 기꺼이 의존하려고 하지는 않는다. 또한 최근의 역학 역사에 무수히 존재하는 불안정한 결과를 보면 역학의 어떤 결과든 그것이 안정적으로 유지되리라고 기대하기는 어렵다. 다시 말해 대체로 안정적인 성과와 잠재적으로 불안정한 성과를 구분할 수단이 없다면 역학의 연구 결과를 믿을 이유는 없다.

안정성이란 무엇인가?

우리는 이행이라는 신화가 품고 있는 일말의 진실, 적어도 매우 중요한 한 가지 진실의 정체를 이미 확인했다. 우리에게는 안정적인 연구 결과를 판별할 수단이 필요하다. 만일 그런 수단이 존재한다면 철학이 쓸모 있는 행복한 상황이 펼쳐질 것이다. 철학자가 제안할 수 있는 안정성 모형은 바로 그런 수단이 될 수 있다. 이번 절에서는 안정성을 해명할 적절한 이론적 모형을 찾아 보고, 다음 장에서는 이 모형을 인과 추론에 적용해 볼 것이다.

'어떤 결과를 안정적이게 만드는 것은 대체 무엇인가?'라는 질문에 대한 아주 손쉬운 답변이 있다. 실제로 후속 연구 결과에 의해 곧장 반박되지 않는다고 밝혀진 성과는 안정적이라는 것이다. 하지만 안정적인 성과를 이런 식으로 정의하는 것은 두 가지 측면에서 우리의 목적에 맞지 않는다. 우선, 우리의 가장 중요한 목적이 참이 될 가능성이 높은 연구 성과를 찾아내는 데 있다고 해 보자. 이 경우 우리는 안정성이라는 개념을 과학적 발전이 현실에서 마주칠 수 있는 위기와 너무 가깝게 연결시켜서는 안 된다. 세계대전과 같은 파멸적 사건이 벌어져, 어떤 주제에 대한 모든 과학적 작업이 중단되었다고 해 보자. 이 주제에 속한 과학적 성과는 연구가 중단된 덕분에 도전받지 않은 채 남아 있을 것이다. 우리는 파멸 속에서 살아남은 주장이라는 오직 그 이유에서만 어떤 성과를 안정적인 성과라고 간주하는 일은 바라지 않는다. 불안정한 결과가 되기 위해 그 결과가 실제로 반박될 필요도 없고, 실제로 반박되지 않았다고 해서 안정적인 결과가 되기에 충분한 것도 아니다.

두 번째 문제는 바로 앞 문장을 뒤집으면 얻을 수 있다. 실제로 반박되었다고 해서 불안정한 결과가 되기에 충분한 것도 아니고, 안정적인 결과가 되기 위해 실제로 반박되지 않아야 한다는 조건을 충족시킬 필요도 없다. 이런 사실을 확인해 볼 수 있는 가장 쉬운 방법은, 한 연구 결과가 어떻게 해야 경험적으로 반박될 수 있는지 살펴보는 것이다. 어떤 연구 결과는 추가 연구 방향에 대해 금전적 이해관계를 가진 특정 인물이나 회사의 강력한 재정적 지원을 등에 업고 급격한 속도로 전개될 수도 있다. 흡연과 관련된 질병 연구 사례에서 이런 사태가 발생했다는 데 대해서는 폭넓은 동의가 있다. 담배 회사들은 흡연과 몇몇 질병 사이의 인과적 연결에 반박하려는 수많은 연구에 연구비를 지원해 준 바 있다. 하지만 흡연과 해당 질병 사이의 연결은 굳건했으며, 이를 기반으로 정책 방향을 정해도 될 정도로 상당히 안정적이었다. 이런 연구들은 흡연과 해당 질병 사이의 연결을 밝혀냈던 기존 연구를 반박하지 않았다.(Parascandola 2010; 2011) 하지만 담배 회사들은 이런 연구를 통해 결국 흡연이 건강에 유해한 효과를 미친다는 연구 성과가 안정성을 지녔다는 평가를 **의심스럽게 하는 데 성공했다.** 여기가 안정성을 다루는 모형이 도움이 될 수 있는 또 다른 맥락이다. 어떤 연구 성과를 불안정한 것처럼 보이게 만들기 위한 시도 속에서, 우리는 안정된 연구 성과를 찾아내야만 한다. 하지만 안정성을 해명하는 모형으로 이런 시도를 돕기 위해서는, 널리 퍼져 있으면서 동시에 오랫동안 수용되었다는 단순한 사실만을 가지고 어떤 성과의 안정성을 판정하는 식으로 모형을 구성해서는 안 될 것이다. 그런 식의 모형은 사후적인 관점에서만 안정성에 대한 흥미로운 설명을 제시할 수 있다.

여기에서 안정성이라는 개념이 도대체 필요하기는 한 것인지 묻는 사람도 있을 수 있다. 만일 **참인** 연구 결과를 확인하는 것이 궁극의 목표라고 한다면, 왜 단지 **참인** 인과 추론을 찾아내는 모형을 목표로 하지 않고 거추장스럽게 안정성이라는 개념을 사용해야 하는가? 물론 안정성이 참의 안내자라면 안정성에 대한 모형이 참과 얼마간 관련이 있는 것은 사실이다. 하지만 우리가 궁극적으로 관심을 갖는 목표는, 실무에서 이뤄지는 의사 결정에서 사용되려면 만족해야 하는 필요충분조건을 확인하는 데 있다. 진리[30] **그 자체는** 어떤 인과 추론이 의사 결정에서 정당하게 사용될 수 있는지 판정하는 데 있어 필요하지도 충분하지도 않다.

어떤 과학 이론을 합당한 이유에서 믿거나 그에 의존하려면 그 이론이 참이어야 한다는 생각에 대한 가장 극적인 반례는 아마도 뉴턴 물리학일 것이다. 어떠한 합당한 이유에서도, 시간 및 공간은 절대적이라고 간주

----

30   (옮긴이) 진리는 통상 영미 분석철학이 쓰는 용어 truth에 대한 번역어로서 사용되며, 이 경우 참과 동의어다. 다시 말해 여기서 진리는 어떤 추론이 사실일 경우 오직 그 경우에만 성립하는 그 추론에 대한 평가를 말하며, 다른 종류의 일상적 · 종교적 의미와는 무관하다.

했던 뉴턴이 잘못을 저질렀다고 말할 수 없다. 현대 물리학 이론이 그가 실제로는 틀렸다는 점을 입증했고, 그와 동시대 또는 조금 뒤 세대 사람인 라이프니츠나 칸트가 뉴턴이 틀렸다고 주장했다고 하더라도 그렇다. 뉴턴은 자신의 관점을 지지하는 논증과 사용할 수 있는 증거를 합리적인 방식으로 사용했다. 이런 현상을 해명할 때 안정성이라는 개념이 상당히 유용하다. 뉴턴의 이론은 **안정적**이었으며, 그의 논증은 그것이 안정적이라는 점을 보여 주었다. 이는 왜 그의 주장이 합당한지, 그리고 수많은 물리학 바깥의 과학자들이 그의 물리학에 의존하는 작업을 했던 일이 합당한지 설명해 준다.

역으로, 참이라는 이유만으로 인과 추론이나 다른 과학적 주장에 의존하기에는 불충분하기 때문에 안정성을 통한 우회로가 필요하다. 일반적으로 현대 인식론은 운 좋게 참인 추측은 지식을 구성하지 않는다고 본다.(특히 다음을 참조. Gettier 1963; Nozick 1981, 172~185; Bonjour 1985, Ch.3; Williamson 2000; Comesana 2005; Madison 2011) 의사결정 과정의 가치는 결코 그 결과만으로는 평가할 수 없다. 공정한 추첨에 의해 복권에 당첨된 사람을 떠올려 보라. 그가 고른 숫자는 당첨되지 않은 사람이 고른 숫자보다 결코 더 합당한 숫자가 아니다. 당첨자는 단지 운이 좋았을 뿐이다.

이런 이유 때문에 안정성을 통한 우회로가 필요하다. 의사 결정에서 의존할 만한 생의학적 성과가 **참인지** 묻는 것은 너무 적게 묻는 것이면서 동시에 너무 많이 묻는 것이기도 하다.

그렇다면 우리는 무엇을 물어봐야 하는가? 지금까지 우리는 안정성에 대한 직관적 이해 방식에 의존해서 논의를 전개해 왔다. 다시 말해 후속 경험적 연구에 의해 반박되지 않는다는 특징으로 이해하고 논의를 해 왔다. 하지만 우리는 **실제로** 반박되어야 한다는 기준은 너무 엄격하고 동시에 너무 느슨하다는 사실도 확인할 수 있었다. 우리는 반박에 사용된 증거가 **좋은** 증거이기를 바라며, 바이어스에서 자유롭기를 바란다. 일반적으로 말해 그런 증거들은 과학적으로 훌륭해야만 한다. 뒤집어 말하면, 우리는 과학 외적 요인 때문에 반박의 증거가 축적되지 않았다고 해서 그것이 한 결과의 안정성을 지지한다고 보지도 않는다. 만일 이런 결함을 고칠 수 있다면, 우리는 분명 안정성을 해명하는 한 가지 모형을 만들어 낸 사람이 될 수 있을 것이다.

안정성에 대한 다음 정의를 검토해 보도록 하자.

어떤 결과, 주장, 이론, 추론, 또는 다른 과학적 성과물은 다음 조건을 만족할 경우 오직 그 경우에만 안정적이다.

a) 실제로, 좋은 과학적 증거에 의해 곧장 반박되지는 않는다.

b) 현재 사용할 수 있는 최선의 과학적 지식에 비춰볼 때, 해당 주제에 대해 적절한 수준의 연구가 수행될 경우에도 문제의 성과물은 좋은 과학적 근거에 의해 곧장 반박되지는 않을 것이다.

안정성에 대한 이런 정의는 안정성을 진리로부터 구분해 줄 수 있다. 안정성이 있다고 해서 진리가 필연적으로 따라오는 것은 분명 아니다. 우리가 처해 있는 인식적 지위를 생각해 볼 때, 엄밀히 말해 거짓이지만 그 사실을 밝혀내는 기나긴 과정 하에 있는 과학적 결과도 얼마든지 생각할 수 있기 때문이다. 뉴턴 물리학을 생각해 보라. 덜 분명해 보이지만, 진리라고 해서 안정성이 필연적으로 따라오지도 않는다. 어떤 주어진 시점에 사용할 수 있는 경험적 증거가 어떤 이론적 주장을 논박하는 것처럼 보이지만, 실은 그 이론적 주장이 참인 경우도 얼마든지 가능하기 때문이다. 유명한 사례를 들어 보자. 상식적인 경험에서 얻을 수 있는 경험적 증거는 눈으로 보기에는 뉴턴의 운동 제2법칙(힘 · 가속도의 법칙)에 위배된다. 일상적인 경험에 미루어 보자면, 물체는 추가적인 힘이 외부에서 가해지지 않는 이상 점점 느려지는 성향이 있기 때문이다. 물론 상식적 경험 속에서도 물체를 느리게 만드는 한 가지 힘, 즉 마찰력이 있기는 하다. 눈에 보이는 증거에 의한 경험적 논박 그 자체는 잘못된 이론적 입장 또는 증거에 대한 잘못된 가정에 기초를 두고 있을 수 있다. 하지만 이들 입장이나 증거의 거짓됨이 밝혀질 때 까지는 그런 주장들은 적절한 경험적 논박처럼 보일 것이다. 결국 거짓이라고 밝혀질 논박이라고 하더라도 말이다.[31]

또 안정성에 대한 이런 정의는 서로 모순되는 두 경험적 연구 가운데 어떤 것이 **좋은** 연구인지 판단할 수 있는 조건 위에 서 있다. 위 정의에 따라, 담배 회사로부터 자금을 지원 받아 다른 연구 결과를 반박하게 된 연구는, 분명 먼저 이뤄진 성과의 안정성을 해치는 연구로는 간주되지 않을 것이다. 이런 연구의 맥락에서 좋은 연구를 정의하기는 결코 쉬운 일이 아니다. 좋은 연구는 바이어스되지 않아야 하고 방법론적으로도 타

----

31   사실 안정성이 진리를 꼭 함축하지는 않는다면 마지막 초점(즉 진리는 안정성을 꼭 함축하지는 않는다.)은 이 논증에 본질적이지는 않다. 이는 안정성이 진리를 꼭 함축하지 않는다는 사실은, 안정성을 탐지하는 방법을 진리를 탐지하는 방법과 다를 바 없게 만드는 일을 막는 함축을 지니지 않기 때문이다. 안정성과 진리 탐지가 똑같아지면, 안정한 결과 탐지를 과학적 판단이 사용하는 증거의 일차적인 특징이라고 보려는 기획이 붕괴되게 될지도 모른다.

당해야 할 것인데, 문제의 연구들이 서 있는 조건은 이런 이상적 상황과는 너무나 거리가 멀기 때문이다. 앞선 연구 결과를 명백히 반박하는 성과가 '좋은' 연구 결과인지 여부는 안정성이라는 기준을 실천적 맥락에서 사용할 때 매우 중요할 것이다. 하지만 안정성을 정의하려는 지금의 목적을 달성하기 위해서라면, 대체 무엇이 좋은 연구인지에 대해 상세히 말할 필요는 없다. 그것은 너무 넓은 질문이며, 또 지금 논의되는 주제 밑에 포괄되는 것도 아니다.

이런 정의는 또한 반사실적 요구 조건도 부과한다. 어떤 연구 성과가 안정적이기 위해서는, 현재 시점에 이뤄지고 있는 좋은 과학적 연구 프로그램이 가까운 미래에 도달할 것으로 추정되는 발전에 의해 침해되지 않아야 한다는 생각을 할 수 있고, 바로 이 생각을 안정성의 정의에 활용할 수도 있기 때문이다. 이러한 가능성은 과학의 현재 상태에 상대적이다.

무언가가 있음직하지 않다는 판단이 곧 그것이 일어날 수 없다는 사실을 의미하지는 않는다. 이제 만일 b)가 안정성의 유일한 조건이라고 해보자. 모든 반박을 견뎌낸 성과라 해도 어떤 과학 혁명은 그것을 뒤집어엎어버릴 수도 있다. 그럼에도 b)가 안정성의 유일한 조건이므로, 그 성과는 **여전히** 안정적인 것으로 간주될 것이다. 분명히 이런 상황은 올바르지 않다. 안정성의 개념으로 유효하려면 그것은 문제의 발견이 실제로 지닌 잠재력의 크기를 재는 척도에만 순수하게 머물러서도 **안되며**, 또 그 발견이 가질 수 있으리라고 예상할 수 있는 잠재력의 척도에만 순수하게 머물러서도 **안된다**. 전자는 안정성을 순수한 역사적 개념으로 만들어버린다. 후자는 안정성을 증거에 의해 그 결과가 지지되는 정도에 대한 평가 이상도 이하도 아니게 만들어버린다. 하지만 우리가 목표로 하는 안정성의 개념은 두 가지 기능을 모두 수행하는 개념이다. 조건 a)는 좋은 증거에 의해 곧 반박될 성과를 불안정한 것으로 볼 수 있게 만든다. 현 시점에서 문제의 성과가 곧 뒤집어질 것으로는 보이지 않는 최선의 과학적 지식처럼 보인다고 해도 그렇다. 조건 b)는 실제로 곧 모순되는 경험적 증거가 나오지 않을 것처럼 보이는 모종의 경험적 성과가 안정적인 것으로 간주될 수 있는 환경에 대해 추가적인 조건을 제시한다.

이들 생각은 모호하지만 가망이 없을 만큼 그렇지는 않다. 또한 이 속에 내용이 없는 것도 아니다. 다음 장에서 안정성을 탐지하기 위한 시도를 할 때 이들 생각을 사용할 수 있을 것이다. 그리고 최근 생의학에서의 인과 추론에 대해 인기를 끌고 있는 일부 철학적 사유의 갈래는 안정적인 역학적 발견을 탐지하는 데 사용할 수 있는 모형을 포착하거나 제시하는 데 대단히 빈약한 역할만을 하고 있다는 사실도 곧 볼 수 있을 것이다.

결론

역학에서의 인과 추론에 대한 철학적 이론은 인과 추론의 비법을 보여 주지 않는다. 오히려 이 이론은 제시된 비법과 특정한 추론의 가치를 판단할 기준을 제공하는 역할을 한다. 나는 과학적 연구 성과를 공중보건에 영향을 끼칠 수 있는 형태로 '이행'시킬 수 있다는 생각은 전혀 도움이 되지 않는다고 생각한다. 역학이 실험실에서 이뤄지는 과학적 활동과 실질적인 효과를 연결해 주는 역할을 한다는 말은 분명 참이다. 하지만 역학 그 자체 역시 이행이 필요한 분야이기도 하다. '이행'이라는 말은, 비록 까다롭기는 해도 주어진 연구 결과로부터 최적 대안으로서 권고할 만한 의료 행위를 도출해 낼 수 있다는 제안을 담고 있다. 하지만 우리는 어떤 역학적 성과를 공중보건을 증진시키는 데 사용하려면, 그 성과의 안정성을 확인하는 과제가 어떤 역학적 연구 성과를 이행시키는 과제보다 더 중요한 도전이라는 논증을 살펴보았다. 그 다음으로 안정성이라는 개념을 좀 더 상세하게 검토해 보았다. 안정성은 참/진리나 과학자 공동체가 실제로 문제의 발견을 받아들이는지 또는 거부하는지 여부와는 구분할 수 있는 특징이었다. 결국 우리는 안정성의 개념이 다음과 같은 정의를 통해 쓸모있는 개념이 될 수 있다는 결론을 내릴 수 있었다.

어떤 성과, 주장, 이론, 추론 또는 다른 과학적 결과물은 다음 조건을 만족할 경우 오직 그 경우에만 안정적이다.
a) 실제로, 아직 좋은 과학적 증거에 의해 반박되지는 않았다.
b) 현재 사용할 수 있는 최선의 과학적 지식에 비춰볼 때, 해당 주제에 대해서 적절한 수준의 연구가 수행되어 있는 한에서, 문제의 과학적 결과가 좋은 과학적 증거를 통해 반박되는 상황이 곧 벌어지지 않을 것이라고 믿을 만하다.

다음 장에서는 이런 정의를 안정적인 인과 추론이란 무엇인지에 관한 이론에 적용하겠다.

5장

안정적인 인과 추론

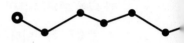

요약

이 장에서는 하나의 연구 결과를 안정된 것으로 합당하게 받아들이는 데 쓸 수 있는 표준을 개발한다. 현재 통용되는 최선의 과학 지식에 비추어보아 유관한 것으로 인정되는 대안적 가설들을 모두 배제할 수 있을 경우, 연구 결과를 안정하다고 평가하는 것이 합당하다. 이런 표준은 문제의 증거가 필요한 만큼의 보증을 받고 있다고 말할 수 있기 위해서는 어떤 기준선을 통과해야 하는지 그 의미를 밝혀주는 한편, 문제의 행동 방침이 최선의 내기로 보이는 경우에도 기준선을 넘지 못할 수 있다는 지적이 어떤 의미인지도 분명히 밝혀준다.

인과 추론에 대한 여러 접근 방법들

○

　　　　　　　　　　　앞 장에서 살펴본 것처럼, 역학에서 안정성이
란 어떤 인과 추론이 행동의 토대가 되려면 반드시 가져야만 하는 한 가
지 중요한 특징이다. 이 장에서는 인과 추론이 안정성을 가지려면 그 인
과 추론이 지녀야만 하는 특징이 무엇인지 검토해 본다.

　어떤 사람들은 인과 추론을 위한 비법(recipe)을 찾으려고 할 수도 있다.
예컨대 어떤 가정들을 만족하는 것으로 알려진 자료 혹은 그렇게 추정되
는 자료로부터 인과적인 결론을 끌어내는 방법이나 기법이 그런 비법일
수도 있다. 비법을 찾아내려는 시도는 인과적 가정들을 공리화하고 그
귀결을 살펴보는 수학적 접근법과 잘 들어맞는다. 이때 수학적 접근법은
스퍼티스와 동료들(Spirtes, Glymour, and Scheines 2000, 3)이 제안하고, 우리가
3장에서 논의했던 수학적 접근법을 말한다. 이러한 접근법은 수많은 통
계학 문헌에서 나타난다.

　그러나 어떻게 인과 추론이 산출되는지를 묻는 또 다른 방식이 있다.
일반적인 수준에서, 어떤 인과 추론이 좋은 인과 추론으로 간주되려면
만족해야 할 조건이 무엇인지를 묻는 것이 바로 그 방식이다. 우리는 어
떤 추론을 비법으로 만드는 규준이 무엇인지, 다시 말해 그 인과 추론이
어떤 조건을 만족해야만 안정성과 같은 중요한 속성들을 가질 수 있는지
물을 수 있다. 요리법은 무엇을 해야 하는지를 말해 주지만, 우리가 요리
한 것이 좋은 음식인지를 판단하는 규준을 찾는 것도 중요한 일이다.

　이런 대안적 접근을 논의할 수 있는 공간을 마련하는 데 역학의 인과
추론에 대한 철학적 탐구의 기능이 있다. 왜냐하면 통계학이 역학에서

갖는 중요성 때문에 형식적 방법이 지닌 한계를 보지 못할 수도 있기 때문이다. 귀납의 논리는 없고, 인과 추론은 귀납의 일종이므로, 결국 인과 추론의 논리는 없다. 또한 비형식적 인과 판단 없이는 형식적 방법·통계적 기법·알고리즘 모두는 그것이 얼마나 정교하든지 간에 제대로 작동할 수 없다. 카트라이트의 구호를 빌자면, "들어가는 원인 없이, 나오는 원인도 없다."(Cartwright 1989, 2장) 적절한 판단 행위는 전문기술이라는 틀(technical framework) 밖에 놓여 있지만, 인과 추론의 불가피한 부분이다. 전문기술의 틀을 활용하는 인과 추론도 예외가 아니다. 이 장에서는 안정적인 인과 추론을 제공하는 것이 목표일 경우, 과연 인과 추론을 할 때 적절한 판단 행위란 어떤 식으로 이뤄져야 하는지 알려주는 일반적인 지침이 존재하는지 살펴볼 것이다.

인과 추론을 논의하는 데 있어, 고전적인 출발점은 밀이 제안했던 방법, 즉 인과 추론을 위한 네 가지 '실험 방법들'이다.[32] 그러나 밀을 건너뛰어도 좋은 이유가 몇 가지 있다. 수서가 말했듯이, "밀의 방법들 중에서 가장 강력한 것조차 우리로서는 확실성을 보증할 수 없는 가정을 요구한다. 즉, 밀은 '하나만 빼고는 모든 사정을 공유할 것' 혹은 '오직 한 가지 사정만 공유할 것'을 요구한다."(Susser 1973, 71) 여기에서 수서는 두 가지를 지적하고 있다. 첫째, 밀의 방법을 적용하기 위해 만족시켜야 할 조건들은 일반적으로 만족시키기 어렵다. 특히 역학에서는 그 조건들을

---

32   (옮긴이) 철학자 밀은 『논리학의 체계(A System of Logic)』(1843년 처음 간행)에서 실험과학자들이 인과 관계를 확인하기 위해 채택하는 네 가지 방법 (혹은 다섯 가지 규준)을 제시했다. 이 방법이란 일치법(the Method of Agreement), 차이법(the Method of Difference), 일치차이병용법(the joint Method of Agreement and Difference), 잉여법(the Method of Residyes), 공변법(the Method of Concomitant Variations)을 말한다.

근사적으로 만족시키기기도 어렵다. 예를 들어 흡연자 집단은 하나만 빼고 모든 사정을 공유하는 집단도 아니고, 오직 한 가지만 공유하는 집단도 아니다. 그러나 흡연자는 역학 연구의 대상이다. 이는 밀에게 영감을 받은 방법들을 개발하는 데 있어서 넘지 못할 문제는 아니지만, 그 방법이 역학에 적용되기는 어렵게 만든다. 둘째, 밀의 방법들은 인과 추론의 비법이라는 범주에 속하고, 다른 비법들과 마찬가지로 특정한 조건들이 만족될 때에만 작동한다. 인과적 판단을 위한 어림셈법(heuristics)은 그러한 조건들이 언제 만족되었다고 간주하는 것이 정당한지 판단하는 데 틀림없이 도움을 주지만, 밀의 방법은 도움이 되지 않는다. 우리는 모든 인과 추론에 필수적인 부분인 비형식적 판단을 이끄는 원리가 무엇인지를 찾아보려 하고 있으므로, 밀의 방법은 좋은 출발점이 아니다.

1965년에 힐은 하나의 연관성이 인과적인지를 판단하는 데 도움이 될 만한 아홉 가지 '관점들'을 밝힌 바 있다.(Hill 1965)[33] 힐은 그러한 목록을 제안한 첫 번째 사람도 유일한 사람도 아니며, 그가 자신의 목록에 대해 어떤 독창성을 주장한 것도 아니지만, 그의 정식화는 가장 널리 알려져 있다. 때때로 '규준(criteria)'이라고 잘못 불리기도 하는 힐의 아홉 가지 관점은 매우 빈번하고 지속적으로 반복되어 왔고, 찬반 양론 모두를 불러

----

33   (옮긴이) 힐은 1965년 왕립의학회보에 발표한 "환경과 질병: 관련성 또는 인과성" 논문에서 인과성을 판단할 때 필요한 아홉 가지 항목을 제시했다. 이 기준은 현대 역학 연구에서 널리 이용되고 있지만 결정적 결론을 내리는 지침으로 받아들여져서는 안되며, 공중보건 분야 개입의 효과를 평가할 때는 좀 더 복잡한 항목을 적용할 필요도 있다. 아홉 가지 항목은 다음과 같다. (1) 연관성의 강도(strength), (2) 연관성의 일관성(consistency), (3) 연관성의 특이성(specificity), (4) 시간적 선후관계(temporality), (5)양-반응 관계(biologic gradient), (6) 생물학적 설명 가능성(plausibility), (7) 기존 학설과 정합성(coherence), (8) 실험적 입증(experiment), (9) 기존 다른 인과성과 유사성(analogy)

오기도 했다. 힐 이후 인과 추론에 대한 전문기술적 · 비전문기술적 문헌 모두에서 상당한 발전이 있었지만, 힐의 관점은 역학에서 인과 추론을 논의하는 하나의 출발점으로 남아 있다.

이런 상황을 설명해주는 그럴듯한 이유들이 있다. 앞서 말했듯이 전문 기술이 진보한다고 해도 비형식적 판단을 해야 할 필요성은 없어지지 않는다. 이런 상황에서 힐의 아홉 관점은 그러한 판단에 쓸 만한 지침을 얼마간 제공했다. 더욱이 적어도 현장의 관점에 따르면, **비**전문기술적 문헌에서는 실질적인 진보가 없었다고 보는 편이 공정하다. 힐의 '관점들'과 유사한 지침 목록이 여럿 제안되기도 했지만, 그런 목록의 내용은 어떤 연관성이 인과적인지 여부를 판단할 때 고려해야 할 몇 가지 사항으로 쓸 수도 있는 기본적 착상 정도에 머물렀다. 이런 수준을 넘는 뚜렷한 진보가 비전문기술적 영역에서도 일어났는지는 확인하기 어렵다. 예를 들어 윌리암슨(John Williamson)과 러소(Federica Russo)는 보건과학에서 인과성에 대한 증거는 인구집단 수준에 대한 연구와 기저 메커니즘에 대한 실험 연구 모두에서 나올 필요가 있다고 제안했다.(Russo and Williamson 2007) 이 주장은 이론적으로는 흥미롭지만, 실천적으로는 별다른 보탬이 되지 않는다.(이들에 대한 비판으로는 Broadbent 2011c를 참조) 우선, 두 종류의 연구는 모두 힐의 목록에 이미 포함되어 있다. 다만 힐은 자신의 목록에 포함된 어떤 개별 항목도 필수적이라고 생각하지 않았다는 점에서 차이가 있다. 특히 기저 메커니즘에 대한 증거가 인과 추론에서 필수적이라는 주장은 역학의 맥락에서는 매우 의심스럽고, 힐도 그렇게 생각했다. 결국 어떤 종류의 증거가 인과 추론을 하는 데 필요하거나 바람직한지를 놓고 논쟁하는 맥락에서는, 언급된 차이를 어떻게 처리하든 힐이 이미 제공해준 것보다 실질적으로 더 유용한 지침을 내놓기는 어렵다.

이 장은 인과 추론의 비전문기술적 측면을 발전시키려는 한 가지 시도이다. 힐의 '관점들'과 같은 다양한 지침 목록들은 그 유용성에도 불구하고 눈에 띄는 결점을 지니고 있다. 이들은 인과 추론을 위한 기준이나 소박한 알고리즘으로 오해될 수도 있다. 또 어떤 항목을 목록에 넣거나 빼야 하는지, 어떤 순서로 항목들을 배열해야 하는지, 각 항목에 어느 정도의 가중치를 부여해야 하는지 등에 대한 무익한 논쟁들을 끌어들이는 자석과도 같은 모습마저 보인다. 그러나 우리가 출발점으로 삼을 더 중요한 문제는 다음과 같다. 이런 지침 목록들은, 증거라면 마땅히 통과해야 할 분명한 **기준선**을 전혀 제시하지 않는다. 의사결정자는 **자신이 확보한 증거가 행동을 위한 근거로 보기에 충분히 적절한지** 반드시 물어야 한다. 힐의 관점들과 같은 지침 목록은 어느 정도 어림셈법의 가치는 있지만, 아무리 폭넓게 해석해도 목록에 있는 각 항목이 **충분하게** 되는 조건을 말해 주지 않는다. 그 지침들은 기준선의 구성 재료들은 말해 주지만, 기준선이 얼마나 높은지는 말해 주지 않는다.

앞 장에서 우리는 적절한 행동 지침을 제공하려는 목적에서 인과 추론을 수행할 때 그 인과 추론이 통과해야 하는 기준선이 어떤 내용을 담고 있는지에 대해 한 가지 결론에 도달했다. 인과 추론은 합당한 기준에 의해서 **안정된 것으로 간주되어야 한다.** 우리가 힐을 넘어 한 발 더 내디디길 바란다면, 현장의 판단에서 중요한 역할을 하는 인과 추론을 보증해 주려면 얼마나 좋은 증거가 필요한지를 물어야 한다. 이 장에서 우리는 인과 추론과 안정성이라는 두 개념을 연결함으로써 이 물음에 답할 것이다. 아마 다른 방법이 있을지도 모르지만, 일단 전진해 보자.

안정성 탐지

○

　　　　　　　안정성을 탐지하기 위한 출발점은 앞서 제시한 안정성의 정의에서 b) 부분을 만족시키는 데 있다. 따라서 우리는 현재 최선의 과학 지식하에서 생각했을 때, 어떤 안정성 후보가 좋은 연구에 의해 곧 반박될 것 같은지에 대해 물어야 한다. 이런 물음을 더 유용하게 만들기 위해 이 물음을 던지고 답변하는 방법에 대해 더 구체적으로 논의해야 한다.

　앞 장에서 말한 것처럼, 우리가 채택한 안정성의 정의에 따르면 현재 최선의 지식에 비추어 볼 때 안정하게 **보이는** 연구 결과도 내일 뒤집어질 수 있다. 드물지만 과학 혁명이 일어나기도 한다. 그러나 우리의 초점은 과학 혁명과 같은 커다란 사건을 예측하는 데 있지 않다. 대신 우리의 초점은 과학자들과 과학적 증거에 의지하려는 사람 모두를 똑같이 실망시키는 훨씬 평범하고 소규모로 일어나는 반전들이다. 예를 들어 호르몬 대체 요법이 처음 생각했던 것보다 별로 이득이 없는 것으로 드러난 사건[34] 속에서는 큰 규모의 패러다임 전환을 찾을 수 없다. 이렇게 혁명이 아닌 반전 역시 과학자 공동체를 괴롭히고 때로는 난처하게 만들 수 있

34　　　　(옮긴이) 1970년대 폐경 증상의 완화, 삶의 질 향상, 노화의 지연 등을 위해 에스트로겐을 사용하기 시작했으나, 이 호르몬이 자궁내막암을 증가시킨다는 사실이 알려지면서 사용이 줄었다. 이후 프로제스틴제 복합 요법으로 자궁내막암이 효과적으로 예방되고 심혈관 질환과 골다공증이 예방된다는 여러 관찰 연구가 나오면서 1990년대 후반까지 널리 사용됐다. 2000년대 들어 대규모로 수행된 관찰 연구인 Heart and Estrogen/progestin Replacement Study(HERS)와 실험 연구인 Women's Health Initiative(WHI)의 결과 정상 여성에서 여성 호르몬 치료가 위험하다고 발표돼 사용이 급격히 줄어들었다. 최근 호르몬 대체요법이란 용어도 호르몬 치료로 바꿔 사용하고 있다.

고(Rutter 2007), 또 이런 종류의 반전은 우리가 진보를 기대할 수 있게 해 주는 기반이 되기도 한다.

어떤 안정성 주장을 정당화하려면 왜 그 연구 결과가 좋은 과학 연구에 의해서 곧바로 반박되지는 않을 것인지 그 이유를 설명할 필요가 있다. 설명할 문제를 간명하게 말하면 다음과 같다. 어떤 안정성 주장을 정당화하려면, 문제의 연구 결과가 우리가 현재 가진 최선의 지식에 비추어 볼 때 쉽게 반박되지 않는다는 점을 보여야 한다. 물론 그 주장은 틀린 것으로 밝혀질 수도 있지만, 손쉽게 반박되리라고 기대할 수는 없어야 한다. 안정된 연구 결과이기 위해서는 그것을 반박할 방법이 명백하지 않아야 한다. 또 그 결과가 곧장 반박된다면 우리는 놀랄 것이고, 이는 합당한 반응이다. 요약하자면, **현재 최선의 과학 지식에 비춰 볼 때 쉽게 반박되지 않는 경우 그 연구 결과를 안정된 것으로 간주하는 것이 합당하다.** 이 정식화가 포착하고자 하는 기본적인 생각은 이렇다. 만일 우리가 합당하게 예상할 수 있는 방식대로 과학 연구가 진보한다면, 현재 상태에 비추어 볼 때 그 결과는 얼마 되지 않은 시점 내에 반박되지는 않을 것이다. 예상치 못한 일이 일어날 수도 있다. 하지만 그런 일이 일어나더라도 그것을 미리 내다보았어야 했으며 반박된 연구 결과에 의지했던 태도가 부당했다고 평가하는 일은 아마도 없을 것이다.

그렇다면 안정성을 평가하기 위해 해야 하는 질문은 다음과 같다. '우리가 가진 현재 최선의 지식에 비춰 볼 때, 이 연구 결과는 쉽게 잘못될 수 있는가?'

내가 여기에서 옹호하고 있는 안정성 탐지 방법은, 안정적인 것으로 추정되는 연구 결과를 **설명하는 작업**에 의존한다. 이는 진리와 설명 사이의 연결을 가정한다. 다만 양측의 연결 방향은 최선 설명으로의 추론 (IBE)에서 사용하는 진리−설명 연결과는 반대 방향으로 이뤄져 있다. 최선 설명으로의 추론은 진리와 설명항(explanans, 설명하는 것) 사이에 연결이 있을 때 작동한다. 즉 하나의 설명항은 그것이 (문제의 현상을) 설명할 경우 참일 개연성이 커진다.(Lipton 2004, Ch.4) 반면, 우리의 접근 방식은 진리와 피설명항(explanandum, 설명되는 것) 사이에 연결이 있을 때 성립한다. 즉 한 명제가 설명되면 그 명제가 참일 개연성이 커진다.

많은 경우 설명이란 이미 참으로 간주되는 사실에 대한 설명이기 때문에, (진리와 피설명항 사이의 연결은) 다소 이상하게 보일 수도 있다. 그러나 자세히 살펴보면 항상 그런 것만은 아니다. 주어진 피설명항을 기꺼이 믿을 것이냐는 문제에 답할 때, 설명의 존재나 부재는 적어도 약간의 심리적인 영향력을 우리에게 끼칠 수 있다. 예컨대 귀신이나 동종 요법의 효능 혹은 음펨바(Mpemba) 효과[35] 등을 믿기 주저하는 이유 중 일부는 이런 현상들을 설명할 수 없다는 데 있다. 역으로, 한 명제에 대한 좋은 설명이 주어지면 그 명제가 참이라는 점을 따로 입증할 필요가 없을 수도 있다. 예를 들어 기관절개술의 효능은 그에 대한 설명 덕분에 분명하게 드러난다. 기도가 막힌 기관에 구멍을 따로 뚫으면, 공기가 안으로 들어가게 되어 환자는 숨을 쉴 수 있으며 살아나게 된다. 그러나 이런 경우에 그 조치의 효능은 직접 관찰되지 않는다. 이 사례에서는 개입의 결과만

----

35   음펨바 효과란 상당히 넓은 범위의 온도에 대해서, 따뜻한 액체가 차가운 액체보다 더 빨리 단단하게 얼게 되는 사실을 가리킨다. 베이컨과 데카르트가 이 사실을 알고 있었으나 곧 사람들에게 잊혀졌다. 열역학 제2법칙에 따르면 가능성이 희박하지만 실제로 일어나는 현상이다. 이 효과는 탄자니아의 한 학생에 의해 발견되었는데, 그의 이름이 바로 음펨바이다.

이 관찰되지만, 어떤 조치의 효력은 언제나 개입의 결과와 다른 가능한 경우들을 비교하는 문제이기 때문이다. 그렇지만 기관절개술에 대한 대조 시험은 불필요해 보이며, 확실히 윤리적이지도 않다.(Howick 2011, 5) 기관절개술[36]이나 하임릭법[37] 등의 사례들은 좋은 설명이 주어지면 다른 증거 없이도 설명 내용을 믿을 수 있게 된다는 사실을 보여 준다. 더 일반적으로 말해, 직접 관찰만으로는 알기 어려운 많은 과학적 사실들이 있다. 예컨대 먼 별들은 후퇴하고 있으며, 콜레스테롤은 당신에게 해롭다. 이런 사실들은 적절하게 설명되면 될수록 더 그럴듯하게 보인다.

원리적으로 이는 순전히 심리적인 현상일 수도 있다. 하지만 주요 설명 이론들은 이 현상이 설명의 논리적 특징이라는 설을 지지한다. 모두는 아니지만 주요한 설명 이론 중 다수는 진리-피설명항 연결의 존재를 뒷받침한다. 이는 법칙연역적 모형에서 가장 분명하게 드러난다.(Hempel and Oppenheim 1948; Hempel 1966) 법칙연역적 모형[38]의 골격을 간추려 보면, 설명이란 기본적으로 자연법칙에서 피설명항으로의 논증이다. 인과적 설명 모형 역시 진리-피설명항 연결을 사용하는데, 왜냐하면 문제의 원인이 발생했다는 바로 그 사실은 어떤 문제의 결과 또한 실제로 일어날 것이라고 생각할 만한 이유가 될 수도 있기 때문이다. 적어도 가끔씩은 그

----

36   (옮긴이) 기관절개술(tracheostomy)은 후두와 폐를 연결하는 기관의 상부가 막혀 호흡이 곤란해진 환자에게 폐로 공기가 들어가는 통로를 만들기 위해 목에 작은 구멍을 만드는 수술이다. 인공호흡기를 장기간 사용하는 경우나 오랫동안 가래 배출이 어려운 경우에 시행하기도 한다.

37   (옮긴이) 하임릭법(Heimlich maneuver)은 기도가 폐쇄된 상태에서 실시하는 응급 처치법으로, 이 방법을 개발한 미국인 의사 헨리 하임릭(Henry Heimlich, 1920~)의 이름을 따 만들어졌다. 환자의 등 뒤에 서서 양팔을 뻗어 한쪽 주먹의 엄지손가락 면을 환자의 명치와 배꼽 사이 중간에 대고 다른 손으로 감싸 쥔다. 그 다음 빠르고 강하게 양팔을 조르면서 주먹 한 손으로 환자의 복부를 뒤쪽 위쪽으로 강하게 밀쳐 올린다. 1세 미만 영아나 의식이 없는 경우에는 시행하면 안된다.

렇다.

상황이 어떻든 진리-**피설명항** 연결을 일반적 수준에서 확립할 필요는 없다. 현장의 맥락에서 볼 때, 지적할 필요가 있는 사항은 다음의 두 가지 정도다. 한 연구 결과가 안정된 연구 결과라는 주장에 합리적으로 동의하기 위해서는 그 주장이 정당화되어야 할 필요가 있다. 그리고 설명에 의한 정당화는 왜 문제의 연구 결과가 안정적인지 **설명**할 수 있는 가장 명백한 형태일 것이다. 적어도 이는 안정성 탐지 방법에 대한 생각을 얻을 수도 있는 약속의 땅은 안정적이라고 추정된 결과를 설명하는 일에 있을지도 모른다는 말로 볼 수 있다. 실용적인 측면에서 이 접근 방식

----

38   (옮긴이) **법칙연역적 설명**의 구조를 햄펠이 사용하는 사례를 통해 예증할 수 있다. 위가 밀폐된 유리관 속에 채워 놓은 수은 기둥(이른바 '토리첼리의 장치')이 유리관을 뽑아 올려도 대기압에 의해 상승하는 사례에 대한 법칙연역적 설명을 구성할 수 있다.

   a) 어느 곳에서나, 위가 밀폐된 유리관 속의 수은 기둥 전체가 그 기둥 가장 아래 쪽에 미치는 압력은 뚜껑이 덮이지 않은 그릇 속에 담긴 수은의 표면에 그 표면 위의 공기 기둥이 미치는 압력과 같다.
   b) 수은 기둥에 의한 압력과 공기 기둥에 의한 압력은 수은 기둥 그리고 공기 기둥의 무게에 비례한다.
   c) 수은 기둥과 공기 기둥의 무게는 길이가 짧아지면 가벼워진다.
   d) 토리첼리의 동료 페리에가 토리첼리의 장치를 산꼭대기로 옮겨감에 따라 뚜껑이 덮이지 않은 부분 위에 있는 그릇 위에 있는 공기 기둥이 점점 짧아졌다.
   e) (a~d에 따라) 밀폐된 유리관 속의 수은 기둥은 고도 상승에 따라 점점 짧아졌다.

여기에서 a~c는 일반 법칙 진술이다. 반면 d는 최근에 관측된 특수한 사례다. 법칙 진술은 특수한 사례에 대해 '설명항(explanans)' 또는 설명하는 것의 역할을 한다. 반면 특수한 사례는 법칙 진술에 대해 피설명항(exlanandum) 또는 설명되는 것의 역할을 한다. 이들은 설명항이 주어졌을 때 피설명항을 연역적으로 얻을 수 있다는 의미에서, 즉 추가적인 정보 없이 설명항의 논리적 함축을 통해서만 피설명항을 얻을 수 있다는 점에서 일종의 연역 논증을 이루고 있다.
햄펠은 이 설명의 구조를 다음과 같은 유명한 형식으로 표현했다

$L_1, L_2, L_3, \cdots L_n$ (설명항-일반법칙 문장)
$C_1, C_2, C_3 \cdots C_n$ (설명항-특수사례 문장)
_____

   E   (피설명항)

이 갖는 장점은 좋은 설명의 본성이 무엇인지 해명하는 잘 발달된 철학적 작업에 의존할 수 있다는 점에 있다. 여기에서 좋은 설명에 대한 모형으로 대조 인과 모형을 도입할 것이다. 그 모형 대신 요즘 유행하는 메커니즘 모형을 채택할 수도 있을 텐데, 이 장의 뒷 부분에서 우리는 메커니즘 모형은 안정성을 탐지하는 데 유용한 수단을 제공하지 못한다는 사실을 곧 목도하게 될 것이다.

인과가 설명에 대한 이야기를 구성하는 모든 부분은 아니지만, 적어도 어떤 설명들은 원인을 언급하며 그것을 사용하여 설명을 내놓는 것처럼 보인다. 인과적 설명에서 인과적 역사 전체를 언급하는 일은 매우 드물며, 그 가운데 통상 매우 적은 부분만을 언급할 뿐이다. 전체 역사 가운데 어떤 부분이 설명에 관여하는지는 맥락에 따라 달라질 수 있다는 지적도 널리 인정받는다.(van Fraassen 1980, Ch.5; Lewis 1986; Lipton 1990; Lipton 2004, Ch.3) 인과적 설명의 이런 특징을 해명하기 위해, 적어도 **피설명항**의 역할에 대해(Lewis 1986; Lipton 1990; Lipton 2004, Ch.3) 그리고 때로는 **설명항**의 역할에 대해(Schaffer 2005) **대조**를 끌어들이는 것이 보통이다. 어떤 사실, 그리고 이 사실과는 모종의 측면에서 다른 사례들의 집합인 대조 집합이 있다고 해 보자. 이들 사이의 대조를 설명하기 위해서는 문제의 사실과 대조 집합의 각 구성원들 사이의 **인과적 차이**, 즉 그 사실의 원인이지만 대조 집합 구성원의 원인은 아닌 것을 언급할(아마 충분치는 않겠지만) 필요가 있다.

이 접근법에는 여러 변형들이 있고, 철학자들은 그 구체적인 내용을 놓고 논쟁 중이지만[39], 그 속에 있는 핵심적인 생각은 우리가 다루는 문제에 쉽게 적용될 수 있다. 논의할 연구 결과를 가설 H라고 부르자. 그러면 우리는 '우리가 가진 현재 최선의 지식에 비춰볼 때, H는 쉽게 틀릴 수 있는가?'라는 물음을, 왜 H인지를 설명하라는 요구라고 바꿔볼 수 있다. 요구를 좀 더 한정하기 위해, H가 쉽게 틀릴 수 있는 사례들로 이루어진 대조 집합 H*도 설정해 보자. 이 설명 요구는 현재 우리가 가진 최선의 지식에 비춰볼 때 왜 H*가 아니라 H인가를 해명하라는 요구다.

대조 집합 H*가 완전히 무르익은 경쟁 가설들을 포함할 필요는 없다. H*는 현재 최선의 지식에 비춰볼 때 H가 틀리다고 밝혀질 수 있는 임의의 방식을 의미할 따름이다. 그래서 H*는 단지 완전히 무르익은 경쟁 가설들뿐만 아니라 논의되고 있는 연구에 대한 방법론적 비판도 포함할 수 있다. 예컨대 'H는 환자-대조군 연구에 기초해 있고, H에 대한 무작위 대조 시험이나 대규모 코호트 연구는 아직 수행되지 않았다. 따라서 우리가 지닌 최선의 지식에 비춰볼 경우, 무작위 대조 시험을 수행해보면 H가 반박될 가능성도 있다.'는 주장도 H*일 수 있다. 결국 H가 안정된 가설이라는 점을 보이기 위해서는 H*의 **모든** 구성원에 대해(즉 그 연구 결과가 얼마 지나지 않아 반박될 수 있다는 생각의, 과학적으로 그럴듯한 모든 이유에 대해서) '왜 H*가 아니라 H인가?'라는 물음에 답변해야 한다.

H*의 구성원들이 가진 특징을 살펴보는 것도 좋겠지만, 그것은 해결하지 않은 채로 남겨놓아야 할 것 같다. 현재 우리가 지닌 최선의 과학 지식에 비춰봤을 때 어떤 가능성이 살아 있는지 묻는 질문은 철학적 질문이 아니라 실상 과학적 질문이다. 오히려, 안정성에 대한 이 같은 분석

----

39   특히 대조의 정확한 본성은 논란의 대상이다. 립튼은 루이스에 반대하며, 사실이 그 사실과 대조되는 대조자(foil)와 양립할 수 있다고 주장했다.(Lewis 1986; Lipton 2004, Ch.4)

은 어떤 연구 결과가 있을 때 그것이 어떤 방식으로 반박될 수 있느냐는 데 주목하고 있기 때문에 가치가 있다. 하지만 특정한 사례에서 연구 결과를 어떻게 반박할 수 있는지 상세히 말하는 과제는 분석의 필수 요소라고 볼 수 없다.

방금 제시한 시험을 확실히 **통과하지 못하는** 최근 사례를 통해 여기에서 제안된 안정성 탐지 방법을 해명해 보자. 이 사례는 미래에 시험을 통과하거나 지지하는 증거가 나타날지도 모르지만, **현재 시점에서는** 시험을 통과하지 못하는 사례이다. 2009년 맥브라이드(John McBride)라는 저명한 소아과 전문의가 『소아과학(Paediatrics)』이라는 학술지에 천식과 아세트아미노펜 혹은 파라세타몰 사이의 인과적 연결에 대한 논문을 발표했다.(McBride 2011) 맥브라이드는 양자 사이의 인과적 연결에 대한 증거가 결정적이지 않다고 인정하면서도, 예방책을 권고할 만큼은 충분히 강한 증거라고 느꼈다. 그의 권고대로라면, 천식의 위험을 줄이려면 소아에게 파라세타몰 대신 이부프로펜을 사용해야 했다. 이런 권고를 평가하는 과제는 단순한 주장을 평가하는 과제보다는 조금 더 까다롭다. 하지만 그 권고가 특정한 예측을 함축할 경우, 즉 문제의 권고를 받아들이면 천식 유병률과 중증도가 떨어지거나 적어도 오르지는 않을 것이라는 취지의 (비록 잠정적이더라도) 예측적 주장도 받아들여야 할 경우, 이 권고에 대한 평가가 가능하다.

우리가 살펴보고 있는 사유 방식에 따르면, 맥브라이드의 권고가 함축하는 예측적 주장을 정당화하기 위해서는 현재 최선의 과학에 비춰볼 때 살아 있는 가능성들인 다른 결과 **말고** 왜 바로 그 결과가 개연성이 높은지 설명할 필요가 있다. 문제의 주장은 상당히 놀라운 방식으로 시험을 통과하지 못한다. 이부프로펜이 천식을 유발할 수 있다는 사실이 이미 알려져 있기 때문이다. 맥브라이드의 권고(혹은 그것이 함축하는 예측적 주장)가 지닌 안정성을 정당화하려면 이렇게 해야 한다. 천식 위험성을 줄이기 위해 소아들에게 아세트아미노펜의 대체 약물로 이부프로펜을 사용하게 하는 선택을 정당화하기 위해서는, 약을 바꿔도 이부프로펜과 천식 사이의 인과적 연결 덕분에 천식 환자 수는 비슷하거나 더 늘지 않는다는 점을 보여 주어야 한다. 문제의 논문에서는 이런 사항이 논의되지 않았으며, 맥브라이드는 이부프로펜과 천식 사이의 연결에 대한 논문을 조사하지도 않았다. 상황이 이렇다면, 누구도 권고가 예측하는 결과와 이렇게 뚜렷한 대안적 결과 사이의 인과적 차이를 확인했다고 주장할 수 없다. 맥브라이드는 천식 발생률이 왜 떨어지고, 이렇게 뚜렷하게 오르거나 제 자리에 머물지 않는지를 설명하지 않았다. 따라서 이 권고를 안정된 것으로 간주하거나 그것에 의존하는 일은 적절치 않다. 물론 추가적인 증거는 이런 상황을 바꿀 수도 있지만, 문제의 논문에서 권고하는 내용이 함축하는 예측적 주장을 안정하다고 간주하는 입장은 부적절하므로 그 권고에 따르는 입장 역시 적절치 않을 것이다.

다음의 두 절에서는 지금까지 제안한 내용에 대한 두 가지 반론을 검토할 것이다. 첫째, 안정성은 다만 어떤 주장에 대한 증거의 품질을 재는 측정지표일 뿐이며, 따라서 안정성을 재는 최선의 방법은 증거의 품질을 평가하는 데 있다는 반론이다. 둘째, 안정성의 중요성에는 동의하지만 그 안정성을 탐지하는 방법이 잘못되었다는 반론이다. 예를 들어 대조 설명 모형 대신 다른 설명 모형도 사용해 볼 수 있다. 예컨대 지난 10여 년간 주목 받은 설명 방식인 메커니즘 설명을 대입해 볼 수 있다. 우리는 곧 두 가지 반론이 모두 잘못이라는 사실을 목도할 것이다. 안정성은 근거의 질을 평가하는 형식적인 방법으로는 평가할 수 없고, 메커니즘 설명은 안정성을 탐지하는 방법에서 대조 인과 설명이 하는 역할을 대신하지 못한다.

안정성과 증거의 품질

◉

코크란 연합은 그 자신의 표현대로 하자면 '보건의료에 대한 최선의 증거를 제공하기 위해 함께 일하는' 목표에 헌신하는 조직이다.(Cochrane Collaboration 2012) 이 조직은 증거기반의료(evidence-based medicine, EBM)의 우산 아래 속하는 생각이나 가치를 지지하는 여러 조직들 중 하나이다. 하윅에 따르면, 증거기반의료의 한 가지 핵심 요소는 일종의 **증거 위계구조**에 대한 믿음이라고 할 수 있다. 어떤 효능에 대한 주장은 더 높은 층위에 속하는 유형의 증거에 의해서 지지받을 때 더 나은 지지를 받는다는 것이다.(Howick 2011, 4) 전형적인 위계구조는 이런 식이다. 무작위 대조 시험은 꼭대기 층위 혹은 그 근방(때로는 체계적인 고찰에 의해서 반박되기도 한다.)을 차지하고, 다양한 관찰 연구(코호트나 환자-대조 연구)는 그 아래에 속한다. '메커니즘 추론'이나 실험실에서 수행된 실험 연구의 결과로 추론된 내용은 바닥에 가깝고, 전문가 의견은 일반적으로 가장 밑바닥에 위치한다. 증거기반의료의 또 다른 핵심 요소는 위계적으로 결정된 현재 최선의 증거에 비추어서 의학적 판단이 이루어져야 한다는 데 있다.(의료의 전문직업적 위계를 문제 삼는 태도와 같이, 증거기반의료를 구성하는 요소는 이외에도 여럿 있다. 사회적 요소 역시 그 속에 있을 것이다.)

증거기반의료의 이 두 가지 핵심 요소는 현장에서 의사 결정을 할 때 어떤 연구 결과에 얼마나 의존할 수 있는지에 대해 말해 주며, 또 이를 통해 4장에서 우리가 역학의 핵심 과제라고 확인한 물음에 답변할 수도 있다. 이런 입장의 기저에 깔린 생각은, "현명한 사람은 자신의 믿음을 증거에 비례해 맞춘다."는 흄의 격언을 통해 표현할 수 있다.(Hume 1748, X, pt I). 다시 말해 판단을 내릴 때는 과학적 증거에 의해서 뒷받침되는 수준까지만 어떤 연구 결과에 의존해야 한다. 많은 사람들은 뻔한 이야기라고 생각하겠지만, 이런 생각이 옳다면 4장에서 제시한 방식대로 이뤄지는 안정성 탐지 시도는 다음 두 방침 가운데 하나에 따라 취급되어야 할 것이다. 그 시도는 증거에 의해 뒷받침되는 수준을 평가하는 과업과 동일하거나, 그렇지 않다면 잘못된 방법론적 원리에 따랐기 때문에 포기해야 할 시도일 수 있다.

이에 대한 두 가지 대응이 가능하다. 우선, 흄의 격언은 어떤 행동을 할지 판단할 필요가 있는 행위자에게 유용한 지침을 제공하지 않는다. 믿음이 정도를 갖는지는 논쟁거리다. 또 믿음이 정도를 갖는다고 하더라도 행동은 보통 그렇지가 않다. 천식에 걸린 아이에게 인과적 연결에 대한 증거에 비례하여 아세트아미노펜을 처방한다면 매우 우스꽝스러울 것이다. 예컨대 아세트아미노펜의 표준 복용량 중 일부만을 (아마도 나머지는 이부프로펜의 표준 복용량 중 일부로 보충하여) 사용하거나, 치료받는 소아들 중에서 일정 비율에게는 아세트아미노펜을, 나머지에게는 이부프로펜을 처방한다고 해 보라. 전자의 방식은 효과가 없을 것이고, 후자의 경우에는 연구의 일부로서만 유용할 것이다. 게다가 다른 의학적 절차들은 비율에 따라 적용할 수 있는 여지가 더 적다. 예컨대 맹장의 일부만을 제거하거나, 항생제의 절반만을 투여하거나, 팔에 깁스를 반만 하는 등의 짓을 흄을 끌어들여 합리적으로 정당화할 수는 없다. 이는 공중보건의 영역에서도 마찬가지이다. 흡연의 위험성에 관한 캠페인을 삼분의 일만큼만 진행하거나, 주류의 용기에 경고 문구를 사분의 일만 표시하거나, 혹은 주류 용기들 중 사분의 일에만 경고 표기를 할 수는 없다. 이런 행동들은 전혀 합리적이지 않은, 정신나간 짓에 불과하다.

　우리가 다루고 있는 안정성이라는 개념은 무엇보다 행동에 지침을 주려는 의도를 가진다. 흄의 격언은 믿음에 관해 말하고 있으므로, 안정성의 개념과 모순되지 않는다. 안정성을 도입함으로써 우리는 실천적 맥락에서 다소 흐릿했던 구분, 즉 확신에 따른 행동과 가장 그럴듯한 연구 결과에 의존한 내기 사이의 구분을 정식화하고자 한다. 어떤 경우에는 확신하지 못하더라도 행동해야 할 때가 있다. 부작위 역시 일종의 행동이기 때문이다. 그러나 우리는 낯선 교차로에서 우리를 목적지까지 데려다 줄 개연성이 가장 높은 길을 선택하는 상황과 이미 알고 있는 교차로에서 집으로 가는 길을 선택하는 상황 사이의 차이를 직관적으로 구별할 수 있다. 이런 측면에 주목하는 학자들은, 대개 지식 개념을 일종의 문턱값 현상으로 분석한다. 그리고 지금 사용하는 안정성 측정지표는 윌리엄슨(Timothy Williamson)이 지식과 안전(safety)을 연결시켰을 때 했던 생각과 유사한 사고방식에 뿌리를 두고 있다.(Williamson 2000, Ch.4/5) 윌리엄슨에 따르면, "만일 어떤 이가 무언가 알고 있다면, 그는 유사한 경우에 쉽게 틀릴 수 없을 것이다."(Williamson 2000, 147) 이런 생각은 다음 생각으로 이어진다. 무언가를 알 때처럼, 행동할 때도 우리는 안전과 내기(혹은 안전한 내기와 위험한 내기)를 구별한다. 이때 안전이란 확신의 상태를 말한다. 안전은 파기될 수 있으며, 따라서 확실성에 미치지는 못한다. 하지만 합리적인 도박꾼이 유리한 조건이라는 이유로 내기를 거는 상태와 안전은 범주적으로 다르다. 안정성과 행동의 관계에 대해 말할 수 있는 내용은 더 많을 것이다. 다만 지금 요점은 행동을 하기 위해 안정성을 확인하는 태도는 비합리적이지도, 흄의 격언을 위배하는 것도 아니라는 점에 있다.

두 번째 대응은 보다 실제적이다. 안정성에 초점을 맞추는 태도와 근거의 질에 초점을 맞추는 태도 사이의 간극에 주목하기 때문이다. 이론적인 상황이 어떻든, 실제적인 관점에서는 최선의 증거에 초점을 맞추는 태도를 취하는 사람은 최신 연구에 의해 기존 치료법의 불안정성을 알아차리게 되는 문제(4장 참조)에 빠질 수 있다. 이 책을 쓰고 있는 시점의 예를 들어 보자. 2012년 12월 코크란 연합은 그 웹사이트에 인터넷 잡지 『슬레이트』에 실린 한 보고서에 대한 링크(Cochrane Collaboration 2012)를 걸어두면서, '혈압약을 복용하는 대부분의 사람은 아마도 그만 먹어야 할 듯'과 같은 식의 권고하는 제목을 달았다.(Lenzer 2012) 그 보고서의 첫 문장은 "새로운 연구가 수십 년간의 의학적 도그마를 뒤집고 있다."고 선언하며, 오랫동안 표준적이던 치료법들이 이제는 의문시되고 있다고 말하고 있다.

분명히 이와 같은 보고서는 어떤 연구 결과가 지닌 불안정성을 보여주려는 목적을 지닌 것 같다. 이는 단지 상궤에 어긋난 과장 보도 사례는 아닐 것이다. 분명 그 보고서는 승인을 받고 코크란 연합의 웹사이트에 실렸을 것이다. 이 사례는 코크란 연합이 목적을 달성하는 한 가지 방식이라고도 말할 수 있겠다. 하지만 다음 두 가지는 분명해 보인다. 첫째,

이런 류의 보고서를 접한 사람들은 기존 치료법의 불안정성을 인지하게 될 것이며, 이는 이 분야의 핵심 과제로 드러났다. 둘째, 안정된 연구 결과와 불안정한 결과를 구별하는 과제는 이 사례에서 코크란 연합의 초점이 아니다. 대신, 최신의 가장 좋은 증거들이 기존의 의학적 관행을 반박하는 모습을 강조하는 데 초점이 맞추어져 있다. 이런 강조에도 나름의 가치가 있을 것이다. 그러나 이는 **어떤** 주장이 안정되었는지를 판단하는 데는 도움이 되지 않는 태도라고 할 수 있다.

물론 이런 비판이 기존의 관행이나 의견과 모순되는 증거를 발표하지 말아야 한다는 제안을 담고 있지는 않다. 그렇지만 이 특정한 상황 속에는 분명 필요하지만 빠진 질문이 있다. 의사나 환자는 그런 (최신) 연구를 어떻게 받아들여야 하는가? 그들은 이런 연구에 의지해야 하는가? 물론 확신을 가지고 의지할 수는 없을 것이다. 그 연구가 지금 **최신** 연구이기는 하지만, 이후에도 계속해서 최신 연구일 수는 없으니 말이다. 게다가 이런 문제도 있다. 충분히 예상 가능하듯이, 어떤 생의학 연구 결과의 장점으로 꼽을 수 있는 주된 장점이 단지 새롭다는 것뿐이라면, 비전문가들은 그러한 많은 연구 결과를 무시할 것이다. 이런 소동이 어떻게 굴러가든, 혈압약은 그것이 좋은 치료법임을 시사하는 **앞서 이뤄진** 여러 연구 결과 덕분에 (그 추론이 얼마나 부족한 것이든 간에) 여전히 처방되고 있다.

이런 상황에서, 충분한 설명을 들은 환자(informed patient)와 의사에게 필요한 내용 그리고 코크란 연합과 같은 조직이 제공해줄 수 있는 유용한 내용은 쟁점이 되는 연구 결과의 **안정성**에 대한 모종의 평가이다. 그 결과는 6개월 정도의 추가 연구를 하면 반박될 것인가? 혹은 2년 내에? 아니면, 다른 과학적 연구 결과들과 마찬가지로 먼 미래 혹은 완전히 내다

볼 수는 없는 발전을 통해 수정될 여지는 있지만, 현재 관점에서 볼 때 곧장 반박될 것 같지는 않은 결과인가? 이러한 안정성에 대한 평가는 증거에 대한 일종의 평가로서, 문제가 되는 주장의 바탕에 놓인 연구들을 평가하는 데 개입하는 한편 최신 연구가 가리키는 방향 이상의 내용을 말해 주기도 한다. 최신 연구를 단순히 보고하는 데 그치는 태도는 그다지 유용하지 않으며, 그런 태도로 의료 현장에 영향을 끼치려는 시도는 역효과까지 낳을 수도 있다. 동일한 요점은 정책의 맥락에도 적용할 수 있다.

안정성과 메커니즘

안정성이 잠재적으로 유용한 개념이고 안정성을 평가하거나 탐지하는 과업은 생의학의 맥락에서 유용한 활동이라고 가정해 보자. 그럼에도 이 장에서 제안된 안정성 탐지 방법에 반대할 사람이 있을 수 있다. 그는 안정성 주장의 정당화는 안정성에 대한 설명과는 다르며, 따라서 안정성을 평가하거나 탐지하는 과제는 그에 대한 설명을 찾아보고 평가하는 과제와 다르다고 반론할 수 있다. 그러나 이 반론의 요점이 무엇인지는 알기 어렵다. 문제의 연구 결과가 안정하다는 주장을 어떤 의미에서든 설명해내지 못한다면, 그 안정성 주장을 정당화하는 방법을 생각하기는 어렵기 때문이다. 그러나 이 점을 인정하면서도, 필요한 설명은 대조 설명이 아니라 다른 종류의 설명이라는 반론도 할 수 있다.

특히 비판자들은 최근 증거기반의료나 이와 유사한 생각에 대해 가해지는 비판에 근거를 둘 수 있다. 카트라이트 등의 비판에 의하면, 어떤 연구 결과를 활용하고자 할 때는 그와 유사한 결과가 표적 연구집단에서도 나올 것이라는 증거를 보충해야 한다.(Cartwright 2010; 2011) 이때 추가적인 증거란 많은 경우 기저 메커니즘에 대한 지식을 말한다. 결국 비판자는 한 연구 결과가 안정함을 보여 주기 위해서는 그에 대한 메커니즘 설명이 필요하다고 주장할 수 있다. 즉 기저 메커니즘을 보여 줄 필요가 있다고 주장할 수 있다.

7장에서 우리는 예측의 맥락에서 메커니즘이 어떤 역할을 하는지 논의할 것이다. 그러나 안정성에 대해 검토하는 지금의 맥락에서 볼 때, 어떤 인과적 가설의 기저 메커니즘을 분명히 아는 것은 그 가설을 안정적으로 만드는 데 필요하지도 않고 충분하지도 않다. 흡연과 폐암 사이의 인과적 연결은 기저 메커니즘이 알려지기 전에도 안정적인 인과 주장이 가능함을 보여 주는 가장 두드러진 사례이다. 사실 궐련 담배에 있는 발암물질이 암을 일으키는 메커니즘은 아직도 온전히 이해되지 않았다. 다시 말해 아직까지도 흡연과 폐암의 인과적 연결에 대한 온전한 메커니즘 설명은 없다고 해도 지나치지 않다. 그러나 그렇다고 해서 이 역학적 발견의 안정성을 의심할 이유는 없다. 즉 메커니즘에 대한 지식이 불충분하다고 해서 현재 쓸 수 있는 최선의 증거에 비추어 볼 때 가까운 미래에 흡연과 담배의 인과적 연결이 반박될 가능성이 살아 있다고 말할 수는 없다. 만일 기저 메커니즘에 대한 지식이 어떤 연구 결과를 안정된 것으로 간주하기 위해 꼭 필요했다면, 흡연과 폐암의 인과적 연결이 반박될 가능성도 인정해야만 한다.

반대로, 안정적이지 않은 연구 결과에 대해서도 메커니즘 설명을 할 수 있다. 천식-아세트아미노펜의 사례가 보여 주듯, 단지 가능하기만 한 인과적 연결에 대해서도 메커니즘 설명이 가능하다. 그러나 이미 보았듯이, 현행 증거로 볼 때 그것은 안정적인 연구 결과가 아니다. 열성적으로 메커니즘 설명을 지지하는 사람은 문제의 설명 자체가 (그릇된 설명이기 때문에) 불안정하며 아직 제대로 된 설명이 아니라고 반론할지도 모른다. 물론 이 같은 반론은 앞서 제안된 대조 인과 모형에 대해서도 제기될 수 있다. 대조 인과 모형 역시 실제적인 인과적 차이가 아닌 차이는 안정성을 정당화하지 못한다고 볼 것이다. 마찬가지로, 열성적으로 메커니즘 설명을 지지하는 사람 역시 실제 메커니즘을 나타내지 않는 명제들이 안정성을 정당화한다고 보지 않을 것이다.

그러나 이런 방침은 좋은 대응이라고 볼 수 없다. 첫째, 이 대응은 어떤 가설의 안정성을 평가하기 위해서는 기저 메커니즘에 대한 지식이 먼저 평가되어야 한다고 강조한다. 그러나 만일 메커니즘을 평가하기 위해 또다시 그것의 기저 메커니즘을 확인해야 한다면 우리를 기다리는 결말은 무한 퇴행일 따름이다. 둘째, 대조 인과 모형을 사용해 과학적 연구 결과의 안정성을 확인할 때 우리는 실제 인과적 차이가 아닌 겉보기(명목상의) 인과적 차이도 허용**해야만** 한다. 대조 인과 모형에서는 현재 최선의 과학에 비추어 평가가 이루어진다. 그런 평가는 진리 자체에 관한 것이 아니다. 진리는 궁극적인 **목적**이기 때문이다. 대조 인과 모형이 어떤 연구 결과의 안정성에 대한 **실제** 인과적 설명을 상세히 제시하는 과정으로 구성되어 있다고 해 보자. 이 경우 모형은 검사되는 가설의 안정성은 보증하는 대신 모든 쓸모를 잃어버릴 것이다. 마찬가지로, 만일 결과의 안정성을 확인하기 위해서는 올바른 기저 메커니즘을 꼭 알아야 한다고 메커니즘 지지자들이 주장한다면, 그는 증명하려는 것의 많은 부분을 사실상 선취하고 있다고 평할 수 있다.

하지만 가장 심각한 세 번째 문제는 아직 제시되지도 않았다. 메커니즘 옹호자들이 증명하려는 것의 많은 부분을 자신들이 선취하고 있음을 인정하면서, 동시에 오직 **실제** 기저 메커니즘만이 안정성을 위해 충분하고 가능한 여타 설명적 메커니즘 가운데 어떠한 것도 그것이 쟁점이 되는 현상의 실제 메커니즘이 아니라면 안정성을 부여할 증거가 **아니라고** 주장한다고 해 보자. 그러나 이 모든 가정을 받아들인다 해도, 실제 메커니즘이 안정성을 위해 충분하다는 주장은 여전히 참이 아니다. 메커니즘의 일부가 아닌 어떤 외적인 사실들이 문제의 연구 결과를 경험적으로 반박할 수도 있기 때문이다. 예를 들어, 아세트아미노펜 때문에 천식이 일어나는 메커니즘이 실제로 **있고**, 그것이 앞서 언급된 맥브라이드의 논문에서 기술된 것과 같다고 가정해 보자.(McBride 2011) 이런 가정을 하더라도, **그 논문의 권고사항에 함축되어 있는 예측적 주장이 안정하다고 간주하기는 여전히 어렵다.** 천식의 위험이 있는 소아들에게 아세트아미노펜을 사용하지 말고 그 대신 이부프로펜을 사용하라는 권고가 나왔다고 해 보자. 이 권고는 논리가 아닌 임상의 맥락에서는 그 권고를 따르면 천식의 유병률이나 중증도가 증가하기 보다는 오히려 감소할 개연성이 높을 것이라는 예측을 함축한다. 하지만 이 예측이 이부프로펜이 천식에 미치는 효과를 적절히 고려하지 않았다면, 그것은 여전히 불안정하다. 나는 예측을 계속해서 검토할 7장에서 이 내용을 다시 언급하고, 안정성의 개념과 하나의 예측 이론을 연결시킬 것이다.

결국 메커니즘 설명은 안정성에 대한 우리의 모형에서 대조 인과 설명이 하는 역할을 대신하지 못한다. 이런 결과는 우리가 안정성을 확립하기 위해 답해야 했던 질문 그 자체가 지닌 귀결이다. 앞서 우리는 어떤 연구 결과가 쉽게 틀릴 수 있다고 볼 방법이 있는지 물었다. 이 물음은 문제의 연구 결과와 그 결과가 쉽게 틀린 것으로 드러날 수 있는 여러 방식들을 비교하지 않고서는 답변될 수 없다. 그것은 암암리에 대조 물음인 셈이다.

그렇다고 해서, 이런 결론은 메커니즘 설명이 안정성을 확립하는 데 있어서 **아무런** 역할을 하지 않는다는 주장으로 이어지지는 않는다. 메커니즘 설명은 당연히 일정한 역할을 할 수 있다. 그러나 그것이 메커니즘 설명이기 때문에 안정성 확립에 기여한다고 볼 수는 없다. 이들은 문제의 연구 결과와, 그것이 잘못된 것으로 드러난 다른 여러 상황 사이의 인과적 차이를 알려줄 수 있기 때문에 제 역할을 할 수 있다. 다만, 메커니즘 설명은 그런 차이를 알아내는 데 꼭 필요한 것도 충분한 것도 아니다. 결국 메커니즘 설명은 한 결과가 안정하다는 주장을 정당화하기 위해 꼭 필요한 것도 충분한 것도 아니다.

결론

◉

4장에서 우리는 **안정성**이라는 개념의 윤곽을 그려보았다. 과학적 결과가 가질 수 있는 속성인 안정성은 그 결과의 진리성이나 현실화된 행운과 모종의 관계를 지니지만, 그것들과 동일하다고 볼 수 없다. 이번 장에서는 안정성을 탐지할 수 있는 방법이 무엇인지 점검해 보았다. 검사 대상 결과가 현재 최선의 과학 지식에 비추어 볼 때 쉽게 틀릴 수 있는지를 묻는 것이 핵심이다. 이 물음은 다음과 같은 방식에 따라 '왜'를 묻는 것으로 바꿀 수 있다. H는 문제의 연구 결과를, H*는 현재 최선의 과학 지식에 따를 때 그 결과가 잘못될 수 있는 유력한 여러 방식들을 지시한다고 하자. 이 때 '왜 H*가 아니라 H인가?'라고 물을 수 있다. 우리는 안정성을 확인하는 이런 방법을, 현장의 판단에 증거가 영향을 미치는 상태를 목적으로 하는 코크란 연합과 같은 조직들의 활동과 대조했다. 그런데 그들의 활동은 (방금 제시된) 설명적 물음에 답하려고 하지 않는 경우도 있고, 결국 안정성에 대한 정보를 제공하지도 않을 수도 있다는 사실을 확인할 수 있었다. 마지막으로, 대조 설명이 아닌 (메커니즘 설명과 같은) 다른 설명 모형이 안정성을 확립하는 데 일정한 역할을 할 수 있는지 검토했고, 그 결과 안정성에 대한 평가는 본질적으로 대조적이라고 생각할 추가적인 이유도 찾을 수 있었다.

지금까지 논의한 내용의 범위를 한정함으로써 이 장을 마치고자 한다. 안정성이 의사결정을 위해 알아야 할 **모든 것**이라고 주장해서는 안 된다. 의사결정을 위해서는 가능한 다양한 결과들에 어떤 가치를 부여해야 하는지 숙고해야만 한다. 어떤 연구 결과의 안정성이 파기될 수 있다고 평가 받기 위해서는 현재 최선의 지식에 비춰볼 때 특정한 수준의 반박 가능성을 지녀야 한다. 4~5장에 걸쳐 제시한 안정성 평가 모형은, 바로 이 가능성의 수준에 영향을 받아 의사결정자가 안정적이라고 생각할 대상에 대한 판단에 영향을 끼칠 수 있다. 그러나 여전히 연구 결과가 매우 바람직한 경우(혹은 그 정반대의 경우라면), 안정성은 어떤 행동을 실행에 옮길 만한 확신의 근거가 되기에는 불충분할 수도 있다. 여기에서 이야기 된 어떤 내용도 이러한 가능성을 사전에 차단하지 않았다. 사실 우리는 지식과 가치가 서로 영향을 주고 받는 현상에 대해 실질적인 내용은 아무 것도 말하지 않았다.

역으로, 어떤 결과가 안정적인지에 대한 지식 **없이는** 어떤 판단도 내릴 수 없다는 주장도 잘못이다. 또 어떤 결과가 안정적인지에 대한 지식이 없으면 합리적 결정을 내릴 수 없다는 생각도 잘못이다. 많은 의사결정 이론이 가정하듯, 의사결정자는 결과가 일어날 확률과 가치(바람직함)의 곱이 최대인 행동을 선택할 수 있다. 아니면 그는 다른 방식으로 합리적 의사결정을 할 수도 있다. 이 장과 앞의 5장을 종합하면, 요점은 다음 두 가지다. 안정성이란 늘 활용될 수는 없더라도 의사결정과 **유관한** 개념이다. 또, 만일 (논의한 방식에 따라) 안정적인 결과들과 불안정한 결과들을 역학 연구를 통해 구분할 수 있게 되면, 사람들의 행동을 역학적 발견에 따르게 만들 때 그리고 사람들에게 바람직하고 합리적인 종류의 더 큰 영향을 미치려 할 때 좀 더 큰 성공을 기대할 수 있을 것이다.

6장

6장

예측

요약

이 장에서는 주어진 예측이 좋은 예측인지를 판정하는 데 쓸 수 있는 일반적인 틀을 제시한다. 기존의 철학적, 역학적 연구 중에서 좋은 예측에 관한 이론이 있는지 조사한 다음, 그런 이론이 드물다는 결론을 내린다. 그 다음에는 몇 가지 중요한 구분을 제시한다. 그 구분이란 인과 추론과 예측의 구분, 과정으로서의 예측과 결과로서의 예측의 구분, 신뢰성과 정당성의 구분이다. 역학을 위한 예측 이론을 만들기 위한 적극적인 기획은 다음 장에서 다루어질 것인데, 이 장에서는 이를 위한 초석을 마련한다.[40]

인과에서 예측으로

○

　　　　　4장에서 우리는 역학을 포함한 다양한 과학 연구를 의료나 공중보건에 적용할 수 있는 결과물로 '이행시킨다'는 생각은 신화에 불과하다는 것을 확인했다. 그 대신 4장과 5장은 안정성이라는 개념에 초점을 맞췄다. 어떤 행동을 할지 판단할 때, 우리는 증거에 비추어 어떤 것이 가장 그럴듯한지 아는 것에 만족하지 않는다. 우리는 그 명제가 (그것이 무엇이든 간에) **안정되었는지** 알고 싶어한다. 여기에서 '안정되었다'는 말은 가까운 미래에 추가적인 증거나 이론적 발전으로 인해 반박되지 않을 것 같다는 뜻으로 쓰였다. 이번 장의 주제인 예측으로 넘어가기 위해서는, 사람들 사이에 일반적으로 퍼져 있는 생각 가운데 하나를 검토해야 한다. 효과적인 개입이나 전략, 정책 등을 고안해 내려면 특정한 **인과적 지식**을 갖추어야 한다는 생각이 바로 그것이다.(Lipton and Ødegaard 2005 참조) 이런 생각은 그러한 개입, 전략, 정책 등의 결과를 예측하려면 바로 인과적 지식이 필요하기 때문에 널리 퍼져 있다. 이 장과 다음 장에서는 안정한 인과적 지식으로부터 예측으로 이행하는 과정에 논의의 초점을 맞출 것이다.

　앞에서 정의한 안정성의 개념 안에는 이미 예측적인 요소가 일부 포함되어 있다. 만일 어떤 결과가 안정한 것으로 간주된다면, 그것은 그 결과가 곧바로 반박되지는 않을 것이라고 믿어지기 때문이다. 그러나 이런

40　　　이 장과 다음 장에서 개진한 생각의 일부 요소들은 Broadbent 2011a에서 처음 제시된 바 있다.

예측은 다만 과학적 결과의 지위에 대한 예측일 뿐, 어떤 실질적 내용에 대한 예측이라고 볼 수는 없다. 우리는 많은 경우 이런 예측을 넘어서는 실질적 예측을 하고자 한다. 예를 들어 우리는 만일 흡연율이 어떤 특정한 수준까지 떨어지면 폐암 생애 위험도에 어떤 변화가 일어날지를 알고 싶어한다. 흡연이 폐암의 원인이라는 지식은 안정된 지식일 것이다. 그러나 그런 지식으로부터, 흡연율이 특정한 값으로 변할 때 폐암 발생률(rate)이 어떻게 될지 곧바로 예측할 수는 없다.

이하의 논의에서 '인과적 지식'이라는 말은, 우리가 가진 최선의 증거에 비추어 볼 때 안정적으로 보일 뿐만 아니라 실제로도 안정적인 인과 추론의 산물이라는 뜻으로 사용된다. 이런 정의에 따라, 우리는 아직 적절한 평가를 받지 않은 인과 추론을 토대로 한 예측에는 관심을 두지 않을 것이다. 또한 우리가 합당하게 안정적이라고 판단했던 인과 추론이 예기치 않게 거짓으로 드러난 (그래서 실제로는 불안정한) 경우에도 관심을 두지 않을 것이다. 우리는 인과 추론을 다룰 때 피해야 할 이들 난점들을 잘 인식하고 있으며, 그런 난점들을 피하는 일반적인 (물론 오류가 있을 수도 있는) 틀을 앞 장에서 개발한 바 있다. 이제 다음과 같이 묻고자 한다. 어떻게 하면 안정한 것으로 식별해 낸 인과 추론에서 출발하여 지금 검토 중인 행동 방침에 대한 좋은 예측에 도달할 수 있는가?

예측은 인과 추론과는 별개의 추론 활동이다. 그러나 이는 널리 인식되지 못했고, 결국 이런 상황이 역학에서도 철학에서도 문젯거리를 부르고 말았다.(다음 절에서는 두 분야가 얼마나 미흡했는지를 상세히 보여 준다.) 양측을 별개로 봐야 할 이유가 뚜렷해 보이지 않을 수도 있다. 그러나 인과 추론이 곧 예측이라고 가정하는 **오류**는 일단 지적이 되면 매우 분명히 드러난다. 이것을 **인과 오류**(causal fallacy)라고 부르자: 인과 오류가 벌어질 수 있는 사례는 이런 식이다. 인구집단에서 폐암의 생애 위험도 중 50%가 궐련 흡연에 기인한다는 추론은, 만일 궐련 흡연이 중지되면 그 인구집단에서 폐암의 총 생애 위험도가 50% 감소할 것이라는 예측과 같지 않다. 이것이 같다고 가정하면 인과 오류를 범하게 된다. 이는 궐련 흡연 **대신** 일어날 일이 가져올 결과는 논외로 한 추론이기 때문이다.

이 점을 더 분명하게 보이기 위해, 추론하는 시점에서 판매되는 궐련이 아리랑[41] 단 한 가지 상표밖에 없다고 가정해 보자. 그러면 우리는 폐암 위험도의 50%는 아리랑을 피운 것에 기인한다고 말할 수 있다. 그런데 그 직후 아리랑의 독점이 끝나고 여러 상표가 등장했으며, 아리랑이라는 상표를 달고 나오던 담배 유형은 사라졌다고 하자. 이제 아무도 아리랑을 피우지 않는다. 상황이 이렇다고 해서 폐암의 인구집단 위험도가 50% 떨어질 것이라고 예측하면 인과 오류를 범하는 것이다. 흡연자들은 아리랑 **대신** 새로운 상표의 궐련을 피울 것이기 때문이다.

이는 가상적인 사례에 불과하다. 하지만 이에 대응하는 실제 사례가 얼마든지 있다. 궐련의 경우, 궐련에 공기 구멍을 뚫으면 타르 검출기에서 검출되는 타르의 양이 감소하는 사례를 들 수 있다. 그러나 흡연자들은 손가락으로 그 구멍을 막고 담배를 피운다는 보고가 있다. 결국 공기 구멍을 만들면서 예측했던 효과는 흡연자의 건강에 실제로는 나타나지 않았다.(Parascandola 2011, 637) 5장에서 잠시 살폈던, 아세트아미노펜과 천

----

41   (옮긴이) 저자는 원문에 One-Smokes라는 가상의 담배 상표를 등장시켰다. 아리랑은 1958년 전매청에서 처음 발매한 필터 궐련의 이름이다. 한 때 독점적 지위를 누렸던 상표를 번역어로 선택했다.

식 사이의 인과적 관계에 대한 연구도 지금 필요한 사례다. 그 연구에서 맥브라이드는 천식의 위험이 있는 소아에게는 아세트아미노펜의 사용을 피해야 한다고 권고했다. 그러나 그 권고는 그것의 찬성 근거로 제시된 증거를 통해 지지받는다고 볼 수 없다. 이 권고는 여러 가지 대안적인 행동 방침과, 천식이나 다른 건강상의 결과 사이의 관계에 대한 검토 없이 제시된 권고로 보이기 때문이다.(McBride 2011) 그 논문에서 아세트아미노펜 대신 권고하고 있는 약물 이부프로펜은 그 자체로 천식과 인과적 연결을 가질 수도 있다. 때문에 이 사례는 요점을 특히 잘 보여 준다. 다만 이 사례에서는 인과 추론 자체가 분명치 않았다. 이를 무시하고, 약물과 천식 사이의 인과적 연결이 확립되어 있다고 해 보자. 그러나 그런 정보라고 해서 그 자체로 특정한 방향의 정책 권고를 보증해 주지는 못한다. 이는 X가 Y의 원인임을 증명한다고 해서, X를 제거하면 Y의 발생율이 감소할 것이라고 예측할 수 있는 자격이 주어지지는 않기 때문이다. 다른 식으로 말해보자. X가 Y의 원인이라고 해서 X의 제거가 Y를 제거하기 위한 충분한 수단이 되지는 못한다. 예컨대 프라이팬 때문에 당신이 손을 데었다고 해서, 프라이팬에서 손을 황급히 빼는 것이 손을 식히는 좋은 방법이 아닌 것과 같다.

결국 인과 추론과 예측이 서로 다르다면, 단순하고 일반적인 물음만 남게 된다. 우리가 여러 과정을 거쳐 인과적 지식을 얻었다고 해 보자. 우리는 예측할 때 그것을 어떻게 사용해야 하는가?

불행히 이 물음에 유용한 방식으로 접근하려면, 그 전에 해결해야 할 일들이 많다. 예측에 대해서는 기존에 논의된 것이 별로 없어서, 먼저 기본적인 구별을 해야 하는 한편 애매한 부분은 명료하게 만들어야 하기 때문이다. 다음으로 역학에서 예측이란 어떠한 일을 하는지 혹은 해야 하는지에 대해 물어야 한다. 왜냐하면 그 물음에 대답하는 방식에 따라, 역학적 목적에 비추어 볼 때 무엇이 좋은 예측이냐는 판단의 결과에 커다란 차이가 생길 것이기 때문이다. 이 장의 목표는 역학에서 예측이란 무엇이고 그것의 역할은 무엇인지를 좀 더 분명히 하는 데 있다. 다음 장에서는 (인과적 지식을 포함하여) 어떤 것이 그러한 역할을 감당할 수 있을지 검토할 것이다.

5장에서 나는 전문기술의 혁신과 더불어 (전문적이지 않은 영역을 포괄하는) 이론의 필요성을 강조하는 논의를 펼쳤다. 이 강조점은 예측이라는 맥락에서 특히 더 분명하게 드러난다. 무엇이 어떤 예측을 좋은 예측으로 만드는지에 대해 어느 정도의 이론적 이해가 없다면, 특정한 개별 예측이나 예측하는 방법을 체계적으로 평가하기 어려울 뿐만 아니라 예측 방법 또는 특정한 개별 예측 가운데 무엇이 상황에 적합한지 선택하는 일도 원리에 따라서가 아니라 주먹구구식으로 할 수 밖에 없다. 비전문기술적인 이론적 논의의 필요성에 대해서는 5장에서 (인과 추론과 안정성을 연결지어 해명해야 한다고 주장하면서) 공들여 다루었기 때문에 여기에서 반복할 필요는 없을 것이다. 다만 동일한 생각은 여기에도 잘 적용할 수 있다. 이는 특히 인과 추론에 대한 다수의 형식적 접근 역시 예측을 제시하려는 목적을 갖기 때문에 그렇다.

이제 철학과 역학에서 예측에 대한 이론적 논의가 어떤 식으로 전개되어 왔는지를 먼저 살펴보자.

이해할 수 없는 누락

○

예측이라는 문제를 주의 깊게 살펴온 철학 연구는 놀랄 만큼 적다. 예측을 처음 접하는 학부생들이 배울 수 있는 '표준적인 예측 이론'도 없다. 예측은 권위 있는 과학철학 입문서에서도 독립적인 하나의 주제로 다루어지지 않고(Bird 1988; Ladyman 2002), 이는 권위있는 안내서(가령 Newton-Smith 2001)나 참고 문헌(가령 『스탠포드 철학 백과사전』)에서도 마찬가지이다. 반면 인과나 인과 추론, 설명, 자연법칙과 같은 연관된 개념들은 별도의 주제로 다루어진다. 이러한 주제에 대해 확립된 철학적 문헌들이 있는 것과는 달리, 예측에 대해서는 그런 문헌도 없다.

물론 예측에 관심을 기울이는 철학 연구가 있기는 하다. 특히 3장에서 논의한 스퍼티스와 동료들의 연구가 그 예이다.(Spirtes, Glymour, and Scheines 2000) 그러나 제비 한 마리가 여름을 부를 수는 없다. 더욱이 예측에 대한 통계학 문헌 일반을 다루는 스퍼티스 등의 접근은 지금 우리가 수행하려는 기획과 중요한 차이를 보인다.

한 가지 차이는 스퍼티스 등에 의해 확인된 바 있고 3장의 논의에서도 지적된 바 있다. 이 차이는 수학적 접근과 철학적 접근 방식의 차이라고 부를 수 있을 듯하다. 수학적 접근은 유익한 결과들을 산출할 것 같은 방식에 따라 암묵적 · 명시적 신념들을 공리화한다. 이미 살펴보았듯이, 이런 접근은 인과가 무엇인지 우리에게 말해 주지 않는다. 또한 그것은 좋은 예측이란 무엇인지, 즉 좋은 예측이 만족해야 할 필요충분조건이 무엇인지 말해 주지도 못한다. 하지만 바로 그에 대해 말하는 것이 이 장과 다음 장의 목표이다. 이를 위해 적어도 역학의 맥락에 비추어 볼 때 어떤 예측을 좋은 예측으로 간주할 수 있으려면 만족해야 할 필요충분조건을 제시하고자 한다. 결국 예측에 대한 전문기술적 취급은 좋은 예측을 위한 비법을 식별해내려고 하지만, 좋은 예측이 무엇인지에 대해 말해 주지는 않는다. 반복하지만, 좋은 예측이란 무엇인가에 답하는 것이 우리의 목적이다.

예측에 대한 통계학 문헌들과 그 기술적인 논의들은 흥미롭고 또 유용하지만, 현대 과학철학에서 예측 이론에 대한 연구는 무시되어 왔으며, 그에 따라 예측에 관한 (수학적인 것과 대립되는) 일반적인 철학 이론을 세우는 움직임 역시 부족했다고 말하는 편이 공정하다.[42] 곧 언급할 소수의 예외들이 있기는 하지만, 철학 수업의 표준적인 강의계획서에서 예측이 독립적인 하나의 주제로 다루어지지 않는다는 것은 변함없는 사실이다. 형이상학·인식론·과학철학 분야의 주도적인 철학자들 중에서, 예측에 대한 분명하고 뚜렷한 이론을 가지고 있다고 인정할 만한 사람은 아무도 없다. 다시 말해 예측이란 무엇인지, 예측에는 어떤 종류들이 있는지, 어떤 예측을 좋은 예측으로 만드는 조건은 무엇인지, 예측이 법칙·인과·설명에 대한 지식과 어떻게 관련을 맺는지 혹은 맺어야 하는지에 대해서 뚜렷한 이론을 지닌 사람은 없다. 아마도 현대 철학자들은 예측이란 인과·설명·법칙 등에 대한 논의를 통해 충분히 다룰 수 있는 주제라고 가정하고 있을지도 모르겠다. 그러나 만일 그들이 그렇게 가정했다고 해

----

42   스퍼티스, 글리모어, 샤이니스는 자신들의 책이 어떤 학문 분야에도 꼭 들어맞지 않는다고 말하는데, 이런 주장은 예측에 대한 철학적 논의를 찾아보기 힘들다는 우리의 주장과 일치한다.(Spirtes, Glymour, and Sheines 2000, xiii)

도, 이는 심각한 오산이라는 점을 곧 확인할 수 있다.

철학자들이 예측을 다루어온 맥락은 주로 세 가지이다. 첫째, 흄(Hume 1739, bk1, pt3; Hume 1748, IV-VII)에서 출발했으며, 러셀(Russell 1912, Ch.VI)에 의해 현대적인 형태를 가지게 된 귀납의 문제가 있다. 보통 이 문제는 예측과 관련하여 제기된다. 예를 들어 내일 태양이 떠오를 것이라고, 혹은 곧 베어 먹을 한 입의 빵이 나를 살찌게 할 뿐 독극물로 변신하지 않을 것이라고 믿어야 할 이유가 무엇인지 생각해봐야 할 때가 귀납의 문제가 염두에 둔 상황이다.(이에 대해서는 2장에서 간단히 논의했다.) 그러나 귀납이 예측이라는 주제에만 국한되는 문제가 아니라고 지적하는 일은 그리 어렵지는 않다. 특히 예측이 미래에 일어날 사건을 미리 알아낸다는 의미로 쓰인다면 그렇다. 예컨대 공룡에 대한 우리의 지식은 화석 기록을 핵심 증거로 채택한 귀납 추론에서 도출된 것이다. 그러나 공룡이 살았던 시대는 (미래가 아니라) 과거이다.(요컨대 귀납 추론은 대상이 발생한 시점과 무관하게 적용할 수 있다.) 그러나 어쩌면 이런 사례에서 귀납 추론은 미래의 **경험**, 예컨대 미래에 더 많은 화석을 발견하는 경험에 관한 것일지도 모른다. 그러나 이런 대응은 아무리 잘 봐줘도 의심스러운 수준이다. 귀납 추론이 우리가 많은 경우 찾으려고 애쓰는 사실들에 관한 것이 아니라 경험에 관한 것이라고 해석하려면 매우 독특한 철학적 입장을 채택해야 하겠지만, 이 선택지는 귀납 추론을 이해하는 데 꼭 필요하지도 않고 별다른 이점도 없다.

예측이 연구되어온 두 번째 맥락은 입증[43]이다. 사실 '입증'이란 과학 철학자들이 귀납 추론을 부르는 이름에 다름 아니다. 차이가 있다면, 해당 단어의 심리학적 의미를 제거하는 한편(증거는 입증하는 반면, 추론은 우리

마음에 의한 심적 과정이다.) 강조점을 바꿨다는 부분 정도다.(추론은 증거에서 가설로 나아가지만, 입증은 입증되어야 할 어떤 가설이 이미 존재해야만 가능하다.) 헴펠 (Carl Hempel)이 제안한 과학 이론의 입증에 대한 가설연역적(HD) 모형[44]에 따르면, 어떤 이론은 쟁점이 되는 관찰 결과를 예측함으로써 입증된다.(Hempel 1966) 이때 입증이란 곧 관찰 증거로부터 지지를 받는 상태를 말한다. 예측은 해당 '가설'과 일련의 보조 가설들 및 우연적 초기 조건들의 집합에서 출발하는 논리적 '연역'의 형식으로 이뤄진다.(그래서 '가설연역적' 모형이라고 부른다.) 여기에서 보조 가설에는 측정 기구들의 작동 방식에 대한 가설과 같은 내용이 포함된다.

포퍼(Karl Popper)는 귀납적 지지와 같은 것은 없다고 생각했다는 점에서 입증에 대해 부정적이었다. 대신 그는 어떤 이론이 용인(corroborated)될 수 있다고 믿었다. 임의의 한 이론이 어떤 관찰 사실을 예측했다고 하자. 그 예측이 정확하다면 문제의 이론은 용인되지만, 관찰 결과가 예측과 다르다면 문제의 이론은 관찰에 의해 반증될 것이다.(Popper 1959; 1963) 여기

43　　　(옮긴이) confirmation에 대한 흔한 번역어는 확증인데, 이 말은 어떤 가설이 있을 때 적절한 증거를 통해 문제의 가설을 조금씩 더 뒷받침해 나가는 절차를 지시한다. 그러나 이 번역어는 '확실과 발음이 비슷하기 때문에 오해의 소지가 있다. 따라서 여기에서는 오해 없이 이 절차를 지시하기 위해 입증이라는 말을 쓰도록 하겠다.

44　　　(옮긴이) 헴펠에 따르면, 과학이 사용하는 가설연역적 모형은 다음과 같은 구조를 지닌다.

만일 가설 H가 옳다면, 시험 명제 I도 옳다.
시험 증거에 따라, I는 옳다.
_____

따라서 H는 옳다.

이런 형식은 후건 긍정식으로, 논리적 참을 보증할 수 없는 추론 형식이다. 따라서 시험 명제 I와 가설 H에 대해 경험적 증거가 제공할 수 있는 보증은 논리적 참의 수준에 결코 도달할 수 없고, 다만 입증의 수준을 올려줄 수 있을 뿐이다.

에서 용인이 실효성 있는 개념인지 따질 필요는 없다. 우리의 관심은 포퍼의 견해에서도 예측이 핵심적인 역할을 한다는 데 있다. 한 이론이 아직 알려지지 않은 자료를 예측하는 경우 그 이론은 용인되지만, 이미 알려진 자료를 단지 수용하기만 하는 경우에는 그렇지 않다. 예측과 수용 사이의 이런 강한 비대칭성은 수많은 토론을 불러일으켰다.(간략한 요약으로는 Lipton 2005를 참조) 포퍼와 헴펠의 견해에 따르면, 증거의 효력은 이론과 자료 사이의 논리적 관계에 따라 정해지는 문제이고, 따라서 증거가 어떤 시점에 알려져 있었는지 여부와 같은 시간적 우연성에는 좌우되지 않아야 한다. 이런 견해에 비춰보면, 증거가 수집되는 시점이 그 증거의 효력과 대체 어떻게 논리적인 관계를 갖게 되는지는 대단히 불투명하다. 이런 여러 의혹에도 불구하고 '참신한 예측'은 과학적 실재론을 둘러싼 다양한 논쟁에서 열띤 토론의 주제가 되어왔다. 여기에서 과학적 실재론이란, 과학은 대체로 그것이 연구하는 현상에 대해, 비록 직접 관찰되지 않는 현상일지라도 문자 그대로 진리에 가까운 내용을 말해준다는 관점이다. 참신하면서 동시에 정확한 예측을 할 수 있는 능력은 우리가 신뢰해야 하는 과학 이론들의 표시라고 주장한 철학자들도 있었고(Putnam 1978, 18~22), 이에 대한 반론도 제기되었다.(Laudan 1981)

다양한 논의가 있는 것처럼 보일 수도 있다. 그러나 그 모두는 결국 과학 이론이 어떻게 입증되느냐는 물음과 얽혀 있다. 예측은 이론 연구의 유용한 부산물처럼 간주된다. 예측이 유용한 까닭은 이론을 시험하는 데 사용될 수 있기 때문이고, 그것이 부산물처럼 보이는 까닭은 이 모든 논의들이 시사하는 바와 같이 예측이란 이론으로부터 자연스럽게 떨어져 나오는 귀결이라고 가정할 수 있기 때문이다. 이는 몇 가지 초기 조건을 집어넣고 연역을 통해 귀결을 끌어내면 '짜잔!'하고 예측이 나타난다는 식의 생각이다. 그러나 이론에서 예측으로 가는 과정이 그렇게 단순하다면, 그런 예측은 분명 역학자는 말하고자 하고 정책결정자는 듣고자 하는 종류의 예측은 아닐 것이다. 실제 예측이 이루어지는 **과정**과 그 **이유**(rationale)를 (손꼽을 만큼의 예외를 제외하고는) 신중하게 다룬 철학자는 그리 많지 않았다.

한 가지 구분을 도입하면, 우리는 실제 예측의 과정과 원리에 대한 여러 물음들을 깔끔하게 정리할 수 있다. 마치 '설명'처럼 '예측' 역시 그것이 과정인지 결과인지 애매하기 때문에 문제가 된다.(Ruben 1993, 16) 이제 우리는 다음과 같이 말할 수 있다. 이론을 입증할 때 예측이 도대체 어떤 중요성을 갖는지에 대해 철학자들이 깊이 생각했던 것은 사실이다. 하지만 그들은 어떤 **예측 결과**를 산출한 **과정**을 합당하게 믿으려면 (혹은 그 과정의 어떤 측면들을 믿으려면) 그 **예측 결과**는 어떤 식으로 이뤄져야 하는지 기술하는 데 주력했다. 그들은 **예측 결과**를 믿기 위해 **예측 과정**이 어떤 식으로 이뤄져야 하는지 기술하는 데는 관심을 그리 쏟지 않았다. 그러나 바로 후자의 문제가 역학자들이나 역학에 기대려는 의료인 또는 공중보건 정책결정자들의 주된 관심사항이다.

예측이 논의되어온 세 번째 맥락은 설명이다. 많은 과학철학적 논의들이 그러하듯, 여기에서도 헴펠로부터 논의가 시작된다. 헴펠의 '법칙연역적(DN)' 설명 모형에 따르면, 한 이론이 올바른 '법칙적' 형식을 갖춘 상태에서 설명되어야 할 관찰 결과인 **피설명항**에 대한 여러 가지 제약들이 만족된다고 할 때, 그 이론(설명항)이 몇몇 초기 조건들과 더불어 피설명항을 '논리적으로 함축'하면(그래서 '법칙연역적' 모형으로 부른다.), 그 이론은 그 관찰 결과를 설명한다.(Hempel 1966; Lipton 2004, Ch.2) 그래서 설명에 대한 법칙연역적 모형은 입증에 대한 가설연역적 모형과 정확히 동일한 논리적 구조를 가진다. 둘 사이에는 이론을 입증하는 데 관심이 있느냐 아니면 관찰 결과를 설명하는 데 관심이 있느냐는 차이밖에 없다. 많은 경우 이 차이는 이미 관찰을 했는지 여부에 따라 정해진다. 헴펠의 모형에 따르면, 설명이란 우리가 이미 관찰한 것에 대한 예측이며, 예측이란 우리가 아직 관찰하지 않은 것에 대한 설명이다.(Ladyman 2002, 205) 이런 (설명-예측의) 대칭성은 다른 종류의 설명을 분석해봐도 찾아낼 수 있다. 이 때 설명항에 기초해서 피설명항을 얼마나 잘 예측할 수 있는지 살펴보면, 그 설명이 좋은 설명인지를 시험할 수 있다.(예를 들어 Hempel and Oppenheim 1948, 146~152를 참조. 여기에서 헴펠과 오펜하임은 창발이라는 개념을 다룬다.)

그러나 이런 대칭성은 양쪽 측면에서 의심스럽다. 먼저, 모든 설명이 이미 일어난 일들에 대한 예측인 것은 아니다. 예를 들어 자연선택에 의한 진화는 왜 기린이 긴 목을 갖는지 설명할 수 있지만, 기린의 목 길이에 대한 우리의 지식과 독립적으로 기린의 존재를 예측할 수 있는지 여부는 진화에 의한 설명과 완전히 별개의 물음이다. 또 모든 예측이 일어날 일들에 대한 설명인지도 전혀 분명치 않다.(여기가 우리가 관심을 가지는 측면이다.) 사실 우리가 이 장에서 이끌어낼 결론은 이럴 것이다. 예측과 설명 사이에는 긴밀한 연결이 있으며, 좋은 예측은 설명을 통해 뒷받침되어야 한다. 그러나 하나의 예측을 좋은 예측으로 만드는 것이 무엇인지에 대해 (참이 아닐지라도) 분명한 생각을 가지게 되기 전에는, 그리고 예측을 내놓는 올바른 방식에 대한 더욱 현실적인 설명 방식을 가지기 전까지는, 이런 대칭성 논제를 의심의 눈으로 바라보아야 한다.

근래 들어 예측에 대해 철학적 연구를 할 수 있는 기회가 있기는 했다. 하지만 학자들은 이 기회를 대부분 놓쳐버리고 말았다. 『일이 일어나게 만들기(Making Things Happen)』라는 책에서 제안된 이론에 따르면, 인과적 사실은 세상에 개입했을 때 무슨 일이 일어날지에 관해 알려주는 사실들이다. 다시 말해 인과는 예측과 서로 깊이 연결되어 있다. 그러나 이 두꺼운 책의 색인에서 예측이라는 항목은 찾아볼 수 없다.(Woodward 2003) 멈포드(Stephen Mumford)와 안줌(Rani Lill Anjum)은 예측에 몇 쪽을 할애해 우리가 이 장에서 탐구하려는 몇 가지 구분들을 만들었다.(Mumford and Anjum 2011) 그들은 그 구분들을 사용하면 '힘' 혹은 성향적 속성을 예측에 대한 이론을 제공하는 데 적합한 위치에 놓을 수 있다고 주장했다. 그 논거 중 하나는 예측은 파기될 수 있다는 점이다. 그러나 그들은 예측 이론이라고 부를 수 있는 어떤 것도 제공하지 않았고 그럴 의도도 없었다. 예측 이론이라면 예측을 한다는 것이 무엇인지, 좋은 예측이 나쁜 예측과 어떻게 다른지를 말해줄 수 있어야 하지만, 멈포드와 안줌은 그런 논의를 하지 않았기 때문이다. 카트라이트는 아마도 예측이라는 주제에 관해 지속적으로 철학적 관심을 가져 온 소수의 철학자 중 한명일 것이다.(Cartwright 1983b; 2010; 2011) 그러나 카트라이트 역시 예측을 하나의 일반적인 문제로서 논의하지 않았고, 잘 구획된 일반 예측 이론을 제시하지도 않았다. 대신 카트라이트는 (흔히 철학자들이 생각하는 그대로의) 인과적 지식과 예측적 지식 사이에 존재하는 간극을 강조하는 한편, 인과적 지식이 왜 유용한지에 대해 더 논의해야 한다고 과학철학자들에게 장갑을 던져 결투를 청하듯 도전한다.(Cartwright 2007) 나의 논의는 부분적으로 카트라이트의 도전에 응하려는 시도이다.

지금까지 표준적인 과학철학에서 예측이 논의되어온 주된 맥락들을 살펴보았다. 논의를 더 진행하기 전에, 역학자들 사이에서도 (예측을 하는 기술적 수단이나 예측 실무가 아닌) 예측 **이론**은 비교적 적은 관심만을 받아왔다는 점 역시 지적해 둘 필요가 있겠다. 그러나 이것은 다른 의미에서 놀랄 만하다. 역학자들이 예측이라는 주제에 대해 철학적 연구를 하지 않았다는 사실은 전혀 놀랄 만한 일이 아니기 때문이다. 놀랄 만한 일은 인과 및 인과 추론에 대한 작업과 예측에 대한 작업을 대조해 보면 찾을 수 있다. 역학자들은 철학적이지 않다고는 보기 힘든 방식으로 인과에 대해 이론적 작업을 해왔다.(Hill 1965; MacMahon and Pugh 1970, Ch.4; Rothman 1976; Susser 1973, Ch.4; 1991; Rothman and Greenland 2005; Bhopal 2008, Ch.5; Rothman, Greenland, and Lash 2008, Ch.2) 그들은 인과란 무엇인지를 묻고, 무엇이 임의의 인과 추론을 좋은 것으로 만드는지 물어 왔다. 이는 철학적 질문들이다. 게다가 이러한 철학적 질문을 다루는 가장 중요한 이유는 그런 탐구를 통해 역학의 예측력을 높이기를 바라기 때문이다. 그런데 법률적 책임이 관련될 수 있는 경우를 빼면(이는 11장에서 논의할 것이다.) 역학의 최우선 관심은 미래에 관련되어 있다. 역학은 인구집단의 건강을 **증진**시키는 데 필요한 지식을 제공하고자 한다. 즉 역학은 미래에, 바라건대 그렇게까지는 멀지 않은 미래에 인구집단의 건강을 **더 나은 상태로** 이끌 (그것의 원인이 되는) 조치를 지금 혹은 앞으로 취하고자 한다.

그렇지만 역학 교과서의 목차에서 '예측'이라는 말을 찾아본다 해도 찾을 수 있는 내용은 거의 없다. 권위 있는 교과서의 색인에 예측은 단 한 번 나오고, 예측의 파생어가 두어 번 나올 뿐이다. 색인이 안내하는 지면에는 통계적 맥락에서 예측에 대해 이뤄진 논의가 담겨 있으나(Rothman, Greenland, and Lash 2008, 421), 이를 철학적 예측 이론과 동일한 것으로 보기는 어렵다. 다른 권위 있는 교과서는 '인과성: 공중보건과 의료 정책에 대한 적용'이라는 표제 아래 예측을 논의하고 있다.

실제적인 목적에서, 귀납적인 예측의 과정은 하나 이상의 연구에서 얻어진 결과를 다른 표적 인구집단이나 준거 인구집단에 일반화하는 작업인데, 이는 공중보건 전문가들과 정책결정자들이 쓸 수 있는 최우선적인 접근법으로 남아 있다.(Szklo and Nieto 2007, 376)

만일 정말로 이런 과정이 정책결정자가 사용하는 최우선적인 접근법이라면, 그들은 지적으로 빈곤한 상황에서 일하는 셈이다. 사실 위 진술은 현실에 대한 정확한 기술은 아니다. 물론 역학 문헌 가운데 예측에 대한 훌륭한 논의가 없는 것은 아니다.(Greenland 2010; 2012a) 그러나 그린랜드의 논의에는 우리가 관심을 가지는 예측의 의미를 아직 알려지지 않은 자료에 도달하는 일반적인 과제 아래 포섭시켜 버리는 경향은 물론, 공중보건의 맥락에 쉽게 적용되기 어려운 기술적 논의에 치중하는 경향도 있다. 결국 위에서 인용된 논평은 현재 역학 이론 속에서는 예측이 인과추론에 대해 독립적 주제로서 다루어지지 않는 상황, 그리고 예측에 관한 일반적이고 기술적이지 않은 관심이 부족한 상황을 강조하는 주장으로 읽을 수도 있다.

지금 논의의 목표는 역학 문헌들을 비판하거나 더 일반적으로 역학을 비판하려는 데 있지 않다. 사실 언급된 두 교과서는 매우 훌륭하다. 역학자들은 실제로 예측을 하고 있으며, 그렇게 함으로서 인구집단의 건강을 증진시키고 목숨을 살리기도 한다. 부족한 것은 통계 이론으로 포괄되지 않는, 예측에 대한 **이론**이다. 예측에 사용되는 방법들은 어떻게 작동하는지, 예측을 좋은 예측(혹은 나쁜 예측)으로 만드는 것은 무엇인지, 궁극적으로 특정한 예측이 정책적 권고사항을 정당화하려면 어떤 종류의 증거에 기반해야 하는지 말해 주는 이론이 필요하다. 이는 경험적 연구만으로 해결될 수 있는 문제들이 아니다. 이제 철학자들을 부를 시간이 되었다.

좋은 예측이란 무엇인가?

◉

'예측'은 여러 차원에서 애매한 단어이다. 첫째, 이미 언급한 것처럼 설명이 그러하듯 예측도 과정과 결과를 구분할 수 있다.(Ruben 1993, 16) 이러한 과정/결과의 구분을 드러낼 필요가 있는 경우, 이들을 예측 **활동**과 예측 **주장**으로 구별해 보자. 이 구별은 '좋은 예측이란 무엇인가?'라는 물음에 답할 때 특히 중요하다. 이는 다음 문제 때문이다. 좋은 예측 **주장**을 참인 주장과 동일시하자는 제안은 솔깃한 것이 사실이다. 하지만 예측 **활동**이 좋은 것이기 위해 결과물이 꼭 참이어야 할 필요도 없고, 참인 결과를 가진다고 해서 좋은 예측 **활동**이기에 충분한 것도 아니다.

이것을 예증할 한 가지 사례를 만들어 보자. 나는 본드라는 이름의 다섯 달 된 강아지를 기르고 있다. 내 짐작으로는 본드가 다 자라면 몸무게는 52킬로그램쯤 될 것 같다. 누군가 본드의 체중이 얼마나 나갈지 물어보면, 나는 "52킬로그램 나갈거야"라고 예측할 것이다. 그러나 이 주장을 내놓는 데 내가 사용한 예측 활동은 그리 좋지는 않다. 그것은 특별한 지식이 없는 상태에서 내린 지레짐작에 불과하며, 강아지의 몸무게가 그 정도까지 나갈 거라고 생각할 특별한 이유는 없기 때문이다. 본드의 몸무게가 얼마나 나갈지 누군가 물어볼 때마다 어떤 이유에서인지 그 숫자(52킬로그램)가 내 머리 속에 떠올랐을 따름이다. 솔직히 나도 내가 한 예측 주장에 기대지 않을 것이다. 내 예측 주장이 참일 수 있는 가능성은 여전히 남아 있다. 하지만 예측 주장이 우연히 참이 되더라도, 내 예측 활동(즉 질문에 답할 때 머리 속에 어떤 숫자가 떠오르는지를 살펴본 활동)이 좋다고 말할 수는 없다. 그것은 왜 참인지 설명할 수 없는 지레짐작에 불과하다. 주어진 사례에 대해 참인 주장을 내놓는다고 해서, 그 주장이 하나의 예측 활동을 좋게 만드는 데 **충분한** 것은 아니다. '예측 활동'을 활동의 **종류**를 가리키는 것으로 이해하든, 아니면 그 사례에서 수행된 **특정한** 개별 활동을 가리키는 것으로 이해하든 결과는 마찬가지이다.

공교롭게도 나는 플라톤이라는 강아지 한 마리를 더 키운다. 플라톤은 본드를 샀을 무렵 유기견 보호소에서 입양한 강아지이다. 얼마 되지 않아 보호소에서 전화가 왔고, 플라톤의 어미가 잠복기가 상당히 길고 전염성이 강한 개 질병인 디스템퍼(distemper)에 걸렸다는 사실을 전해 주었다. 어미는 보호소에 오기 전 소웨토(남아프리카공화국 요하네스버그의 흑인 거주지역) 거리에서 그 질병에 걸렸을 가능성이 커 보였다. 어미와 새끼에게 백신을 접종하기도 전에 이미 병에 걸렸을 수 있다는 말이다. 그 질병은 접촉이나 핥기 등을 통해 감염되기 때문에, 플라톤도 그 병에 걸렸을 것

같고 본드에게도 감염시켰을 가능성이 높아 보였다. 따라서 나는 두 강아지가 증상을 보일 것이고, 그 결과 아마도 죽거나 심각한 불구가 될 수도 있다고 예측하게 되었다. 그러나 아무런 일도 일어나지 않았다. 두 강아지가 디스템퍼에 걸릴 것이라는 예측은 지극히 합리적이다. 그 예측 **활동**은 좋은 것이었고, 특별한 지식 없이 짐작한 것보다는 확실히 나은 것이었다. 정확히 이런 류의 추론을 동원해, 당국은 외견상 건강해 보이는 개들에게 예방접종을 하거나 살처분하는 방침을 정당화한다. 그러나 그 이유가 무엇이든 간에, 우리 사례에서는 예측 주장이 거짓으로 드러났다. 따라서 주어진 사례에 대해 참인 주장을 내놓는 일이 어떤 예측 활동이 좋은 것이기 위해 꼭 **필요하지는** 않다. 여기에서도 '예측 활동'을 활동의 **종류**를 가리키는 것으로 이해하든, 아니면 그 사례에서 수행된 **특정한** 활동을 가리키는 것으로 이해하든 결과는 마찬가지이다.

요컨대 좋은 예측 활동이라고 해서 반드시 주어진 사례에 대해 참인 예측 주장을 내놓아야 할 필요는 없으며, 주어진 사례에서 참인 예측 주장을 내놓는 활동이라고 해서 반드시 좋은 예측 활동이 되는 것도 아니다. 다른 한편, 예측 주장을 산출하는 활동을 일단 제쳐두면, 그 예측 주장 자체가 '좋다'는 말의 유일한 의미는 그것이 참이라는 것이고, 그것이 좋지 않다는 말의 유일한 의미도 그것이 참이 아니라는 것이다.

그러면 역학은 좋은 예측 **활동**에 관심이 있는가, 아니면 좋은 예측 **주장**에 관심이 있는가? 역학은 분명히 미래에 대한 참된 주장을 목표로 하므로, 좋은 예측 주장에 관심을 둔다. 그러나 예측 주장이 진짜 참인지는 예측하는 시점에서 알 수 없기 때문에 우리가 여기에 머문다면 문제를 해결할 수는 없을 것이다. 또한 '무엇이 좋은 예측을 만드는가?'라는 질문을 예측 주장에 관한 것으로 해석하는 입장은 별다른 쓸모도 없다. 왜냐하면 그것은 '참된 예측'이 좋은 예측을 만든다고 답할 것이기 때문이다. 그러나 그런 답에는 '그건 나중에 알 수 있다.'거나 '시간이 지나봐야 알 수 있다.'는 반론이 기다리고 있을 것이다. 결국 좋은 예측에 대한 질문은 예측이 참인 것으로 드러나는지 보려고 기다리지 않은 채 지금 참으로 확인될 수 있는 무엇인가에 관한 질문으로 해석되어야 비로소 쓸모 있는 질문이 된다.[45]

따라서 좋은 예측에 대한 질문은 예측 **활동**에 관한 질문으로 해석해야 한다. 이는 이상한 소리처럼 들릴 수도 있다. 역학자들은 분명히 예측 주장에 관심을 두고 있기 때문이다. 그들의 궁극적인 목적은 미래에 대한 참인 주장을 하는 것이다. 그렇다면 우리는 좋은 예측 **활동**을 만드는 것이 무엇인지 이해해야 할 뿐만 아니라, 어떻게 좋은 예측 **활동**이 좋은 (즉 참인) 예측 **주장**으로 귀결되는지에 대해서도 이해할 필요가 있다.

이 접근은 립튼의 연구에 의존한다. 립튼은 '좋은 설명'의 두 가지 개념을 구별함으로써 최선 설명으로의 추론을 분석하려고 했다.(Lipton 2004, Ch.4) 어떤 설명은 그럴듯할(likely) 수도 있고, 멋질(lovely) 수도 있다. 그럴듯하다는 것은 참일 개연성이 높다는 뜻이고, 멋지다는 것은 단순하거나 우아하거나 미적으로 만족스럽거나 기존 지식과 정합적이거나, 그 외 다른 '설명적 미덕'의 집합을 지녔다는 뜻이다.(Lipton 2004, Ch.4) 만일 최선 설명으로의 추론을 유용한 추론 양식으로 사용하려면 '최선 설명'을 단

----

45   멈포드와 안줌은 좋은 예측과 참인 예측을 동일시하면 예측의 개념을 "사소하게 만들어버린다."라고 주장했는데, 이때 그들은 바로 이 논점을 내비쳤던 것으로 보인다.(Mumford and Anjum 2011, 135)

순히 '참인 설명'만을 함축하는 말로 읽을 수는 없다. 그렇게 읽게 되면 그 모형은 순환적이고 쓸모없을 뿐이다. 만일 어떤 설명이 참이라는 것을 이미 안다면, 그 설명이 참이라는 사실을 따로 추론할 필요가 없기 때문이다. 반면 설명의 멋짐은 설명의 참 여부와는 독립적으로 접근할 수 있는 특징이다. 우리는 주어진 설명이 참인지 모르고서도 그 설명의 단순성 · 적용 범위 · 정합성 등을 평가할 수 있다. 그러나 그러한 설명적 미덕을 가졌으며 그 덕분에 '최선인' 설명이 참인 설명도 된다고 생각해야 할 분명하고 즉각적인 이유는 없다. 참인지 분명하지 않은 설명이라야 정말로 참이냐고 추론해 볼 가치가 있을 것이다. 그래서 립튼은 최선 설명으로의 추론을 이해하려는 철학적 과제는, 어떻게 설명의 '멋짐'이 설명의 '그럴듯함'에 대한 안내자가 될 수 있는지를 설명하는 목적을 지니고 있다고 본다.

립튼의 주장과 마찬가지로, 우리가 지금 당면한 과제는 예측 **활동**의 좋음이 어떻게 예측 주장의 좋음과 연결될 수 있는지를 이해하는 데 있다. 이러한 당면 과제를 언급하기 전에 한 가지 사항을 분명히 해야 한다. '예측'이라는 단어 속에는 또 다른 애매함이 있기 때문이다. '예측'은 (그것이 주장이든 활동이든 간에) 한 사건의 발생 시점과 무관하게, 그 사건의 발생을 추론하는 모든 방식을 포함할 정도로 폭넓게 이해될 수 있다. 이런 용법에 따르면, 예측된 결과가 굳이 미래에 대한 사실일 필요도 없다. 예컨대 나무 조각이 공기 중에서 연소한 후에 남아 있는 재의 무게에 영향을 끼치는 현상에 대해 예측하는 경우를 생각해 보자. 질량이 일정량만큼 **감소했다**고 어떤 화학 이론이 예측했다는 말은 과학철학자들이 흔히 쓰는 표현이다. 아마도 과학자들도 마찬가지 말을 할 것이다. 이때 '감소했다'는 과거를 가리킨다. 이런 용법에는 예측을 입증하거나 반증하는 **관찰**이 미래에 일어날 것이라는 주장이 함축되어 있지는 않다. 우리는 정확히 그 이론이 **예측**한 것처럼 질량이 일정량만큼 **감소했다**고 말할 수도 있다. 기린의 진화나 도도새의 멸종과 같이 분명히 과거에 일어난 어떤 과정의 결과에 대한 예측을 가리키기 위해 때때로 '역예측(retrodiction)' 이라는 단어를 사용하기도 한다. 이런 구분은 과학철학 문헌에서 드물게 나타나며, 그 구분이 나타나는 경우에도 결과가 예측되는 시점과 사건이 일어나는 시점 사이의 시간적 관계만 다를 뿐 둘은 본질적으로 동일하다는 사실을 추가적으로 확인해 주는 역할만을 한다.

다른 한편 '예측'이라는 표현은 (주장이든 활동이든) 주장된 시점을 중심으로 미래에만 관심을 두는 작업을 말한다고 좁게 읽을 수도 있다. 이 용법은 대개 이론의 예측보다는 사람이 하는 예측과 연관된다. 예를 들어 당신은 당신이 가장 좋아하는 비치발리볼 팀이 이번 시즌에 지역 리그에서 우승할 것이라고 예측할 수 있다. 그러나 보통 우리는 그 팀이 지난 시즌에 이겼다고 예측하지는 않는다. 그렇게 추측할 수는 있겠지만, 이것이 예측이라고 주장하는 것은 통상적인 용법이 아니다.[46]

이 가운데, 역학은 주로 어떤 의미의 '예측된 결과'에 관심을 가지는가? 넓은 의미인가 아니면 좁은 의미인가? 분명히 후자이다. 역학자들이

----

46   과거에 발생한 사태를 미래에 관찰하는 상황도 있을 수 있다. 예를 들어 지난 시즌의 점수판을 찾아보면 당신이 가장 좋아하는 비치발리볼 팀이 선두에 있음을 알게 될 것이라고 예측할 수도 있다. 이런 상황을 고려하면 문제의 구분이 흐려질지 모른다고 우려할 사람이 있을지도 모른다. 그러나 이것은 문제의 구분을 위협하지 않는다. 좁은 예측은 당신이 점수판을 볼 때 당신이 무엇을 알게 될지에 관심을 두지만, 잘못된 기록이 예시하는 것처럼 이것은 지난 시즌에 실제로 무슨 일이 있었는지와는 다르다.

주로 관심을 갖는 것은 좁은 의미의 예측된 결과이다. 만일 정책결정자들에게 조언함으로써 인구집단의 건강을 증진하도록 돕는 것이 역학의 목적이라면, 그러한 조언은 미래 사건에 대해서만 영향을 미칠 수 있다. 적어도 조언이 원인이고 정책 효과가 결과인 경우, 결과는 그 원인보다 앞설 수 없다. 따라서 역학자들의 주 관심사인 예측은 (그들이 조언하는 내용의 일부가 될 텐데) 틀림없이 미래에 관한 것이다. 좀 더 짧고 만족스러운 용어법을 위해, 우리는 좁은 의미의 예측된 결과를 **좁은 예측**이라고 부를 수 있다. 역학자들은 좁은 예측에 주로 관심을 갖는다.

그렇다고 해서 이런 주장이 역학자들이 **넓은** 예측에 관심을 가질 수 있는 가능성까지 부정하는 것은 아니다. 가장 넓은 의미에서, 예측된 결과는 그저 추론한 결과물이며, 그 결과를 미리 알았는지 아니면 그 결과가 추론 시점보다 먼저 일어났는지 여부와는 무관하다. 여기에는 인과 추론을 비롯해 역학자들이 늘상 수행하는 여러 추론들의 대상들도 포함될 것이다.(Greenland 2012a) 또한 미래에 대한 정보를 얻기 위해서가 아니라 가설을 입증하려는 의도에서 수행된 예측도 포함될 수 있을 것이다. 그러나 그런 것들은 역학자들의 궁극적인 관심사는 아니다. 다만 목적을 위한 수단일 뿐이다. 인과 추론이나 가설 입증을 위한 예측과 같은 넓은 예측은 그것이 인구집단의 건강을 증진시키는 조언을 제공하는 과제에 도움을 주는 범위 내에서만 중요하다. 그러한 조언은 결국 좁은 예측을 포함해야 할 것이다. 아마도 추가적인 추론 자료도 포함될 수 있겠지만, 그것이 꼭 필요하지는 않다. 반면, 역학자들의 조언이 미래 인구집단의 건강을 증진시키는 데 유용하려면, 미래에 무슨 일이 일어날 것 같은지에 관한 좁은 예측이 필수적이다.

신뢰성 있게 예측하기와 정당하게 예측하기

따라서 우리의 이중적 물음은 다음과 같다.

1) 좋은 역학적 예측 활동을 만드는 것은 무엇인가?
2) 왜 좋은 예측 활동은 참인 예측 주장을 내어놓는가?

이에 답하는 한 가지 매우 매력적인 접근법은 물음 2)에서 출발해, 좋은 예측 활동이란 어떤 식으로든 참인 예측의 산출을 포함하는 것이라고 정의하는 방식이다. 물론 우리가 이미 살펴본 것처럼, **특정한 한 사례에서** 참인 결과가 일어나야 한다는 조건은 어떤 예측 활동을 좋게 만드는 데 꼭 필요하지도 않고 충분하지도 않다. 그러나 여전히 우리는 좋은 예측 활동이란 **대체로** 참인 예측을 가져오는 예측 활동이라고 정의할 수 있다. 그러면 우리는 각각의 실적들을 조사하는 방식으로 좋은 예측 활동을 탐지할 수도 있다. 이런 방식은 과거에 **대체로** 참을 산출한 활동은 미래에도 참을 산출하는 활동이라는 귀납 추론에 의지한다.

이런 생각이 어떤 잘못을 범하고 있는지는 곧 확인하게 될 것이지만, 그것이 얼마나 매력적인지는 잠시 언급할 만한 가치가 있다. 만일 예측 활동을 뚜렷하게 식별되는 몇 가지 유형들로 나눌 수 있다면, 우리는 각 유형의 실적들을 참고해 각 유형의 예측 활동이 과거에 얼마나 신뢰할 만했는지 판단할 수 있을 것이다. 그리고 이 판단에 근거해 신뢰성 있는 예측 활동이 예측하는 결과들을 토대로 정책을 수립할 수 있다. 혹은 (아마도 더 나은 경우일 텐데) 그 정책이 본래 의도했던 결과가 실제로 나타나게 될지 검토해 보고, 그렇게 될 확률에 따라 정책을 승인하거나 거부할 수도 있다. 예를 들어, 무작위 대조 시험을 어떤 예측의 근거로 삼는 일이 하나의 예측 활동 유형이라고 간주하고, 여러 무작위 대조 시험에서 제공된 정보들에 기초한 정책들이 과거에 어떤 실적을 보였는지 평가해 볼 수 있다. 그러면 우리는 (아마도 어떤 기준을 만족하는) 무작위 대조 시험을 사용하는 것이 정책의 기초가 될 정도로 충분히 신뢰성 있는 예측 활동인지 결정할 수 있을 것이다. 아마도 이런 류의 생각이 코크란 연합과 같은 여러 '증거 창고(evidence warehouses)'를 특징짓는 생각일 것이다. 시도해 볼 수 있는 또 다른 방식도 있다. 예측 활동의 신뢰성에 수치를 부여한 다음, 어떤 정책적 노력이 성공할 확률에 대한 지표로서 그 신뢰성 수치를 사용하는 방식이다. 어떤 방식을 택하든 간에, 핵심 생각은 예측 활동의 과거 실적을 이용해 어떤 예측 활동의 (혹은 예측 방법에 대한) 신뢰성을 평가하고, 그러한 신뢰성 평가에 기초하여 미래 예측에 정당성을 부여하는 데 있다. 요컨대 우리는 좋은 예측 활동이란 신뢰할 만한 활동이라고 생각해야 한다. 또 어떤 예측된 결과가 신뢰성 있는 방법에 의해 산출된 결과인 경우 오직 그 경우에만 그 결과를 신뢰해야 한다.

이 생각은 현재 유행하는 여러 가지 견해와 자연스레 부합한다. 그것은 현대 인식론의 '외재론적' 경향[47]과 들어맞으며, 경험적 연구에 착수하는 한 가지 방식도 제공한다. 실적을 평가하는 과업은 경험적 문제이

----

47   (옮긴이) 여기에서 말하는 인식론에서의 외재론이란, 어떤 예측 활동의 정당성이 과거 실적과 같이 판단 주관의 내적 상태에 대해 외적인 요소를 통해, 즉 그 유형의 예측이 보여 준 과거 실적과 같은 요소를 통해 확보된다는 입장을 말한다. 다시 말해 어떤 지식이나 믿음의 정당성이 어떻게 확보되는지에 대한 입장이 여기에서 언급되고 있다.

기 때문이다. 또한, 만일 신뢰성이 정량화될 수 있다면 이 방식은 인과적 결정 이론이 이용할 수 있는 계량적인 수단을 제공할 수도 있다.

그럼에도, 자세히 조사해 보면 예측 활동이 그것의 신뢰성에 따라서 구분될 수 있다는 생각은 근거가 취약한 편이다. 첫째, 예측 활동을 어떻게 나누어야 하는지가 전혀 불분명하다. 방금 논의된 사례로 돌아가 보자. 무작위 대조 시험은 예측 활동이 아니다. 무작위 대조 시험은 연구된 인구집단에 관해 인과적 지식을 제공해 줄 수는 있지만, 그렇다고 해서 다른 인구집단에 동일한 방식으로 개입할 때 무슨 일이 일어날지를 말해 준다는 뜻을 필연적으로 지니지는 않는다. 물론 그 연구는 그런 점에서 가능한 한 많은 정보를 제공해 주도록 설계된 것일 수도 있다. 그리고 배경 지식은 가능한 간섭요인(interferer)이 없는지 등의 정보를 말해 줄수도 있다. 그러나 무작위 대조 시험에서 효과가 확인된 개입(intervention)이 미래에도 그러할지에 대한 물음이 가능하다고 해도, 그 시험 자체가 효과에 대해 얼마만큼을 말해 주는가 하는 물음에 대한 표준적인 답변이란 존재하지 않는다.(Cartwright 2011) 이런 까닭에, 모든 무작위 대조 시험을 하나의 범주로 분류하는 것은 잘못이다. 무작위 대조 시험에 호소하는 예측 활동들은 사실상 서로 매우 다르며, 따라서 우리는 그 예측 활동의 신뢰성이 가변적이며 그래서 평균적인 신뢰성을 말하는 것은 거의 쓸모가 없을 것이라고 예상할 수 있다.

둘째, 어떤 분명하고 공정한 방식으로 예측 활동들을 나눌 수 있다고 하더라도, 과거 성과들의 실적을 검토하여 우리의 최근 활동에 모종의 보증을 주려는 시도에 기반해 예측하는 일에 우리는 너무 **서툴다**. 적어도 우리의 **역학적** 예측들은 그렇게까지 해 보기에는 신뢰할 만하지 않다.

예를 들어 지식이란 신뢰성 있게 형성된 믿음이라는 생각은 감각을 통해 얻은 지식에 가장 잘 적용된다는 점을 생각해 보라. 우리는 우리 근처에 있는, 4차원 안에 있으며 여러 물리적 속성도 지닌 물체를 신뢰성 있게 탐지해낼 수 있다. 아마도 미래를 예측하는 일도 어느 정도 신뢰성 있게 할 수 있을 것이다. 예컨대 당신은 저녁이 되면 배가 고플 것이라고, 또 그렇더라도 진흙을 먹으려는 충동에 사로잡히지는 않으리라고 신뢰성 있게 예측한다. 그러나 모든 영역에서 미래를 신뢰성 있게 예측할 수는 없다. 특히 개입과 노출의 효과가 인구집단의 건강 상태에서 어떻게 나타날지와 관련된 예측의 실적은 방금 언급한 통상적인 예측만큼 신뢰성 있지는 않다. 그래서 만일 역학의 예측 활동을 '신뢰성 있는' 활동과 '신뢰성 없는' 활동으로 나누려고 하면, 결국 우리는 신뢰성 있는 예측 활동이란 전혀 없다고 판단하게 될 수도 있다. 그래서 유사한 종류의 과거 예측들이 신뢰성이 있었다는 데 기반을 두고 어떤 예측된 결과가 실제로 일어날 것이라는 주장을 정당화하려 한다면, 이는 설득력 없는 이야기가 될 것이다.

셋째, 현대 민주주의에서 정책 결정은 **정당화**될 필요가 있다. 정책 결정은 어느 정도 사실의 문제에 관한 것이므로, 적어도 원리상으로는 정책이 의도한 대로 일이 진행될 것이라고 믿을 이유가 있어야 한다. 그 이유를 전문가만이 이해할 수 있는 경우라고 해도 마찬가지이다. 이러한 사실의 문제가 미래에 대한 주장이라면, 정당화될 주장은 예측 주장이 될 것이다. 역학은 의료 정책 결정에 정보를 제공하고자 하므로, 역학적 주장들이 받아들여지려면 역학자들은 정당한 증거를 제공해야 한다. 이런 논의는, 역학에서 좋은 예측 활동이기 위해서는 그것이 내어놓는 예측 주장에 대한 좋은 **정당화**가 있어야 한다는 점을 시사한다.

결국 무엇이 좋은 예측을 만드는지를 말할 쉬운 방법은 없는 것 같다. 좋은 예측에 관한 문제를 다루는 간단한 방식이 있다. 좋은 예측 주장에 관한 문제만을 다루고, 좋은 예측이란 참인 예측이라고 말하는 데서 그치는 것이다. 그러나 이는 유익한 길이 아니다. 그 다음으로 간단한 길도 있기는 하다. 좋은 예측 방법이란 곧 좋은, 즉 참인 예측 주장을 대체로 내어놓는 방식이라는 노선인데, 이런 길 역시 채택하기 어렵다. 우리는 손을 더럽혀야 한다. 그래서 산출된 예측 주장의 진리 여부와 어느 정도 **연결되어** 있기는 하지만, 그것과는 **구별되는** 예측 활동의 속성을 확인해야 한다.

앞서 살펴본 여러 이유에 따라, 방금 말한 예측 활동의 구별되는 속성은 산출된 예측 주장을 정당화할 수도 있어야만 한다. 민주적인 의사결정 과정에 참여하려면(그리고 민주적이지 않은 여러 의사결정 과정에서도) 왜 당신이 이야기한대로 일이 벌어질 것인지에 대해 다른 사람들에게 설명할 수 있어야만 한다. 그러나 정당화는 복잡한 관념이기 때문에, 논의를 진행하려면 조금 더 점검해 볼 만한 가치가 있다. 정당화에는 한 가지 흥미로운 특징이 있다. 누군가 어떤 증거를 들어 경험적인 문제에 대한 한 가지 입장을 취했다고 해 보자. 그러나 그 때, 만일 그가 무시하고 있거나 혹은 쉽게 구할 수 있지만 고려하지 않은 다른 유관한 증거가 있는 경우, 그 사람의 입장은 자신의 증거에 의해서는 정당화되지 않을 것이다. 예를 들어 어떤 이가 용의 존재를 부정하는 책들의 존재를 알면서도 이를 무시하고 노르웨이 신화만을 언급하여 용의 존재를 믿는 경우, 그의 믿음은 정당화되지 않는다. 다른 한편 이런 특징은 너무 강조되어서는 안

된다. '유관한 증거'라는 개념은 조심스럽게 해석되어야 하기 때문이다. 원리상 해당 믿음을 반증할 수도 있는 **모든** 증거를 포함해야 한다고 요구할 수는 없다. 원리적으로 그 믿음과 논리적으로 독립적인 어떠한 사실이라 해도 유관한 것으로 판명될 수 있고, 그래서 모든 증거를 모으기 전까지는 어떤 믿음도 정당하게 가질 수 없게 될 수도 있다. 이는 우리가 결코 정당한 믿음을 가질 수 없다는 뜻이다.

따라서 유관한 증거라는 개념은 해당 믿음과 관련 있는 것으로 드러날 수 있다고 가정할 만한 어떤 이유이면서, 또 탐구해 볼 만한 가치가 있는 어떤 목적을 추구하는 데 대해 충분한 이유가 되는 증거로 이해되어야 한다. 이러한 기준은 다소 모호하고 경우에 따라 가변적일 수 있다. 예를 들어 30초 안에 어떤 절차를 실행할지 결정해야 하는 외과의사에게 적용되는 유관한 증거의 기준은 동일한 절차를 승인해야 할지 숙고하는 국회의원에게 적용되는 기준보다 훨씬 낮을 수 있다. 기준이 가변적일 수 있다는 말은 확실히 올바른 지적이며 이는 우리의 직관에도 부합한다. 외과의사가 어떤 절차를 수행하는 것이 정당화되지만, 정확히 동일한 절차를 국회의원이 승인하는 것은 정당화되지 않을 수도 있다. 이는 전적으로 국회의원은 외과의사가 결정을 내리기 전에 고려해야 할 증거보다 더 많은 증거를 고려해야 할 의무가 있다는 사실 때문이다.

역학의 예측 주장이 정당화되어야 한다면 이런 고려사항들이 모두 적용될 것이며, 그래서 역학의 예측 활동은 그러한 정당화를 제공해야 한다. 이는 역학자들이 유관한 증거를 고려해야 할 의무가 있다는 뜻이다. 이때 '유관성'의 기준은 유연하며, 의사결정이 얼마나 긴박한지에 따라 변할 수 있다. 또한 이는 역학적 예측이 시간의 시험과 반증의 시험을 견더내야 할 부담을 지닌다는 뜻이기도 하다. 역학의 예측 주장들이 거짓으로 드러날지라도, 그것들이 정당한 증거를 가진다면 그런 예측 **활동**은 여전히 좋다고 말할 수 있다.

역학적 예측에 대한 이론을 세움으로써 바랄 수 있는 가장 중요한 효과 중 하나는 아마도 그릇된 예측에 대해서 (사실 달리 예측했으면서도) '내 그럴 줄 알았지' 식의 태도를 갖지 않도록 예방하는 데 있다. 예측은 승자가 전리품을 차지하는 것과는 다르다. 추측이 운 좋게 맞을 수도 있고, 공들인 예견이 틀릴 수도 있다. 운 좋게 추측한 사람이 맞았다고 해서 그가 더 나은 추측을 했다고 말할 수 없으며, 공들인 예견이 틀렸다고 해서 그가 어떤 잘못을 저질렀다고 할 수도 없다. 이는 도덕적 의미에서든 인식적 의미에서든 그렇다. 만일 좋은 예측의 기준을 결과값이 참인지 여부가 아닌 다른 곳에서 찾을 수 있다면, 어떤 의사결정을 정당화하기 위해 좋은 예측의 기준을 분명히 세우는 방법을 통해 우리는 좀 더 적절한 위치에서 판단할 수 있게 될 것이다. 그런 결정에 대한 비판들을 공정하게 평가하거나 그런 비판을 피하려 할 때도 마찬가지의 효과가 있을 것이다.

앞 장에서 우리는 최선의 내기와 증거의 기준선 통과 양자를 구분했다. 여기에서도 그 구분은 유효하다. 우리는 기준선을 통과하는 결정을 하지 못할 수도 있다. 때로는 최선의 판돈을 거는 방법에 따라 행동을 해야 할 수도 있다. 그러나 어떤 행동 방침이 단순한 내기가 될 것인지 아니면 확신에 찬 행동이 될 것인지에 대한 물음은 여전히 합당하다. 이런 구분은 예측이 잘못된 경우에 중요한데, 왜냐하면 그런 상황에서의 행동이 옳은 결정이었는지 물을 수 있기 때문이다. 만일 문제의 예측이 내기였다면, 행동에 대한 정당화를 위해서는 추가적인 증거를 기다리는 분명한 비용을 치러야 할 필요가 있을 것이다. 반면, 기준선을 통과했던 예측이라면 해당 행동을 나무랄 수는 없을 것이다. 이 경우 기다린다는 결정은 잘못이었을 것이다.

결론

　　　　　　　역학 연구는 인과 추론을 하고 그것을 평가하는데 상당한 노력을 기울이지만, 인과적 지식이 어떻게 예측을 위해 사용되어야 하는지는 분명하지 않다. 우리는 철학과 역학 두 분야 모두가 예측에 대한 이론적 틀을 지니고 있지 않다는 사실을 확인했고, 좋은 역학적 예측이 갖추어야 할 몇 가지 일반적인 조건들을 탐색했다. 우리의 조사 결과는 다음과 같은 세 가지 조건들로 요약될 수 있다.

- 역학의 예측 활동은 특정한 경우에 참인 예측을 산출했는지 여부로만 평가될 수 없다.
- 역학의 예측 활동은 단순히 과거에 신뢰성 있게 참된 예측을 산출해왔다는 것에만 호소하여 평가될 수 없다.
- 역학의 예측 활동은 그것이 산출하는 예측 주장을 정당화해야 한다.

이러한 제약조건들을 염두에 두고, 무엇이 좋은 역학적 예측 활동이 될 수 있는지 알아내는 일에 착수해보자.

7장

역학적 예측 활동과 그 평가

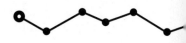

요약

앞 장의 가장 중요한 교훈은 좋은 예측 주장은 좋은 예측 활동에 의해 정당화되는 예측 주장이라는 것이었다. 이 장에서는 안정성의 개념을 역학적 맥락에서 수행되는 예측에 적용하고, 그렇게 함으로써 역학적 맥락에서 좋은 예측 활동이란 무엇인지에 관한 간단한 철학 이론을 제안한다. 그리고 좋은 역학적 예측이란 무엇일 수 있는지를 말해 주는 몇 가지 다른 생각들과 이 이론을 비교해 볼 것이다. 비교할 대안적인 이론들은 외삽(extrapolation), 자연법칙으로부터의 추론, 혹은 기저 메커니즘의 이해에 호소한다. 그러나 셋 중 어떤 입장도 좋은 예측을 위해 꼭 필요하지도 않고 충분하지도 않다. 좋은 예측 활동은 현재 최선의 지식에 의해 확인된 대안들이 **아니라** 왜 산출된 예측 주장이 참인지를 설명할 수 있는 예측 활동이다. 여기서 대안들은 예측이 (적절히 제한된 의미에서) 잘못될 수도 있는 예측 방식을 말한다.

예측과 안정성

○

　　　　　5장에서 우리는 인과 추론을 위한 **비법**(recipes)과 **판단 지침**(guides for judgement)을 구별했다. 예측에도 똑같은 구분이 적용된다. 일군의 가정들이 만족될 때 주어진 자료 집합에서 어떻게 예측을 끌어낼 수 있느냐는 물음은 통계학에서 중요하고 핵심적인 관심사이다. 이것이 예측의 비법에 해당한다. 그러나 경험적 사실을 예측하는 과제는 기본적으로 귀납 추론을 거쳐야 하기 때문에, 적절한 비형식적 판단을 내리지 않고서는 어떠한 예측 알고리즘이나 예측을 위한 기술적 장치도 사용할 수 없다. 바로 이 지점에서 철학적 논의가 도움이 되리라고 기대할 수 있다.

　4장과 5장에서 우리는 안정성 개념을 논의했다. 4장에서 내린 정의에 따르면, 어떤 주장이 안정되어 있다는 평가는 다음과 같은 경우에 적용된다.

(a) 실제로 그 주장은 좋은 과학적 증거에 의해 곧장 반박되지는 않을 것이고,

(b) 현재 최선의 과학 지식에 비추어 볼 때, 그 주제에 대해 좋은 연구들이

수행되어도 그 주장은 좋은 과학적 증거에 의해 곧장 반박되지는 않을 것 같다.

5장에서 우리는 이러한 정의로부터 다음과 같은 안정성 탐지 기준을 이끌어냈다. 이 기준에 따르면, 현재 최선의 과학 지식에 비추어 볼 때 어떤 결과가 손쉽게 잘못될 수 없으면 그 결과는 안정하다고 보는 것이 합당하다. 더 나아가, 우리는 이 기준을 다음과 같이 일종의 요구가 담긴 질문으로 다시 정식화했다. H가 그 안정성을 평가하려는 가설이고, H*는 현재 최선의 과학 지식에 의하면 H를 손쉽게 반박할 수 있는 방식으로 이루어진 가설들의 대조집합이라고 해 보자. 이 때 '왜 H*가 아니라 H인가?'

이 장에서 나는 (앞서 논의된 여러 제약조건을 만족하려면) 좋은 예측 활동이란 어떠해야 하는지에 대해 묻고자 한다. 이 물음에 답하기 위해, 좋은 예측 활동이란 이러저러해야 한다고 말하는 절차를 **예측 모형**이라 부르자. 간략한 답변을 제시하자면, 좋은 예측 활동은 안정성을 산출하는 활동이어야 한다. 앞에서 우리는 안정성을 산출하려면 하나의 인과 추론이 어떻게 작동해야 하는지를 보았다. 인과 추론이 안정하려면, 왜 H*가 아니라 H인지를 설명해야 한다. 내가 다음 절에서 제안할 예측 모형, 즉 좋은 예측이란 어떠해야 하는지에 관한 모형은 H*가 아니라 H인지 설명하라는 요구가 담긴 질문을 예측 주장에 적용한 결과일 뿐이다.

이런 활동에 앞서 답해야 할 물음이 있다. 좋은 예측 활동인지 여부는, 그것이 산출한 예측 주장이 안정하다고 합당하게 간주할 수 있는지 여부에 달려 있는가? 이 절의 나머지 부분에서는 이에 대해 긍정적으로 답할 것이다.

안정성은 분명히 예측 주장이 가져야 할 바람직한 속성이다. 왜냐면 예측은 미래에 대한 주장이며, 안정된 주장은 미래에 반박되지 않을 것이기 때문이다. 따라서 예측 주장이 안정해야 한다는 제안은 인과 추론과 같은 다른 종류의 추론 결과가 안정해야 한다는 주장보다 덜 극적이다. 전립선암 검진 프로그램을 시행하기 전에 그 효과를 예측했다고 해보자. 만일 이 프로그램의 결과가 예측된 것과 다르다면, 그 예측은 불안정하다. 동시에 그 예측은 **참도 아니다**. 적어도 머지않은 미래에 관한 예측일 경우, 예측에서 안정성과 참의 간격은 다른 추론에서의 간격보다 더 좁다.

그래서 예측이 머지않은 미래에 관한 주장인 경우, 안정성이 매우 바람직한 특징이라는 점은 분명해 보인다. 한 주장이 안정하다면, 그 주장과 관련된 좋은 연구가 수행되어도 그 주장은 거짓으로 판명되지 않을 것이다. 따라서 어떤 주장이 안정하다는 말은 그것이 머지않은 미래에 대해 거짓이 아님을 반드시 함축할 것이다. 결국 만일 어떤 예측을 **안정하다고 간주하는 것이 합당하다면**, 그 예측이 적어도 머지않은 미래에 거짓이 되지는 않으리라고 간주하는 것도 합당하다. 머지않은 미래에 관한 어떠한 주장이 이뤄지든, 안정하다고 보는 것이 합당하지 않은 예측은 참이라고 보는 것도 합당하지 않다.

이론상으로는 입증되지도 반박되지도 않는 주장이 있을 수도 있다. 그러나 역학적 예측의 본성상 그러한 이론적 가능성은 배제된다. 예를 들어 검진 프로그램은 예측된 효과를 가지거나 아니면 가지지 않을 것이다. 다른 경우의 수는 없다. 그러한 검진 프로그램의 경우, 만일 효과에 대한 어떤 예측이 머지않은 미래에는 거짓이 아니라고 확신할 수 있다면, 그 예측이 참이며 그 프로그램이 예측된 효과를 가질 것으로 확신할 수 있다. 그런 경우, 안정하다고 간주하는 것이 합당한 예측은 곧 참이라고 간주하는 것이 합당한 예측이다.

따라서 안정성과 예측은 긴밀히 연결된다. 예측 주장의 안정성은 바람직하다. 그런데 6장에서 보았듯이 역학에서 좋은 예측 활동은 그것이 산출하는 예측 주장에 대한 정당화를 포함한다. 결국 역학적 예측 주장을 정당화하려면 그 주장이 안정하다고 간주할 수 있는 이유가 있어야 한다.

본격적인 논의에 앞서, 잘 드러나지는 않지만 안정성과 예측이 긴밀히 연결되어 있다는 사실에서 따라 나오는 또 다른 사항도 언급하는 편이 좋겠다. 어떤 예측 주장을 안정하다고 합당하게 간주하려면, 그 예측 주장이 기대고 있는 인과 주장도 안정하다고 간주하는 판단 역시 합당해야 한다. 예를 들어, 만일 성공적인 금연 캠페인의 결과 폐암 발생이 줄어든다고 예측했다면, 우리는 이런 예측을 위해 흡연이 폐암을 일으킨다는 지식에·일부 기대고 있는 셈이다. 만일 그러한 인과적 연결을 안정하다고 합당하게 간주할 수 없는 상황이 벌어진다면, 이는 (문제의 연결에 기댄) 예측이 잘못임을 쉽게 드러낼 수 있는 한 가지 상황일 것이다. 예측의 기저에 놓인 인과 추론이 안정하다고 간주하는 것이 합당하지 않다면, 그 예측이 안정하다고 간주하는 것도 합당하지 않다. 이는 4장에서 주장했던 것처럼, 안정성은 역학적 인과 추론뿐 아니라 다른 결과들에 대해서도 핵심적으로 중요한 속성이라는 논증을 더 많이 입증해 준다. 역학적 결과가 안정된 예측을 뒷받침하길 바란다면, 그 결과는 안정되어야 한다.

안정된 예측을 내놓기

앞서 인과 추론에서 사용하는 비형식적 판단에 적용할 지침에 대해 논의한 바 있다. 동일한 지침을 예측의 맥락에도 적용할 수 있다. 예측 주장에 대해 우리는 다음과 같이 말할 수 있다. 어떤 **예측 주장**이 현재 최선의 과학 지식에 비추어 볼 때 쉽게 틀릴 수 없는 경우 그 주장이 안정하다는 시각은 합당하다. 안정성이 예측 주장에 있어서 무엇보다 바람직한 특징이라면, 이 속성은 좋은 예측 주장으로 합당하게 간주되기 위한 기준이기도 하다.

앞 장에서 본 것처럼, 역학에서 좋은 예측 **활동**은 그것이 내어놓은 예측 주장을 정당화해야 할 필요가 있다. 왜 다른 대안적 결과들이 아니라 그 예측 주장이 참인지를 설명한다면, 정당화가 왜 그렇게 이뤄져야 하는지에 대해 명확한 답을 보일 수 있다. 물론 이런 방식에 논란의 여지가 없는 것은 아니기 때문에, 이 장의 나머지 부분에서는 다른 대안적 방식도 고려해 보겠다. 그러나 지금은 좋은 예측 **활동**이 '왜 H*가 아니라 H인가'라는 물음에 답을 준다고 가정하자.(H*는 H를 반박할 수 있는 방식으로 이뤄진 여러 가설의 대조집합이다.) 그러면 예측 활동을 비형식적으로 평가할 수 있는 다음과 같은 기준을 이끌어낼 수 있다.

어떤 예측 활동이 현재 최선의 과학 지식에 의해 현실적인 가능성이라고 확인된 대안적인 결과들이 아니라 왜 (그것이 내어놓은) 예측 주장이 참인지를 설명해줄 경우 오직 그 경우에만 그 예측 활동은 좋다.

명백히 이런 논의의 무게 중심은 H*를 이루고 있는 가설은 무엇인지, 현재 최선의 과학 지식이 '현실적인 가능성'으로 여기는 내용이 무엇인지에 달려 있다.

물론 현실적인 가능성이나 살아 있는 선택지와 같은 개념들을 적절한 수준에서 제어하는 일은 이론적으로 대단히 어렵다. 이런 어려움은 반사실적 조건문에 대한 철학적 연구에서 잘 드러난다.(Goodman 1983; Lewis 1973b; 1979; Stalnaker 1981; Jackson 1987; Bennett 2003) 그렇지만 대단히 심오한 이 개념적 퍼즐이 해결될 때까지 기다려야 할 필요는 없다. 일상적인 반사실적 추론에서처럼, 우리의 예측 모형도 제한된 가능성이라는 개념을 사용할 수 있다. 실제로 현재 최선의 과학 지식하에서 어떤 예측이 특정한 방식으로 잘못될 가능성이 현실적인지 묻는 일은 철학적 과업은 아니다. 어느날 갑자기 푸른 용이 모든 컬런 담배를 훔쳐가, 미래 폐암 발생률에 관한 예측을 잘못된 것으로 만들지도 모른다. 그러나 이는 심각하게 고려할 만한 가능성은 아니다. 심각한 가능성인지 판별하는 과제는 **경험적이고 과학적인 문제**이다. 다른 한편, 흡연자들이 타르 함유량이 적은 담배를 더 깊이 들이마실 가능성은 심각하게 고려해야 할 가능성이다.(Parascandola 2011) 푸른 용이 논리적 · 형이상학적으로, 아마 물리적으로도 가능하겠지만, 우리의 일상적 선택에 영향을 줄 가능성은 그보다 훨씬 제한된 개념이다.

제한된 가능성 개념에 관해 우리가 활용할 수 있는 최선의 모형은 반사실적 조건문의 의미론에 대한 연구에서 찾을 수 있다. 곧장 뒤집혀 버릴 가능성이 곧 다음과 같은 **'일지도 모른다'**(might) 반사실문에 의해 제한된 가능성이라고 생각해 보자. 즉 유관한 현재 최선의 과학 지식이 옳을 때, 어떤 대안적 결과가 일어날**지도 모를**(might occur) 경우 오직 그 경우에만 그 결과는 유관한 가능성이며 대조 집합 H*의 원소다. 마찬가지로 다음과 같이 말할 수도 있다. 만일 유관한 현재 최선의 과학 지식이 옳을 때, 주어진 상황이 어떤 결과가 일어나지 않을 것 같은 상황이 아닌 경우 오직 그 경우에만 문제의 가능성은 유관하다.(Lewis 1973b, 2)

최선의 과학 지식에 따를 때 어떤 가능성이 심각하게 고려해야 할 가능성인지 여부를 이보다 더 정확하게 말해줄 공식을 사용할 방법은 없다. 이런 종류의 판단은 과학적으로 판단할 문제이다. 비형식적인 예측 모형의 가치 그리고 그 모형이 예측에서 제거할 수 없는 판단의 요소에 기여할 수 있는 방식은 이런 종류의 판단을 주의 깊게 수행해야만 분명히 드러날 것이다.

예측 · 인과 추론 · 설명 사이의 연결은 이론적으로도 실천적으로도 중요하다. 이러한 예측 모형은 최선 설명으로의 추론(IBE)이 다수의 귀납 추론의 모형이 된다는 생각과 자연스럽게 들어맞기 때문에 이론적으로 중요하다. 역학적 인과 추론은 최선 설명으로의 추론 모형에 자연스럽게 들어맞고, 그래서 역학적 예측도 그래야 한다는 주장은 전혀 놀랍지 않다. 인과 추론을 할 때, 우리는 **특정한** 피설명항에 적용되는 경쟁 설명들 가운데 최선의 설명이 참이라고 추론한다.(물론 이런 추론은 제안된 설명들이 특정한 문턱값을 넘을 정도로 충분히 좋고, 또 더 나은 설명과 유관한 증거를 확인하려고 끝없는 노력을 기울인다고 가정했을 경우에만 성립할 것이다.) 반면, 인과적 예측을 할 때 우리는 **서로 다른** 여러 피설명항에 적용되는 (비슷한 유형의) 경쟁 설명들 중에서 최선의 설명이 참이라고 추론한 다음, 가장 잘 설명된 **피설명항**이 앞으로 일어날 일이라고 추론한다. 결국 우리는 설명과 예측 사이의 유사성뿐 아니라 인과 추론과 예측 사이의 유사성도 볼 수 있다. 결과에서 원인으로 가는 추론과 원인에서 결과로 가는 추론 사이에는 모종의 연결이 있어야 하기 때문에, 이런 유사성은 최선 설명으로의 추론이 설명과 예측 모두를 해명하는 모형이 될 수 있다는 주장의 근거가 될 수 있다.

조금 덜 추상적으로 말해보자. 설명과 예측의 연결은 왜 역학자들이 결국 설명에 대해 고민해야 하는지 해명해준다. 역학은 실천적인 분야다. 적어도 현재 활동 중인 역학자들의 눈에는 그렇게 보인다. '왜인가?'라는 질문에 답하는 일은 역학의 본업이 아니며, 그런 물음에 신경쓰지 않고도 역학자들은 인구집단의 건강과 관련된 예측을 할 수 있다고 (혹은 해야한다고) 생각할지도 모른다. 그러나 우리의 예측 모형에 따르면, 좋은 예측 활동은 곧 설명하는 활동이다. 결국 사변과 무관하며 실용적인 역학을 이루기 위해(이에 대한 견해는 역학자들마다 다를 수 있다.) 수행해야 할 과업에 대해 어떤 생각을 가지고 있든, 설명의 역할을 제거할 수는 없다.

실천적 관점에서 말하자면, 5장에서 논의한 안정된 인과 추론 모형에서처럼 예측 모형 속에는 좋은 예측이 되기 위해 만족해야 할 기준선 혹은 증거의 기준이 들어 있다. 우리는 최선의 내기와 실증적으로 정당화된 선택을 구별할 수 있으며, 이 구분은 상당히 중요하다. 이것은 5장에서 논의한 인과 추론의 안정성을 예측에도 적용할 수 있게 해주는 따름정리[48]다. 우리는 임의의 증거가 주어졌을 때, 어떤 예측이 다른 예측보

----

48   (옮긴이) 따름정리(collorary)는 어떤 정리가 있을 때, 그 정리로부터도 쉽게 도출될 수 있는 부가적 명제를 뜻한다.

다 더 그럴법하다고 인정할 수 있다. 그러나 동시에 그 증거가 그리 좋지 못해 그것에 기대는 행동은 성급하다고 주장할 수도 있다. 우리의 예측 모형은 이런 직관에 구조를 부여해준다. 유관한 간섭요인들이 존재할 수도 있지만, 그것들을 확인할 정도로 증거가 충분하지는 않을 수도 있다. 아니면 간섭요인처럼 보였던 것이 실은 그렇지 않다는 증거가 나올 수도 있다. 이는 현장에서 흔히 벌어지는 일이지만, 인과 추론이나 예측을 다루는 계량적 접근 방법에서는 잘 다루어지지 않았다.

그렇다면 적어도 이런 맥락에서, 철학적 분석은 형식적 접근법보다 더 유용할 수 있다. 이 방법은 예측이 좋은지 여부를 간단하게 (아주 정확하지는 않더라도) 시험해 보기에 적합하다는 데 장점이 있다. 한 예측이 좋은 것인지를 확인하기 위해, 이렇게 물어보자.

무엇이 잘못될 수 있는가?(What could possibly go wrong?)

'수 있다'(could possibly)를 철학자들은 모든 논리적 가능성으로 읽지만, 여기서는 그보다는 현재 최선의 과학 지식에 의해 현실적인 가능성으로 확인된 대안들을 가리키는 표현으로 읽어야 한다. 가능성을 이렇게 이해해야만 이 구호는 어떤 예측이 좋은 예측인지 평가할 때 매우 믿을 만한 실질적 지침이 될 수 있다.(Broadbent 2011a)

역학의 관점에서 좋은 예측 주장과 활동 모형이 무엇인지 보이기 위해 이 장의 나머지 부분에서는 잠재적인 경쟁 모형들을 검토할 생각이다. 이 가운데 일부는 역학 문헌에서, 일부는 철학 문헌에서 제안되었다.

외삽

⊙

　　역학적 예측이 단순한 외삽(extrapolation)을 통해 수행될 수 있는지 의심스러울 수도 있다.(Szklo and Nieto 2007, 376) 어떤 인구집단에서 특정한 위험비(risk ratio)를 관측했다고 하자. 만일 외삽을 한다면, 이 관측 덕분에 다른 인구집단에서도 동일한 위험비를 발견할 것이라는 예측이 가능하다. 혹은 만일 노출 집단의 구성원들이 더 이상 문제의 노출에 노출되지 않으면 비노출 집단(the unexposed)의 위험도를 가지게 될 것이라는 예측을 할 수 있다. 프레이밍엄 점수[49]와 같은 알고리즘을 사용하는 경우도 (아마도 '단순한' 종류는 아니겠지만) 일종의 외삽에 속한다.(Szklo and Nieto 2007, 263) 프레이밍엄 점수 알고리즘은 다른 사례들에서 관측된 패턴을 반영하기 때문에, 예측하려는 사례에 다른 사례들의 결과를 외삽하는 작업과 다를 바 없기 때문이다. 역학자들은 인과적 지식이 아니라 '확률'적 지식을 찾는 데에만 관심을 가져야 한다는 주장(Lipton and Ødegaard 2005)도 있는데, 이 역시 외삽에 의한 예측 모형을 승인하는 입장으로 이해될 수 있다.

　　외삽 모형에는 서로 연관된 두 가지 큰 문제가 있다. 첫 번째 문제는 이 모형을 통해서는 특정한 예측을 정당화할 어떠한 여지도 없다는 데 있다. 그러나 6장에서 보았듯이 역학에서 특정한 예측에 대한 정당화는 필

49　　　(옮긴이) 프레이밍엄 점수(Framingham risk score)는 프레이밍엄 심장 연구를 통해 얻은 데이터로, 어떤 사람의 10년간 심뇌혈관 질환 발생 위험을 추정하는 알고리즘을 만들고 점수화한 도구다. 남녀별 연령, 총 콜레스테롤, 흡연, HDL 콜레스테롤, 수축기 혈압 정도에 따라 점수를 부여하고 합산한 총점으로 개인의 심뇌혈관 질환 위험을 평가할 수 있다.

수적이다. 외삽이란 그 본성상 하나의 예측 상황을 더 큰 패턴에 포섭하는 작업이다. 물론 주의 깊은 연구자라면 특정한 경우에는 그러한 포섭을 정당화하려고 시도할지도 모른다. 그러나 외삽 모형 자체는 그런 노력을 지지하지도 않고 촉진시키지도 않는다. 대신 외삽 모형은 예측 알고리즘이 일반적으로 믿을 만한지 여부를 평가하는 노력을 촉진시킨다. 물론 일반적으로 믿을 만한 예측 알고리즘은 중요한 도구다. 그렇지만 6장에서 본 것처럼 역학적 예측은 그것을 산출한 예측 활동의 전반적인 신뢰성만으로 평가될 수 없다. 만일 외삽이 역학적 예측에서 수행하는 역할이 있다고 해도, 그것은 기껏해야 이야기의 일부분일 뿐이다.

두 번째 문제는 외삽이 역학적 맥락에서 믿을 만하지 않다는 데 있다. 이는 6장에서 논의했던 접근, 즉 전반적 신뢰성을 통해 예측을 보증하려는 접근이 외삽에 대해서는 거의 불가능하다는 뜻이다. 예측은 또한 정당화의 필요성을 특별히 긴급한 문제로 만든다. 잘못으로 드러난 정당화된 예측이라 해도, 여전히 정당성은 유지된다. 이는 목숨을 다룰 때 도덕적으로 중요한 주제일 것이다.

예측에 대한 단순한 외삽 모형이 가진 실천적인 단점은 실제 사례에 대한 카트라이트의 기술을 통해 쉽게 보일 수 있다.(Cartwright 2010) 타밀 나두(Tamil Nadu. 인도 남부의 주 이름)에서는 영아의 영양 상태를 개선하려는 프로그램이 성공했다. 프로그램의 일부는 영아의 영양에 대해 어머니들을 교육시키는 일이었다. 얼마 지나지 않아 유사한 프로그램이 방글라데시에서 시행되었다. 그러나 이 프로그램은 실패하고 말았다. 방글라데시에서는 남성이 장을 보고 가정에서의 배식은 시어머니가 담당하기 때문에, 어머니 교육이 별 효과가 없었던 것이다. 타밀 나두에서 성공한 프로그램을 방글라데시에서도 성공할 것으로 보고 외삽한 선택은 명백한 실수였다.

단순한 외삽이 잘 작동하는 것처럼 보이는 경우도 물론 있다. 예를 들어 흡연과 폐암의 인과적 연결에 대한 발견은 상당히 다양한 인구집단에서 좋은 예측을 보증하는 것 같다. 그러나 단순한 외삽이 실패하는 경우가 있다는 사실은, 그것이 실제로 작동할 것이라는 추가적인 증거가 없다면 작동하는 것처럼 보이더라도 그것에 기대지 말아야 한다는 교훈의 근거가 되기에 충분하다. 달리 말해 외삽은 단순하지도 안전하지도 않다.

단순한 외삽은 다른 여러 고려사항을 통해 보완되지 않으면 역학의 예측 방법으로 사용될 수 없다. 그러나 그 **이유**가 명백하지는 않다. 표면적으로 보면 단순한 외삽은 우리의 귀납 활동 일반에서 큰 부분을 차지하며, 특히 우리의 무의식적 행동의 큰 부분을 이룬다. 매우 자주 우리는 동일한 일이 반복될(more of the same) 것이라고 기대하며, 그런 기대가 합당하지 않다는 의심은 귀납에 대한 일반적인 회의처럼 비쳐진다. 오븐을 켜는 상황으로 방금 설명한 것의 예를 들어보자. 오븐을 켜면 오븐이 뜨거워질 것이라고 예상할 수 있다. 그런데 오븐에 얼음이 얼어붙었다고 해 보라. 나는 그 광경을 보고 소스라치게 놀랄 것이다. 그 이유 중 일부는 내가 오븐의 작동법에 대해 무엇인가 알기 때문이다. 하지만 그에 대해 아는 바 없더라도 나는 여전히 놀랄 것이다. 이런 점에서 외삽의 적용에는 무의식적인 면이 있다.

다른 한편 우리는 동일한 일이 반복될 것이라고 **늘** 기대하지도 않는다. 내일의 어느 시점에 또 다시 오븐을 켰다고 해 보자. 이 오븐이 뜨거워지지 않는다고 해서 그렇게 놀라지는 않을 것이다. 아마도 그 오븐은 내 나이보다 더 오래된 것일 수 있기 때문이다. 만일 러셀의 닭이 상황을 적절히 평가할 수 있는 합리적 행위자였다면, 외삽과 **정확히 반대로** 행동하는 것이 그에게는 합당했을 것이다.[50] 만일 외삽의 **정반대**가 때때로 타당하다면, 외삽을 해도 좋다는 일반적인 추정은 부적절하다. 지금이 외삽을 **허용하는** 상황이라는 가정이 꼭 있어야 한다. 즉 어떤 상황인지가 관건이다. 따라서 외삽을 의심하는 사람이 **반드시** 귀납 회의론을 취한다고는 말할 수 없다. 물론 외삽이 적절한 귀납 활동인 경우도 있다. 문제는 외삽이 언제 적절하고 언제 부적절한지 그 차이를 설명하는 데 있다. 이런 설명을 한 번 시도해 보라. 과연 외삽이 실제로 예측적 추론(혹은 임의의 귀납 활동)을 기술하는 좋은 방법이기는 한 것인지가 전혀 분명치 않을 것이다. 외삽은 실제 예측 과정의 결과 혹은 부산물일 가능성이 크다.

단순한 외삽이 역학이나 여러 다른 맥락에서 빈약한 예측 모형인 까닭은 단순한 외삽으로 보이는 추론이 사실 그렇게 단순하지 않기 때문이다. 외삽은 그것이 성공적일 것이라고 생각할 만한 **이유**가 있는 경우에만 안전하고 매력적인 방법이다. 동일한 일이 반복될 것으로 예상해야 한다는 귀납의 일반적인 격률은 그러한 이유를 제공해 주지 않는다. 적어도 역학 연구가 이루어지는 맥락의 복잡성을 고려할 때는 그렇다. 대신 그 이유는 동일한 일이 반복해 일어날 수 있다는 것을 **보여 주는** 고려

----

50   러셀은 단순한 귀납 원리를 사용해서 농부가 매일 자신에게 먹이를 줄 것으로 결론 내린 닭 한마리를 상상해보도록 했다. 심술궂게도 닭이 충분히 살이 올랐다고 결론 내린 농부가 닭의 모가지를 비틀었던 그 날, 닭은 몹시 놀랐을 것이다.(Russell 1912, Ch. VI)

사항들에 의해 제공된다.

단순한 외삽이 곧 동일한 일이 반복될 것으로 예상하는 행동이라고 해 보자. 또 지금 수행되는 어떤 외삽의 원천과 외삽의 표적이 다르다고 해 보자. 원천과 표적 사이의 차이는 동일한 것의 반복이 아니므로 그 외삽은 무효가 된다. 그런데 분명히 모든 외삽은 필연적으로 서로 다른 여러 상황에 발을 걸치게 마련이다. 최소한 외삽의 바탕이 되는 하나 이상의 앞선 사례가 있어야 한다. 또 두 상황 사이의 모든 차이가 하나에서 다른 쪽으로의 외삽을 무효로 만들지는 않는다는 점 역시 분명하다. 앞에 놓인 분젠 버너[51]가 저쪽에 놓인 버너의 1미터 동쪽에 위치한다고 해 보자. 서쪽 버너에 대한 측정을 토대로 동쪽 버너가 내는 열이 얼마나 되는지 예측하는 활동은 외삽이 된다. 그러나 두 버너가 1미터 떨어져 있다는 단순한 사실은 그 예측을 무효로 만들지 못한다. 반면 동쪽 버너가 서쪽 버너보다 두 배 크다는 사실은 그러한 예측을 위태롭게 만든다.

이는 단순한 외삽이 실상 그렇게 단순하지 않음을 보여 준다. 그것은 두 가지 평가에(자동적인 추론의 경우에는 아마도 두 가지 가정에) 의존한다. 첫째는 유사성 가운데 어떤 요소가 성공적인 외삽을 위해 중요하냐는 평가이다. 둘째는 그러한 유사성 요소(respect of similarity)들을 원천 상황과 표적 상황이 충분히 공유할 것처럼 보이는지에 대한 평가이다.

첫 번째 유형의 평가는 오해를 불러일으킬 수 있다. 예를 들어 분젠 버너와 같은 사례에 안전하게 외삽을 하려면 살펴보아야 할 중요한 유사성

----

51   (옮긴이) 분젠 버너(Bunsen burner)는 독일의 화학자 로베르트 분젠이 1855년 개발한 가스 버너의 한 종류이다.

요소들을 보여 주는 모종의 목록이 있을 수도 있다는 주장처럼 보이기 때문이다. 그러나 사실 어떤 유사성 요소가 외삽을 위해 중요하냐는 질문에는 맥락과 독립적으로 답할 수 없다. 예컨대 분젠 버너가 놓인 위치는 보통의 방 안에서 그 버너가 내는 열 효과를 예측하는 데 영향을 주지 않는다. 하지만 만일 분젠 버너를 1미터 서쪽으로 옮긴다는 것이 방 밖에 있는 눈 위로 옮긴다는 것을 함축한다고 해 보자. 이 경우 버너가 1미터 서쪽에 있다는 사실은 큰 문제다. 역으로, 진공(즉 물리학자들이 가장 선호하는 환경)에서라면 분젠 버너의 크기는 그것이 내어놓는 열에 어떤 차이도 만들지 않을 것이다. 많은 유사성 요소들은 그 요소가 바뀌는 경우, 모종의 외삽을 실패로 이끄는 간섭요인이 **될 수 있다**. 좋은 예측을 하기 위해서는 **문제의 환경에서** 어떤 유사성 요소가 현실적으로 외삽을 실패로 이끌 수도 있는 요소인지를 판단해야 한다. 외삽을 잘 하기 위해서는 바로 그러한 유사성 요소들을 반드시 조사할 필요가 있다.

이는 외삽이 예측의 주요 부분이 아님을 보여 주는 데 도움을 준다. '외삽'을 하려는 사람은 해당 맥락에서 유관하며 원천 상황과 표적 상황이 공유하는 유사성 요소가 무엇인지에 대해, 그리고 그 유사성 요소가 성립하는지 여부에 대해 일정한 입장을 취해야 한다. '동일한 것의 반복을 예상하라.'라는 식의 단순한 격률을 그저 적용하는 것은 예측이 갖는 힘의 원천이 아니다. 외삽처럼 보이는 무언가에 근거하는 좋은 예측이 있다고 해 보자. 이 예측의 근거는 사실 외삽이 아니고, 그보다는 훨씬 복잡한 다른 무언가일 것이다. 아마도 그 근거는 '유관한 유사성이 성립하는 경우, 동일한 것의 반복을 예상하라.'와 같은 식의 격률과 깊은 관련을 지닐 것이다.

이렇게 되면 동일한 것의 반복을 추론하는 외삽이라는 개념은 **아무런 역할을 하지 않는다.** 필요한 일은 유관한 유사성이라는 개념이 수행할 것이다. 또 지금 필요한 근본 원리는 '동일한 것의 반복을 예상하라.'가 **아니다.** 왜냐하면 유관한 유사성이 성립하지 않으면 동일한 것이 반복될 것으로 예상하지 **말아야 하기** 때문이다. '동일한 것의 반복을 예상하라.'라는 근본 원리가 외삽의 원리라는 주장은 곧 형이상학적으로 부과된 일종의 기본값에 의해서 유관한 유사성이 성립하리라 기대할 수 있다는 주장이다. 그러나 그러한 주장은 터무니 없다. 유관한 유사성이 성립하는지 여부는 예측하려는 맥락에 전적으로 달려 있다. 외삽은 예측의 맥락에서 볼 때 유동륜[52]과 같다. 예측의 동력원은 원천 상황과 표적 상황 사이의 유관한 유사성 요소를 평가하는 데 있다.

자연법칙으로부터의 추론

○

　　　　　　좋은 예측에 관한 철학 이론을 찾아볼 수 있는 한 가지 자연스러운 영역은 (인과를 빼면) 자연법칙에 대한 연구들일 것이다. 20세기의 상당 기간 동안, 철학자들은 원인 대신 법칙에 관해 이야기하기를 좋아했다.(특히 Hempel 1966을 참조) 그 이유를 논의하기 위해 우리

52　　　　(옮긴이) 유동륜(idle wheel)은 힘의 전달과 같은 기능을 수행하기 위해, 직접 힘을 받지 않지만 기어 장치의 작동을 보조하도록 삽입된 기어바퀴다.

가 여기서 시간을 끌 필요는 없을 것이다.[53]

우리가 앞서 본 것처럼, 이론 입증에 관한 헴펠의 가설연역적 모형에 따르면 예측은 법칙과 우연적인 초기 조건들로부터 경험적 귀결들을 연역하는 형태를 띤다. 그렇다면 좋은 예측 활동 역시 법칙과 알려진 초기 조건들로부터 예측 주장을 연역하는 데 달려 있을까?

가설연역적 입증 모형의 장점이 무엇이든 간에, 예측을 법칙으로부터의 연역이라고 보는 이 모형은 역학에서의 예측을 다루기에는 적합하지 않다. 두 가지 이유 때문이다. 첫째, 역학에서는 자연법칙을 취급하지 않는다. 만일 역학에 법칙이 있다 해도, 역학자들이 그에 대해 논의하는 경우는 드물다. 역학이 발견하는 사실들은 대개 인구집단별로 특수한 것인 반면, 자연법칙은 보편적이다. 법칙이라는 은유를 상대위험도에 적용하려면 그 비유의 범위를 매우 크게 확장해야 한다. 상대위험도는 모든 역학적 측정지표 중에서 여러 인구집단에 걸쳐 성립하는 지표에 가장 가까운 데도 그렇다.(반면 인구집단 기여위험도나 위험차 등의 개념은 분명히 각 인구집단에 특수하다.) 그러나 상대위험도조차 검토 중인 하위 인구집단이 누구인지, 그 인구집단에 대한 다른 노출이 없는지, 유전적 구조에는 차이가 없

----

53   한 가지 이유는 법칙이 상당히 눈에 잘 띄는 물리학에 초점을 맞췄기 때문이다. 또한 '원인'에 대한 형이상학적인 의심도 또 다른 이유이다. 이로 인해 엄격하게 참인 인과적 사실은 오직 예외 없이 성립하는 규칙성의 사례들 밖에 없다는 인과에 대한 '규칙성' 분석이 제안되었고, 이는 자연법칙을 분석하는 가장 유력한 후보가 되었다.(Hempel 1966) 법칙이 근본적이고 인과적 사실들은 법칙적 사실로 환원된다는 믿음이나(Armstrong 1983; Tooley 1987), 인과적 사실과 법칙적 사실이 밀접히 연관된다는 믿음도(Lewis 1973b, 72; 1973a) 법칙을 우선시했던 이유일 것이다. 아마도 우리 우주의 가장 근본적인 대상은 오직 인간적 은유를 통해서만 정확히 다루어질 수 있다는 생각은 철학자들보다는 다른 분야의 사람들에게 더 많이 의심받을 수밖에 없다. 그러한 생각은 되풀이해서 나타나는 철학적인 확신이지만, 오늘날 우리가 뉴턴의 신비주의를 거부하듯이 후속 세대는 그런 생각을 거부하는 경향이 있다.

는지 등의 요인들에 따라 인구별로 달라질 수 있다. 흔히 자연법칙이 가진다고 생각되는 보편적 함축은, **왜** 상대위험도나 다른 측정값들이 인구집단마다 같거나 다른지 해명하는 심층적인 물리적 패턴에 적용되는 것으로 남겨 놓는 편이 낫다. 예컨대 흡연이 폐암을 일으킨다는 법칙이나, 흡연자의 폐암 상대위험도가 20이라는 식의 법칙이 존재한다고 가정해야 할 이유는 딱히 없다. 그러한 가정이 예측에 도움이 되는 것도 아니다.

아무튼 용어에 대한 논쟁을 어떤 식으로 정리하더라도, 그러한 더 심층적인 패턴이 역학적 맥락에서 행해지는 예측에 유용하지 않다는 사실은 여전하다. 역학자들이 예측에서 사용하는 패턴들은 물리학에서 발견할 수 있는 심층적이고 근본적인 패턴과는 다르다. 일반적인 것이 아니라 특정한 인구집단에만 적용되도록 법칙의 개념을 재구성해 보려는 사람이 있을지도 모르겠다. 그러나 그렇게 되면, 예측에서 법칙을 사용하기는 매우 어려울 것이다. 예측하려는 맥락에서도 문제의 법칙이 적용될지 알아야 법칙을 사용할 수 있기 때문이다.

이런 논의는 예측에 관한 법칙 기반 모형에 대한 두 번째 반론으로 우리를 안내한다. 철학자들은 법칙의 개념을 특정한 맥락에 특수한 것으로 만드는 별 가망성 없는 전략에 라틴어 이름을 붙였다. 그 이름은 '세테리스 파리부스 법칙'(ceteris paribus law), 혹은 '다른 조건이 같다면 성립하는 법칙'이다.(줄여서 CP 법칙이라고 불러보자.)

만일 역학에 법칙이 있다면 역학 법칙은 CP 법칙, 즉 '다른 조건들이 같다면' 성립하는 법칙일 것이다. CP 법칙을 이용해 예측하려면 '다른 조건들이 같다면'이라는 조항(CP 조항)이 만족되는지 알아야 한다. 즉 다른 모든 조건들이 실제로 같아서 법칙이 '깨지지' 않을 환경인지 알아야 한다. 법칙이 깨진다는 말은, 법칙이 문제의 상황에서 적용되지 않는다는 뜻이다. 이는 역학적 법칙의 지식이 역학적 예측을 위해 충분치 않음을 뜻한다. 결국 우리는 예측하려는 맥락에서 CP 조항이 만족되는지를 알 필요가 있다.

그러나 잘 알려져 있듯이, CP 조항을 진술하고 구별하기 위해서는 심각한 문제를 극복해야만 한다.(이에 대한 탁월한 논의로는 Lipton 1999을 참조) 주어진 CP 법칙이 깨질 수 있는 상황들은 일일이 말할 수 없을 정도로 많기 때문에, CP 조항을 세밀하게 명시하는 작업은 매우 어렵다.

그렇다고 해서 바로 앞 문단의 말이 어떤 하나의 CP 조항이 만족되었는지조차 전혀 알 수 없다는 뜻은 아니다. 그렇게 생각하고픈 유혹을 받을 수도 있지만, 그것은 그리 올바른 생각이 아니다. CP조항이 만족되었는지 전혀 알 수 없다는 결론을 내리기 위해서는 인간이 알 수 있는 것 이상의 지식이 필요하다. 실상 우리는 우리가 아는 것을 훨씬 넘어서는 함축을 갖는 지식을 아는 경우도 있다. 지식은 논리적 함축 아래 닫혀 있지 않다. 나는 $2+2=4$임을 안다. 그러나 그러한 단순한 사실은 아마도 나의 제한된 수학 능력이 이르지 못한 산술과 정수론을 함축할 것이다. 이런 사항은 현대 인식론에서 철저히 탐구되어 왔다.(Nozick 1981; Williamson 2000) 우리에게 이것이 중요한 까닭은 다음을 말해 주기 때문이다. 어떤 예측에서 CP 법칙의 사용을 정당한 것으로 받아들이려면 CP 조항이 만족되었음을 알아야 한다는 요구 조건은 너무 엄격하다. 그 대신, 그보다는 조금 제한된 어떤 것을 알면 된다. 즉 CP 법칙이 우리가 예측하려는 맥락에 적용되는지 알아야 한다. 이는 그 맥락에서 유관한(인식자의 관점에서, 만족되지 않을지도 모르는 현실적인 가능성이 있기 때문에 유관한) CP

조항의 요소가 만족되었음을 알아야 한다는 뜻이다.

그래서 CP 법칙을 예측에 쓰려는 사람에게 제대로 반격하기 위해서는, CP 조항의 내용을 도저히 알 수 없다는 식의 주장을 사용해서는 매우 곤란하다. 올바른 반론은, 그 법칙이 예측에서 **특별한 역할이 없다**(idle)는 식으로 이뤄져야 할 것이다. 실제로 법칙이 할 일은 **일이 잘못될 수 있는 유관한 방식**을 평가하는 데 있다. 예측은 그 본성상 보편적이지 않고 특수하다. 그것은 특정 시점에서 바라본 미래 상황에 관해 이뤄진다. 좋은 예측에서 문제가 되는 것은 각 상황에서 발생하는 우연한 요소들 중에서 무엇이 예측과 유관한지를 결정하는 일이다. 그러나 법칙의 개념은 일반화하고 보편화하는 개념이어서, 맥락에 따른 유관성을 위해 준비된 자리는 없다. 한 상황의 여러 요소들 중에서 어떤 요소가 CP 법칙이 성립하는지를 결정하는 데 유관한지 평가해야 하는 상황이라고 해 보자. 그러나 그런 평가에 필요한 개념적인 자원은 '법칙'이라는 개념에 의해서는 제공되지 않는다. 만일 어떤 주어진 상황에서 법칙이 성립할지 여부를 판단할 만한 자원을 우리가 가지고 있다면, 우리는 그 예측이 참으로 드러날지 여부를 이미 알고 있는 셈이다. 법칙은 예측 주장, 즉 미래에 대한 주장을 함축한다. 이 모형에서 예측 활동은 그 예측 주장이 참이 될 것인지를 평가하는 데 있다. 이것이 CP 조항이 이 사례에서 만족된다는 말이 의미하는 모든 것이다. 중요한 물음은 다음과 같다. 우리는 어떻게 임의의 예측이 참이 될지를 알 수 있는가? 자연법칙을 통한 우회로는 (만일 역학에 법칙이 있다고 하더라도) 무엇이 좋은 역학적 예측 활동을 이끄는지를 이해하려는 관점에서 보면 하나의 철학적 공상일 뿐이다.

기저 메커니즘에 대한 지식

◉

1990년대 후반과 2000년대 초반, 메커니즘에 대한 철학자들의 관심이 급증하는 일이 벌어졌다. 메커니즘에 몰두하는 이러한 현상이 얼마나 오래 지속될지는 메커니즘 개념을 전면에 내세우는 일이 얼마나 유용한지에 따라 달라질 것이다. 즉 메커니즘이 과학이란 무엇인지, 또 과학이 탐구하는 세계란 무엇인지에 관해 철학자들과 과학자들이 물었던 주된 물음들에 답하는 데 얼마나 도움이 될 수 있는지가 관건이다. 메커니즘보다 확립된 자연법칙이라는 개념은 예측에 대한 제대로 된 분석을 제시하지 못했기 때문에, 메커니즘 개념이 예측을 분석할 주요 틀이 될 자격이 있는지 시험해 볼 가치가 있다.

표면적으로 볼 때 메커니즘은 이런 시험을 충분히 통과할 것 같다. 예측을 하기 위해 단순한 외삽을 쓸 수 없었으며, 법칙 역시 큰 도움이 안 되기는 마찬가지였기 때문이다. 결국 예측의 원천에서 표적으로 이행하려면, 아마도 예측의 원천이 되는 증거 배후에 어떤 메커니즘이 작동하는지 알 필요가 있을 것이다. 예를 들어 영아의 영양 공급을 개선하기 위해 이뤄진 사회 실험 사례를 다시 보자. 타밀 나두에서 어머니 교육이 영아의 영양 상태를 개선시켰던 메커니즘[54]에는 어머니가 장을 보고 집 안에서 배식한다는 내용이 포함되어 있다. 반면 방글라데시의 어머니는 장

----

54   논의를 위해 이것이 메커니즘으로 간주된다고 가정하자. 메커니즘을 다루는 문헌에서 메커니즘의 정의는 매우 관대한 경우가 많다.(Machamer, Darden, and Craver 2000; Glenna 2002). 그렇지만 지금의 논의는 정확히 무엇이 메커니즘으로 간주되는지 여부에 의존하지 않는다.

보기나 배식 활동에 직접 관여하지도 관장하지도 않는데, 이 사실은 타밀 나두에서의 메커니즘이 방글라데시에서는 작동하지 않음을 의미한다. 즉 방글라데시의 환경은 타밀 나두에서 작동하던 메커니즘이 '깨지는' 환경이다. 그래서 좋은 예측을 하려면 예측된 현상의 기저에 놓인 메커니즘에 대해 무언가 알 필요가 있을 것 같다.

불행히도 이렇게 유망해 보이는 생각은 5장에서 살펴본 이유 덕분에 막다른 길에 도달하고 만다. 5장에서 우리는 기저 메커니즘에 대한 지식은 안정성을 위해 필요하지도 않고 충분하지도 않음을 확인했다. 마찬가지로 기저 메커니즘에 대한 지식 역시 좋은 예측을 하기 위해 필요하지도 않고 충분하지도 않다. 법칙과 마찬가지로 메커니즘의 개념 속에서는 유관성이라는 개념이 설 자리가 없기 때문이다. 다시 말해 맥락상 어떤 예측이 잘못될 수 있는 두드러지는 방식을 분별할 유관성이란 없다. 그런데 바로 그러한 유관성에 대한 지식은 좋은 예측의 동력이다.

메커니즘에 대한 지식이 좋은 예측을 위해 충분하지 않다는 사실을 보이기 위해, 다양한 기압계가 작동하는 메커니즘에 대해 많이 알고 있는 어떤 사람을 상상해 보자. 이 기압계 전문가는 메커니즘에 대한 지식에도 불구하고 그가 기압계를 들고 산에 사는 자신의 친구를 방문하는 날의 날씨가 어떨지 제대로 예측하지 못할 수 있다. 그는 기압계가 대기압 측정을 통해 작동한다는 점은 알지만, 공교롭게도 고도가 높아지면 대기압이 떨어진다는 점은 모른다. 때문에 그는 산 속에 있는 친구의 집에 가면서 계속 기압이 낮아진다는 점만 보고 폭우를 철저히 준비하게 되었다. 그러나 비는 오지 않았다.(만일 비가 왔더라도 그것은 하나의 요행이었을 것이고, 기압계 전문가의 예측은 여전히 나쁜 예측이었을 것이다.) 그래서 메커니즘에 대한 지식은 좋은 예측을 하기 위해 충분치 않다.

이러한 요점은 역학의 맥락에도 적용된다. 린드(James Lind)는 레몬과 오렌지가 괴혈병을 치료한다고 예측했지만, 어떤 메커니즘에 의해서 그렇게 되는지 확인하지는 못했다.[55] 그의 예측은 좋은 것이었으나, 기저 메커니즘에 대한 지식에는 의존하지 않았다.[56] 더 최근 사례를 보기 위해 흡연이 폐암을 일으키는 메커니즘의 일부가 잘 이해되었다고 가정해 보자. 특히 담배는 타르를 포함하고, 타르는 발암성 물질임이 알려져 있다. 이런 지식은 안정하다. 또 이는 저타르 담배가 인구집단 건강에 미치는 영향을 예측하는 데에도 사용된다. 하지만 그 예측은 거짓으로 드러났고, 결국 안정적이지도 않게 되었다. '저용량(low yield)' 정책은 중간에 좌절되었다. 왜냐하면 흡연자들은 무의식적으로 그들의 흡연 습관을 바꾸었고, 그들이 고타르 담배를 피웠을 때와 동일한 방식으로 저타르 담배를 피웠다면 흡수했을 타르보다 더 많은 양의 타르를 흡입하게 되었기 때문이다.(Parascandola 2011, 637) 궐련 흡연이 폐암을 일으키는 메커니즘에 대한 지식만으로는 그 메커니즘과 담배의 타르 수준을 낮추는 정책이 결합하여 나타나는 효과를 예측하기에 충분하지 않다. 발암 메커니즘에 대한 우리의 지식이 부분적이라는 것은 명백하지만, 그런 지식을 완전하게

----

55   (옮긴이) 린드는 1716년에 태어나 1794년에 죽었다. 영국 해군 군의관과 해군병원 의사로 일하면서 비타민C가 부족해서 생기는 괴혈병에 걸린 환자와 티푸스나 이질에 걸린 환자와 배 안의 위생 상태를 살폈다. 이미 감귤류와 과일 주스가 오랜 항해를 하는 뱃사람에게 좋다는 사실은 알려져 있었지만, 당시만 해도 괴혈병이 비타민C 부족에 따른 영양 장애라는 사실은 알려져 있지 않았다. 린드는 1754년 "괴혈병에 관한 논문"과 1757년 "수병의 건강을 지키는 가장 효과적인 방법에 대하여"라는 논문에서 식이법을 추천했으나, 영국 해군은 그가 사망한 후인 1795년에야 식이법을 시행했고 그 결과 괴혈병이 사라졌다. 비타민C는 1928년 헝가리 출신 생화학자 얼베르트 센트죄르지가 발견하였고, 그는 이 업적으로 1937년 노벨생리의학상을 수상했다.

56   이 사례는 모라비아와 개인적으로 의견을 교환하며 알게 됐다.

만든다고 해도 예측에는 도움이 되지 않을 것이다. 더 나은 예측을 위해서는 예측이 잘못될 수 있는 다양한 방식들을 검토해야 한다. 특히 저타르 궐련을 피우는 흡연자들이 연기를 더 깊이 들이마실 가능성을 생각해야 한다. 흡연이 폐암을 일으키는 메커니즘은 이 가능성이 중요한지 확인하는 데 충분하지 않다.

메커니즘에 대한 지식이 좋은 예측을 위해 필요하지 않다는 것을 보이기 위해서, 다시 한번 산 속에 사는 친구를 생각해 보자. 이 친구는 기압계가 작동하는 메커니즘에 관해서는 전문가가 아니다. 그러나 그는 일생 동안 기압계를 사용해왔고, 그것을 사용해 날씨를 예측하는 데에는 일종의 전문가이다. 따라서 그는 고도가 급격히 변화하는 경우에는 기압계를 믿지 말아야 한다는 사실을 안다. 그가 좋은 예측을 할 수 있는 이유는 기압계가 작동하는 메커니즘에 대해 알기 때문이 아니라, 기압계가 제대로 작동하지 못하게 만드는 전형적인 상황들을 알기 때문이다. 이는 기저 메커니즘에 대한 지식이 일반적으로 좋은 예측을 하는 데 꼭 필요하지는 않다는 점을 보여 준다. 그가 기압계를 사용해 예측을 하는 맥락에서, 그는 기압계를 통한 예측이 실패할 수 있는, 해당 맥락에서 두드러진 방식에 대해 알고 있다.

그렇다고 해서 그런 지식이 기압계의 메커니즘에 대한 지식을 포함할 수 있다는 주장까지 부정하는 것은 아니다. 다만 메커니즘에 대한 지식을 **꼭 포함해야 한다**는 것만 부정한다. 또한 이론상 그의 예측이 더 이상 좋지 않게 되는 어떤 다른 맥락이 생길 수도 있다는 사실을 부정하는 것도 아니다. 그러나 이 논의의 교훈 중 하나는 좋은 예측은 근본적으로 맥락에 의해 좌우된다는 점이다. 다시 말하지만, 이는 왜 메커니즘에 대한 지식이 예측 능력을 높여 주지 않는지 설명해 준다. 왜냐하면 기저 메커니즘은 바탕에 놓인 과정들의 내재적인 속성이고, 좋은 예측을 위해 필요한 지식은 맥락에 의존하기 때문이다.

예측의 맥락의존성이 역학적 관점에서 볼 때 오히려 낫다는 것은 지적할 만한 가치가 있다. 메커니즘에 대해 연구해온 많은 철학자들은 신경과학과 생물학에 집중하는 경향이 있다.(Machamer, Darden, and Craver 2000; Craver 2007; Glennan 2002) 그 분야들은 역학과는 상당히 다르다. 만일 기저 메커니즘에 대한 지식이 좋은 예측을 위해 일반적으로 필요하다면, 우리는 역학적 증거에 기초한 예측을 하기 전까지 매우 오랜 시간을 기다려야 할 것이다.

예를 들어 보자. 궐련 흡연이 암 발생에 미치는 영향의 기저 메커니즘에 관한 연구는 아직 충분히 이뤄지지 않았다. 만일 금연 캠페인에 따른 폐암 위험의 감소를 예측하기 앞서 그 메커니즘을 이해할 때까지 기다려야 한다면, 그 캠페인은 정당한 근거가 없는 것으로 간주되어야 하고, 폐암 사망률을 줄이는 과업의 성공은 단지 운 좋은 추측과 동등하게 간주되어야 한다. 이것만 해도 역학자들이 예측에 대한 메커니즘 분석을 거부하는 데 충분한 이유가 될 것이다. 궐련 흡연 사례는 좋은 역학적 예측이 결국은 효과적인 공중보건 정책으로 이어진 전형적인 사례로 간주되기 때문이다. 그럴듯한 기저 메커니즘이 부족하다는 반론은(예로 Berkson 1958이 있는데, 9장에서 논의한다.) 실제로는 정책의 시행을 **늦추었다.** 당시에는 궐련 흡연의 발암 메커니즘에 대해 그리 많은 것을 알지 못했고 지금도 완전히 이해하지 못한 상황이지만, 궐련 흡연을 감소시키는 움직임이 폐암 사망률을 감소시킬 것이라는 역학자들의 주장은 확실히 정당했다.

그것들은 정당하지 않았거나, 아니면 좋은 예측은 기저 메커니즘에 대한 지식을 요구하지 않거나 둘 중 하나이다. 둘 중 전자가 틀렸다고, 그래서 후자가 옳다고 가정하고 논의를 더 진행해 보자. 좋은 예측은 다른 종류의 지식을 활용하듯이 메커니즘에 관한 지식을 때때로 활용할 수도 있지만, 메커니즘에 대한 지식은 좋은 예측을 위해 필요하지도 않고 충분하지도 않다.

결론

우리는 좋은 예측을 위한 모형이 될 만한 여러 후보들이 실패했음을 보았다. 대신 우리는 하나의 설명 과제를 통해 예측 모형을 제시했다.

어떤 예측 활동은 현재 최선의 과학 지식에 의해서 현실적인 가능성으로 확인된 대안적인 결과들이 아니라 왜 그것이 내어놓은 예측 주장이 참인지를 설명하는 경우 그리고 오직 그 경우에만 좋은 예측 활동이다.

유관한 대안적 결과들은 유관한 잠재적 간섭 요인의 결과인데, 그것의 유관성은 (5장에서 논의한) 인과 추론의 안정성을 평가할 때 대안 가설의 유관성을 분석하는 것과 동일한 방식으로 분석된다.

이제 예측 모형은 하나의 간단한 질문 혹은 시험으로 요약될 수 있다.

무엇이 잘못될 수 있는가?

이때 '가능성'은 모든 논리적 가능성이 아니라 **과학적**으로 가능한 것만을 가리키는 말로 이해된다. 즉 **일지도 모른다**(might) 반사실문을 해석하는 데 적절한 의미론에 의해 평가 받은 현재 과학 지식하에서 일어날 수도 있는 가능성들이다. 이렇게 이해하면, 그 물음은 어떤 예측이 좋은지 여부를 평가하는 신뢰성 있는 (완벽하게 정확하지는 않겠지만) 지침이 될 것이다.

3장에서 7장까지의 목표는 역학에서 제기된 개념적인 난제들을 분석하는 이론적 틀을 제시하고 가장 심층적인 개념 몇몇을 분석하는 데 있었다. 나머지 장들에서는 역학의 방법론이나 개념적 틀의 특정한 부분들에서 제기되는 특수한 문제들에 초점을 맞춘다.

8장

기여도라는 퍼즐

요약

기여도에 대한 측정지표들은 수학적으로는 복잡하지 않지만, 개념적으로는 혼동스럽다. 이 장에서는 기여분율을 명쾌하고 엄격한 개념으로 만들기 위해 이 지표들을 점검하고자 한다. 나는 초과분율을 인과적으로 해석할 때 생기는 두 가지 흔한 오류를 살펴볼 것이다. 첫 번째 오류는 배타적 원인 오류(exclusive cause fallacy)이다. 이 오류에 따르면, 하나의 노출은 초과분율로 표현되는 환자들에 대해서만 결과를 일으키는 원인이다. 두 번째 오류는 반사실적 오류(counterfactual fallacy)이다. 이 오류에 따르면, 초과분율은 노출이 없다면 위험이 얼마나 줄어들 것인지를 알려준다. 이런 오류에 대응하기 위해 나는 '~가 기여하는'

을 '~에 의해 설명되는'이라고 해석하려고 한다. 이 해석은 3장에서 설정한 인과 해석 모형을 따른다.

기여분율을 해석할 때 생기는 두 가지 흔한 오류

●

한 인구집단에서 어떤 노출 때문에 특정한 건강상의 결과가 일어난 것처럼 보인다고 해 보자. 그 결과 가운데 얼마나 많은 부분이 문제의 노출 때문에 일어났는지, 그리고 **얼마나 많은** 부분이 노출 때문에 일어난 것이 아닌지 알고 싶다는 물음은 자연스럽다. 2장에서 서술한 여러 기초 측정지표를 사용하면, 이 물음은 위험 가운데 얼마나 많은 비율이 노출에서 기인했는가 물음으로써 가장 자연스럽게 답할 수 있다. 이는 정량적인 질문이고, 이 질문에 대해 몇몇 답을 제시하는 일군의 측정지표들이 (2장에서 서술한 연관성 측정지표의 하위 분류인) 기여도 측정지표라는 제목 아래 묶일 수 있다.

이런 일군의 측정지표는 기여위험 · 초과위험 · 기여분율 · 초과분율과 같이 당황스러울 정도로 변화무쌍한 이름으로 불린다. 언급된 모든 지표 앞에 '인구집단'이 붙기도 한다. 하지만 이들 변이를 모두 축약하면, 기여도 측정지표는 본질적으로는 두 가지다. 또 (항상 그렇지는 않지만 대개) 두 지표 사이의 차이는 접두어 '인구집단'이 있는지를 통해 확인할 수 있다. 우리는 이미 3장에서 이 측정지표를 살펴본 적이 있다. **초과분율**은 다음과 같이 정의된다.

$$EF = \frac{R_E - R_U}{R_E} = 1 - \frac{1}{RR}$$

여기서 R_E는 노출 위험도, R_U는 비노출 위험도, RR은 위험비, 곧 상대위험도가 된다. **인구집단 초과분율**은 다음과 같이 정의된다.

$$PEF = \frac{R_T - R_U}{R_T}$$

여기서 R_T는 전체 위험도다. 초과분율을 흔히 기여위험도, 인구집단 초과분율을 흔히 인구집단 기여위험도라고 부른다는 점도 알아두면 좋다. 하지만 기여도에 대한 여러 의문점들이 지금 쟁점이기 때문에, (Rothman, Greenland and Lash 2008, 63~64를 따라) 좀더 중립적인 용어인 '초과'라는 표현으로 논의를 시작하는 편이 낫다. '초과'는 인과적으로 사용되는 일부 용례, 즉 노출이 원인이 되어 일어난 위험의 수준을 나타내는 일부 용례와는 다르다. 그렇기는 하지만, 우리는 어딘가에서 시작해야만 한다. '기여'는 인과성을 가리키는 말로 남겨두고, '초과'라는 말에는 인과적 의미가 없다고 규약해 두자.

초과분율은 상대위험도 함수로 계산할 수 있지만, 인구집단 초과분율은(위에 언급된) 일반인구의 전체 위험에 대한 정보를 이용하거나, 3장의 예제처럼 일반인구의 상대위험도와 노출 유병률을 모두 이용해야만 계산할 수 있다. 이와 같은 차이에도 불구하고 초과분율과 인구집단 초과분율은 두 위험의 차이를 둘 중 한 위험으로 나눈 비율로 표현한다는 중요한 공통점을 갖고 있다. 또한 모두 우리가 살펴보게 될 개념적 혼란으로 빠지기 쉬운 지표이기도 하다. 이어질 논의는 양측이 공유하는 공통의 특성을 강조할 것이다. 두 측정지표는 비노출 인구집단을 '기대'나 '배경' 위험도로 바꾸면 동일하게 된다. 그렇게 하면 $R_E = R_T$가 되기 때문에, 즉 연구 대상 집단이 겪는 바로 그 위험에 모든 사람이 노출되기 때문이다. 결국 문제의 노출에 대한 유병률이 증가하면 증가할수록 초과분율은 인구집단 초과분율에 근접하게 된다.(Szklo and Nieto 2007, 86~87)

기여위험도, 기여분율, 초과위험도, 초과분율 등으로 부를 때 '위험도'와 '분율'이라는 용어상 차이는 비교적 중요하지 않지만, '분율'이 이들 가운데 좀더 정확한 용어라고 할 수 있다. 왜냐하면 측정지표 초과분율·인구집단 초과분율은 실제 위험이 아니라 실제 위험의 분율을 나타내기 때문이다. '초과'와 '기여'라는 용어의 차이는 좀 더 중요하다. 이 가운데 '초과'라는 용어가 많은 경우 선호되는데, 이 말에는 '기여'라는 용어에 담긴 인과적 함축이 없고, 그 결과 인과 추론이 올바른지 보증할 수 있는지 여부를 걱정할 필요 없이 측정지표를 계산할 수 있기 때문이다. 그러나 '기여'가 지닌 인과적 함축을 회피하려는 입장은 인과적 함축을 밝히려는 노력에 대한 대안으로 그리 적절하지 못하다. 이들 측정지표가 왜 고안되었는지에 대한 질문, 이를테면 어떤 위험 가운데 얼마만큼이나 노출로 인해 생겼는지에 대한 질문은 여전히 풀리지 않은 채 남아 있기 때문이다.

그러므로 이 장의 목적은 **기여분율**과 **인구집단 기여분율**이라는 용어가 '기여'라는 말 때문에 겪고 있는 혼동과 애매한 상황을 극복하는 데 있다. 이런 목적을 위해서는 **초과분율**과 **인구집단 초과분율**이라는 용어를 정의하는 데 쓰이는 수학적 표현과 구분되는, 명쾌하고 인과적으로 뚜렷한 의미를 '기여'에 찾아줘야만 한다. 초과분율을 3장의 논의에 따라 인과적으로 해석하면 기여분율이 된다는 점에서, 큰 방향은 이미 제시되어 있다. 3장에서 이런 해석과 관련된 일반적인 문제는 이미 다뤘다. 그러나 혼란을 일으킬 잠재적 가능성을 생각하면, 이 측정지표에는 특별한 관심을 쏟을 만한 가치가 있다.

기여분율을 적절히 이해하기란 흔히 생각하는 것보다 더 어려운 일이다. 초과분율을 인과적으로 해석하는 흔한 오류에는 두 가지가 있는데, 이를 **반사실적 오류**와 **배타적 원인 오류**라고 부를 수 있다. 하나씩 살펴보자.

배타적 원인 오류

배타적 원인 오류는 어떤 노출 때문에 생겨난 환자의 수가 정확히 초과분율로 표현된다는 가정이다. 달리 표현하자면, 노출이 기여하는 위험의 분율이 정확히 초과분율이라고 말할 수도 있다. 이런 주장은 초과분율이나 인구집단 초과분율의 수학적 정의로부터 도출되지 않으므로, 이는 하나의 가정이다.

두 가지 이유에서 수리적 정의로부터 이런 해석을 도출해서는 안 된다. 첫째, 초과분율 중 일부는 어떤 다른 노출 때문일지도 모른다. 이는 연관성이 교란되어 있기 때문에, 애초에 그 지표로는 인과 추론이 보증되지 않는다는 말과 같다. 이 지적을 추상 수준에서 이해하기는 쉽다. 그러나 인과적 완곡 어법을 사용해 혼동스럽게 표현하는 경우가 실제 현장에서는 놀라울 만큼 많이 일어난다. 초과분율과 인구집단 초과분율은 노출군에서 관심 결과가 얼마나 더 흔하게 발견되는지를 측정하는 지표지만, 그렇다고 노출이 노출군에 결과를 **일으켰다는** 뜻은 아니다. 일정 수준의 노출을 일으키면서, 동시에 일정 수준의 초과분율도 생겨나게 만드는 교란변수가 있을 수 있다.

5장에서 검토한 예제를 다시 살펴보자. 맥브라이드는 인과 추론을 보증하려면 무작위 대조 시험이 필요하고 그래서 아직 증거가 결정적이지 않다는 점을 인정하면서도, 소아 천식에 대한 인구집단 위험도에서 아세트아미노펜 사용이 기여하는 분율은 20%에서 40%가량 된다고 주장했다.(McBride 2011) 만약 아세트아미노펜 사용이 '기여한다'는 말이 아세트아미노펜이 '원인이 된다'는 뜻이라면, 이는 일관성이 없다. 인과 추론에 대한 보증이 아직 부족하다고 인정했기 때문이다. 만약 '기여한다'가 단지 '인과관계와 무관하지만 초과함'만을 의미하는 경우, 이는 별로 흥미롭지 않을 뿐만 아니라 아세트아미노펜 대신 대체 약물을 사용하라는 권고를 지지하는 데 이용될 수도 없는 관계다. 인과 추론이 없다면, 그와 같은 권고는 우리 모두가 알다시피 기압계 사용을 막아서 폭풍을 예방하려는 조치와 마찬가지다.

그렇게 분명하지는 않지만, 어떤 노출은 실제로 위험의 초과분율을 발생시킨 원인일 가능성도 있다. 바로 그 노출이 초과분율 속에 있는 하나의 인과적 요인으로 작동한다는 의미에서 그렇다. 하지만 노출된 환자에게는 또 다른 인과적 요인 역시 작용할 수 있다. 이 다른 요인은 문제의 노출과 상호작용할 수도, 하지 않을 수도 있다. 아세트아미노펜 사례를 계속 살펴보자. 아세트아미노펜이 천식 위험의 초과분율을 일으킨 인과적 요인일 수도 있지만, 특정한 바이러스 감염 또한 하나의 인과적 요인일 수 있다. 또는 바로 그 특정 바이러스 감염과 아세트아미노펜 섭취가 상호작용을 일으켜 두 요인 모두에 노출된 군에서 더 큰 위험을 일으킬 수도 있다.(여러 요인의 상호작용에 대해서는 9장에서 더 깊이 논의한다.)

이 모든 내용은 초과분율로 표현된 환자들에 대해 문제의 노출은 곧 문제의 결과를 일으킨 하나의 원인이라는 주장과 양립할 수 있다. 각각의 환자에 대해 아세트아미노펜 사용은 비노출군과의 차이이면서, 동시에 천식의 **원인 가운데** 하나일 수도 있기 때문이다. 하지만 이 경우, 다른 차이 역시 천식의 원인 가운데 하나일 수 있다. 여기에서 위험 초과분율은 노출이 **기여한** 바라고 말할 경우, 기껏해야 오해만을 불러올 뿐이다. 그런 말은 문제의 노출이 노출군과 비노출군 사이의 한 가지 차이에 불과한 상황에서, 두 집단 사이의 차이를 설명하는 **배타적** 원인이라고 주장하는 것과 마찬가지이기 때문이다. 이런 상황에서 문제의 노출은 차이를 만든 원인 가운데 하나라는 의미에서 차이를 **일으킨 셈이지만**, 그렇다고 해서 그것을 차이의 **배타적인** 원인이라고 보기는 어렵다.

배타적 원인 오류를 범하는 첫 번째 방식은 이렇다. 먼저 초과분율이 얼마나 되는지 계산한다. 여기까지는 문제가 없다. 하지만 이 초과분율이 노출의 기여라고 간주하는 경우 문제가 될 수 있다. 즉 계산된 초과분율을 노출의 기여로 간주하는 부주의한 인과 추론을 수행하면 배타적 원인 오류를 범하게 된다. 하지만 교란변수가 제거되지도 않았다면 이런 추론은 무리다. 아니면 초과분율로 표현된 환자들에 대해, 문제의 노출이 하나의 원인이기는 하나 비노출군에는 없는 동반 요인이 노출군에게는 있는 경우에도 이런 추론은 무리다. 이런 동반 요인은 앞서 언급한 환자들에게 일어나는 모종의 결과의 원인이 될 수 있기 때문에, 노출군과 비노출군 간의 차이에 대한 전체 설명을 위해 충분히 언급할 가치가 있다. 간단히 말하면, 배타적 원인 오류를 범하는 첫 번째 방식은 어떤 노출이 초과분율로 표현되는 위험에서의 차이에 대한 유일한 (배타적인) 원인이라고 잘못 가정하면 발생한다.

배타적 원인 오류를 범하는 두 번째 방식은 인과 추론이 적절한지 조심스럽게 평가하고 잠재적 교란변수를 배제하기 위해 노력하더라도 계속 생겨날 수 있다. 초과분율이 나타내는 것보다 더 많은 결과들이 해당 노출로 인해 발생했을 수 있기 때문이다. 그린랜드는 특별히 이 오류를 철저하게 서술하고, 역학적 증거를 법률적으로 이용할 때 생기는 오류와 연계시켰다.(Greenland and Robins 1988 ; Robins and Greenland 1989 ; Beyea and Greenland 1999 ; Greenland 1999 ; Greenland and Robins 2000 ; Greenland 2004) 법률적 문제에 대해서는 11장에서 다룰 것이다.

이 문제는 다음 예제로 멋지게 설명된다.(Robins and Greenland 1989, 272∼ 273. 이 논문은 발표된 지 오래됐지만 전달하려는 내용은 널리 알릴 가치가 있다.) 사례를 약간 더 단순화시켜 50대 여성 10만 명의 코호트를 10년 동안 추적 관찰하고, 이 기간 동안 이들 코호트가 전리방사선에 노출된다고 가정해보자. 이 기간 동안 피부암의 배경(기대) 위험은 100명의 환자가 새로 생기는 정도지만 전리방사선에 노출되면 10명의 환자가 더 생길 수도 있다고 가정하자. 또 환자는 추적 관찰 기간 동안 일정하게 발생한다는 가정도 해 보자. 이때, 10만 명 코호트의 배경 발생률은 추적 관찰 연도마다 새로 10명의 환자가 생긴다고 표현할 수 있고(100명의 새로운 환자 ÷ 10년 =

10명의 새로운 환자/년), 노출군에서 발생률은 연간 11명((100 + 10)/10 = 11)이라고 표현할 수 있다. 초과분율은 (11-10)/11 = 1/11 = 0.091 또는 9.1%가 된다.[57]

초과분율에 의한 인과성 추론이 적절한 보증 덕분에 믿을 만하며, 또 전리방사선 노출이 위험 증가의 원인이라고 가정해 보자. 이제 이렇게 물어볼 수 있다. 결과 가운데 얼마나 많은 부분이 노출로 인해 생겨났는가? 초과분율이 이에 대해 말해준다. 즉 9.1%만큼 증가한 위험은 노출로 인해 생겨났다고, 다시 말해 환자 11명 중 1명은 노출로 인해 생겨났다고 말하는 것은 자연스럽다. 하지만 이런 주장 속에는 오류가 있다. (우리가 가정한 바에 따라) 전리방사선에 대한 노출은 연간 10만 명의 여성 당 환자 10명에서 11명으로 위험이 증가한 원인이기는 하다. 그러나 그런 경우에도 연간 10만 명 당 단 1명에게만 노출이 원인이라는 서술은 반드시 참이지는 않다. 즉 위험 증가가 노출로 인해 생겨났다고 해도, 노출이 전체 위험 가운데 정확하게 9.1%만큼 원인이라고 할 수는 없다. 만약 '원인이 된다'가 '인과적 역할을 한다'를 의미한다면, 이때 노출은 위험의 9.1%를 일으킬 수도 있고, 위험의 100%를 일으킬 수도 있다.

베이어(Jean Beyea)와 그린랜드는 이런 주장을 해명하기 위해 1999년에 출판한 논문에서 피부암의 발생에 대한 두 가지 생물학적 모형을 제시한 바 있다. 첫 번째 모형에 따르면, 선천적인 유전적 구조에 의해 피부암이 생긴 100명의 여성은 방사선의 영향을 받지 않으나, 추가로 생긴 환자 10

---

57   노출 인구와 비노출 인구의 크기가 같아서 분모가 소거되기 때문에 환자 숫자로부터 직접 초과분율을 계산할 수 있다.

명은 유전적 결함 때문에 방사선에 의한 세포 손상을 복구할 수 없는 사람들이다. 이 모형에서는 11명의 환자 중 1명이 방사선에 의해 피부암이 발생했다고 할 수 있다. 하지만 두 번째 모형에 따르면, 일단 손상된 세포가 특정 숫자가 넘게 누적된 다음에야 피부암이 생겨나게 된다. 추적 관찰을 시작할 시점에는 전 인구집단(문제의 코호트)에 손상된 세포가 일정하게 분포하고, 다음 10년간 손상 세포 누적률은 문제의 방사선 없이도 매년 10명의 여성이 피부암의 문턱값을 넘게 만드는 수준이 된다. 그러나 문제의 방사선을 이 인구집단이 쬐게 되면 손상 세포 누적률은 10% 올라가게 되어, 전체 코호트에서 연간 11명의 여성이 문턱값을 넘게 된다. 두 모형 가운데 무엇이 옳든, 코호트를 구성하는 각 여성들이 겪는 위험은 정확하게 같다. 하지만 두 번째 모형에서 문제의 방사선은 모든 여성마다 세포에 손상을 입혔기 때문에, 피부암이 생겨날 모든 여성에게 이 방사선은 그 암의 원인이다. 모든 세포 손상이 방사선에 의한 결과는 아니지만 (두 번째 모형에 따르면) 손상된 세포가 특정 숫자까지 축적되어야만 피부암이 생기므로, 손상된 세포들 중 일부가 다른 세포에 비해 더 큰 인과적인 역할을 한다고 우겨봤자 큰 의미는 없다. 손상된 세포의 **누적**이 바로 피부암을 일으키기 때문이다.

베이어와 그린랜드는 두 번째 모형이 많은 암을 설명하는 좀 더 현실적인 모형이라고 지적한다. 우리는 덜 극적인 여러 조건까지 포괄하도록 이 지적을 확대할 수 있다. 순전히 가상적인 사례를 만들어 보자. 100명의 히말라야 셰르파(짐꾼) 중 50명이 마흔 살까지 허리 디스크 문제가 생긴다. 이에 반해 다른 직업을 가진 인근 지역의 주민 100명 중 10명에서만 같은 연령까지 같은 문제가 생긴다고 하자. 이 때 무거운 짐을 운반하는 일이 100명의 셰르파 당 정확히 40명의 허리에 문제를 일으킨다는 추론은 불합리하다. 애당초 허리가 약했던 셰르파들이 있을 수 있다. 적어도 이들 가운데 일부는 무거운 짐을 운반하는 일로 인해 근골격 질환에 걸릴 것이다.(Broadbent 2011b, 256) 다른 식으로 이 상황을 설명한다고 해보자. 다시 말해 마치 암의 발생을 설명했던 두 모형 가운데 첫 모형에서처럼 설명해 보자. 전리방사선이 암환자 110명 가운데 10명만을 설명한다는 주장은, 피부암에 선천적으로 취약한 유전적 상태가 전리방사선의 악영향으로부터 세포를 보호한다는 가정 없이는 성립하지 않을 것이다. 마찬가지로 무거운 짐이 히말라야 짐꾼 디스크 환자 100명 중 40명만을 설명한다는 주장은 약한 허리가 무거운 짐을 운반하는 일로 인한 영향으로부터 환자를 지켜준다는 가정 없이는 성립하지 않을 것이다. 물론 이와 같은 가정은 많은 경우 받아들이기 어려운 주장이거나 거짓이다.

따라서 배타적 원인 오류를 범하게 되는 두 번째 가능성은 노출군에서의 위험 증가가 문제의 노출로 인해 생긴다는 주장을 일단 받아들일 만한 이유가 있을 때에도 생겨난다. 이 가능성은 노출이 위험 증가의 원인이라고 가정하는 데서 그치지 않고, 초과분율이 가리키는 **증가한 위험이 바로 그만큼** 원인이라고 가정하는 경우 실제로 일어난다. 하지만 사실, '기여'가 노출이 환자들에게 문제의 결과를 일으키는 데 인과적 역할을 수행했다는 의미라면, 노출이 **기여하는** 위험의 분율은 초과분율보다 훨씬 더 높을 수 있다. 100%까지도 얼마든지 가능하다.

배타적 원인 오류를 범하는 두 번째 방식에는 다음과 같은 방법으로 답할 수 있다. 최소한 지금의 논의에서, 원인이란 그것 없이는 문제의 효과가 생겨나지 않는 무언가라고 주장할 수 있다. 이런 주장을 따를 경우,

방금 전의 예제에서 어찌됐든 피부암이 발생하게 될 모든 여성에 대해 방사선은 피부암의 원인에서 배제될 것이다. 방사선이 없어도 연간 10만 명 중 10명 꼴로 피부암이 발생하기에 그렇다. 이는 여러 가지 이유에서 약한 대응이다.(그 이유 가운데 하나는 이미 다뤘다.) 사례에 등장하는 많은 환자들의 경우 무언가가, 예를 들어 손상된 세포가 특정한 수량만큼 누적된 상황을 어떤 결과의 원인으로 보는 것이 가장 자연스럽다. 원인이 없으면 결과도 없다는 이런 규준에 따르면, 방사선이 일으킨 손상이 존재한다 해도 그것이 암의 문턱값을 넘는 차이를 만들어내지 못한 경우 방사선은 손상의 원인이 아닐 것이다. 그러나 손상에는 많은 원인들이 있으며, 그 가운데 어떤 원인도 문턱값을 넘어서는 데 충분히 기여하지 않을 수 있다. 이럴 경우 피부암에는 원인이 없다고 말해야 하는가? 이 규준은 다음과 같이 말할 것이다. 손상된 세포의 수가 문턱값보다 하나 이상 초과되기만 한다면 각각의 손상된 개별 세포 없이도 암이 발생할 수 있을 것이기 때문에, 어떤 손상된 개별 세포도 피부암의 원인으로 간주할 수 없다. 이런 규준에 따라 손상된 세포들이 피부암을 일으키지 않는다고 말해야 하는가? 개별 세포들이 **독자적으로** 피부암을 일으키지 않는다는 점은 맞지만, 개별 세포들은 발암 활동에 분명히 기여하고 있다. 세포들은 함께 작동하는 상황하에서 피부암을 일으키기 때문이다. 손상된 개별 세포들과 건강한 세포들, 면역 체계가 일으키는 상호작용이 피부암의 원인이다.

3장에서 이미 언급했던 바와 같이, 인과가 반사실적 의존으로 이루어질 수 있다는 생각에 대해 철학자들은 철저한 탐구를 계속해왔다. 하지만 인과에 대한 반사실적 분석을 가장 강력하게 지지하는 입장이라 해도 반사실적 의존이 일반적으로 인과에 **필수적이라고** 말하기는 어렵다.(Coady 2004를 참조) 여기에는 수많은 이유가 있다. 여기서 보여줄 만한 사례는 **인과적 중층결정**이 일어나는 상황이다. 이러한 상황에서 인과가 성립하지 않는다는 주장은 우리가 흔히 생각하는 인과 개념에 위배된다. 만일 두 암살범이 동시에 대통령을 저격했고 또 총알이 모두 급소에 명중했다고 해 보자. 둘 중에 대통령을 시해한 사람이 누구인지 잘라 말하기는 어렵다. 그러나 암살범 중 누구도 대통령을 시해하지 않았다고 말하고 싶은 사람은 없을 것이다.[58]

인과에 대한 반사실적 분석을 지지하는 루이스 같은 철학자 역시 그린랜드의 견해를 지지할 것 같다. 다시 말해 그런 철학자들은 우리가 검토했던 두 가지 생물학적 모형 중 두 번째 모형이 적용되는 모든 사례에서 전리방사선을 모든 피부암 환자의 원인으로 간주할 것이다. 초과분율과 인구집단 초과분율을 인과적으로 해석할 때, 노출이 없었다면 일어나지 않았을 사례에 대해서만 노출이 원인이라고 간주하는 철학자들은 거의 없다. 인과가 반사실적 의존임을 믿는 철학자조차도 마찬가지다.

이와 같은 잠재적 대응이 이론적 이유에서는 매력적으로 보일지 모른다. 그러나 위험의 초과분율을 노출의 기여로 해석하는, 배타적 원인 오류와는 독립적인 또 다른 오류가 있음을 깨닫게 되면, 그런 대응은 탁상

----

58   우리는 암살범과 세포가 동등한 예제인지 의심할 수 있다. 암살범은 혼자서도 대통령을 시해하기에 충분하지만, 단 하나의 세포의 손상은 암을 일으킬 수 없기 때문이다. 하지만 이런 구분에는 실체가 없다. 우리가 당연하게 여기는 경향이 있는 특정 배경 조건 아래서라면, 암살범의 한 방으로도 충분하다. 그러나 적절한 배경 조건이 주어진다면, 개별 세포의 손상이 충분히 피부암을 일으킬 가능성이 있다. 이와 같은 이유로 어떤 철학자들은 최소 충분 집합의 존재라는 관점에서 중층결정을 특징짓는 일을 선호한다.(특히 Ramachandran 1997; 2004를 참조)

공론으로 드러나고 만다. 이 오류의 이름은 반사실적 오류다. 배타적 원인 오류에 대한 반사실적 대응도 분명한 오류를 범하고 있음을 이제 살펴보도록 하자.

반사실적 오류

반사실적 오류는 만약 가상적으로 어떤 노출이 완전히 제거될 경우, 노출 인구집단에서 위험 수준의 감소는 초과분율과 같고 전체 인구집단에서 위험 수준의 감소는 인구집단 초과분율과 같다는 가정이다. 이와 같은 방식으로 인구집단 초과분율을 설명하는 경우는 드물지 않다. 예를 들어 한 훌륭한 역학 교과서에는 다음과 같은 서술이 있다.

> 예를 들어 인구집단 기여위험도는 0.17 − 0.15 = 0.02가 된다. 그렇다면, 만일 연관성이 인과적이고 노출의 효과가 완전히 가역적이라면 노출을 중단시켜 전체 일반인구의 위험을 감소시키는 결과를 기대할 수 있고 ······ (즉 비노출군의 위험 수준과 비교하여) 결국 인구의 0.17에서 0.15로 줄게 될 것이다.(Szklo and Nieto 2007, 86)

그러나 위의 서술은 이론적으로나 실무적으로나 틀렸다. 실무에서 어떤 노출 제거에 따른 위험 감소는 흔히 초과분율이나 인구집단 초과분율보다 작다. 노출은 관심 결과를 가져올 수 있는 어떤 다른 원인에 의해 부분적으로 대체될 수 있기 때문이다. (의심스럽지만) 아세트아미노펜이 천식의 원인이라면, 비록 소아 천식 위험 중에서 아세트아미노펜이 기여하는 분율이 20%~40% 정도라도 아세트아미노펜 사용 중단이 소아 천식 위험을 40% 감소시키지는 못한다. 열이 너무 높아 위험한 상황과 같은 몇몇 경우 이부프로펜과 같은 비스테로이드 소염제가 대신 쓰일 수밖에 없으나, 이 약 역시 천식을 일으킬 수도 있기 때문이다. 널리 알려진 사례를 살펴보자. 현재 궐련 판매의 상당 부분은 저타르('라이트') 궐련이 차지하고 있고, 미국에서는 그 비율이 85%에 달한다.(Parascandola 2011, 632) 그러나 궐련에서 타르 함유량을 줄이는 조치는 흡연자의 폐암 발생률에 그리 인상적이지 않은 정도의 영향만을 끼쳤을 뿐이다. 이는 아마도 부분적으로는 저타르 궐련을 피우는 흡연자가 더 많이, 더 자주 뻐끔거리며 더 오래 연기를 빨아들이기 때문이다.(Parascandola 2011, 637)

좀 더 엄격하게 말해보자. 요점은 분명하다. 원인 노출이 단순히 또 다른 원인 노출로 대체되었다고 해서, 한 결과의 어떤 원인을 제거하는 조치는 문제의 결과가 지녔던 위험을 낮추는 귀결로 이어지지 않을 것이다. 몇몇 사람들은 지금 제시된 반사실적 오류에 분명한 해결책이 있다고 주장할 수도 있다. 즉 노출을 제거하면 나타날 위험 감소 수준이 초과분율이나 인구집단 초과분율과 같을 것이라는 추론은 노출이 어떤 다른 노출로 대체되지 않고 없어지는 경우에만 성립한다는 식의 해결책이 있다고 주장할 수 있다. 불행하게도 이런 간단한 해결책은 너무나 단순하다. 어떤 노출이라도 마술을 부려 간단히 없애버릴 수는 없으며, **무언가는** 문제의 노출을 반드시 대신해야 한다. 이와 같은 무언가가 문제의 결과를 일으킬 수 있는 가능성이 있는 한, 반사실적 오류는 여전히 오류로 남는다.

아세트아미노펜 사례는 이 요점을 설명할 때도 도움이 된다. 천식과 뚜렷하게 연관성이 있다고 알려진 여러 노출 가운데, 바이러스 감염과 발열은 천식의 가장 중요한 요인이다. 이는 아세트아미노펜-천식 연관성에 따른 인과 추론을 교란시키는 요인이자 이 사례에서 성급하게 인과 추론을 하면 안되는 가장 강력한 이유 중 하나다. 그러나 아세트아미노펜이 천식을 일으킨다고 **가정하더라도**, 아세트아미노펜 노출을 줄이면 천식의 위험이 줄어들 것이라는 기대는 문젯거리가 될 수 있다. 가상의 사례를 통해 이 주장을 해설할 수 있다. 발열이 천식의 원인이고 동시에 아세트아미노펜 사용 역시 천식의 원인이지만, 두 요인 사이에 상호작용은 없다고 가정해 보자. 그런데 아세트아미노펜 사용은 발열을 줄이며, 따라서 발열이라는 노출의 유병률을 감소시킨다. 그 결과 아세트아미노펜은 어떤 사람에게는 천식을 일으키는 반면 다른 사람에게는 천식으로부터 지켜주는 작용을 하게 된다. 이 사례에서 아세트아미노펜 사용을 줄이면서 이를 이부프로펜을 포함한 어떤 약물이나 처방으로도 대체하지 않는다 해도, 아세트아미노펜은 발열을, 발열은 아세트아미노펜을 대체하게 될 것이다. 아세트아미노펜 조절 자체가 천식 또는 천식 치료의 원인이기 때문이다.

이런 논의는 반사실적 가정 아래 발생하는 일은 그 가정이 정확히 무엇인지에 따라 크게 좌우된다는 원리를 반영한다. 일부 철학자들은 여러 반사실적 상황들 가운데 어떤 상황이 반사실적 주장들을 평가하는 데 쓰일 수 있는 올바른 상황인지는 (비록 대단히 맥락에 민감하지만) 객관적인 사실에 의해 결정된다고 믿으며, 이를 논증하기 위해 정력적이면서 매우 영민한 노력을 기울이고 있다. (특히 Lewis 1973b ; 1979를 참조) 하지만 이와 같은 노력은 과학적 추론보다는 '일상적 대화'의 분석에나 어울린다. 철학자들은 반사실적 추론을 과학적·실무적·전문적으로 이용하는 맥락과 편하게 어울리지 못하고 있다. 이런 맥락에 파고들기 위해서는, 가장 그럴 듯한 상황도 아니며 우리 세계와 '가장 가까운 가능 세계'도 아닌 수많은 다른 상황을 고려할 필요가 있기 때문이다.

이런 논증을 보이는 저자로 하우스먼(Daniel Hausman)이 있다. 그에 따르면, 핵발전소에서 일하는 엔지니어가 특정 파이프가 파열되면 무슨 일이 일어나게 될지를 질문 받았을 때, 그 엔지니어는 단순히 발전소에 있는 특정 파이프가 파열된 상황에 '가장 가까운 가능 세계'를 검토하지는 않을 것이다.(Hausman 1998, 121~122) 루이스에 따르면, 오늘날 표준적인 철학적 접근에 가장 가까운 입장은 '만약 파이프가 파열된다면 …… '이 지시하는 상황을 문제 시점 바로 직전에 어떤 작은 기적이 일어나서 파이프가 파열되었다는 점만 빼고 사고 없이 운용 중인 발전소의 현황과 거의 같은 상황이라고 해석한다.(Lewis 1973b; 1979) 이는 반사실문에 대한 우리의 생각을 **어느 정도** 표현하는 좋은 방식이기는 하다. 나는 내가 아침에 토스트 조각을 하나 더 먹었다면 그래도 지금 여전히 배가 고팠을지 궁금해 할 수 있으나, 이 때 이 상황을 그럴듯하게 만든 물리적 과정이 궁금한 것은 아니다. 그런 문제들은 묵시적인 가정을 통해 처리된다. 실제 세계에서 내 두뇌의 전류를 지배하는 법칙의 관점에서 보면 어느 정도는 기적적인 일이지만, 결국 나는 토스트 한 조각을 더 먹기로 결정한 상황 그리고 거기서 출발해 우리가 살고 있는 세계의 법칙이 여전히 적용되는 상황을 가정할 것이다. 이 가정 덕분에 물리적 과정은 관심사에서 벗어날 수 있을 것이다. 그러나 이런 생각은 중요한 부분을 빠뜨렸다. 예를 들어 사례 속의 핵 엔지니어는 발전소에서 일어나는 물리적 과정을 함부로 묵시적 가정을 통해 처리하고 넘어가서는 안된다. 물론 핵 엔지니어는 파이프가 어떻게 파열될지에 대해 걱정할 것이다. 그러나 그는 아마도 기적에 가까운 파열을 크게 걱정하지는 않을 것이다. 홍수·화재·테러리스트의 공격·지진·발전소 몇몇 부분의 고장 모두 파이프를 터뜨릴 수 있으며, '이 파이프가 터지면 무슨 일이 일어나게 될까?'라는 질문에 엔지니어들은 상황마다 다르게 답할 것이다. 파이프가 폭발한 **이후에** 무슨 일이 일어날지는 파이프가 폭발하기 **이전에** 무슨 일이 있었는지 그리고 왜 파이프가 터졌는지에 달려 있기 때문에, 엔지니어는 파이프 폭발과 관련된 일련의 물리적 과정에 관심을 기울이고 그것을 타개하려는 노력을 기울이게 될 것이다.

반사실문에 대한 표준적인 철학적 접근은 특정 반사실적 상황에 상대적으로 반사실문을 평가해야 한다고 주장한다는 점에서 성급하다. 이런 성급함은 미래에 관한 추론에서 반사실문이 사용될 때 분명히 드러난다. 미래를 다루는 추론에서는, 가장 가능성 있는 반사실적 상황이 무엇인지를 평가하는 과업이 형이상학자의 축구 경기가 아니라 실무적이고 인식론적인 문제가 되기 때문이다. 아직까지 주류 철학에서 공인된 지위를 획득하지는 못했을지라도, 이 책이 논의 중인 문제에 좀더 민감하며 실무적인 적용에 좀더 적합한 많은 논의가 반사실문을 주제로 이뤄져 온 것은 사실이다.[59] 그러나 그 중 어떤 것도 초과분율과 인구집단 초과분율의 크기가 노출을 제거하여 떨어지게 될 위험과 동격이라는 가정 때문에 범하게 되는 반사실적 오류를 없앨 수는 없다. 다만 그런 논의들은 반사실적 상황에 대한 더 많은 정보가 제공될 때까지는 반사실문이 적절히 평가될 수 없다고 주장하여 이와 같은 추론이 오류임을 강조하는 데 사용될 수 있을 것이다.

초과분율은 반드시 인과적으로 해석되어야 하는가?

배타적 원인 오류와 반사실적 오류는 '기여분율'에 대한 두 가지 이해 방식을 보여 주고 있다. 이는 초과분율을 인과적으로 해석하는 두 가지 분명한 방식이다. 다시 말해 초과분율이라는 측정지표에 순전히 수학적인 정의를 넘어서는 의미를 부여하여 어떤 인과적 사실을 표현하도록 한다. 이 측정지표는 '얼마나 많은 위험이 노출로 인해 일어나는가?'라는 질문에 대한 답을 약속하고, 동시에 두 오류는 '~로 인해 일어남'을 이해하는 두 가지 분명한 방식을 보여 준다. 첫째 해석에 따르면, 결과에 인과적으로 기여하는 것은 그 무엇이 되었든 원인으로 간주되기 때문에, 어떤 노출이 위험의 분율에 기여한다는 말은 곧 문제의 노출이 많은 경우 정확하게 그 결과의 원인이라는 말과 동일하다. 그러나 초과분율과 인구집단 초과분율은 이와 같은 인과적 해석을 담고 있지는 않다. 이들 지표는 특정한 노출이 여러 원인 중 하나인 상황에서, 그 노출이 담당하는 위험의 분율을 측정하는 지표가 아니기 때문

----

59   펄(Judea Pearl)의 논의는 수학과 철학의 간극을 메운 시도로 주목할 만한 사례이다.(Pearl 2009) 펄의 시도는 비판(Cartwright 2007)도 받았지만 일부 호의적인 철학적 관심(Hitchcock 2001; Menzies 2004; Menzies 2007)도 받았다.

이다. 두 지표는 노출의 **순 효과**(net effect) 또는 노출로 인해 생긴 위험의 증가만 측정한다. 이런 상황은 자연스럽게 '원인이 됨'을 이해하는 두 번째 방식을 제안한다. 이에 따르면 어떤 결과가 모종의 노출로 인해 일어나는 한편, 만약 그 노출이 없는 경우 결과도 일어나지 않을 경우에만 해당 노출은 그 결과의 원인이 된다고 말할 수 있다. 그러나 초과분율과 인구집단 초과분율은 두 번째 가능한 인과 해석을 담고 있다고도 볼 수 없다. 어떤 노출이 없다면 무슨 일이 일어나겠느냐는 질문에는 이론적으로 쉽게 답할 수 없는 데다가, 실무적으로는 이 해석에 필요한 답을 거의 얻어낼 수 없기 때문에, 다시 말해 결과의 위험이 문제의 분율만큼 줄어드는지를 알 수 없기 때문에 그렇다. 이 문제는 우리에게 다음과 같은 질문을 던진다. 초과분율과 인구집단 초과분율은 **어떤 식으로든** 인과 해석을 담을 수 있기는 한가? 아마도 이들은 인과 주장의 **지침**으로 이용될 수도 있는 순전한 통계적 측정지표일지도 모른다. 또는 매우 드문 특정한 조건하에서만 인과적으로 해석될 수 있을지도 모른다. 이를테면 베이어와 그린랜드가 피부암의 발생 과정을 해명하기 위해 만든 첫 번째 생물학적 모형에서와 같이, 관심 결과의 생물학적 본성이 알려져 있어서 배경 위험의 원인이 노출 효과에 대해 보호 작용을 하는 경우 그렇다.

그린랜드와 동료 연구자들은 매우 드문 조건하에서만 인과적 해석을 갖는다는 입장을 취하면서, **원인분율**(etiologic fraction)을 **초과분율**과 구분한다.(Rothman, Greenland and Lash 2008, 63~64) 원인분율은 노출이 원인으로 기능할 때 해당 노출이 담당하는 위험의 분율이다. 원인분율이 초과분율과 같다고 가정하면 배타적 원인 오류를 범하게 된다. 두 지표는 항상 같지는 않고, 아마도 역학자들이 관심 있는 많은 결과에서도 같지 않을 것이다. 많은 결과들은 어떤 해로운 요인이 축적되어 특정 문턱값 수준을 넘는 경우 아니면 특정 시간이 지난 경우 생기거나, 배타적 원인 오류를 일으킬 수 있는 다른 병인이 원인이 되어 생긴다.

원인분율과 초과분율의 구분은 유용하고 중요하다. 그러나 초과분율과 인구집단 초과분율을 어떻게 인과적으로 해석할 것이냐는 질문을 회피하기 위해 이 구분을 이용할 수는 없다. 다만 생길 수 있는 오해에 대비하는 데 사용할 수 있을 따름이다. 우리가 이 구분을 지지하는 것 이상의 어떤 일도 하지 않는다고 해 보자. 이 경우, 우리 입장은 초과분율을 인과적으로 해석할 수 있느냐는 문제에 아무런 답도 함축하지 못한다. 다시 말해 초과분율 그 자체로는 인과적 해석이 가능하지 않으며, 원인분율의 존재와 같은 인과적 사실을 지시하지도 않는다. 초과분율은 매우 특별한 조건이 만족될 때만 그와 같은 인과적 사실과 합치한다.

하지만 이러한 함축은 그럴듯하지 않다. 어떤 실제 상황에서든 그리고 '초과'라는 용어를 중립적으로 유지하려는 노력에도 불구하고, 초과분율과 인구집단 초과분율은 인과적 의미를 가지며 그것은 순전한 수학적 정의를 넘어 확장된다. 뚜렷한 잠재적 교란변수가 검토되지 않은 상태로 남아 있는 경우, 두 지표는 성급하게 적용되어 **오용될** 수 있다. 예를 들어 만일 누군가가 주장해왔듯이 적응증[60]에 따른 심각한 교란의 가능성이 남아 있다면, 아세트아미노펜을 사용할 경우 천식의 인구집단 초

----

60   적응증에 의한 교란은 약이나 다른 처치가 적용되는 조건이 해당 연구에서 결과의 원인이 될 때 발생한다. 예를 들어 만일 바이러스 감염이 천식의 원인이 될 수도 있다는 가능성을 배제할 수 없고 바이러스 감염이 있는 환자에게 아세트아미노펜을 투약하는 경우, 아세트아미노펜과 천식의 연관성은 적응증에 의해 교란될 것이다.

과분율이 20%~40%라는 말은 **잘못이다**. 여기에 수학적 오류가 전혀 없는 것은 분명하다. 하지만 여기서 어떤 근본적인 사실, 즉 아세트아미노펜의 인과적 효력에 대한 사실이 측정된 것이 아니기 때문에, 그런 식으로 측정지표를 해석한다면 이는 지표를 남용하는 일이 될 것이다. 이는 신축성 있는 테이프를 사용하고 있으면서도 그것이 팽팽한지 확인조차 하지 않고 두 지점 사이의 거리를 계산하기 위해 그 테이프로 길이를 측정하는 상황과 같다. 이 경우에도 측정된 숫자를 얻을 수는 있다. 하지만 이는 테이프를 이용한 측정을 남용하는 일이다. 측정된 숫자 역시 어떤 거리를 표현한다. 하지만 그것은 측정하기를 원했던 값과 아무런 중요한 연관성도 지니지 못한다.

어떤 식으로든 인과적 언어를 쓰지 않고 **인구집단 초과분율을 기술하는** 일은 불가능하다는 점도 언급해 둘 필요가 있다. 초과분율의 경우 우리는 인과적 언어를 쓰는 일을 피해갈 수도 있다. 노출·비노출 위험도차를 노출 위험도의 비율로 표현하기 위해 간단히 수식을 넣어 말할 수 있다는 것이다. 그러나 인구집단 초과분율은 전체 인구집단에 적용되는 측정지표의 일종이므로, 두 실제 집단 사이의 비교로 표현할 수 없다. 우리는 인구집단 초과분율이 노출로 인한 위험의 분율이라고 말할 수도 있으나, 이는 명백히 인과적 주장이다. 만일 이런 논지를 좀 더 전개하다 보면, 인구집단 초과분율을 노출이 인과적 요인인 위험의 분율이라고 말하거나(배타적 원인 오류) 노출이 없으면 얼마나 많은 위험이 줄어들 것인지 기대함을 말할(반사실적 오류) 수도 있다. 즉 인구집단 초과분율을 부주의하게 사용하면 이미 서술된 두 가지 오류 중 하나를 범하기 쉽다.

최소한 인구집단 초과분율의 경우, 산술적으로 흠잡을 데 없는 수식이 인구집단 초과분율을 잘못 계산했거나 바른 인구집단 초과분율 계산법이 아니라고 말하기 위해서는 그리고 이 지표 자체를 설명하기 위해서는 어느 정도 인과적 해석이 필수적이다. 이 지표를 설명하는 일은, 이 지표를 어떤 식으로든 일종의 지표로 보는 한편 관련 수식을 활용해 계산을 해야 하는 상황을 정당화하기 위해서라도 필요하다. 따라서 최소한 인구집단 초과분율의 인과적 해석을 찾을 만한 가치가 있다. 그리고 이런 노력 끝에 유망한 인과적 해석을 할 수 있게 된다면, 그 해석이 초과분율에도 잘 적용되는지 살펴볼 필요가 있다. 초과분율과 인구집단 초과분율 사이에는 깊은 유사성이 있기 때문이다.

'~가 기여하는' 그리고 '~에 의해 설명되는'

우리는 이들 측정지표를 인과적으로 해석하는 두 가지 분명한 방식을 검토해 왔다. 하지만 논리적 공간이 완전히 없어지지는 않았다. 아직 검토하지 않았지만 두드러진 선택항이 남아 있기 때문이다. '~가 기여하는'을 대략 '~에 의해 설명되는'을 뜻하는 말로 보는 관점이 바로 그것이다. 이를 다음과 같이 간단하게 정리할 수 있다.

어떤 노출이 왜 노출과 비노출 사이의 순 차이가 발생했는지를 설명하는 경우 오직 그 경우에만 위험분율은 그 노출에 기여한 수준이다.

나는 이미 3장에서 차이를 설명하는 데 적합한 설명 모형을 자세히 서술한 바 있다. 순 차이를 설명하기 위해서는 문제의 노출이 노출군에서는 위험의 원인이며, 비노출군에서는 이 노출이 없기 때문에 위험이 낮아진 다는 사실을 언급할 필요가 있다. 언급된 원인이 **순** 차이의 원인임이 중요 하다.

기여도를 이와 같이 생각하는 방식을 취할 경우, 이 장에서 서술된 다 양한 오류를 범하지 않을 수 있다. 예를 들어 아세트아미노펜은 아세트 아미노펜 노출군 및 비노출군 사이에서 빚어진 천식 위험 순 차이의 원 인으로 언급될 수 있다. 이 때, 이런 언급을 하는 사람이 아세트아미노펜 사용을 중단하면 무슨 일이 일어날 것인지에 대해 어떤 주장도 하지 않 는다면, 그는 반사실적 오류를 피할 수 있다. 어떤 사람은 그와 같은 치 료 절차의 결말에 대해 여전히 아주 정합적인 불가지론을 취할 수 있다. 또 제시된 치료 대안에 대해 좀 더 많은 정보가 필요하다는 주장을 할 수 도 있다. 또한 기여도에 대한 이런 해석을 채택하면, 아세트아미노펜이 초과 발생한 천식의 배타적인 원인이라고, 다시 말해 원인분율이 초과분 율과 같다고 주장하지 않을 수도 있다. 아세트아미노펜은 초과분율에 의 해 표현되는 숫자보다 노출군에서 더 많은 천식 환자를 만들어 낼 수 있 는 원인임을 인정하면서, 동시에 노출은 순 차이의 원인이라고 역설한 다면 완벽하게 정합적이다. 이상의 논의에 따라, 만약 '~가 기여하는'을 '~에 의해 설명되는'으로 이해한다면, 우리는 스스로를 두 가지 오류로 부터 지킬 수 있다.

결론

◉

               우리는 기여분율을 이해할 때 생기는 개념적 어려움을 확인했다. 이는 배타적 원인 오류와 반사실적 오류로 나타난다. 노출이 노출 인구집단의 위험을 결정하는 데 있어 인과적 역할을 얼마나 수행하는지 보여 주는 측정지표가 곧 초과분율이라는 주장에는 근거가 없다. 그 값은 단지 노출과 비노출 인구집단의 위험 사이의 순 차이에 대한 측정지표일 뿐이기 때문이다. 기여분율을 노출이 없으면 감소하게 될 위험의 수준과 동일시하자는 제안 역시 지지할 수 없다. 노출이 없을 경우 다른 노출이 그 자리를 대신 차지할 것이고, 그 다른 노출이 어떤 효과를 낼 것인지에 따라 위험 감소 수준이 결정될 것이기 때문이다. 초과분율로부터 원인분율을 분리시키는 대안도 고려했지만, 이런 검토로 초과분율을 인과적으로 해석하면 안된다는 주장을 정당화시킬 수는 없었다. 이는 측정지표를 사용할 목적을 빼앗는 결정이기 때문이다. 마지막으로, '~가 기여하는'이 '~에 의해 설명되는'을 뜻한다는 생각을 활용한 간단한 정식을 확인했다.

    왜 노출과 비노출 사이의 순 차이가 발생했는지를 어떤 노출이 설명하는 경우 오직 그 경우에만 위험분율은 그 노출에 기여한 수준이다.

    이것은 초과분율과 기여분율 그리고 인구집단 초과분율과 인구집단 기여분율 사이에 분명한 차이를 만들어낸다. 위의 정식은 3장에서 제안하였던 설명에 대한 대조 모형을 사용하는 한편, 인과 해석 문제에 대한 일반적인 해결책을 인과 강도 측정지표를 해석하는 문제에 적용한 사례이다.

9장

위험 상대주의, 상호작용, 물리학의 그림자

요약

몇몇 역학자들은 위험 측정지표로 '절대' 지표보다 '상대' 지표를 선호하는 경향이 있음을 확인하고 이를 개탄해왔다. 이 장에서는 이러한 경향을 검토하고, 이러한 경향을 정당화할 수 있는 근거가 무엇일 수 있는지 점검할 것이다. 첫 번째 정당화 방식은 상대위험도(RR)를 환자-대조군 연구로부터 추산할 수 있다는 점이다. 하지만 다른 측정지표를 사용할 수 있는 경우 RR을 선호해야 할 이유는 없다. 두 번째 정당화 방식은 RR이 인과 추론에서 특히 높은 평가를 받아왔으며, 더 일반적으로는 인과 강도를 표현하는 지표로 받아들여져 왔다는 데 주목한다. 이러한 사고방식은 잘못되었다. 이런 생각을 따라가면 흡연과 폐암에 관한 논쟁에서 있었던, 결정적이지만 잊혀졌던 장면까지 거슬러 올라갈 수 있기 때문이다. 우리는 버크슨(Joseph Berkson)이 오래 전에 제기했으나 잊혀졌던 논증을 재고함으로써 풀(Charles Poole)이 최근 제기한 논점과 같은 취지에서 왜 문제의 사고방식이 잘못인지를 살펴보려한다. 마지막으로 RR이 인구집단 사이에서 더욱 잘 이전 가능하다는 정당화가 있다. 하지만 이러한 주장은 특정 가정 아래에서만 사실인데다가, 그와 같은 가정이 충족될 때 RR이 감추고 있는 인구집단 간 차이가 오히려 인구집단 건강에서 주요한 관심사가 된다는 반론이 가능하다. 나는 물리학의 길디 긴 그림자가 역학도 물리학을 모방해야만 한다는 믿음을 낳게 했다고 추측하면서 논의를 끝맺을 것이다. 아마도 역학의 강점은 물리학을 모방하지 않는 데 있을 것이다.

위험 상대주의

몇몇 학자들은 역학 실무와 교육에서 특정 종류의 인과 강도 측정지표가 다른 측정지표보다 선호되는 경향이 있다는 데 주목해왔다. 몇몇 사람들이 보기에 인과 강도에 대한 '상대' 측정지표는 부당한 특권을 누려왔다. 나는 이와 같은 특권을 부여하는 사고방식에 대해 '위험 상대주의'라는 용어를 쓰려고 한다. 이 사고방식은 연관성의 강도를 표현하는 지표로 '상대' 측정지표를 선호한다. 그러나 '상대' 지표가 특별히 배타적으로 위험비나 상대위험도만을 뜻하는 것은 아니다. 어떤 학자는 위험 상대주의가 어쩌면 경제적 이득을 위해 작은 차이를 크게 보이게 만들고 중요하지 않은 부분을 중요하게 만드는 과장의 도구에 불과할지도 모른다고 주장해왔다. 이들은 상대 측정지표가 잘못된 우상과 같다고 외친다. 역학자들이 그 지표가 실제로는 지니지도 않은 힘을 그 지표에 부여하고 있고, 또 그 지표는 인과 사실을 전달하는 도구라는 근거 없는 유명세를 누리고 있다는 것이다. 두 가지 비난은 서로 연결되어 있는데, 상대 측정지표를 과장의 도구로 이용하는 일은 다른 측정지표보다 일종의 우선권을 가진 것처럼 보이는 측면에 의존해야 가능하기 때문이다.

예를 들어 워럴(John Worrall)은 상대 측정지표가 약물 임상시험의 효과를 과장하려는 의도로 이용되고 있다고 우려한다.(Worrall 2010) 이 맥락에서, 약물에 '노출'되거나 치료받은 사람들의 위험은 노출되지 않은 사람들의 위험보다 낮아질 것이다. 따라서 논점이 되는 '상대' 측정지표는 다음과 같은 **상대위험비감소**다.

$$\text{RR}_{\text{Red}} = \frac{R_U - R_E}{R_U} = \frac{RD}{R_U}$$

상대위험비감소란 노출군의 위험도(R_E)와 비노출군의 위험도(R_U) 사이의 위험도차(RD)를 분자로 하고, 비노출군의 위험도를 분모로 하는 분수식으로 표현된다. 예를 들어 임상시험에서 스타틴이 심장병의 위험도를 5%에서 3%로 낮췄다면, 이때 위험도 감소는 40%(=(5%-3%)/5%)가 된다. 이는 매우 인상적으로 보인다. 하지만 위험차를 비노출군 위험으로 나눈 분율(즉 상대위험비감소)이 아니라 차이만으로 표현할 경우, 이 차이는 2%(=5%-3%)이며 이 수치는 훨씬 덜 인상적이다. 워럴은 이 숫자에 따르면 스타틴을 복용한 사람 중 단 2%만 이득을 기대할 수 있으며, 따라서 사람들에게 40%까지 위험을 감소시킬 수 있다고 말하는 것은 이 상황을 통째로 잘못 전달하는 태도라고 지적하고 있다.(Worrall 2010, 298~300) 만약 우리가 이러한 상대위험도 수치를 개인에게 적용되는 확률로 곧바로 바꿔놓을 수 있다고 가정해 보면, 스타틴 복용은 복용한 사람이 심장병에 걸릴 가능성을 40%까지 낮출 수 있을 것이다. 이와 같은 수치는 약물 부작용이 그리 바람직하지 않은 경우에도 매력적으로 들린다. 그렇지만 어떤 개인이 스타틴을 통해 이득을 얻을 가능성이 사실 2%라면, 이런 말은 그리 매력적이지 않게 들린다. 특히 약물 부작용이 있거나 그 약물이 다른 위험을 동반한다면 더욱 그렇다.[61]

워럴은 위험 상대주의는 '상대' 측정지표를 인과 강도에 대한 측정지표로 선호하는 경향이며, 이를 통해 어떤 약물이나 시술의 효과가 과장되고 있다고 고발하고 있다. 워럴은 제약사가 이러한 과장으로부터 경제적 이득을 얻을 가능성이 있음을 지적한다. 하지만 위험 상대주의는 경제적 이득이 동기가 아닌 경우에도 발견된다. 따라서 상대 측정지표를 선호하는 바이어스에는 좀 더 깊은 개념적 이유가 있다고 추정해 볼 수 있다. 많은 사려 깊은 역학자들 역시 사람들이 '절대' 측정지표보다 '상대' 측정지표를 정당한 근거 없이 선호하는 현상이 있다고 주장한다. 모라비아는

----
61   그러나 이는 측정지표가 인구집단 건강 측면에서 이득이 없음을 함축한다는 뜻은 아니다. 로즈(Geoffrey Rose)는 "지역사회에는 커다란 편익을 가져오는 예방 정책이 참여하는 각 개인에게는 거의 혜택을 주지 않는" 현상을 예로 들어 설득력 있게 주장했다. 로즈는 이를 예방의 역설(Prevention Paradox)이라고 불렀다.(Rose 1992, 47)

흡연과 폐암에 관한 초창기 환자-대조군 연구에서 대조군의 95.8%와 환자군의 99.7%가 흡연을 했다는 점에 주목했다.(Morabia 2004, xvi) 모라 비아에 따르면 유능한 학생들은 오즈비가 14.6이라고 바로 계산할 수 있고,[62] 이 지표는 몇몇 상황에서는 상대위험도의 근사값으로 이용될 수 있다.(Szklo and Nieto 2007, 80) 그러나 두 집단 모두에서 흡연자의 비율이 매우 높다는 가장 놀라운 발견은 보통 '고려사항 없음'으로 처리되었다. 게다가 어떤 학생들도 4%보다 작은 오즈의 차이를 상대위험도>14로 바꾸는 '마술에 가까운 변환'의 개념적 기초를 설명할 수 없었다고 한다. 모라비아가 품고 있던 관점은 워럴과 거의 같다. 노출 위험도와 비노출 위험도 사이의 관계를 비(ratio)로만 표현하면 중요한 정보를 빠뜨리게 되고, 따라서 비에만 배타적인 관심을 두면 불완전한 표현이 되기 십상이다.

역학 학술지에도 역학이 상대 측정지표가 아닌 측정지표들에 좀더 관심을 기울여야 한다는 호소가 실렸던 바 있다. 1995년 노스리지(Mary Northridge)는 어떤 노출에 대한 공중보건 결과를 평가하려면 인구집단 초과분율[63]에 좀 더 관심을 기울여야 한다고 주장했다.(Northridge 1995) 이 책을 쓰는 시점에 좀 더 가까운 문헌으로, 학술지 『역학』은 '좀더 불균형한 역학'이라는 제목으로 특집을 내놓았다.(Kaufman 2010) 이 특집에서는 풀의 논문이 특히 중요하다. 그는 상대위험도가 인과 강도 측정지표로서 위험도차보다 우세해진 역사적 과정을 설명한 다음, 이는 한 가지 오해

----

[62]   계산식은 $\dfrac{99.7\,/\,0.3}{95.8\,/\,4.2}$ 가 된다.

[63]   노스리지는 이 개념을 인구집단 기여위험도(population attributable risk), 줄여서 PAR이라고 불렀다.

에 근거하고 있음을 보였다.(Poole 2010)

위험 상대주의란 정확히 무엇인가? 그런 사고방식에서 무엇이 잘못되었는가? 이 장에서 나는 여기저기 흩어져 있는 있는 단서들을 조사한 다음, 그 단서들을 종합하여 위험 상대주의가 존재하게 된 이유는 무엇인지 살펴보는 한편, 그에 대해 받아들일 만한 설명이 있는지도 검토해 볼 것이다.

'절대'와 '상대'는 그렇게 만족스러운 용어가 아니다. 두 용어가 매우 많은 용도로 사용되고 있다는 점에서, 두 용어의 명시적 정의를 먼저 내리지 않고서는 선명한 구분을 할 수 없기 때문이다. 3장에서 이미 언급했듯이 절대·상대 측정지표 모두 현재 맥락에서는 대개 분수 또는 분율로 계산된다. 절대 숫자는 실제 환자의 숫자로 생각하는 편이 훨씬 자연스러울 수도 있다. 이는 그 숫자가 대표하는 실제 환자의 숫자, 예를 들어 1940년대 영국에서 디프테리아 예방접종으로 목숨을 구한 아이들의 숫자는 그밖의 다른 것에 의존하지 않는다는 의미에서 '절대'이기 때문이다.(Rose 1992, 47) 그러나 '절대'라는 용어가 현재 맥락에서 이용되는 방식은 상당히 다르다. 어떤 경우, 이 지표는 비가 아니라 차이의 양을 나타내는 측정지표와 단순한 동의어로 이용되기도 한다. 이런 경우에는 위험도차만을 절대 지표로 간주할 수 있다. 워럴의 견해 역시 그렇다.(Worrall 2010) 인구집단 초과분율은 위험도차가 아니라 비이지만, 때때로 위험도차와 함께 절대 측정지표에 포함되기도 한다. 사실 8장에서 보았듯이 일반인구 초과분율은 수학적으로 위험도차보다는 초과분율과 좀 더 가깝다. 이는 위험도차는 두 위험의 차이값에 지나지 않기 때문이다. 상대위험비감소와 인구집단 초과분율 모두는 위험도차를 하나의 위험(비노출 위험도나 전체 위험)으로 나눈 분율로 표현된다. 한편 상대위험도의 경우, 상대위험도와 상대위험비감소 역시 특별히 수학적으로 연계되지 않는다. 상대위험비감소는 위험도차만으로 계산될 수 없는 것처럼 상대위험도만으로도 계산될 수 없다. 상대위험비감소를 계산하려면 노출군 위험도나 비노출군 위험도가 필요하기 때문이다. 인구집단 초과분율의 특징은 그것이 일반인구(또는 전체 위험)에서의 노출 유병률에 달려있다는 사실이다. 반면 위험도차는 그렇지 않으므로 절대·상대 지표는 비 또는 분율인지 여부에 따라 나눌 수도 없고, 노출 유병률을 고려해야 하는지 아닌지에 따라 나눌 수도 없다.

결국 '상대'와 '절대'라는 용어는 여러 종류의 측정지표를 선명하게 구분하는 데 도움이 되지 않을 정도로 매우 모호하다. 게다가 다양한 이른바 상대·절대 측정지표들을 두 종류로 분류할 수 있는 정합적인 근거를 찾아보기도 어렵다. 어떤 측정지표들을 절대와 상대로 구분할 수 있는 근거를 아직 찾지 못했을 뿐이라며, 새로운 구분 근거를 찾아내려고 애쓰는 일은 별 의미가 없다. 차라리 풀과 모라비아의 입장처럼, 위험비와 같은 특정 측정지표를 우선시하게 된 관습은 역사적 우연에 의해 생겨났을 뿐 정당한 근거가 없다고 보는 편이 낫다. 과거의 몇몇 연구에서 어떤 측정지표들이 다른 지표에 비해 몇 가지 장점을 더 가진다는 주장이 있었고, 그것이 오늘날 상대 지표를 선호하는 현상으로 남았다는 것이다. 이러한 역사적 사례들은 교과서와 역학 분야 전체에 걸쳐 그 흔적을 남겼다. '위험 상대주의'는 그저 이런 흔적 가운데 하나일 뿐이다.

철학자로서 내 일차적 관심은 위험 상대주의가 생겨나게 된 역사적 일화와 과정을 기술하는 데 있지는 않으며, 위험비가 방법론적인 이점이

있다는 주장을 평가하는 데 있다. 그 가운데 다음과 같은 세 가지 주장이
두드러진다.

- 특정 측면에서 위험비의 통계적 편리함
- 인과 추론에서 위험비의 유용함
- 한 인구집단에서 다른 인구집단으로 위험비가 이전 가능하다는 추정

아래에서는 각각의 견해를 차례로 탐색하고, 이들 견해가 불충분하다
는 점을 살펴볼 것이다.

통계적 편리함에 근거한 논증

◉

                     상대위험도를 이용하는 가장 실용적인 이유는
상대위험도를 환자-대조군 연구를 이용하여 손쉽게 추정할 수 있기 때
문이다. 환자-대조군 연구는 비교적 짧은 기간 내에 적은 비용으로 수행
될 수 있다. 또 환자-대조군 연구로부터 오즈비를 산출할 수도 있다. 질
병이 충분히 드문 경우, 오즈비는 상대위험도의 근사치가 된다.[64] 그린
랜드는 오즈비로부터 상대위험도를 편리하게 계산할 수 있다고 말한 다
음, 이 편리함이 이 작업의 타당성을 지지하는 많은 '가짜' 논증을 유발

----

64   오즈비를 이용해 상대위험도를 추정하는 방법과 회귀 질환 가정에 대해 더 알아보려면 Szklo and
Nieto 2007, 80을 참조.

했던 것처럼 보인다고 주장한다.(Greenland 2012b, 2775) 그린랜드는 로빈스(James Robins), 펄과 함께 효과 측정지표로 오즈비를 사용할 경우 효과 측정지표로서의 생명력을 의심스럽게 만드는 역설이 나타난다고 주장했다.(Greenland, Robins and Pearl 1999, §5) 이 역설 때문에, 오즈비로부터 상대위험도를 쉽게 추산할 수 있다는 사실은 오즈비를 빈번하게 사용되게 만드는 한편 동시에 심각한 문제를 만들어내는 이유가 되고 만다.[65]

그린랜드는 한걸음 더 나아가 상대위험도가 선호되는 이유에 대해 좀 더 역사적 기반이 있는 설명을 제시했다. 그린랜드에 따르면, 콘필드와 동료가 논문을 썼을 당시에는 상대위험도가 상당한 계산상의 장점을 제공할 수 있었다.(Greenland 2012b, 2774). 당시 환자-대조군 연구 결과를 적절한 인구집단 자료와 결합시키는 데는 시간이 오래 걸리고 비용이 많이 들었다. 또 계산상의 실수도 잦았다. 반면 상대위험도를 사용하면 이런 문제점을 피할 수 있었다. 그린랜드는 다음과 같이 쓰고 있다.

편리함이나 단순성이 지닌 힘은 과학적 인식을 추동하기도 하지만 때로 난

----

65   (옮긴이) 심한 고혈압과 급성 심근경색증 발생률의 관련성을 살펴보는 가상의 코호트 연구 결과를 생각해 보자. 심한 고혈압이 있는 사람 10,000명 중 180명이, 정상 혈압인 사람 10,000명 중 30명이 급성 심근경색증에 걸렸다. 상대위험도 RR = $\frac{180/10000}{30/10000} = \frac{0.0180}{0.0030} = 6.00$이 되고, 오즈비 OR = $\frac{180/9820}{30/9970} = \frac{0.01833}{0.00301} = 6.09$로 계산되어 상대위험도와 오즈비는 큰 차이가 없다. 한편 인플루엔자 백신 시험에서 백신 접종군과 위약 대조군의 반응률을 살펴보는 가상의 연구 결과를 생각해 보자. 백신 접종군 2,570명 중 650명, 위약 대조군 2,410명 중 170명에게서 반응이 나왔다. 상대위험도 RR = $\frac{650/2570}{170/2410} = \frac{0.2529}{0.0705} = 3.59$가 되고, 오즈비 OR = $\frac{650/1920}{170/9970} = \frac{0.3385}{0.0759} = 4.46$으로 계산되어 오즈비는 상대위험도에 비해 과대 추정된다. 급성 심근경색증은 희귀 질환 가정을 충족하지만 백신 반응은 충족시키지 못하기 때문에 두 값은 서로 일치하지 않는다. 상대위험도와 오즈비 추정의 불일치를 내장 바이어스(built-in bias)로 설명할 수 있다.(각주 65 참조)

처하게도 만든다. 하지만 나는 바로 그 힘이 통계학의 잠재력이었다고 믿는다. 또 위험 상대주의라는 참호는 가장 편리한 도구를 쓰려는 방향으로 사람들을 이끌어가는 인지 바이어스를 불러오는 데 상당 부분 책임이 있다고 생각한다.(Greenland 2012b, 2775)

위의 설명은 의심의 여지없이 참이다. 철학자들은 자신들의 방법이 해결하려는 문제를 다루는 데 적절하지 않을 수 있다는 점을 매우 고통스럽게 배워왔으므로, 편리함이 과학자를 난처하게 만드는 만큼 철학자도 난처하게 만들지는 않을 것 같다. 편리함은 어떤 방법을 선호할 좋은 이유일 수 있다. 다만 그러기 위해서는 상당히 좋은 방법이어야 한다. 어떤 방법이 편리하면 쉽게 이용할 수 있고, 따라서 유용하기도 하다.

그럼에도 상대위험도가 편리하다는 사실로는 그 지배적인 지위를 전적으로 만족스럽게 설명할 수 없으므로, 여기에 안주할 수 없다. 특히 상대위험도에서 오즈비를 편하게 계산할 수 있다는 주장이나 상대위험도가 계산에 편리하다는 주장은 보편적인 설득력을 가지지 않는다. 그린랜드가 언급했듯이 오즈비와 상대위험도가 밀접하게 연계되어 있다는 주장은 이제 의심스럽다. 관련 인구집단 자료와 결합시켜 절대적 비교를 할 수 있도록 데이터를 보정하는 일에 필요한 계산 능력을 확보하는 일은 예전에는 매우 비쌌지만 이제는 손에 들고 다니는 장치로도 가능하다.(Greenland 2012b, 2774~2775) 그러나 여전히 상대위험도가 다른 측정지표보다 인과 추론을 위해 더 좋은 지표라는 믿음이 팽배해 있다.

만약 통계적 편리함이 이와 같은 믿음에 대한 유일한 설명이라면, 이 믿음은 전혀 어렵지 않게 거짓임을 보일 수 있다. 단지 더 편리하기 때문에 상대위험도를 선호한다면, 편리함이라는 차이는 계산 능력의 발전을 통해 서서히 침식되어 왔기 때문에 더 이상 상대위험도를 선호할 이유는 없다. 사실 편리함이 유일한 장점이라는 설명은 상당히 당혹스러운 설명이기도 하다. 왜냐하면 이런 설명은 곧 상대위험도가 계산하고 작업하는 데 편리하다는 이유 때문에 이 측정지표가 인과적 사실을 밝히는 데 특별한 능력을 갖고 있다는 오해가 역학자 사이에 널리 퍼져 있다는 설명이기 때문이다. 상대위험도가 편리하기 때문에 널리 사용됐다는 설명은 꽤 그럴듯하다. 하지만 이 편리함이 너무도 명백한 개념적 오류(즉 편리하므로 인과적 사실도 밝혀낼 수 있다는 잘못된 생각)에 기여했다는 주장은 그리 그럴듯하지 않다. 그러나 비록 오류일지라도, 사람들의 마음 속 깊은 곳에 있는 (그러나 오해를 불러올 법한) 개념적 확신에 호소하면 상대위험도를 선호하는 현상에 대해 좀 더 관대하고 그럴듯한 설명을 할 수 있을 것이다.

이런 명백한 혼란이 역학이라는 분과의 특징에서 기인한다고 간주하지 않는 한, 통계적 편리함을 통한 설명은 상대위험도를 사용하는 것이 다른 측정지표를 사용하는 것보다 크게 편리했을 때에만 효과적일 것이다. 예를 들어 환자-대조군 연구로부터 상대위험도를 추정해낼 수 있는 가능성은 위험도차·인구집단 초과분율 등의 다른 측정지표를 계산할 수 없을 때 상대위험도를 사용할 수 있는 하나의 이유가 된다. 그러나 그런 지표들을 생산하는 데 **꼭 필요한 데이터를 이용할 수 있다면** 그 지표들을 활용하지 않을 이유가 없다. 환자-대조군 연구로부터 상대위험도를 추산할 수 있다는 사실로부터 다른 **가용** 지표보다 **상대위험도를 선호하는** 이유를 찾아낼 수는 없다. 이런 사실로는 다른 지표를 이용할 수 없을 때에만 상대위험도의 사용을 설명할 수 있다.

오즈비를 이용한 계산이 상대위험도를 과장하는 경향도 주목할 만한 가치가 있다. 상대위험도가 1보다 크면 오즈비가 더 크고, 상대위험도가 1보다 작으면 오즈비는 더 작기 때문이다.[66] 워럴의 말처럼 위험 상대주의가 과장의 도구에 불과하다면, 오즈비에 기반한 상대위험도 추산이 그 자체로 과장되어 있다는 사실은 문제를 더 복잡하게 만들고 말 것이다.

상대위험도가 정말 인과 추론에 유용한가?

◐

상대위험도가 인과 추론에 사용하기에 다른 지표보다 더 유용하다면, 이는 상대위험도를 선호하는 좀 더 그럴듯한 이유가 될 만하다. 만약 상대위험도가 인과 추론에 특히 유용하다면, 최소한 인과 추론을 염두에 두고 있는 경우 상대위험도를 이용해 연관성의 강도를 표현하는 방침을 지지하는 데 매우 좋은 이유가 될 수 있을 것이다. 상대위험도가 인과 추론에 특별한 역할을 한다는 관점은 매우 널리 퍼져 있으며, 심지어 상대위험도가 지나치게 강조되고 있다고 생각하는 사람들조차 받아들이고 있다. 예를 들면 노스리지는 다음과 같이 썼다.

발생률은 역학자가 어떤 요인이 특정 질병의 한 원인임을 판정하는 데 도

----

66   내장 바이어스(built-in bias) 항인 $\frac{1-R_U}{1-R_E}$ 는 $R_E > R_U$ 인 경우, 즉 양의 관련성인 경우 1보다 클 것이다. 왜냐하면 $(1-R_E) < (1-R_U)$ 일 때, 바이어스는 큰 숫자를 작은 숫자로 나눔을 뜻하기 때문이다. 역의 경우인 $R_E < R_U$ 에 대해서도 이 관계가 성립한다. 내장 바이어스에 대한 설명은 Szklo and Nieto 2007, 80을 참조.

움을 주는 데 반해, 기여위험도는 정책 결정권자가 조치를 취할 시점이 언제인지 알려준다.(Northridge 1995, 1203)

풀은 상대위험도가 인과 추론에서 중추적이라는 관점을 해설하기 위해 콘필드를 위시한 일군의 역학자들이 1959년에 발표한 한 편의 논문까지 거슬러 올라가 영민한 분석을 수행했다.(Poole 2010 ; Cornfield et al. 1959) 풀의 논의에서 더 나아가, 버크슨이 1958년도에 통계학 학술지에 발표한 논문에 대해 콘필드와 동료들이 논의했던 상황을 검토해 보자.

버크슨은 흡연과 폐암의 인과적 연계를 논박하기 위해 몇 가지 강력한 주장을 제시했다. 예를 들면 버크슨은 아래와 같이 썼다.

나로서는 흡연이 논의 중인 연구에서 흡연과 연관성이 발견된 모든 질병을 일으키는 원인이라는 주장을 매우 믿기 힘들다. 내가 보기에 매우 다양한 종류의 질병 범주들과 관계된 다양한 통계적 연관성이 발견된다는 사실은 흡연이 그 모든 질병의 원인이라는 설명이 아니라 다른 설명을 필요로 한다. 한편 만일 우리가 아둔하게도 오컴의 면도날 원리[67]를 위배하지 않으려면, 서로 다른 각각의 연관성마다 근본적으로 다른 설명을 부여해서도 안 될 것이다.(Berkson 1958, 32)

오늘날 우리는 흡연이 실제로 다양한 질병의 원인임을 알고 있지만,

----

67   (옮긴이) 14세기 스콜라 철학자 오컴(William of Ockham, 1287~1347)의 이름을 딴 사고방식 또는 실용적 지침이다. 이 지침에 따르면, 설명에 꼭 필요하지 않은 요소는 설명 속에서 빼는 것이 좋다.

버크슨의 논증은 지금의 관점을 과거에 덧씌우지 않는 한 누구도 쉽게 기각할 수 없다. 당시 사람들은 흡연을 할 경우 담배 연기가 폐 조직과 접촉하여 폐암을 일으킨다고 보았다. 그렇다면 흡연과 다른 종류의 암 또는 심장병 사이에서 확인되는 연관성은 어떻게 설명할 수 있었을까? 흡연이라는 노출이 각각의 질환을 일으키는 서로 다른 메커니즘을 질환마다 상정하거나, 아니면 흡연-폐암 이외의 다른 연관성은 인과적이라는 주장을 부정하거나 둘 중의 하나가 될 것이다. 사후 관점 앞에서는 오캄의 면도날이 무뎌지는 경향이 있지만, 담배 연기를 마셨다고 해서 그렇게나 많은 질병 유발 메커니즘이 모두 촉발된다는 생각은 쉽게 받아들이기 어렵다. 다른 한편, 다른 연관성이 인과 추론을 보증한다는 점을 부정해 질병 유발 메커니즘이 늘어나지 않게 할 수도 있다. 그러나 다른 연관성이 인과적일 가능성을 부정한다면, 흡연과 폐암 사례의 인과 추론이 부정되지 않아야 할 이유는 과연 있는가? 흡연과 폐암의 연관성이 다른 연관성과 달라야만 하는 이유는 대체 무엇인가?

콘필드와 동료들이 상대위험도에 집중한 이유는 이러한 맥락에서 이해해야 한다. 그들의 시도는 적어도 부분적으로는 흡연과 폐암 사이의 연관성이 왜 특별한지 묻는 질문에 대한 하나의 답변이다. 지금 보기에는 부적절해 보이지만, 콘필드 등은 폐암과 흡연의 연관성이 이미 언급된 다양한 연관성보다 특권을 가질 이유가 있다고 주장했고, 이를 통해 버크슨이 제시한 딜레마의 두 번째 뿔을 붙잡았다.[68]

----

68   (옮긴이) 딜레마는 어원상 그리스어 di+lemma, 즉 '두' '명제'를 말하기 때문에, 어느 한 쪽을 선뜻 택하기 어려운 두 선택지 가운데 하나를 택하는 태도를 이렇게 표현하는 경우가 흔하다.

콘필드 등의 선택은 사후 관점 없이는 정당화하기 힘든 선택이다. 만일 그들이 공중보건을 개선하는 데 관심이 있었다면, 폐암과 흡연의 연관성을 시사하는 데이터에서 출발하는 방식이 최선은 아니었다. 버크슨은 이 점을 다음과 같이 지적하고 있다.

흡연이 폐암을 일으킨다고 주장하는 상당히 많은 문헌들이 있다. 그 문헌들의 강조점은 흡연이 암을 일으킬 수 있다는 발견이 지닌 생물학적 중요성에 있지 않았다. 그에 대해서는 거의 한 마디의 논의도 없다. 대신 그 사회적 악이 매우 많은 사람들을 죽게 만들고, 그에 대응하는 어떤 조치가 수행되어야 한다는 강력한 선전만 있었다. 이러한 상황에서 특별히 강조하자면, 사망자 비에 사로잡혀 사망자 수가 가려져서는 안된다.(Berkson 1958, 30)

버크슨은 다음과 같은 점에서 옳았다. 만일 추정상의 인과적 연결을 연구하고 이에 근거해 어떤 조치를 취하려는 동기가 목숨을 살리려는 데 있다면, 그 동기는 구할 수 있는 사람의 수에 달려 있어야 한다. 이와 같은 견지에서 볼 때 폐암에 주목하는 선전은 뜻밖의 선택이다. 심지어 흡연자에게도 폐암은 흔한 질병이 아니기 때문이다. 콘필드와 동료들조차 이를 다음과 같이 인정했다.

상대 측정지표는 1) 어떤 요인이 뚜렷한 효과를 보일 경우 그것이 인과적이지 않을 수 있는 가능성을 평가할 때, 2) 같은 효과를 유발하는 다른 가능한 요인들과 비교해 어떤 다른 요인의 중요성을 평가할 때, 3) 질병을 잘못 분류한 효과를 적절히 반영하거나 분류를 개선하고자 할 때 도움이 된다. 반면 절대 측정지표는 인과적으로 알려진 어떤 효과의 공중보건학적 중요성을 평가할 때 긴요할 것이다.(Cornfield et al. 1959, 1186)

결국 콘필드와 동료들은 버크슨과 마찬가지로 공중보건에서 사망자 수가 중요하다는 주장을 인정했다. 이들은 '상대 측정지표', 특히 상대위험도가 인과 추론에 특별히 유용한 세가지 측면을 차례로 열거하고 있다. 상대위험도에 초점을 맞추면 버크슨의 딜레마의 두 번째 뿔을 붙잡게 된다. 동시에 폐암에 대한 인과 추론이 특권적일 수 있는 강력한 이유, 다시 말해 다른 질병보다 폐암에 대한 인과 추론이 더욱 강력해야 하는 이유가 당시에 존재했다는 함축도 받아들이게 된다.

사후 관점에 기초해서 과거의 논의를 비판하는 일은 쉽지만, 찜찜한 구석이 있는 일이다. 하지만 이러한 종류의 비판을 받는 사람들은 대개 공적인 토론에서 패배한 사람들이었다. 그렇다면 이 지점에서 당시 논쟁의 승자였던 콘필드와 동료들에게 여러 비판을 감행하더라도 그리 부당하지는 않을 듯하다. 단순히 사후 관점에 의존하지 않더라도, 동시대의 공중보건과 방법론만 감안해도 그들이 위와 같은 경로를 잘못 택했다는 주장이 가능하다. 공중보건의 관점에서 보면, 중요한 문제는 사망자 절대 수이다. 이 점은 논쟁을 수행했던 당사자들 역시 수용했다. 방법론적 관점에서 보면, 인과 추론에서 상대위험도를 이용하면 장점이 있다는 주장은 검증을 통과하지 못할 것이다. 콘필드와 동료들은 교란변수를 제거할 수 있다는 점에서 상대위험도를 옹호했으나, 풀은 교란변수를 제거하는 능력에 있어 상대위험도가 위험도차보다 일방적으로 우세하지는 않다는 점도 보였다.(Poole 2010)

그러나 여기에는 버크슨이 밑그림을 그렸지만 진전시키지 않은 더 중요한 문제가 있다. 그 문제는 노출군의 위험도와 비노출군의 위험도를 비교하는 방식을 인과 강도를 측정하는 유일한 또는 옳은 방식으로 간주해야 할 특별한 이유가 없다는 데 있다. 우리가 지금까지 논의해온 측정 지표 거의 대부분이 이러한 비교에 근거하므로, 이 문제는 심각하다. 다음의 주장은 다른 비교 방식이 필요하다는 제안을 담고 있다.

만약, 예를 들어 흡연과는 무관하게 심장병이 폐암보다 더 많은 사망자를 발생시킨다고 해 보자. 이 경우, 흡연이라는 노출이 있을 때 심장병 사망에 취약한 사람 수가 폐암 사망에 취약한 사람 수보다 더 적다. 이 사례에서 흡연으로 인한 심장병 사망자 수와 폐암 사망자 수가 같다고 하더라도 흡연이 심장병 사망에 끼치는 영향력의 크기는 폐암에 미치는 크기보다 클 것이다.(Berkson 1958, 30)

버크슨의 제안은 기발하다. 그는 노출의 숫자와 비교하여 노출의 효과를 표현하지 않고, 취약 인구집단(susceptible population, SP)과 비교하여 효과를 표현할 것을 제안하고 있다. 취약 인구집단이라는 측정지표는 다음과 같이 정의할 수 있다.

$$SP = 1 - R_U$$

취약 인구집단은 질병이 생기지 않은 비노출 개인의 수를 비노출 개인의 수로 나눈 비율로 표현된다. 이러한 측정지표는 모두 순 효과를 보이

는 것을 목적으로 하기 때문에, 취약 인구집단을 한정된 개인들의 집합으로 생각해서는 안 된다.[69]

왜 취약 인구집단에 관심을 가져야 하는가? 공중보건의 관점에서 보면, 어떤 노출이 취약 인구집단에 끼치는 효과는 그 노출이 만들어내는 순 차이를 나타내기 때문에 관심 대상이다. 마찬가지로 개인의 관점에서 볼 때, 자신이 어떤 질병에 걸릴 가능성이 무작위로 선택된 개인과 차이가 날 다른 특별한 이유가 없을 경우, 그 사람은 문제의 노출이 얼마나 차이를 만들어낼지 알고 싶어할 것이다.

상대위험도와 초과분율은 비노출군 위험도 R_U와 노출 위험도 R_E를 비교하여 노출의 효과를 측정하는 지표다. 우리는 상대위험도 · 초과분율 · 인구집단 초과분율에 상응하는 일련의 대체 측정지표를 개발할 수 있다. 이들 각각은 비노출군 위험도가 아닌 취약 인구집단과 비교해 노출의 효과를 측정하는 지표다. 먼저, 질병을 경험하지 않은 노출 인구집단의 분율은 건강 인구집단(healthy population, HP)이라고 부르자.

$$HP = 1 - R_E$$

취약도비(susceptibility ratio, SR)는 다음과 같이 정의할 수 있다.

----

[69]　어떤 사람은 노출되지 않고 질병에 걸릴 수도 있고 노출되고도 질병에 걸리지 않을 수도 있다. 한편, 노출은 질병이 걸리지 않은 다른 사람이 노출되게 하는 원인이 될 수도 있다. 그 결과 순 효과는 없을 것이고, 관심 대상인 어떤 측정지표로도 탐지되지 않을 것이다. 이 점이 바로 8장에서 상세히 논의했던 요점이다.

$$SR = \frac{SP}{HP}$$

취약도비는 생존비율(survival proportion)이라고 알려진 측정지표와 비슷하다.(Rothman, Greenland and Lash 2008, 40~41) 이 지표는 건강한 비노출 인구집단이 건강한 노출 인구집단에 비해 몇 배나 더 큰지 알려준다. 예를 들어 우리가 이미 예시 목적으로 몇 번 이용한 가상적 수치에 따르면, 일생 동안 흡연자에게 폐암이 생길 노출 위험도는 10%인 반면, 비노출 위험도는 0.5%이다. 상대위험도는 20이지만 취약도비는 다음과 같다.

$$SR = \frac{1 - 0.005}{1 - 0.1} = \frac{0.995}{0.9} \approx 1.1$$

흡연자의 폐암 취약도비가 1.1이라는 주장은 약간의 흥미를 불러올 따름이다. 공중보건 정책결정자는 폐암이 생기지 않은 비흡연자가 폐암이 생기지 않은 흡연자에 비해 1.1배 흔하다는 점에 관심을 가질지도 모른다.[70]

상대위험도와 취약도비를 가상적 관상동맥질환의 사례를 들어 비교하면 더욱 뚜렷하게 대조할 수 있다. 이 관상동맥질환의 위험이 남

----

[70] 우리는 또한 폐암으로 고통받고 있지 않은 흡연자와 비흡연자의 비를 표현하기 위해 역수를 취할 수 있고, 그 수치를 건강도비(health ratio, HR)로 부를 수 있다. 그 공식은 $HR = 1/_{SR}$ 이 된다. 이 사례에서 $1/_{SR} = 10/_{11} = 0.9$ 또는 90%가 된다. 이는 비흡연자에서와 마찬가지로 흡연자의 90%가 폐암이 없는 상태를 유지한다는 뜻이다.

자 비흡연자에서는 일생 동안 10%이고 흡연자에서는 일생 동안 18% 라고 가정해 보자. 이때 상대위험도는 18/10=1.8인 반면, 취약도비는 (100-10)/(100-18)=90/82=1.1이 된다. 이 수치에 따르면, 흡연의 폐 암에 대한 상대위험도는 심장병에 대한 상대위험도보다 대단히 크지만, 취약도비는 두 질환에서 대체로 같다. 이 수치에 따르면, 위험의 효과가 취약 인구집단에서 비례적으로 측정된다고 가정하는 경우, 그 취약 인구 집단에서 두 질환의 위험은 거의 같다.

더 나아가 우리는 위험도차를 취약 인구집단의 분율로 표현하여, 즉 위험도차를 취약 인구집단으로 나눈 분수식을 통해 초과분율의 한 가 지 파생 지표를 정의할 수도 있다. 비록 여타 문헌에서는 상대차(relative difference)로 알려져 있지만(Rothman, Greenland and Lash 2008, 65), 우리는 이 분 율을 굴복분율(succumbing fraction, SF)이라고 부를 수 있다.

$$SF = \frac{RD}{SP}$$

이 지표는 노출의 순 효과를 노출 없이 건강한 사람 수의 분율로 보여 준다. 폐암 사례에서 굴복분율은 9.5/99.5=9.55%가 된다. 관상동맥질 환에서 굴복분율은 8/90=8.89%가 된다. 인구집단 초과분율의 경우 적 절한 측정지표가 바로 자신이기 때문에, 굴복분율에 대응하는 파생 지 표가 없다는 점에 주목하자. 두 가지 접근은 이 측정지표에서 일치하게 된다.

이러한 측정지표를 적용할 수 있다는 사실을 강조하는 이유는, 이런 지표를 실제로 사용하라는 데 있지 않다. 측정지표의 개념적 특징을 조금 다른 각도에서 조명하는 것이 그 이유의 핵심이다. 다시 말해 어떤 사태를 해명하는 인과성이라는 파이를 잘라내는 방법은 여럿이라는 데 주목해야 한다. 취약 인구집단에 대한 노출의 순 효과를 고려해 노출의 효과를 표현하는 지표는 어느 정도 직관적 의미를 가진다. 왜냐하면 굴복 분율은 노출의 효과를 겪고 있는 인구집단의 크기를 거의 그대로 보여주기 때문이다. 마찬가지로, 다른 일이 없다면 어떤 질환에 걸릴 가능성이 얼마나 되는지에 관심을 기울이는 어떤 개인이 있다고 해 보자. 그는 노출로 인해 자신이 문제의 질환을 겪을 가능성이 얼마나 높아지는지에 대해서 비노출군의 위험에 대비한 수치로 알고 싶어할 뿐만 아니라, 그 노출이 자신에게 얼마만큼의 차이를 만들어낼 것인지도 알고 싶어한다. 이 사람을 만족시킬 수 있는 선택지는 하나가 아니다. 상대위험도를 이용하여 인과성 사실을 표현하려는 선택은 단지 하나의 선택일 뿐이다. 인과적 사실에 의해서든 인과적 개념에 의해서든 이 선택이 강제되지는 않는다.

한편 이 사례는 상대 지표 대 절대 지표라는 이분법이 잘못된 방향임을 다시 한번 보여 준다. 우리가 만들어낸 측정지표 역시 상대 지표지만, 상대위험도보다 공중보건 측면에서 좀 더 관심을 가질 만한 지표임이 분명하다. 물론 구한 목숨의 절대 숫자야말로 공중보건 당국이 궁극적으로 관심을 기울일 만한 지표이지만, 노출이 없고 건강한 사람에게 어떤 노출이 얼마나 큰 차이를 만들어 내는지 알아내는 일 역시 공중보건의 관점에서 볼 때 중요하다. 상대위험도와 마찬가지로, 이들 측정지표가 공중보건 측면에서 관심을 가질 만한 가치를 지니고 있는지 여부는 노출 유병률에 의존할 것이다. 하지만 취약도비나 굴복분율은 노출군과 비노출군을 단순히 비교하지 않고 두 집단 내부에 분포하는 위험도의 수준에 민감하게 변하는 지표라는 점에서 상대위험도와 다르다. 예를 들어 상대위험도가 2라고 해 보자. 이는 위험이 두 배가 된다는 의미다. 하지만 이 지표는 중의적이다. 다시 말해 어떤 집단의 위험도가 0.5%에서 1%로 변한 상황에도 적용될 수도 있고, 10%에서 20%로 변한 상황에도 적용될 수 있다. 그러나 취약도비는 두 상황을 구분할 수 있다. 첫 번째 사례에서 취약도비는 1.005(= 99.5/99)로 계산되므로, 취약군에서 질병이 생길 위험도는 0.5% 증가한다는 것을 알 수 있다. 그러나 두 번째 사례에서 취약도비는 1.125(= 90/80)로 계산되며, 따라서 위험도는 12.5% 증가하게 된다. 물론 노출 유병률에 대한 정보가 없다면 취약도비 같은 지표로는 공중보건상의 중요성을 평가할 수 없을 것이다. 그러나 최소한 유병률이 일정한 수준인 경우, 취약도비는 첫 번째 노출이 두 번째 노출보다 공중보건상의 중요성이 덜하다는 사실은 말해줄 수 있다.

요점은 이렇다. 상대위험도를 인과 강도를 보여 주는 특권을 지닌 측정지표로 볼 만한 특별한 이유는 없고, 상대위험도가 인과성 추론에 적절하다거나 '절대' 측정지표가 공중보건 중요성을 판정하는 데 적절하다고 간주할 이유도 전혀 없다. 풀은 위험도차가 상대위험도와 유사한 방식으로 교란변수를 제거하는 데 이용될 수 있음을 보였다. 우리는 상대위험도나 초과분율과 유사하게 구성된 '상대' 측정지표들이 상대위험도보다 공중보건 당국의 관심에 알맞은 값이 될 수 있음을 이제 알게 되었다.

위험비는 '이전 가능'한가?

◉

상대위험도에 초점을 맞추는 세 번째 이유는 상대위험도가 위험 수준, 즉 위험도차가 다른 경우에도 한 인구집단에서 다른 인구집단으로 좀 더 '이동'하거나 '이전'하기 쉽다는 생각이 널리 퍼져 있기 때문이다. 만일 이 생각이 옳다면 상대위험도를 이용한 표현을 좀 더 선호할 만하다. 상대위험도 표현은 더 일반적으로 적용할 수 있으며, 따라서 고려 중인 조치가 어떤 영향을 미칠지 예상하는 데 널리 사용될 수 있기 때문이다.

상대위험도를 선호하는 이들 이유가 얼마나 적절한지는 경험적 관찰을 통해서만 평가할 수 있고, 이런 평가는 문제의 인과 관계가 지닌 성격에 따라 크게 달라질 수 있다. 분명 상대위험도의 불변성을 가정할 수 있는 여러 상황이 있다. 예를 들어 1950년대에 시작된 여러 연구는 몇몇 발암 과정 모형에서 상대위험도가 거의 일정함을 보였다.(Doll and Armitage 1954) 하지만 위험 수준이 다른 인구집단 사이에서 상대위험도를 이전시킬 수 있다고 볼 이유는 통계학에서도 생물학에서도 찾을 수 없다. 심지어 논의를 위해 이유야 어찌됐든 상대위험도가 실제로 이전 가능하다고 봐야 합리적인 상황에만 관심을 두더라도, 이전 가능성은 상대위험도로 쓰인 표현을 선호해야 할 좋은 이유가 되지는 못한다. 실제로는 정확히 그 반대이다. 상대위험도가 위험 수준이 서로 다른 인구집단 사이에서 일정하게 유지되는 상황은, 위험도차를 포함한 측정지표를 통해 연관성을 표현하는 것이 **가장 유익한** 상황과 정확히 같다.

이와 같은 두 가지 주장을 지지하기 위해서는 **효과의 이질성**이나, 역학에서 **효과 측정 변경**(effect-measure modification)으로도 알려져 있는 **통계적 상호작용** 개념이 필요하다. 효과의 이질성 또는 상호작용은 어떤 노출 효과의 측정 결과가 또 다른 노출이 있고 없음에 따라 달라질 때 일어난다.(Rothman, Greenland and Lash 2008, Ch.5) 문제의 상호작용이 언제 '이질성'이나 '상호작용'이라고 불리는지는 적용된 인과 강도 측정지표에 따라 정해지는데, 이는 여러 지표들의 수학적 속성은 각기 다르기 때문이다. 문제 상황에 상대위험도를 적용하는 경우를 살펴보자. 이 경우 이질성이 없다는 뜻에서 동질성이 있을 때 기대되는 상대위험도, 즉 기대 상대위험도(RR_{Exp})는 두 노출 상대위험도(RR_A, RR_B)를 곱해서 계산할 수 있다. 각각의 상대위험도는 어떤 노출로 인해 문제의 결과가 몇 배나 더 흔해졌는지 말해 주기 때문에 이러한 계산이 가능하다. 두 요인에 모두 노출됐을 때 관찰된 상대위험도(RR_{Obs})가 기대 상대위험도와 서로 다른 상황을 지시하기 위해서는 **곱셈 상호작용**이라는 용어가 널리 쓰인다.

$$RR_{Obs} \neq RD_A \times RD_B$$

위와 같이 곱셈 상호작용은 노출 A의 상대위험도가 노출 B에 따라 이질적인 경우, 정확히 그 경우에 일어난다.

이제 문제 상황에 위험도차를 적용하는 상황을 검토해 보자. 기대위험도차(RD_{Exp})는 개별 노출에서 관찰된 위험도차(RD_A, RD_B)를 더하면 계산된다. 여기에서 위험도차는 어떤 노출이 질병 위험을 얼마나 많이 더하는지 말해준다. **덧셈 상호작용**은 두 요인에 모두 노출됐을 때 관찰된 위험도차(RD_{Obs})가 위험도차를 더한 값과 다른 경우에 붙여진 이름이다.

$$RD_{Obs} \neq RD_A + RD_B$$

위와 같은 덧셈 상호작용은 노출 A의 위험도차가 노출 B에 따라 이질적인 경우 정확히 그 경우에 일어난다.

이러한 정의를 이용하여 우리는 다음과 같은 사항을 확인할 수 있다. 우리가 관심을 가지는 노출과 무관하게, 두 인구집단에서 위험의 수준이 서로 다르다고 해 보자. 이런 위험 수준 차이가 생긴 이유는, 두 인구집단에 차별적으로 분포하는 또는 둘 중 한 인구집단에만 있는 다른 인과적 요인 때문이어야 한다. 물론 그 요인들이 아직 완전히 알려지지 않았을 수도 있다. 만일 관심 노출의 상대위험도가 두 인구집단에서 동일하다면, 이는 다른 인과적 요인들이 해당 노출과 곱셈 상호작용을 하지 않는다는 뜻이다. 왜냐하면 만일 곱셈 상호작용이 있었다면, 해당 노출이 위험을 증가시키는 수준이 몇 배나 되는지는 두 인구집단에서 서로 달랐을 것이기 때문이다. 그런 상황이 바로 곱셈 상호작용을 말해준다. 하지만 상대위험도가 1이 되는 극히 예외적인 경우를 제외하면, 곱셈 상호작용이 없는 경우에는 덧셈 상호작용이 반드시 있어야 한다.[71] 물론 그 반대의 경우도 마찬가지다.(Rothman, Greenland and Lash 2008, 73) 위험의 수준이 서로 다름에도 상대위험도가 일정하려면, 즉 곱셈 상호작용이 없다면 노출 위험도는 비노출 위험도의 몇 배로 증가하거나 감소해야만 하기 때

----

71   (옮긴이) 두 위험 요인 간의 상호작용이 없는 경우는 상대위험도가 1이다. 상호작용이 있다면 그것은 덧셈 상호작용이거나 곱셈 상호작용이고 이외의 경우는 없다. 따라서 상호작용이 있다는 전제하에, 곱셈 상호작용이 없으면 덧셈 상호작용이 반드시 있다.

문이다. 노출 위험도가 증가하거나 감소하는 방식은 비노출 위험도에서 약간을 더하거나 빼는 방식이 아니기 때문에, 이는 덧셈 상호작용이 존재함을 뜻한다. 다만 상대위험도가 1이거나 위험도차가 0인 경우만 예외다. 이 경우 노출의 순 효과는 없으므로, 지금 관심을 기울일 만한 노출이 아니게 되기 때문이다.

이상의 논의를 요약하면 다음과 같다. 1이 아닌 어떤 상대위험도가 위험 수준이 다른 두 인구집단에서 같은 값이라면, 이는 (1)두 인구집단 중에서 한 쪽에만 존재하는 어떤 다른 요인들은 해당 노출과 곱셈 상호작용을 하지 않고, (2)관심 노출과 다른 요인 사이에 덧셈 상호작용이 있다는 뜻이다.

이런 함축은 우리가 이 절의 서두에서 제기한 두 가지 비판을 초래한다. (1)과 관련한 비판은 이렇다. 두 요인 사이에 곱셈 상호작용이 없다고 가정할 만한 일반적인 이유는 없다. 곱셈 상호작용이 없다는 결과를 기대할 수 있는 생물학적 이유를 생각할 수도 있을 것이다. 그러나 어떤 상대위험도를 한 인구집단에서 아직 연구가 되지 않은 다른 인구집단으로 확대 적용할 이유를 찾을 경우 이는 문젯거리가 된다. 생물학적 설명을 통해 모르는 요인이 문제의 노출과 곱셈 상호작용을 일으키지 않는다는 가정을 정당화하려면, 그 생물학적 설명은 매우 강력해야만 하기 때문이다.

만약 곱셈 상호작용이 일어나지 않을 것이라고 합리적으로 생각할 수 있는 경우에 대해서만 관심을 기울인다 하더라도, 여전히 인과 강도를 표현하는 데 상대위험도를 선호하는 입장은 정당하지 않다. 오히려 우리에게는 **상대위험도**와 같은 비가 아니라, 위험도차와 같은 **차이 기반 측정**

지표를 이용하여 연관성의 강도를 표현할 만한 이유가 있다. 이 이유는 여러 교과서에서 강조된 바 있다. 다음의 사례를 살펴보자.

역학적 발견을 공중보건 현장으로 이행시키려는 관점에서 볼 때, 덧셈 상호작용이 있는 경우는 설령 곱셈 상호작용이 없더라도 중요하다.(Szklo and Nieto 2007, 206)

공중보건 분야는 곱셈 상호작용보다 덧셈 상호작용에 오히려 더 큰 관심이 있다. 따라서 덧셈 상호작용이 존재하는 사례를 다룰 때는 바로 그 유형의 상호작용에 주의를 기울여야만 한다. 상대위험도를 이용하면 정확히 반대의 상황이 벌어진다. 즉 덧셈 관점에서 보면 중요한 측면에서 다른 효과로 보였을 차이는 상대위험도를 이용할 경우 잘 드러나지 않게 된다.

인구집단의 건강을 증진하려는 목적을 위해서는 곱셈 상호작용보다 덧셈 상호작용이 더 중요하고 우선적인 지표다. 양의 덧셈 상호작용은 지표에 언급된 두 노출이 모두 있을 때 각각의 노출만 있는 경우에 비해 얼마나 더 많은 환자가 더 발생하는지 알려주기 때문에 그렇다. 예를 들어 어떤 가상의 노출이 모종의 결과를 비노출군에 비해 두 배 더 일으킨다고 가정해 보자. 즉 상대위험도가 2인 상황을 가정해 보자. 이 노출의 공중보건상 중요성은 명백히 비노출 위험도의 수준에 따라 다를 것이다. 다시 말해 비노출 위험도가 작은 위험이 두 배가 되는 것보다 큰 위험이 두 배가 되는 상황이 더 중요한 문제다. 예를 들어 요인 A에 대한 노출 위험도가 2%이고 비노출 위험도가 1%인데 반해, 요인 B에 대한 노출 위험도는 20%이고 비노출 위험도가 10%라고 해 보자. 이때 요인 A의 위험 차이는 1%인데 반해, 요인 B의 위험도차는 10%에 달한다. 이는 요인 B에 노출된 인구집단에게는 있으나 A에 노출된 인구집단에게는 없는 어떤 위험 요인들의 존재를 시사한다. 바로 그 위험 요인들과 요인 B 사이의 덧셈 상호작용은 위험을 10%나 증가시켰다. 반면, 문제의 덧셈 상호작용이 없었다면 1% 증가만을 기대할 수 있었을 것이다. 그러한 요인이 존재하는지에 대해 공중보건과 의학은 분명 지대한 관심을 지닌다. 그 요인이 무엇인지 알아낼 수만 있다면, 관심 노출의 효과를 줄이기 위한 노력을 문제의 요인이 있는 경우에 집중시킬 수 있기 때문이다.

결국 상대위험도를 인구집단 사이에서 이전시킬 수 있다는 주장은 곱셈 상호작용이 없다는 가정에 기대고 있음이 밝혀졌다. 이런 가정이 합당한 경우에도, 상대위험도를 선호할 이유는 없으며 실제로는 반대 경우가 더 많다. 위험 수준이 두 인구집단에서 서로 다른 경우, 곱셈 상호작용이 없다면 곧 덧셈 상호작용이 있게 된다. 덧셈 상호작용은 공중보건 관리를 위해서는 매우 중요하지만 상대위험도로는 측정할 수 없기도 하다.

물리법칙의 그림자

얄팍한 역사적 근거에 기초해 위험비를 선호하는 바이어스에 대해 역사적 설명을 감행하지 않도록 주의할 필요가 있지만, 이미 언급된 논점들의 바탕에는 무언가 개념적이거나 이데올로기적인 이유가 내재해 있을 수 있다고 추측해 볼 수는 있다. 그리고 그 이유는 위험비가 쓸모 있는 특별한 사례로부터 위험비가 지닌 모종의 일반적 · 근본적 특징을 추론하려는 동기일지도 모른다. 역학은 다른 모든 과학과 마찬가지로 물리학의 기나긴 그림자 아래 놓여 있다. 아마도 역학자들은 그림자의 끄트머리에 서 있는 상태일 것이다. 보편적으로 적용될 수 있는 간단한 수학적 관계식을 발견해 낸 뉴턴의 위대한 성공이 모든 종류의 과학적 사고에 큰 영향을 미쳤고, 역학도 그 속에 있다고 보는 데 큰 무리는 없기 때문이다. 상대위험도와 같은 비(ratio) 지표는 이러한 측면에서 역학이 물리학을 흉내낼 수 있다는 희망을 준다. 다시 말해 상대위험도는 **자연법칙**이나 법칙을 닮은 일반적 사실과 흡사한 무언가를 역학 역시 찾아낼 수 있다는 희망을 준다.

예를 들어 만일 우리가 흡연이 폐암 위험을 열 배 증가시킨다는 사실을 밝혀냈다고 해 보자. 이 때 우리는 흡연과 폐암의 일반적 연관성을 한눈에 보여 주는 무언가를 얻게 된다. '열 배'라는 수치는 특정한 인구집단에 매어 있지는 않다. 이 수치는 흡연자와 비흡연자가 겪는 실제 위험의 수준에 따라 달라지지 않는다. 다시 말해 실제 위험의 수준은 우연적 특징들에 따라 달라지기 마련이어서 일반 법칙에 포함시키는 것이 그리 적합하지 않다. 상대위험도는 위험 사이의 비에 따라서만 다르다. 이와 대조적으로, 위험도차 등의 차이 기반 측정지표는 실제 위험의 수준에 따라 더 많은 방식으로 변한다. 비노출 위험도가 높으면 위험비나 위험도차 모두 높을 수 없다. 하지만 노출 위험도가 아무리 낮아도 위험비가 높아질 가능성을 원칙적으로 배제할 수 없지만[72] 노출 위험도가 낮을 경우 위험도차는 높을 수 없다.[73]

여기에는 인과성을 확률 이론으로 해명하려던 (3장 참조) 원대한 구상이 연결되어 있다. 확률 이론가들은 단 하나의 연관 강도 측정지표를 사용해 확률 증가를 확인하려 한다. 상대위험도(위험비)는 그러한 측정지표 중 가장 가능성이 높은 후보다. 비노출군의 위험 수준과 같은 상황의 우연성과 독립적으로 인과적 사실을 측정할 수 있다는 희망을 주기 때문이다. 그러나 이러한 희망은 이번 장에서 계속 논증한 바와 같이 잘못된 것이다. 이런 해석을 위해 필요한 가정이 충족된다 하더라도, 차이 기반 측정지표가 공중보건의 목적을 위해 더 우선적이기 때문이다. 이와 마찬가지로, 우리는 버크슨의 논의에서 영감을 받아 인과 강도를 측정하는 여러 방식을 검토한 바 있다. 이 검토들은 가장 근본적인 인과적 사실을 정량화하기 위한 단 하나의 역학적 측정지표를 찾아내려 했던 어떤 시도도 실패할 것처럼 보인다고 말하고 있다.

이번 장의 적극적인 메시지는 다음과 같다. 역학에서 쓰는 연관성 측정지표가 물리학의 측정지표처럼 모종의 기저 속성을 측정한다고 보는 일은 큰 실수다. 하지만 이는 역학이라는 분과의 약점이라고 볼 수 없다. 역학이 잘 맞지 않는 개념적 신발에 구둣주걱을 밀어넣는 경우에야 이 실수는 문제가 될 것이다. 이 책의 관점에서는 역학의 인과성 측정지표는 일종의 **설명**이라고 보면 가장 잘 이해될 것이다. 설명의 적합성은 맥락에 따라 다르다. 반면 일반적으로 물리법칙의 진리 여부는 맥락에 따

----

72   이는 상대위험도감소를 이용할때 워럴이 제기한 이의와 관련이 있고(Worrall 2010, 298~300), 이 장의 앞부분에서 논의했다.

73   (옮긴이) 노출 위험도와 비노출 위험도를 비교할 때 비노출 위험도는 위험비(상대위험도)에서는 분모로, 위험도차에서는 뺌수로 나타내고, 노출 위험도는 위험비에서는 분자로, 위험도차에서는 빼임수로 나타내기 때문이다. 상대위험도와 위험도차를 규정하는 수식의 구조는 용어 해설 참조.

라 달라지지 않는다고 가정된다.(이에 대한 반론으로 Cartwright 1983a; 1999를 참조) 이 책에서 개진된 관점에서 볼 경우, 인과 강도를 측정하는 데 어떤 지표가 적합한지는 맥락에 따라 달라진다는 주장이나 어떤 측정지표를 다른 지표에 비해 우위에 두는 노력이 실패할 수 밖에 없다는 사실은 모두 놀랍지 않은 일일 것이다.

결론

우리는 풀과 카우프먼 등이 최근에 제기한 논증을 통해 위험 상대주의가 오류임을 알게 되었다.(Kaufman 2010; Poole 2010) 인과 강도를 표현하는 수단으로 위험비(상대위험도)를 선호하는 일은 세 측면(환자-대조군 연구로부터 위험비를 추정할 수 있다는 측면, 위험비를 이용하여 교란변수를 제거할 수 있다는 측면, 인구집단 사이에서 위험비가 이전 가능하다는 측면) 가운데 어떤 것에 의해서도 정당화되지 않는다. 역학은 물리학이 아니며, 역학적 측정지표를 근본적인 물리량을 측정하기 위한 지표처럼 간주해 이상적으로는 맥락과 독립적일 수 있다고 생각해서는 안 된다. 오히려 역학적 측정지표는 적합성이 맥락에 따라 달라지는 설명적 도구라고 생각해야 한다.

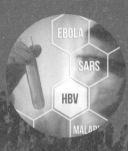

10장

다요인주의와 그 너머

요약

역학자들은 흔히 질병이 다요인적(multifactorial)
이라고 말하고는 하지만, 이 말이 무슨 뜻인지는 전혀 명확하지 않다. 이
말이 단지 질병의 원인이 여럿이라는 의미일 뿐이라면, 모든 것은 다요
인적이라는 점에서 질병이 다요인적이라는 주장 역시 뻔한 말에 지나지
않는다. 이것은 질병이 다요인적이라는 주장의 진의가 아니다. 이 장을
통해 다요인적 사고의 진정한 의미가 19세기에 등장한 개념적 혁신인,
질병의 단원인(momocausal) 모형을 반대하는 데 있다는 점을 분명히 이해
할 수 있을 것이다. 이를 위해 역학뿐만 아니라 의학 전반에 걸쳐 질병에
대한 다요인론적 사고가 어떤 영향을 끼쳤는지 탐색하려고 한다. 이 사

고에는 긍정적인 영향만 있는 것은 아니다. 단원인 모형은 현대 역학이 가장 관심을 기울이는 질병에는 잘 들어맞지 않지만 나름의 장점도 지닌다. 그러나 어떤 질병을 일으키는 원인의 수에 대한 제한을 풀어버린 나머지 단점과 함께 그 장점마저도 함께 버려지고 말았다. 나는 여러 원인들을 허용하면서도 단원인 모형의 장점도 함께 포괄하는 대안 모형을 탐색해, 단일한 질병이기 위해서는 공통의 병인론을 공유해야만 하며 공유하는 원인에 따라 분류되어야만 한다는 생각은 유지하고자 한다. 이런 목적을 달성할 수 있는 모형은 **질병의 대조 모형**(contrastive model of disease)이며, 이는 이전 장에서 다룬 설명적 접근에 대한 주제와 궤를 같이 한다. 왜냐하면 대조 모형은 하나의 질병이기 위해서는 그에 대해 공통된 설명을 제시할 수 있어야 한다고 요구하기 때문이다.[74]

역학, 그리고 의학의 범위에 대해

어떤 철학자들은 질병이란 다만 건강하지 않은 상태를 말할 뿐이며, 건강은 질병이 없는 상태라고 생각해왔다.(Boorse 1977, 542) 이런 질병 개념이 잘못되었다는 점을 확인하기 위해 현대적 또는 역사적 질병 개념을 자세히 들여다 볼 필요는 없다. 우리가 살펴봐야 할 개념인 질병이란 **일종의** 나쁜 건강 상태다. 이 장에서 다룰 근본적인

----

74   이 장의 핵심 생각은 Broadbent 2009a에서 처음 발전시킨 것이다.

문제는 역학적 방법이 이러한 사실을 고려하지 않는다는 데 있다. 역학적 기법은 특정 종류의 나쁜 건강 상태에만 적용되지 않고, 의학의 범위를 넓히라는 압력을 가하며, 질병의 본성에 대해 답하기 곤란한 개념적 질문을 제기하기에, 이것은 놀라운 일이다.

원리적으로 역학은 임의의 인구집단에서 경험적으로 탐지될 수 있는 값을 가진 어떠한 두 변수에 대해서든 그 사이의 연관성을 평가할 수 있다. 역학의 적용 범위는 놀라울 만큼 넓고 제한이 없어, 지금까지 역학적 탐구는 인구집단 건강을 향상시켜야 한다는 이 분과 학문의 관심에 의해서만 명시적으로 제약되었다. 결과적으로 역학은 의학과 공중보건 정책의 관심 영역을 넓히는 방향으로 압력을 가할 수 있을 뿐이었다.

이 압력은 두 가지 형태를 지닌다. 역학은 질병의 새로운 **원인**을 찾아내며, 따라서 의료 전문가와 보건정책 입안자가 그 원인에 관심을 기울이도록 촉구한다. 그 원인들이 보건의료의 전통적인 영역 바깥에 있는 경우에도 이는 마찬가지다. 이 압력은 건강한 사람에게서 질병을 예방하기 위한 의료 행위와 보건정책에 더욱 강조를 두는 상황에서 특히 주목할 만하다. 예를 들어 지역 체육시설을 이용할 수 있도록 일반의가 운동 처방을 내는 조례를 제정하는 상황을 생각해 볼 수 있다. 식품 포장과 광고에 대한 규제를 둘러싼 논쟁에서 볼 수 있듯이, 의료단체의 정치적 참여 또한 주목할 만하다. 의사들은 더 이상 손상을 치유하고 질병을 완치하는 데만 관심을 기울이지 않는다. 이제 보건정책은 의료서비스에 대한 접근만큼이나 기초 위생과 영양에도 항상 관심을 기울이고 있다. 보건정책의 범위를 한정할 수 있고 한정해야만 하는 기초 수준에 대한 생각이 변하고 있다. 어떤 역학자들과 경제학자들은 기초 수준이 충족되는 경우라도 사회경제적 지위가 다르면 건강에도 영향이 있다고 명시적으로 논증해왔다.(Marmot 2006a ; Marmot 2006b ; Wilkinson and Pickett 2009) 이런 논쟁적 주장을 차치하더라도, 현대 역학이 축적한 증거 일반에 따르면 건강의 결정 요인이 위생, 기초 영양, 의료서비스 제공에 국한되지는 않으며, 이를 부정하는 견해는 없다.

따라서 역학은 역학이 아니었다면 고려하지 않았을 **여러 원인**을 고려하게 만들어 의학과 보건정책의 시야를 넓히라는 압력을 가한다. 한편 **역학은 새로운 종류의 질병**을 제안하여 보건 · 의료정책의 시야를 넓히라는 압력도 가한다. 가장 분명한 사례로 비만이 있다. 이 문제는 오랫동안 의학적 이슈가 아니라 개인적 문제로 여겨졌다. 그러나 오늘날 '비만 대유행'이라는 용어는 공중보건 분야에서 널리 쓰이고 있다. 비만은 선진국의 주요 사망 원인 중 하나이고 또한 흥미롭게도 일부 개발도상국에서도 문제가 된다. 역학적 증거는 선진국과 일부 개발도상국 모두에서 비만이 가난과 관련이 있음을 시사한다. 개인의 무절제한 행동만이 비만의 유일한 원인이라면, 이런 결과는 나오지 않았을 것이다. 가난과 절제되지 않은 행동 사이의 상관성보다 좀 더 그럴 듯한 설명에 따르면, 싸구려 식품의 영양학적 특징은 물론, 가난한 지역에서는 균형 잡힌 영양의 식품과 영양 교육에 접근하기 어렵다는 사실도 비만의 증가와 적어도 부분적으로는 연관되어 있다고 할 수 있다. 약간 역설적이지만, 비만이 유전적 요소를 갖고 있을 가능성에도 동시에 관심이 쏠렸다.(예를 들어 Farooqi and O'Rahilly 2006 ; Wardle et al. 2008) 역학 연구가 끼치는 이러한 종류의 영향은 개인이 선택할 수 있는 요인에 의해 일어나거나 일어난다고 생각할 수 있는 비만과 같은 상태와 관련될 때 특히 두드러진다. 예를 들어 자살률과 인터넷 사용 유형 사이의 연관성을 역학적으로 연구하는 것도 가능한 일이다.(Biddle et al. 2008) 만약 이런 종류의 연구를 통해 연관성을 발견할 수 있다면, 건강과 수명에 관심을 갖는 전문가는 이 사실을 흥미롭게 여길 것이며, 이런 성과를 통해 해당 전문가의 시야 역시 또 다른 방향으로 확장될 수 있을 것이다.

결국 역학은 **원인**의 종류와 **질병**의 종류 두 측면에서 의학과 공중보건이 관심을 둘 필요가 있는 대상의 범위를 넓히라는 압력을 가하는 경향이 있다. 불행한 운명에 처한 사람들의 생활 속에서 공통으로 발견되고 분명하게 구분되는 요소에 대한 연구만으로 역학자들은 보건 전문가들이 이들 요소와 사람들이 겪고 있는 불행한 운명 모두에 대해 관심을 두도록 압력을 가한다.

하지만 이런 상황이 올바른가? 의학이 나쁜 건강의 모든 원인을 치료해야만 하고, 공중보건 정책은 인구집단 건강에 대한 모든 가능한 위협에 관심을 기울여야만 하는가? 예측 불가능한 운석 충돌이 인근 지역 주민의 건강에 심각한 위협을 가할지도 모른다. 충돌의 영향은 전 지구적일 수도 있다. 이러한 가능성이 곧 의사들로 하여금 운석의 충돌을 내다보고 막는 데 필요한 조치를 취해야 한다는 압력으로 이어지는가? 운석 충돌이 예견되거나 예견되지 않고 갑자기 발생했다면 틀림없이 의학적 대응이 필요할 것이다. 그러나 의료 전문가의 임무는 분명 충돌을 내다보는 데 있지 않다. 이런 구분을 옹호할 수 있다면, 사회적 불평등은 나쁜 건강의 원인이기 때문에 의사들이 관심을 가져야 한다는 마멋(Michael Marmot)의 논증은 틀렸다.(Marmot 2006b) 즉 무언가 나쁜 건강의 원인이 된다는 사실만으로는 의사들이 주의를 기울여야 할 이유로 충분하지 않다.

의사들은 계단에서 굴러 떨어진 사람을 치료하지만, 계단을 불법화하라고 청원하지는 않는다. 한편 의사들은 공공·민간 시설에 있는 계단 높이 및 너비와 난간 설치에 대한 규제를 청원할 수도 있다. 그러나 우리는 의학적 대응이 필요한 사태와 그렇지 않은 사태 사이의 구분선이 어디에 있고, 구분선이 무엇으로 구성되어야 하는지에 대해 질문할 수 있다. 예를 들어 사회적 불평등은 구분선 어느 쪽에 있는가? 우리 각각의 운명이 얼마나 받아들일 만할지를 결정하는 과식·흡연·자살·과속·유전자 구조 등의 다른 여러 요인들은 어떤가?

이러한 질문은 평가적 요소를 담고 있으므로 이에 답하는 것이 역학자들의 임무는 아니다. 역학자들은 담배 없는 사회나 계단 없는 사회의 이득과 비용이 인구집단 건강에 도움이 되는지 말할 수 있지만, 그 이득이 그로 인한 비용을 지불할 만한 가치가 있는지 없는지 판단하는 일은 역학자들의 임무가 아니다. 그럼에도 역학은 이와 같은 여러 질문들을 만들어내는 책임을 많은 부분 분담한다. 왜냐하면 역학은 인구집단 건강의 분포와 결정요인이 무엇이든 간에 그에 대한 정보를 수집하는 임무를 맡고 있기 때문이다.

물론 이번 장은 평가적 요소와 무관하게, 역학의 이론적 관심을 끌 만한 방법론적 문제를 다룰 것이다. 현대 역학의 아버지가 다음과 같은 흥미진진한 조롱을 남겼기 때문에, 이 문제는 큰 그림에서 볼 때 그리 오래된 것은 아니다.

오직 의학에서만, 임의의 상황에서, 전적으로 또 어떠한 결과도 없이 수백 가지의 귀결을 가져올 수 있는 원인이 존재한다. 오직 의학에서만, 대부분의 가능한 원천이 변화했음에도 동일한 결과 흐름이 나올 수 있다. 사람들이 원하는 것은 지침서에 수록된 한 개 장이나 모노그래프에서 병인론을 한눈에 포착해내는 것뿐이다. 거의 모든 질병에 대해 특정한 원인 또는 그러한 원인을 인정할 방법이 아직 마땅찮다는 것이 알려지면, 사람들은 하나같이 환자 주변에서 무더기로 찾을 수 있는 해로운 요인을 언급하고는 한다. 즉 열악한 주거환경, 질 나쁜 의복, 독한 술과 난잡한 성생활, 기근과 불안 등. 이런 주장은 물리학자들이 상판이나 지지대가 상실되었거나, 밧줄이 절단되었거나, 파공이 생겼거나 등의 이유로 물체가 낙하했다고 가르치는 것을 과학적이라고 보는 만큼만 과학적이다.(Henle 1844; Carter 2003, 24 에서 재인용)

현대 역학은 질병에 대한 '다요인' 접근이 근래에 발명된 것처럼 자부하고 있다. 그러나 다요인 접근은 백신과 항생제의 개발로 이어졌던 개념적 성과를 버리는 입장에 불과하지 않느냐고 물어볼 수도 있다. 현대 다요인론은 헨리(Jacob Henle)가 비판한 사고와 대체 무엇이 다른가? 위험 요인을 찾아내는 역학자들은 인간 삶의 고통을 수학적이고 세련된 방식으로 목록화하는 일 외에 다른 무슨 일을 하는가?

이러한 질문에 접근하기 위해서는 먼저 '다요인'이라는 용어를 현대 역학적으로 이용할 때 어떤 쟁점이 있는지, 그리고 그 용어를 통해 어떤 구분을 지으려 하는지에 대해 좀 더 잘 이해해야만 한다.

질병에 대한 단원인 모형 또는 다요인 모형

◉

　　　　　'다요인'이나 이와 비슷한 용어는 현대 역학에
서 흔하게 볼 수 있다.(Rothman 1976, 2002; Rothman, Greenland and Lash 2008)
그러나 '다요인'은 이상한 용어다. 어떤 질병이 다요인이라는 말은 간단
히 말하자면 다수의 요인으로 인해 일어난다는 뜻이다. 그러나 우리가
마주치는 모든 종류의 사건은 다수의 요인을 가진다. 따라서 이는 하나
마나한 말이다. 이와 논리적으로 대조되는 용어는 단요인 또는 단원인이
지만, 어떤 질병도 문자 그대로 단 하나의 원인이 작용한다는 의미에서
단원인 때문에 생기지는 않는다. 콜레라균에 오염된 음식의 섭취는 콜레
라의 한 원인이지만, 상수원에 사람이 버린 쓰레기나, 물을 끓여 마실 연
료가 없거나, 콜레라에 감염된 숙주 체내에서 세균이 증식할 동안 대기
중에 산소가 있거나, 숙주 체내 심장 박동 등과 같은 요인 역시 다른 방
식으로 콜레라의 원인이 된다.

　이러한 관찰에 따르면, '단원인'은 단순히 원인의 숫자를 제한하는 것
이 아니라 어떤 조건을 만족하는 원인의 숫자를 제한하자는 주장으로 이
해될 수 있다. 이 경우 '다요인'은 이런 제한을 없애자는 말로 가장 잘 이
해될 수 있다. 결국 만약 어떤 질병이 다요인적이라면, 이는 그 질병의
정의가 이런 조건을 만족하는 하나 이상의 원인을 허용한다는 뜻이라고
할 수 있다. 이제 우리의 다음 질문은 다음과 같다. 문제의 조건이 무엇
일 수 있는가? 그리고 어떤 종류의 제한이 질병에 부과될 수 있는가?

　이들 질문에 대한 답으로서 완성된 표현은 이른바 **코흐의 가설**(Koch's
postulates)에서 발견할 수 있다. 다소 신화적으로 묘사되는 코흐의 가설은

코흐(Robert Koch)와 그 계승자에 의해 여러 형태로 표현된 바 있지만(Evans 1993 Ch.2), 그 기본적인 생각은 다음 문단에서 명시적으로 드러난다.

결핵이 병원균의 침범에 의해 일어나고 그 무엇보다도 병원균의 성장과 번 창에 영향을 받는 기생적 질병이라는 점을 입증하기 위해서는, 환자의 몸 에서 병원균을 추출하고 동물의 조직에서 기원하는 질병의 모든 점착성 (adherent) 산물이 고갈될 때까지 무균 상태의 배지에서 배양하는 과정이 필 요하다. 그리고 마지막으로, 추출한 병원균을 다른 동물에게 옮기는 작업 을 통해, 자연적으로 발병한 결핵 유래 물질을 주입해 발생하는 결핵과 동 일한 임상적 상황이 벌어지는지 경험적으로 확인해야만 한다.(Koch 1882, 861)

이 구절은 두 가지를 확인하기 위해 구성된 절차를 제시하고 있다. 첫 째, 문제의 질병(결핵)은 추정상의 원인(결핵균) 없이는 일어나지 않는다. 둘째, 특정한 상황에서(건강한 조직에 병원균을 투입) 추정상의 원인(결핵균)은 문제의 질병을 일으키는 데 충분하다. 무균 상태에서 병원균을 배양하는 목적은 바로 그 종류의 균이 해당 질병을 일으키며 그것과 함께 추출된 다른 어떤 것도 그렇지 않다는 점을 보여 주는 데 있다. 이 요소는 코흐 의 가설이 보여 주고자 하는 인과적 구조에 대해서는 본질적이지 않다. 바이러스는 명백히 이 절차를 만족시키지 못함에도 코흐의 가설을 만족 시킨다고 말할 수 있는 이유는 바로 이 때문이다.

코흐의 가설은 두 가지 개념적 목적을 지닌다. 그 중 하나는 인식론적 이고, 또 하나는 형이상학적이다. 인식론적 목적은 방금 제시된 두 기준을 만족하는 인과적 구조를 탐지하는 비법을 제공하는 데 있다. 이들은 방금 제시한 두 가지 규준을 만족한다. 또 코흐의 가설은 인과 추론을 돕기 위한 목적도 지니며, 바로 이런 견지에서 이 가설은 20세기에 인과 추론을 돕기 위해 발달한 지침의 계보에 속한다. 이런 지침에는 4장에서 잠시 살펴본 힐의 견해가 속한다. 물론 코흐의 가설은 힐의 지침과는 상당히 다른데, 이는 코흐 가설이 실험실에서의 실험을 수행하는 데 사용할 만한 일반적인 비법이지 관찰 데이터를 해석하는 데 필요한 지침의 집합은 아니기 때문이다. 하지만 이들 모두는 추정상의 원인이 정말로 원인이기 위해서는 만족해야 할 요구 조건에 대한 생각을 제시한다는 점에서 공통점을 지닌다. 그렇다면 바로 이런 의미에서, 코흐의 가설이 지닌 역학적 기능은 그것이 역학의 관심 노출을 살펴보는 데 적절하지 않다고 하더라도 여전히 매우 유용한 것으로서 널리 알려져 있다고 할 수 있겠다.

코흐 가설의 형이상학적 기능은 관심 질병이 특정한 인과적 구조를 갖고 있어야 한다고 요구하는 데 있다. 코흐 가설은 추정상의 원인이 없는데도 일어나는 질병이나 원인이 있는데도 일어나지 않는 질병에 의해서는 만족될 수 없다. 좀 더 일반적인 용어로 가설을 제시하면, 두 요구 조건은 다음과 같다.

(1) 추정상의 원인 C는 질병 D를 가진 모든 환자 각각이 지닌 바로 그 병의 원인이다.(필연성 조건)
(2) 질병 D를 일으키는 데 충분하지 않은 특정 상황에서, C가 생길 때마다 질병 D가 일어난다.(충분성 조건)

이들 조건이 만족되는지 여부가 경험적 증거에 의해 결정될 수 없다는 의미에서 두 조건은 형이상학적 요구 조건이다. 만일 결핵 균이 없는데도 결핵이 생긴다면 조건 (1)이 위배된다. 그렇다면 우리는 다음과 같은 선택지 가운데 하나를 골라야 할 것이다. 결핵균이 코흐 가설을 만족시킨다는 주장을 기각할 수도 있고, 이 병이 결핵이라는 주장을 기각할 수도 있다. 이와 비슷하게 추정상의 원인이 있는데도 질병이 생기지 않으면, 조건 (2)가 위배된다. 이 경우 우리는 선택의 기로에 서게 된다. 우리는 추정상의 원인을 기각하거나, 충분성 조건이 틀림없이 만족되는 특정 상황에 대해서만 우리의 설명을 한정시킬 수 있다.

이런 선택의 기로에 비춰 볼 때, 코흐 가설은 사실 무엇이 질병의 원인인지를 제약한다기보다는 무엇을 하나의 질병으로 볼 것인지를 제한한다. 이러한 이유 때문에 조건 (1)과 (2)를 결합시켜 질병에 대한 한 가지 모형으로 볼 수 있다. 이를 **단원인 모형**이라고 부르자. 억세게 운이 좋지 않다면, 나쁜 건강 상태의 환자를 한데 묶고 그들을 다른 사람들과 구별하는 증상이 조건 (1)과 (2)를 만족시키는 원인과 정확히 대응할 리는 없다. 실제로도 그렇다는 사실을 우리는 잘 알고 있다. 이런 상황에서 조건 (1)과 (2)를 만족시키는 유일한 방법은 질병을 재정의하여, 재정의하지 않는다면 조건 (2)를 위배할지도 모르는 외견상 다른 증상을 보이는 환자를 포함시키거나, 재정의하지 않는다면 조건 (1)을 위배할지도 모르는 외견상 비슷한 증상을 보이는 환자를 배제하는 데 있다.

이는 단순한 철학적 사변이 아니다. 카터(Codell Carter)는 19세기 유럽의 의학적 진보가 부분적으로는 질병에 대한 사고에 쓰이는 개념이 바뀌었기 때문에 이뤄졌음을 보였다. 이 전환을 현대적 용어로 표현해보자. 19

세기 이전 사람들은 다요인설을 따랐다. 하지만 코흐와 같은 학자들에 의해 추정상의 원인에 의해 일어나지 않는 사례들을 문제의 질병에서 배제하는 방식으로 개념적 전환이 일어났다. 이는 질병의 세균설을 등장시켰으며, 또 그 이후에 일어날 발전을 위해서는 반드시 필요한 전환이었다. 카터는 다음과 같이 말했다.

공수병을 삼킬 능력이 전혀 없는 상태로 정의해 보자. 이런 증상은 실제로 목을 얻어맞아서나, 심리적인 요인이나, 광견병에 걸린 개에 물려서 생길 수 있다. …… 질병을 증상으로 정의하는 한, 하나의 질병에 속하는 서로 다른 질병 사건은 공통 필수 원인을 공유하지 않을 것이다. 그리고 아무리 뛰어난 연구라도 없는 것을 발견해 낼 수는 없다.(Carter 2003, 37)

경험적 증거로는 공수병이 '실제로' 전혀 삼키지 못하는 증상인지 감염인지 결정짓지 못할 것이다. 마찬가지로 콜레라가 **실제로** 콜레라균에 의한 감염인지 급성 설사인지도 결정짓지 못할 것이다. 공수병이든 콜레라든 이들 용어는 어느 쪽으로도 쓸 수 있다. 또한 어느 쪽으로도 **생각**할 수 있다.

이제 충분성 조건과 관련된 문제를 살펴보자. 본인은 건강한 삶을 영위했지만 19세기 뉴욕시에 살았던 많은 사람들을 장티푸스에 감염시켰던 메리 말론[75]과 같은 사례가 있었다고 해서, 장티푸스라는 질병이 코흐식의 의미에서 조사 중인 유기물에 의해 일어났다는 가설이 폐기되지는 않았다. 오히려 **면역**(immunity)이라는 개념이 도입되었기 때문이다. 면역 개념에 따르면, 만약 면역이 없다면 정황상 충분히 질병을 일으켰을 요인이 있더라도, 면역이라는 질병 발생을 예방하는 추가적인 인과 요인이 있는 경우 질병은 일어나지 않는다. 이런 지적 역시 경험적 발전이며 동시에 개념적 발전이기도 하다. 이 덕분에 우리는 장티푸스 감염이 어떤 때는 발열을 일으키고, 다른 때는 발열을 일으키지 않는다고 말하고 생각할 수 있게 된다.

형이상학자의 관점에서 보면 다음과 같은 질문이 있을 수 있겠다. 어떤 식으로 말하고 생각해야 하는지에 대한 결정을 한다고 해 보자. 이것은 세계 속에 있는 어떤 객관적인 문제에 대한 답인가? 만일 그렇다면, 구체적으로 그 답의 내용은 어떠한가? 그러나 어떤 형이상학적 입장을 취하건 간에, 이렇게 생각할지 아니면 저렇게 생각할지에 대한 실제 결정은 분명 그렇게 생각하는 것이 **유용해 보이는지** 여부에 주로 달려 있다. 그리고 여러 생각들 가운데 바로 그 생각이 유용한지 여부는 우리가 무엇을 시도하는지에 달려 있다. 19세기와 20세기 초의 의학적 발전은 감염병에 초점을 맞췄고, 이는 코흐 가설에 상당히 잘 들어맞았다. 질병에 걸린 환자의 가검물에서 동정한 미생물을 건강한 개체에 재접종하여 같은 증상을 일으킬 수 있었던 경우가 흔했기 때문이다. 이런 상황에서, **모든** 질병이 코흐 가설에 들어맞아야 하는지, 다시 말해 조건 (1)과 (2)를

----

75   (옮긴이) 장티푸스 메리(Typhoid Mary)로 유명한 메리 말론(Mary Mallon)은 1869년 아일랜드의 가난한 가정에서 태어나 1890년 미국으로 건너간 이민자다. 말론은 뉴욕과 보스턴 지역의 부유한 가정에서 요리사로 일했는데, 그 집에서 연이어 장티푸스 환자가 발생해 사망하는 일이 발생했다. 경찰은 말론이 음식에 장티푸스 균을 넣었을 것이라고 보고 수사했으나, 증거를 발견하지 못했다. 당시 뉴욕 시정 자문의사인 소퍼(George Soper)가 말론의 혈액과 소변을 조사한 결과, 말론이 쓸개에 장티푸스 균이 감염된 건강 보균자라는 사실이 드러났다. 말론은 쓸개 절제술을 거부했고 평생 음식을 만들지 않고 한 달에 세 번 의무적으로 보건 당국에 결과를 보고하라는 조건으로 석방되었다. 말론이 풀려난 후 뉴욕에 장티푸스가 유행하기 시작했다. 말론은 당국에 의해 1915년 병원에 격리 수용됐고, 1938년 사망했다.

만족시키는 원인을 찾아야만 하는지에 대해 묻는 일은 자연스럽다. 이런 일이 자연스러운 까닭은 코흐 가설에 끈질기게 저항하는 질병에 대응해, 결국 들어맞게 될 때까지 재정의하라고 제안하는 규약적 요소가 바로 그 가설에 들어있기 때문이다.

코흐 가설에 질병이 들어맞도록 재정의하는 과정은 19세기 이후 의학의 중요한 목표였지만, 현대 의학과 역학은 이 목표를 포기했다. 코흐 가설이 오늘날 의사와 역학자가 관심을 갖는 많은 질병에 들어맞을 가망은 더 이상 없어 보이기 때문이다. 이는 배지에서 배양하기, 개체에 접종시키기 등 코흐 가설의 각 진술과 연결된 실제적인 세부사항 때문만은 아니다. 코흐 가설이 서술하는 인과 구조의 근본적인 특징이 문제다. 그에 따르면, 오직 **하나의** 원인만이 관심 질병에 대해 두 조건을 만족할 수 있다. 질병 D와 관련하여 C_1과 C_2라는 두 원인이 있는데, C_1이 있고 C_2가 없는 환자가 있다고 해보자. 이때 질병 D가 그 환자에게 일어났는지 아닌지에 따라 조건 (1)이나 (2)가 C_1과 관련하여 위배될 것이다. C_2의 경우에는 그 역이 성립한다. 만약 C_1과 C_2가 늘 함께 일어난다면, 이들을 한 원인의 두 부분으로 간주할 기반이 생긴 것이다. 그러므로 어떤 질병이 코흐 가설을 만족한다 해도, 이는 기껏해야 단 하나의 원인에 대해 만족될 뿐이다.

바로 이런 까닭에서 코흐 가설이 질병에 대한 단원인 모형을 구체적으로 보여 준다고 말할 수 있다. 왜냐하면 코흐 가설의 함축은 질병의 원인이 단 하나라는 데 있지 않고 질병이 특정 조건을, 즉 필연성 조건과 충분성 조건을 만족하는 원인은 단 하나뿐이라는 데 있기 때문이다.

이러한 함축을 아무런 갈등 없이 받아들일 수는 없다. 감염병만 생각해 보더라도 코흐 가설이 맞지 않는 질병이 여럿이기 때문이다. 돼지 콜레라가 세균과 바이러스의 상승 작용에 의해 일어났다고 해 보자. 이 때 세균도 바이러스도 필연성 조건이나 충분성 조건 양측을 모두 만족시키지 못할 것이다. 왜냐하면 바이러스의 경우 세균이 없는 건강한 동물에도 있을 수 있고 그 역도 마찬가지이기 때문이다. 단원인 모형에 맞추려면, 돼지 콜레라는 바이러스나 세균 둘 중 하나의 감염으로 분류되어야만 한다. 그리고 원인으로 분류되지 않는 다른 한쪽의 존재는 조건 ⑵가 말하고 있는 인과적 충분성 조건을 규정하는 데 쓰일 상황의 일부로 삼아야 한다. 결국 다음 둘 중 하나를 인정해야 한다. 흔히 돼지 콜레라라고 불리는 사태는 사실상 하나의 질병이 아니거나, 아니면 단원인 모형은 질병을 분류하는 일에 도움이 되지 않거나, 더 정확하게는 세균이나 바이러스 감염이 모두 중요한 원인이고 동등한 지위를 가진다고 생각하는 편이 이런 상황을 이해하는 데 도움이 된다. 세균이나 바이러스 감염을 모두 이용해 질병을 정의하는 한편, 다른 방식으로 일어난 발열은 돼지 콜레라라는 병에서 배제하는 방법이 도움이 될 것이다. 이는 마치 단원인 모형이 요구하는 방향과 마찬가지다. 돼지 콜레라는 단원인 모형에 들어맞는, 즉 코흐 가설을 만족시키는 원인을 갖고 있지 않다. 두 원인 중 하나만 선택해야 단원인 모형을 만족시킬 수 있으므로, 충분성 조건을 규정하는 데 쓰인 상황 속에 다른 한쪽(세균이나 바이러스)을 포함하지 않을 경우 세균이나 바이러스 단독으로는 어떤 상황에서도 돼지 콜레라를 일으키지 못할 것이다. 돼지 콜레라가 특정 세균에 노출된 돼지에서 생긴 바이러스 감염이 아니라 특정 바이러스에 노출된 돼지에서 생긴 세균 감염이라고 말할 만한 이유는 결국 없는 듯하다.

결국 단원인 모형은 너무 엄격해서, 질병의 원인을 불필요한 수준으로 구분하게 만든다. 이 모형에 따르면, 의학·수의학적 관점에서 볼 때 같은 수준의 중요성을 지닌 질병의 원인이라 해도, 질병을 정의하는 데 쓰이며 그에 따라 나쁜 건강 상태에 있는 환자를 바로 그 병에 걸린 환자라고 분류하는 데 사용되는 원인과 구분해야 한다.

이 사례는 질병을 분류하는 문제를 해결하고 그 문제의 중요성을 이해하는 일이 얼마나 까다로운지 보여 준다. 단원인 모형의 또 다른 문제점은 이런 종류의 질문에 어떻게 답해야 하는지에 대해 어떠한 실마리도 제공하지 않는다는 데 있다. 이 모형은 언제 여러 원인 가운데 하나를 분류에 사용할 원인으로 골라야 하는지, 그리고 다른 것은 언제 골라야 하는지에 대해 전혀 알려주지 않는다. 결핵의 경우를 생각해 보라. 이 병은 보통 감염병으로 간주되지만 어떤 사람에게는 선천적으로 일정 범위의 면역이 있을 수도 있다. 그렇다면 이 병을 환자의 환경에서 발견될 수 있는 특정 유기체에게 민감한 유전병으로 간주하지 않을 이유는 무엇인가? 페닐케톤뇨증[76]의 경우를 생각해 보자. 이 병은 보통 환자의 환경에서 발견될 수 있는 특정 화학 물질에 민감한 유전병으로 간주된다. 그렇다면 왜 이 병을 어떤 사람들은 그에 대해 선천적 면역력을 지닌 독성 물질로 인한 질병으로 간주해선 안 될까? 여기에서 차이는 질병의 환경적·구성적 요인 사이의 상대적인 유병률 속에 무언가 내용을 품고 있는

---

76   (옮긴이) 페닐케톤뇨증(phenylketonuria)은 아미노산의 하나인 페닐알라닌을 대사하지 못하는 유전병으로, 상염색체 열성으로 유전한다. 체내에 페닐알라닌과 그 대사 산물이 축적되어 지능 장애·담갈색 모발·피부의 색소 결핍 등의 증상이 나타난다. 페닐케톤뇨증이 있는 신생아는 진단 후 페닐알라닌 섭취를 줄이는 것만으로도 정상 생활이 가능하지만, 조기에 발견하지 못하는 경우 영구적인 지능 장애가 생긴다.

것 같다. 이런 상황에 대해 어떻게 답하든, 나는 단원인 모형이란 한 가지 이상의 방식으로 만족될 수 있으며, 얼마든지 그 각각의 방식은 여러 질병을 모형에 딱 들어맞는 것처럼 보이는 방식으로 해명할 수 있다는 점을 지적하고 싶다.

추가로 지적할 부분은 이렇다. 앞서 조건 (1)과 (2)로 분절해 제시한 단원인 모형에 따르면, 여러 다른 질병의 인과적 역사에서 공통된 부분, 예를 들어 빅뱅을 질병을 분류하는 데 사용하는 원인에서 배제하지 못한다. 코흐의 가설은 필연성과 충분성이라는 개념을 사용하는 반면, 서로 다른 건강 상태 사이의 대조 개념을 사용하지는 않는다. 충분성 조건을 어떤 **상황**에 의해 규정하지 않는다면, 빅뱅을 모든 질병을 분류할 수 있는 원인으로 간주하는 일을 피할 수 없을 것이다. 이것은 실천적으로 불안하면서 동시에 이론적으로 만족스럽지 못한 방식이기도 한데, 이는 이런 용도로 사용할 상황을 완전히 규정하기는 대단히 힘들기 때문이다. 이런 기획은 7장의 논의에서 확인했듯, 이른바 '다른 조건이 같다면' 절을 채울 CP 법칙을 규정하는 것만큼이나 가망 없어 보인다. 그러나 코흐의 가설은 그에 대한 비판과 함께 충분성을 주장할 수 있는 상황에 초점을 맞춰 이후 지속적으로 발전해 왔다. 즉 배지에서 배양할 필요성이나, 건강한 환자의 몸에 물질을 주입하는 방법 등에 대해 논의가 이뤄져 왔다.(Evans 1993)

결국 단원인 모형은 너무 엄격할 뿐만 아니라 너무 관대하기도 하다. 이는 어떤 질병이 이 모형에 딱 들어맞을 수 있게 하는 방법을 하나 이상 허용하기 때문이다. 이런 성질은 혼동을 불러온다는 의미에서 문제가 있다. 한 가지 이상의 방식으로 만족시킬 수 있는 제약이 대체 무슨 의미일 수 있겠는가? 이 두 문제는 단원인 모형에 대해 그 제약 조건을 정당화하라는 압력을 가한다. 엄격성 문제는 왜 문제의 제약이 필수적인지 해명하라고 요구한다. 또 관대성 문제는 왜 그런 제약이 추가되어야 하는지, 또는 도움이 되는지에 대해 해명하라고 요구한다.

이런 혼란스러운 개념적 배경에 비춰보면, 단원인 모형과 잘 들어맞지 않는 것처럼 보이는 원인/질병 쌍이 있을 때 역학자들이 단원인 모형을 계속해서 유지할 이유가 대단히 적어 보인다는 점은 전혀 놀랍지 않다. 20세기 후반 미국인의 가장 중요한 사망 원인이 된(Rockett 1999, 7) 암이나 심장병의 경우, 질병에 대한 단원인 모형을 만족하는 경우가 있기는 하지만 그 빈도는 대단히 낮다. 마찬가지로 환경적 요인이나 유전적 요인에 의한 질병 역시 코흐의 가설과 같은 것이 요구하는 어떠한 조건도 만족하지 못한다. 어떤 질병은 단원인 모형을 만족시키지 못할 경우에도 의학적 관점이나 공중보건의 관점에서 볼 때 매우 중요할 수 있으며, 질병을 일으킬 수 있는 어떤 원인은 코흐의 가설이 제시하는 어떠한 적절한 변수도 만족시키지 못함에도 의학적 목적과 공중보건상의 목적을 위해 매우 중요할 수 있다. 코흐 가설의 핵심, 일부 사람들은 '바로 그 철학'이라고 말할지도 모를 핵심은 결코 분명히 드러나지 않았다. 이들 가설을 모든 질병에 대해 그것을 분류하기 위해 만족시킬 필요가 있는 조건으로 강제하는 일이나, 역학적으로 관심을 기울일 만한 원인을 찾는 지침으로 삼는 일은 모두 전혀 바람직하지 않은 것으로 보인다. 오늘날 코흐의 가설은 감염병의 표지로서 관심을 받고 있을 따름이며(매우 유명한 사례로는 Marshall et al. 1985a를 참조), 질병 일반에 적용될 만한 조건으로 보기는 어렵다.

코흐의 가설에 의해 제안된 관점이 질병에 대한 단원인 모형이라면, 이에 대한 현대적 대안은 바로 질병에 대한 **다요인** 모형이다. 이 모형은 추정상의 원인에 대해 필연성 조건이나 충분성 조건을 거부하는 방침으로 구성되어 있다. 어떤 질병은, 그것을 다른 병과 구분되는 질병으로 분류하기 위해 그런 엄격한 조건을 만족하는 특별한 조건을 지닐 필요가 없다. 또, 어떤 원인도 조사할 만한 가치가 있는 질병 원인으로 간주되기 위해 이들 조건을 만족할 필요가 없다. 결국 원인 사이에는 어떠한 차별도 위계도 없게 되며, 어떠한 '주된 원인'도 존재하지 않게 된다. 존재하는 것은 하나 또는 하나 이상의 방식으로 결합해 어떤 환자에게 문제의 질병을 일으키는 여러 원인으로 이뤄진 '별자리'뿐이다.

하지만 이런 노선에는 무언가 이상한 점이 있다고 지적하지 않을 수 없다. 우리는 모든 질병을 포함한 모든 존재자들은 다요인적인 면을 지닌다는 진단에서 이 논의를 출발시켰다. '다요인'이라는 말이 다수의 인과적 요인으로 인해 어떤 결과가 일어난다는 의미라면 말이다. 따라서 우리는 원인으로서 간주할 수 있는 것이 무엇인지에 대해 어느 정도 제약을 두어야만 한다. 우리가 여기에서 검토했던 제약은 코흐의 가설이 제시하는 인과적 틀을 만족해야 한다는 조건이었다. 이 조건은 특정한 종류의 원인, 즉 코흐 가설을 우연에 의해서든 정의에 의해서든 만족하는 원인에 대해서만 관심을 제한함과 동시에, 그렇게 관심을 기울일 원인의 **숫자를** (각각의 질병에 대해) 하나로 제한하기도 했다. 이런 제한 조건은 그리 도움이 되지 않는 것처럼 보였기 때문에, 현대 역학은 이 가설이 보편적으로 모든 질병과 원인에 적용될 수 있다는 생각을 거부한다. 하지만 이런 작업 속에서 쓰이는 '다요인'이라는 말에 어떤 사소하지 않은 의미가 부여되어 있다는 생각을 우리는 거부해왔다. 어떤 '요인'이 '다'수인지에 대한 제한이 전혀 없다면, '다요인'이라는 말은 일반적으로 경험할 수 있는 모든 사건에 적용될 수 있을 것이다. 나는 처음으로 돌아가, '다요인'이라는 말이 그 속에 흥미로운 어떠한 요소도 포함하고 있지 않으며, 헨리의 조롱이 당시만큼이나 지금도 힘을 가지고 있다고 보고자 한다.

그럼 이제 질병에 대한 현대 역학의 다요인 사고가 어떠한 비판을 받을 수 있는지에 대해 좀 더 상세한 사항을 검토해 보도록 하자.

위험 요인의 목록을 작성하는 작업만으로 충분한가?

질병에 대한 현대의 다요인 사고를 통해 질병에 대한 인과적 위험 요인의 목록을 작성할 수 있을 것이다. 그 내용이 어떤 식이든 말이다. 이는 질병을 대하는 현대 역학의 태도가 지닌 강점이기도 하고 약점이기도 하다. 질병의 중요한 원인을 발견할 수 있게 해준다는 점은 강점이다. 반면 의학이나 공중보건에 대한 유용성 측면에서 서로 다른 여러 원인을 구분할 수 없다는 점은 약점이다.

질병의 원인에 대한 우리의 지식은 많은 부분 역학자들의 활발한 연구 활동 때문에 급격히 증식하고 있다. 하지만 이러한 증식은 사람들이 예상했던 것만큼 유용하지는 않았다. 1980년대 초반, 몇몇 역학자들은 역학 연구로 암의 환경적 원인을 확인할 수 있을 것이며, 그에 따라 일반인구의 암 위험을 80%까지 감소시킬 수 있을 것이라고 믿었다.(Doll and Peto

1981) 이 사례에서 사람들이 느꼈던 실망은, 인간 유전체에 대한 지식에 많은 사람들이 내걸었던 희망이 언제 이뤄질지 기약이 없게 되자 다시금 반복되었다. 4장에서 논의했듯이 인과적 지식을 사람들의 행동을 이끌 어낼 수 있는 조언으로 '이행'시키는 일은 곧바로 이뤄질 수 없다. 문제 의 지식은 그것을 사용할 수 있는 상태로 만들기 위해서 우선 상당히 안 정적이어야만 한다. 그런데 많은 경우 선행 연구 결과는 후속 연구를 통 해 확증되지 못하거나 실제로는 상황이 처음 알려졌던 것보다 훨씬 복잡 하다는 것이 밝혀지기도 한다. 설령 처음 획득했던 단서가 연구를 잘못 이끌어가지도 않았고 안정된 인과적 지식을 충분히 제공하는 경우라 하 더라도, 문제의 인과는 개입 전략을 제공하는 데는 매우 비효율적인 것 으로 밝혀질 수도 있다. 매우 유용한 개입 전략으로 보였으나 실제로는 극히 빈약한 가망만을 보여 주는 연구의 극단적인 사례로 비만 유전학이 있다. 뚱뚱한 사람들에게는 흔하지만 일반적인 사람들에게는 없는 널리 퍼진 '비만 유전자'를 찾아냈다고 해도, 그 지식을 어떻게 사용해야 하느 냐는 문제에 대한 답은 전혀 분명하지 않을 것이다. 이 지식은 비만 유전 자를 가진 대식가들에게 음식을 줄이려는 의욕을 꺾는 역효과를 끼칠지 도 모른다. 어떻든 이런 지식의 실용성은 분명하지 않다.

다요인 사고는 의심할 여지없이 질병에 대한 유용한 지식이 만개하도 록 만든다. 하지만 이는 동시에 쓸모 없는 지식도 쓸모 있는 지식 사이에 서 싹틀 여지를 주는 사고방식이다. 다요인 사고는 볼품없는 잡초 속에 서 화사한 꽃을 골라내는 어떠한 방법도 제공해 주지 못한다. 바로 이 점 에서 다요인 사고는 방법론적으로 불완전하고 불만족스럽다. 이 사고는 역학의 덩치를 키우는 데는 좋지만, 그 설명력을 튼튼하게 만드는 데에는 효과적이지 않았다.

이는 질병에 대한 단일 인과 모형이 중대한 개념적 진보를 가져왔다는 점을 생각해 보면 그리 놀라운 일은 아니다. 바로 이 환자가 문제의 질병에 걸리게 된 이유 가운데 다른 모든 원인은 뒷전에 둔 채, 바이러스 감염이 독감의 병인론에서, 콜레라균이 콜레라에서, 결핵균이 결핵에서 특정하고 중요한 역할을 수행한다는 생각은, 다시 말해 어떤 특정 개별 원인이 특별한 지위를 가진다는 생각은 현대 의학에서 매우 강력한 힘을 발휘했다. 현대의 다요인 사고는 왜 이 단일 인과 모형이 앞서 유용하다고 간주되었는지, 그리고 그 자리를 어떤 식으로 대체할지에 대해서는 전혀 설명하지도 않은 채 단일 모형에서 물러섰다.

생활습관 요인에 대한 일반적인 언급이, 19세기 헨리가 활동하던 시기의 의학 서적을 가득 채우던 독한 술, 열악한 주거환경, 난잡한 성생활에 대한 언급을 되풀이하고 있다고 느끼지 않기는 힘들다. 이런 요인들이 나쁜 건강 상태의 원인이라는 데는 의심의 여지가 없다. 하지만 질병의 여러 원인 가운데 일부에 대해서만 어떤 식으로든 특별한 지위를 부여하는 전략은 과거에는 매우 유용했다.

단원인 모형이 특정한 원인에게 부여한 특별한 지위는 경험적이라기보다는 개념적 지위였다. 특정 원인이 관련 질병을 **정의한다**. 콜레라는 콜레라균 감염으로 정의된다. 앞서 우리가 보았듯이 명확한 반례에 직면했을 때 문제의 원인이 계속해서 질병을 정의하는 지위를 유지하게 될 것인지 여부는 언제나 열려 있는 선택지였다. 다요인 사고는 이러한 선택의 필요성을 뿌리 뽑는 사고방식이다. 헬리코박터 파일로리 균이 위궤양의 원인으로 확인되기 전에는(Marshall and Warren 1983; 1984; Marshall et al.

1985a; 1985b), 대다수 의료계 종사자는 궤양을 다요인 질병으로 보았다. 다시 말해 스트레스나 매운 음식 섭취와 같은 생활습관 요인으로 인한 질병이라고 보았다.(이 사실에 대한 훌륭한 역사는 Angel 2008에 기록되어 있다.) 사실 궤양의 상당 부분은 세균의 작용 때문에 일어난 것이었다. 물론 모든 환자가 그렇지는 않았지만, 임상에서 충분히 중요하게 여길 수 있을 만큼 그 비율은 높았다. 실제로 헬리코박터 파일로리 균과 위궤양의 관련성은 설사와 콜레라균 사이의 관련성만큼 높았다. 즉 위궤양을 감염병으로 볼 수 있는 수준이었다. 만일 다요인 사고가 당시 의료계에 그처럼 널리 퍼져 있지 않았다면, 세균 감염에 의해 일어나는 궤양은 그 자신의 이름을 얻고 또 자신의 독자적 정체성을 지닌 질병 단위로 인정받았을 것이다.

수학과 별개로, 질병의 분류는 개념적 선택과 발전이 공중보건에 얼마나 극적인 효과를 가져올 수 있는지에 대한 선명한 그림을 제공해 준다. 현대 역학에 널리 퍼진 다요인 사고 밑에는, 질병을 정의할 때 단원인 모형을 적용하여 생기는 제약을 어떠한 대안도 없이 거부함으로써 개념적 선택을 통해 공중보건에서 긍정적 효과가 일어날 기회를 잃어버리게 되는 단점이 있다.

이런 논의는 역학의 개념적 틀을 발전시킬 수 있는 분명한 방법을 제안한다. 그 방법이란 질병의 여러 원인 가운데 일부에게 어떤 식으로든 특권을 부여하는 질병 모형을 발전시키는 데 있다. 물론 이 모형은 단원인 모형과는 달리 어떤 질병의 원인으로 정의될 수 있는 요인의 수를 제한하지 말아야 할 것이다.

질병에 대한 대조 모형

앞서 인용했던 헨리의 조롱에서 '과학적'이라는 말은 추락의 위험 요인을 목록화하는 활동과 중력 이론을 발견하는 활동 사이를 구분하는 데 사용되고 있다. 비판의 초점은 밧줄 절단·상판과 지지대 상실·파공 등이 어떤 물체의 추락 사고를 **일으키지** 않는다는 데 있지 않다. 오히려 **이들은 추락의 원인이다.** 마찬가지로, 헨리는 열악한 주거 환경이나 불안 등이 질병의 원인이 될 수 있다는 점을 결코 부인한 바 없다. 오히려 핵심은 이들 각각의 원인은 그것이 설명하는 환자의 질병을 오직 일부분만 설명해 줄 수 있다는 데 있다. 물리학자는 이 모든 것에 대해 이야기하는 무언가를, 즉 추락에 대한 일반적 설명을 추구한다. 추락의 위험 요인을 목록화하는 일은, 추락을 설명하고자 하는 과학자가 추구하는 종류의 설명을 제시하지 못한다는 의미에서 문자 그대로 비과학적이다. 요인 목록은 왜 물체가 떨어지는지 설명하기를 바라는 물리학자에게 전혀 답변이 되지 못한다. 마찬가지로 헨리는 의사들이란 어떤 질병에 걸린 모든 환자에 대해 말해줄 수 있는 무언가 일반적인 것을 추구해야 하며, 문제의 질병을 앓고 있는 어떤 환자에게는 있는 원인이지만 다른 환자에게는 없는 원인에 대해서는 그다지 관심을 기울일 필요가 없다고 주장했다.

여기에서 결정적인 개념은 설명이다. 앞의 여러 장에서 그랬듯이 말이다. 나는 이미 설명에 대한 대조 모형을 제시한 바 있으며, 그것이 최소한 몇몇 비 대조적인 **피설명항**(explananda)까지 확대될 수 있다는 점 또한 확인했다. 질병에 대한 대조 설명은 문제의 질병 환자에게는 있으나 다른 사람들에게는 없는 원인을 지적하는 것으로 구성된다. 질병에 대한 단원인 모형은 이 조건에 정확히 들어맞는 무언가로 볼 수 있는 어떤 요인을 필요로 한다. 결과적으로 단원인 모형은 질병을 **설명적 원인** (explanatory causes)을 통해 정의하게 된다. 설명적 원인이란, 이 질병의 환자와 그렇지 않은 사람 사이에 있는 인과적 차이를 특징짓는 요인이다. 앞서 살폈듯, 때로 이는 문제의 질병을 재정의하는 과정과도 깊이 연결되어 있다. 이 과정은 이전에는 바로 그 질병에 걸렸던 것으로 간주했던 환자를 빼고, 이전에는 다른 질병에 걸렸던 것으로 간주했던 환자를 포함시키는 결과를 가져올 수도 있다.

질병에 대한 단일 인과 모형이 지닌 가장 명백한 단점은 그 질병이 가질 수 있는 특정한 종류의 원인 숫자를 크게 제한한다는 데 있다. 많은 경우, 하나 이상의 원인의 작용에 따라 질병을 분류하는 일이 더 도움이 된다. 심지어 돼지 콜레라와 같이 비교적 단순한 감염병도 그렇다. 단원인 모형에 의해 제시된 인과적 구조의 또 다른 중요한 단점은, 질병 분류 자격이 있는 원인의 수에 대해서도 큰 제약을 걸고 있다는 데 있다. 여기에서 주된 어려움은, 대체 어떤 특정한 원인이 질병을 일으키기에 충분한지 밝히는 데 있다. 매개체, 면역, 증상 없는 감염 등의 요인들은 언제 어디서나 있는 것처럼 보인다. 현행 질병 분류 체계가 근본적으로 불완전하거나, 단일 인과 모형에 너무 제약이 많거나 둘 중 하나일 것이다.

그럼에도 우리는 단원인 모형이 지닌 핵심 생각을 보존하길 원할 수 있다. 즉 질병이란 곧 **특정한 방식으로 일어난** 나쁜 건강 상태의 일종이다. **대조** 모형을 사용하면 바로 이런 생각을 보전할 수 있다. 대조 모형하에서 어떤 질병을 규정하기 위해서는 다음 조건들이 꼭 필요하다.

증상   D 질환자들이 대조군에서는 볼 수 없는 일련의 증상을 나타낸다.

환자   이들의 증상은 $C_1, \cdots, C_n$이 한데 뭉쳐 일어나게 만든다.

대조군 $C_1, \cdots, C_n$ 가운데 최소한 하나 이상의 요인이 대조군에는 없다.

예를 들어 콜레라가 이 모형에 들어맞을 것이다. 건강하며 콜레라에 걸리지 않은 대조군에서는 볼 수 없는 설사 증상을 콜레라 환자에게서는 볼 수 있기 때문이다. 이런 증상은 소장이 콜레라균에 감염되었기 때문에 일어나며, 대조군은 이 균에 의해 감염되지 않았다. 설사 증세를 보이는 다른 환자들도 있다. 하지만 이들은 환자나 대조군 가운데 어느 쪽에도 포함되지 않는다. 증상 면에서는 유사한 환자들을 콜레라 환자에서 빼버리는 이런 결정은, 방금 논의했듯 경험적 결정이라기보다는 개념적 결정이다. 바로 이 측면에서 대조 모형은 다요인 모형과 다르다. 이에 대해서는 곧 다시 논의하도록 한다.

적절한 대조군을 선택하는 일 역시 원인을 정의하는 일만큼이나 질병을 정의하는 데 중요한 부분이라는 점을 지적해 두자. 많은 질병에 있어 질병을 정의하는 원인은 증상 없이도 존재할 수 있다. 예를 들어 면역력이 있는 환자의 경우 충분히 그럴 수 있다. 이들 증상 없는 환자들이 대조군에 포함되지 않는 한, 증상 없이 원인을 정의하는 일이 대조 모형을 위반하는 것은 아니다.

대조군에서 이들 증상 없는 환자를 제외하는 일은 자의적일 필요도 없고, 자의적이어서도 안 된다. 이 결정은 반드시 설명될 수 있어야만 한다. 대조 구조는 면역 모형 또한 제시할 수 있다. 결핵균에 감염된 사람들이 대조군에 포함되지 않는 한, 결핵은 결핵균에 감염되었으나 증상이 없는 사람이 있더라도 대조 모형을 만족시킬 수 있는 질병이다. 이런 사람들을 대조군에 포함시키지 않는 이유는, 질병과 증상의 원인을 모두 가지고 있는 사람과 이들 사이에 모종의 추가적인 차이가 있을 것이기 때문이다. 이런 상황에 대응하는 면역 대조 모형은 다음과 같다.

면역 증상   D에 면역이 있는 환자는 D와 관련된 원인 C_1, $\cdots$, C_n을 보여 주지만 D의 증상은 나타나지 않는다.

면역 환자   증상이 없는 상태는 면역 원인 IC_1, $\cdots$, IC_n이 한데 뭉쳐 일어나게 만든다.

면역 대조군 IC_1, $\cdots$, IC_n 가운데 최소한 하나 이상의 요인이 대조군에는 없다.

질병에 대한 대조 모형과 면역 대조 모형이 이처럼 닮았다는 사실로부터, 면역 환자를 대조군으로부터 배제하는 데는 자의적이지 않은 중요한 이유가 있음을 알 수 있다. 유사한 모형을 통해 증상이 없는 상황을 설명할 수 있는 잠재적 원인을 찾아내는 일은 어렵지 않을 것이다. 증상이 없는 일반적인 이유는 분명하다. 즉 어떤 원인이 있음에도 증상이 없는 상황은, 증상이 없는 바로 그 상황이 **설명되는** 한, 대조군으로부터 배제할 수 있을 것이다.

다수의 원인을 지닌 돼지 콜레라나 다른 유사 질병 역시 질병에 대한 대조 모형을 만족시킬 수 있다는 사실은 쉽게 알 수 있다. 돼지 콜레라에 걸린 돼지들은 대조군과 구별되는 증상을 보일 것이다. 이 증상은 세균 및 바이러스 감염 모두에 의해 일어날 것이며, 대조군에는 바이러스나 세균이 없을 것이다. 이 사례는 대조군이 어떤 일반적 의미에서든 꼭 건강할 필요가 없다는 사실도 쉽게 보여 줄 수 있다. 게다가 여기에서도 대조군의 선택은 원인의 선택만큼이나 질병을 정의하는 데 중요하다.

따라서 질병에 대한 대조 모형은 원인에 대한 수적 제약을 없애는 방법으로, 그리고 면역이나 기타 원인이 있음에도 증상이 없는 상황이라는 난점을 상황에 따른 충분성 개념을 도입하는 방법으로 단원인 모형의 주된 난점을 극복한다. 반면, 대조 모형과 다요인 사고 사이의 핵심 차이는 질병을 발견된 원인을 통해 정의될 수 있는 집합으로 다룰 것인지 여부에 있다. 대조 모형은 이들 원인이 대체 무엇인지에 대해 우리가 꼭 **알아야** 한다고 요구하지는 않는다. 하지만 이 모형은 이들 원인이 존재해야만 한다고 요구하고, 그렇지 않을 경우 문제의 조건은 질병이 아닐 것이라고 본다. 반면 다요인 모형은 여러 원인으로 이뤄진 하나 이상의 조합에서 질병이 일어나는 상황을 허용한다.

예를 들어 다요인 모형에 따르면 폐암은 하나의 질병이다. 이는 이 암에 걸린 모든 환자들이 어떠한 공통의 병인도 공유하지 않는 경우에도 유지될 것이다. 반면 대조 모형에 따르면, 폐암은 만일 이 암에 걸린 모든 환자들이 공유하는 공통의 병인이 없는 경우에는 더 이상 하나의 질병으로 간주되지 않는다. 이 경우 폐암은 아마도 서로 다른 병인에 기반을 둔 다수의 다른 질병에 의해 일어나는 일종의 증상군이다.

의학과 공중보건이 염두에 두는 모든 주제가 질병인 것은 아니다. 다리 골절 · 화상 · 중독 등은 질병이라고 볼 수 없다. 그렇다면 무엇이 질병인가? 단원인 모형은 설득력 없는 답을 내놓을 것이고, 다요인 모형은 어떠한 답변도 제시하지 못할 것이다. 하지만 대조 모형은 한 가지 답을 내놓을 수 있다. 질병이란 어떤 원인 또는 원인 집단의 작동에 의해 설명될 수 있는 나쁜 건강 상태. 여기에서 원인은 사람들에게는 알려지지 않았을 수도 있으며, 또 이 원인은 나쁜 건강 상태에 놓인 사람들과 그렇지 않은 사람들 사이의 차이를 만들어내는 요인이기도 하다.

질병의 개념을 이런 식으로 제한하는 시도는, 질병의 원인에 대한 유용한 탐구와 그 인과적 위험 요소에 대한 무용한 목록 만들기를 구분하는 일을 돕는다. 어떤 특정한 위험 요인이 인과적이라는 점을 발견하는 일은 그 자체로는 전혀 중요하지 않다. 중요한 것은 그 요인이 문제의 질병을 얼마만큼 **설명해** 줄 수 있느냐는 데 있다. 대조 모형은 나쁜 건강 상태, 다시 말해 질병의 유형을 일반적인 방식으로 설명할 수 있는 유형과 어떠한 특정 요인 집합으로도 설명할 수 없는 유형으로 나누는 기반을 강화시킨다. 대조 모형에 의한 구분은 의학과 공중보건이 관심을 갖는 조건과 그렇지 않은 조건 사이의 구분과 일치하는 것은 아니다. 하지만 이 관점은 나쁜 건강 상태의 원인에 대해 역학 연구가 어떤 기여를 했는지를 평가하는 한 가지 방법을 제시한다. 이 모형에 따르면, 질병의 발견은 나쁜 건강 상태의 여러 유형에 대한 설명이다. 질병 원인에 대한 이런 방향의 역학 연구는 유용할 것으로 보인다. 어떤 병에 걸린 사람과 건강한 사람의 인과적 차이에 대한 지식은 그 질병의 발생률을 줄이는 방식을 식별하고 평가하는 데 매우 유용하다. 이런 방식의 의학적 이해를 발전시키는 데 기여하지 못하는 역학 연구는 여전히 유용할 수 있겠으나 그 유용성을 표현할 다른 방법을 찾아야만 할 것이다. 원인의 목록을 만드는 일만으로는 결코 그 자체로 역학의 타당한 목적이라고 할 수 없을 것이다.

결론

⊙

　　　　　　　　우리는 역학이 의학과 보건정책의 영역을 거의 무한히 넓혀줄 수 있는 잠재력을 가지고 있다는 데서 출발했다. 이 점은 그 자체만으로는 그리 문제될 만한 일이 아니다. 하지만 우리는 질병 원인의 목록을 만드는 일이 그것만으로 의학적 또는 보건 정책적 목적에 유용하다는 생각에는 뭔가 문제가 있다고 지적해 낼 수 있었다. 우리는 처음에는 의과학의 관심 대상을 제한하기 위해 원인의 유형을 정리하는 방법이었던 단원인 모형의 내용을 검토해 보았다. 이 모형이 제시하는 처방은 각 질병의 원인 가운데 단 하나의 원인에만 특별한 지위를 부여하자는 생각이었으나, 이를 정당화하기는 힘들다. 하지만 하나의 질병에 대한 일반적인 설명을 얻을 수 있는 조건을 그렇지 못할 상황과 구분할 수 있다는 점에서, 이 생각에도 가치는 있다. 그런데 이 장점은 현대 역학을 지배하는 사고방식, 즉 다요인적 사고방식 속에서는 사라져 버렸다. 우리는 대안으로 대조 모형을 탐사해 보았다. 이 모형은 그 원인에 따라 질병을 분류하지만, 이런 분류에 쓰이는 특권적 원인은 굳이 하나가 아니어도 된다. 이 모형은 하나의 질병을 일반적인 설명이 제시된(또는 그러리라고 바랄 수 있거나 그렇게 될 것 같은) 나쁜 건강 상태의 여러 사례들이라고 보며, 그 원인이 서로 다른 방식으로 통합되지 않는 나쁜 건강 상태의 부류들과 질병이라는 부류를 구분하는 기준을 제시한다. '질병'이라는 용어가 이런 구분을 나타내는 데 최선이냐는 질문은 상당히 흥미로운 질문이다. 어떠한 경우에도 이 제안의 효력은 역학과 공중보건 정책이 그 자체로 이런 종류의 원인과 단원인 모형 사고에만 독점적인 관심을 기울인다는 식으로 나타나지 않는다. 다른 종류의 나쁜 건강 상태 역시 다른 종류의 원인처럼 의학과 공중보건의 관심 대상이다. 그럼에도 불구하고 역학 연구가 어떤 **질병**의 원인에 대해 추정적으로라도 이뤄지고 있는 경우, 질병의 위험 요인을 목록으로 만드는 일은 기여했다고 평가를 받지 못하는 반면, 질병에 대한 일반적인 이해를 증진시켜 나가는 프로젝트에 도움을 주는 경우에는 기여했다는 평가를 받게 될 것이다.

11장

11장
역학과 법률[77]

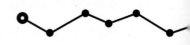

요약

　　역학적 증거는 때때로 어떤 개별 환자가 특정한 노출로 인해 한 가지 질병을 앓게 되었다는 주장을 입증하기 위한 근거로서 제시되고는 한다. 이런 시도는 법률적 난관으로 가득한데, 역학적 증거의 인식적 효력에 대해 사람들이 흔히 혼동하고 있기 때문이다. 이번 장에서는 역학적 증거를 법정에서 활용하는 방법에 대해 세간에서 통용되고 있는 여러 입장을 검토하고, 여기에서 어떤 부분이 혼동에 빠져 있는지 살펴

77　　(옮긴이) 이 장에 나오는 영미권 판례에 대해서는 398쪽의 판례 목록을 참조.

볼 것이다. 역학적 증거가 말하는 바와 보여 주는 바 사이를 명확히 구분하지 않는 한, 우리는 결코 앞으로 나아갈 수 없다. 이들 증거가 무엇을 말하는지 파악하기는 어렵지 않다. 몇몇 가정이 만족될 경우, 모종의 노출로 인해 특정한 환자가 지금 문제가 되는 질병을 앓게 되었을 확률이 최소한 얼마나 될 것인지를 역학적 증거를 통해 추정할 수 있기 때문이다. 증거가 무엇을 보여 주는지 알아내는 일은 이보다 더 어렵다. 하지만 역학적 증거가 법률적 맥락에서 아무런 설득력이 없다고 생각할 수 없다는 점만은 본문의 분석을 통해 분명히 드러날 것이다. 역학적 증거에 대한 회의적 태도는, 의학적 검사와 같이 분명히 적절한 증거조차도 오용하게 되는 극적인 결과를 가져올 수 있다. 따라서 올바른 정황하에서라면, 역학적 증거는 해당되는 법률적 기준에서 개별 인과를 입증하는 데 사용될 수 있다. [78]

왜 역학적 증거가 소송에 사용되는가?

역학은 이전에는 몰랐던 새 질병이나 질병 자체는 알려져 있지만 원인이 알려진 바 없는 질병을 탐구하여 보건 과학을 선도하는 역할을 한다. 이 분과가 우리에게 해로운 무언가를 계속해서 발견하는 한, 사람들은 소송에서 역학적 증거를 각자에게 유리한 대로 사용하게 될 것이다. 역학의 이런 선도적 역할 덕분에, 역학적 증거는

----

78   이번 장의 핵심 생각은 Broadbent 2011b에서 발전시켰던 내용이다.

때때로 소송의 대상이 된 위법행위 때문에 손실을 입었다는 주장을 입증할 수 있는 중요한 증거가 되고, 간혹 사용할 수 있는 유일한 증거가 되기도 한다. 예를 들어 역학적 증거가 흡연과 폐암 사이의 일반적인 또는 인구집단 차원의 인과적 연결을 뒷받침한다는 주장은 많은 사람들에게 설득력이 있다. 하지만 흡연이 특정인에게 폐암을 일으켰는지 말해줄 수 있는 의학 기술은 아직 없다. 이번 장에서는 이런 관계를 **개별 인과**라고 부르겠다. 불법 행위에 기초한 손해배상청구 소송에서, 특히 일반과실책임에 따른 손해배상청구 소송에서 이기려면 바로 이런 인과 관계가 입증되어야만 한다.

이런 사실은 원고가 역학적 증거를 통해 개별 인과를 전적으로 또는 부분적으로 입증하려는 상황이 왜 벌어지는지를 설명해 준다. 어떤 노출이 특정 인구집단에게 매우 해로운 결과를 일으키고 있다는 주장이 매우 설득력 있고, 또 문제의 노출이 많은 권리 침해를 일으킨다면, 사람들이 배상을 바라는 것도 무리는 아니다. 하지만 바로 이 상황에서, 특정한 개인의 질병이 문제의 노출과 인과적으로 연결되어 있다는 증거는 사용할 수 없으며, 또 그런 증거는 현재 생의학적 과학이 제시할 수 있는 수준을 한참 넘어서 있는 것처럼 보인다.

이런 상황은 다음과 같은 난해한 질문을 부른다. 역학적 증거는 개별 인과를 입증할 수 있는가? 또는 적어도 그것을 입증하는 데 도움을 줄 수 있는가? 그렇지 않다면 왜 그런가? 입증할 수 있다면 어떤 방식으로 그런가?

이들 질문은 대단히 난해하다. 이것이 제기하는 법률적, 철학적 쟁점은 역학적 증거와 관련되어 있는 역학적 개념들을 이해해야만 적절히 논의될 수 있기 때문이다. 곧 확인하겠지만, 법원과 그 평석자들은 이들 개념을 복잡하고 골치 아픈 문제로 만들어버렸다. 여기에서 해결되지 않은 채 계속 제기되는 법률적 문제를 건너뛰고 싶은 독자라면 '결정적인 구분'이라는 제목이 붙은 절로 넘어가도 좋다.

법률상의 여러 입장과 그에 대한 여러 오해

역학과 관련된 주제에 대해 복잡한 말들을 무수히 쏟아내고 있는 판례와 평석을 잘 살펴보면, 개별 인과를 입증하는 데 역학적 증거가 어떤 역할을 할 수 있는지에 대해 다음과 같은 세 가지 태도를 추출해낼 수 있다.

- 역학적 증거는 개별 인과를 입증하는 데 부적절하다.
- 역학적 증거만 사용할 수 있는 경우, 인과 관계 입증에 적용되는 통상적 규칙은 조금 느슨하게 적용할 수 있으며, 따라서 역학적 증거가 보여 주는 위험 증가는 인과성 요건을 만족시킬 수 있다.
- 역학적 증거를 사용해서 개별 인과를 입증할 수 있으려면 상대위험도가 2를 초과해야 한다.

이들 태도는 상호 배타적이지 않다. 증가된 위험 접근, 곧 두 번째 접근은 부분적으로는 역학적 증거가 엄격하게 말해 개별 인과와 무관하다는 견해 때문에 나타난 것이다. 또 2보다 큰 상대위험도가 입증의 문턱이라는 견해는 상대위험도가 2와 같거나 작아도 위험 증가가 입증된다고 보는 견해와 양립 가능하다. 이제 각각의 견해를 검토해 보자.

역학적 증거는 개별 인과를 입증하는 데 부적절하다

이런 견해는 매우 흔하게 찾아볼 수 있다. 예를 들어 도어(Michael Dore)는 "다른 일반화된 증거와 마찬가지로, 역학적 증거는 발생한 사태의 범주를 다루는 것이지 특정한 개별 사태를 다루지 않는다. …… 이런 증거는 특정한 사건이 일어났다는 점을 보여 주는 데 도움이 될 수도 있으나, 좀 더 특수한 증거와 함께 제시될 때에만 그렇다."고 말한다.(Dore 1983, 433) 또한 톰슨(Melissa Moore Thomson) 역시 "통계에 기초한 역학 연구는 개별 원고가 겪은 인과 과정이 얼마나 있음직한 일인지 판단하는 데 직접적으로 응용할 수 없다."고 주장한다.(Thomson 1992, 255) 시(Andrew See)는 『디펜스 카운슬 저널(Defence Counsel Journal)』에서 "역학 연구는 일반 인과라는 쟁점에만 적절하며, 어떤 노출이나 요소가 특별한 개인에게 질병 또는 손상을 일으켰는지 여부를 확정할 수는 없다."고 이야기한다.(See 2000, 478)

아마도 이런 입장을 취하는 가장 인상적인 진술은 스코틀랜드에서 있었던 〈맥티어 대 임페리얼 토바코 유한회사 사건〉에서 나왔을 것이다. 이 재판의 스미스 판사는 흡연과 폐암 사이에 있다고 밝혀진 일반 인과라는 증거만 가지고서는 판결을 내릴 수 없다고 생각했다. 당시 의회가 반대되는 견해에 기초해 법령을 제정했다는 점은 의심할 수 없다.(Miller 2006, 544) 결국 스미스 판사는 기여분율 90%, 상대위험도 10이라는 값을 통해 일반 인과가 입증된다 해도 이 증거가 **개별** 인과를 입증하는 데 적절하다고 간주할 수 없다는 결론을 내렸다.

역학적 증거는 개인에게 일어난 일에 대한 인과 관계 진술에는 사용할 수
없다. … 역학은 어떤 노출이 개인의 특정한 상태를 만들어낼 가능성이 얼
마나 되는지에 대한 정보를 제공할 수 없다. 인구집단 기여위험도는 인구집
단에만 적용할 수 있는 측정지표이며, 개별적이고 우연하게 이뤄진 개인의
노출은 질병 발생의 가능성을 함축하지 않는다.(CSOH 69, 6(2005) 제180문단)

이런 주장은 분명 역학 연구 및 그것이 내놓는 측정지표(상대위험도나 기
여분율)가 오직 인구에만 적용될 뿐 개인에게 적용되지 않는다는 사실에
기반을 두고 있다. 하지만 이런 추론은 불합리하다. 특히 인구집단 차원
에 대한 주장이 보편적 형태를 지니고 있을 경우 아주 극적으로 그렇다.
모든 역학자들이 흡연한다고 해 보자. 이는 곧 이 인구집단에 대한 한 가
지 사실이다. 또한 리처드가 역학자라고 해 보자. 이로부터 리처드 역시
흡연한다는 결론이 나온다. 이 반례는 현실적이지는 않지만, 분명 인구
집단의 속성을 측정한다는 역학의 특징으로부터 그것이 개인에 대해서
는 아무 말도 하지 않는다는 **결론을 내릴 수 없다**는 점은 입증한다. 인구
집단은 개인으로 이뤄져 있다. 때문에 개인에 대해 내려진 어떤 결론은
최소한 일부분은 그 개인을 구성원으로 하는 어떤 인구집단의 특징에 기
초를 두고 있을 수 있다. 아마도 이러한 부분-전체 관계가 역학 연구를
법률적 맥락에 적용하는 추론에 도움이 될 수 있을 것이다.
　물론 어떤 특징이 한 인구집단에서 보편적으로 공유된다는 주장은 역
학에서 매우 드물다. 따라서 일반적으로 전건 긍정식을 사용할 수는 없

을 것이다. 그러나 역학적 증거를 개인에게 적용하는 일이 언제나 전적으로 부적절하다는 생각은 명백히 잘못되었고, 이는 좀 더 현실적인 경우에도 마찬가지이다. 너무도 명백한 논점을 다시 되풀이하는 것이기는 하지만, 만일 역학 연구가 결코 개인에 대해 말하지 않는다는 생각에 의심의 여지가 없다면, 역학 연구가 제시하는 강력한 증거에 따라 폐암을 피하기 위해 흡연을 중단한 흡연자는 불합리하게 판단한 셈이다. 역학 연구는 인구집단에 적용되며, 따라서 '개별적이고 우연하게 이뤄진 개인의 노출은 질병 발생의 가능성을 함축하지 않는다.' 하지만 흡연을 중단하는 것은 폐암의 위험을 피하고자 하는 흡연자들에게는 의미 있는 행동이지 결코 비이성적인 행동이 아니다.[79] 만일 어떤 사람이 비흡연자에 비해 흡연자에게서 폐암이 열 배 더 흔하다는 점을 알고 있다면, 또 이 차이가 흡연에 의해 일어난 것이며 그에게 흡연자 또는 비흡연자가 암에 걸릴 요인에 대한 이 이상의 정보가 주어져 있지 않다면, 흡연을 중단하는 것은 분명히 폐암을 피하는 데 좋은 전략이다. 물론 완전히 안전한 전략은 결코 아니지만 말이다.

이런 상식적인 추론은 인구집단에 대한 역학적 데이터를 바탕으로 '개별적이고 우연하게 이뤄진 개인의 노출에 의한 질병 발생의 가능성'에 어떻게 대응할지 개인이 판단을 내리는 과정이라고 할 수 있다. 이런 추론이 적절하다면, 이는 역학의 연구와 측정지표들이 인구집단에 적용된

----

79   역학적 증거에 주의를 기울였으며 결과적으로 흡연을 그만둔 개별 흡연자나 그렇지 않은 개별 흡연자(이 종류의 흡연자 이외에 어떤 종류의 흡연자가 있을 수 있을까?)에 대한 추가적 역학 조사를 통해 스미스 판사의 주장을 경험적으로 평가하는 일도 가능하다.

다고 해서 개인 차원의 인과와 전적으로 무관한 것은 아니라는 사실 때문이다. 만일 이 추론이 나쁘다면, 우리는 역학적 증거를 법률에 사용하는 일뿐만 아니라 인구집단 차원의 추론 사용 전반 역시 비난해야만 한다. 우리가 후자의 평가를 택한다면 개인들이 보건 영역뿐만 아니라 영양, 주택 가격, 도시의 특정 구역에서 개인의 안전을 지키기 위해 취해야할 주의사항, 3층 창문에서 떨어졌을 때 살아남을 가망과 같이 인구집단 차원에서 주어지는 일련의 조언들을 모두 무시해야만 한다는 귀결이 나올 것이다.

따라서 역학적 증거의 적절성을 의심하기 위해서는 반드시 좀 더 세련된 기반을 갖춰야만 한다. 역학이 인구집단에 대해 내놓은 주장이 법적효력을 입증하기 위한 주장을 뒷받침하는 데 부적절하다는 주장은 반드시 논증을 필요로 한다.

역학적 증거는 인과 관계 법리를 완화시키는 계기가 된다

역학적 증거가 영국 법에서는 비교적 덜 논의되었다. 상황이 이렇게 된 한 가지 이유는, 인과 관계 입증에 관한 통상적 법리에 대해 다소 실용적인 예외 법리가 발달해 왔기 때문이다. 이러한 경향은 〈페어차일드 대 글렌헤븐 상조 유한회사 사건〉에서 명시적으로 드러난 바 있다.([2003] 1 A.C. 32) 이런 예외 처리 방침이 역학적 증거에 대한 관심 때문에 촉발된 것은 아니지만, 역학적 증거가 문제가 되는 사례에 잠재적으로 적용할 수도 있을 것이다. 페어차일드 사건에서, 중피종 환자들은 어떤 석면에 노출되었기 때문에 자신들의 중피종이 일어났는지 입증할 필요가 없다고 판시되었다. 이런 식의 예외 처리 방침은 명시적으로 노동 또는 환경정책에 기초를 두고 있다.[80] 호프먼 판사에 따르면, 이런 예외 처리 방침을 통해 시정하고자 했던 부정의는 다음과 같은 내용이다. "피고 측의 석면 사용과 원고 측의 질병 사이에 있는 인과적 연결을 원고 측이 입증해야 한다는 규칙을 고수할 경우, 사용자가 한 사람인 사건들을 자의적으로 제외하고 나면, 피고용인들이 석면에 노출되지 않도록 해야 한다는 내용의 의무는 형해화되고 말 것이다."([2003] 1 A.C. 32: 제62문단)

이 논의가 명시적으로 역학적 증거에 관한 것은 아니지만, 이런 접근은 분명 역학적 증거가 인과를 입증하는 증거로 제시되는 사건에도 확대 적용할 수 있다. 그렇다면 다수에 대한 고용 관계가 어떤 의무를 형해화해버릴 수 있는 것과 마찬가지로, 노출 없이 어떤 질병이 발생했다는 사실은 질병을 일으킬 수 있다고 알려진 요인에 다른 사람들이 노출되지 않도록 할 의무를 형해화한다고 주장할 수 있을지도 모른다. 이런 적용의 사례로 〈시엔키에비치(에니드 코스텔로의 유산 관리자) 대 그레이프 유한회사 사건〉을 들 수 있다. 이 사건에서 회사 측은 원고가 있던 마을의 석면 배경 농도를 끌어올릴 수 있을 수준이지만 불법행위에는 해당하지 않는 석면 노출을 일으켰다. 이 사건의 판사는 동일 요인에 대한 배경 노출이 원고가 해로운 물질에 노출되게 만든 피고의 책임을 경감해 주지 않는다는 결론을 내렸다.(이 결론은 대법원에서도 다시 승인되었다. [2011] UKSC 10를 참조) 또한 해당 질병을 일으키는 여러 다른 원인들을 구별할 수 있는 진단 검사가 없는 상태에서, 그 질병의 다른 요인에 대한 배경 노출을 다른 방

---

80   이것이 다수설이다. 특히 빙험 경의 의견이 명시된 제33문단과 니콜 경의 의견이 실린 제41문단은 본문에서 인용된 호프먼 경의 의견만큼 중요하다.

식으로 다뤄야 할 이유도 찾기는 어렵다.

논의를 정리해 보자. 어떤 행위자가 원고에 대한 손실의 위험을 실질적으로 증가시켰다는 점을 역학적 증거가 시사하지만 원고가 자신의 특정한 질병과 노출 사이의 인과적 연결을 입증하지 못하는 경우가 있다고 해 보자. 이 때, 이런 방향을 뒷받침하는 좋은 정책적 기반이 있다면 원고는 재판에 이길 수 있다. 여기에서 '위험'이란 역학적 의미가 아니라 상식적인 (그리고 모호한) 의미를 지닌 표현이라는 점을 지적해 두겠다. 이런 방식으로 사용된 '위험'은 손실의 심각성과 그 발생 확률을 곱한 값을 말한다.(이런 취급에 대해서는 특히 Lewens 2007를 참조) 역학에서 '위험'이라는 말은 조금 다른 뜻이다. 이 말은 개인 차원보다는 인구집단 차원에서 정의되며, 또 손실의 심각성은 전혀 감안하지 않고 오직 발생 확률만을 뜻한다. 이렇게 위험이라는 말의 의미에 차이가 있기 때문에, 역학적 증거를 법적으로 사용할 때 혼란이 가중되고 있다. 또한 확률 개념 역시 특히 개별 사례에, 즉 이번 장에서 우리가 관심을 두고 있는 바로 그 주제에 적용될 경우 여러 다른 방식으로 이해될 수 있다.

앞서 정리한 관점에 따르면, 어떤 행위자가 원고에 대한 손실의 위험을 증가시켰다는 사실을 역학적 증거를 통해 보일 수 있고, 또 이는 소송에서 이기는 데 충분한 증거일 수도 있다. 이런 관점은 역학적 증거 일반에 대한 부정적 견해, 즉 역학적 증거로는 인과를 결코 입증할 수 없다는 견해와 양립가능하다. 또한 이런 관점은 역학적 증거에 대한 한 가지 긍정적인 관점과도 양립가능하다. 그 관점에 따르면, 증거가 충분치 못한 경우 역학적 증거는 인과 규칙을 완화하는 데 사용할 수도 있다. 예를 들어 상대위험도가 2보다 작거나 같은 경우 그렇다. 이 견해는 곧 다룰 것이다.

엄격하게 말해, 어떤 노출로 인해 증가된 위험의 의미는 두 가지로 이해될 수 있다. 한 가지는 위험 증가를 인과를 입증하는 통상적인 규칙을 완화할 수 있는 기반으로 보는 방식이다. 이 견해에 따르면 특정한 상황 하에서 역학적 증거가 위험의 상당한 증가를 입증한다면 곧 그 증거는 인과적 요소를 입증하는 데 충분하다.[81] 다른 관점에 따르면, 증가한 위험은 그 자체로 배상가능한 손실에 해당한다. 즉 하나의 불법행위 유형을 독자적으로 구성한다. 이런 관점은 시엔키에비치 사건에서 채택된 것으로 보인다.[82]

이들 해석은 각각의 약점을 지니고 있다. 첫 번째 해석의 경우 문제는 이렇다. 라이트(Richard Wright)가 지적했듯, 손실을 일으키는 일과 그 손실의 위험을 증가시키는 일이 동등하다는 생각은 명백히 잘못이다. 어떤 손실의 위험은 **바로 그** 손실과 동일하지 않기 때문이다.(Wright 2008, 1295) 문제의 위험이 곧 일종의 손실이라고 해도 그렇다.[83] 이는 양자가 다른

----

81   아마도 이는 분명 〈맥기 대 영국석탄회의 사건〉([1973] 1 W.L.R. 1(H.L.))을 이해하는 좀 더 자연스러운 방법일 것이다. 이 사건은 페어차일드 사건의 중요한 예고편이라고 할 만하다. 맥기의 요구를 말이 되게 하려면, 새로운 배상청구권을 알아내고 합리적으로 재구성할 필요가 있다.

82   시엔키에비치 사건의 대법원 판결문 제18·27문단(LJ 스미스), 그리고 55문단(L 클레르크)을 참조. 여기에서 쓰인 학설은 페어차일드 사건에 대한 해석으로서 〈바커 대 코러스 U.K 유한회사 사건〉([2006] UKHL 20.[2006] 2 A.C. 572)으로부터 도출되었다. 하지만 밀러(Chris Miller)는, 맥기 사건에서는 페어차일드 사건과는 달리 설득력 있는 새로운 배상청구권의 원천이 있었다고 주장한다.(Miller 2009) 샌디 스틸의 경우 바커 사건으로는 페어차일드 사건이 불법행위에 따른 배상청구권을 새롭게 찾아낸 사례라는 점을 보일 수 없다고 주장한다.

83   이어지는 논의는 어떤 손실의 위험을 그 손실과 한데 합치려는 데 관심을 두고 있다. 이런 관심은 어떤 위험이 해악이 될 수 있는지에 대한 질문과 혼동되어서는 안된다.(추가적인 논의로는 Finkelstein 2003을 참조)

한 편 없이도 일어날 수 있기 때문이다. 위험한 상황이라고 해도 아무런 결과 없이 끝날 수 있고, 사고는 저위험 상황에서도 벌어질 수 있다. 히말라야의 한 고봉에 무사히 등반했던 등산가라고 해도, 고봉에서 내려온 다음 오두막의 문턱을 밟고 발목을 접질릴 수 있는 것이다. 증가된 위험(심지어 '상당히' 증가된 위험)을 인과 규칙을 완화할 것인지 여부에 대한 검사 도구로 사용하는 태도는, 손실의 위험이 늘었다는 사실과 바로 그 손실이 일어났다는 사실 사이의 구분을 무너뜨린다. 이렇게 되면 위험 증가에 대한 입증만 이뤄져도 위험에 대한 배상이 주어져야 할 것이기 때문이다.

결국 첫 번째 해석은 입증되지 않은 사실을 이유로 사람들에게 책임을 지운다. 이는 배상 책임을 우선 개별 요건들로 분해하는 목적을, 즉 예견 가능성 · 일관성 · 투명성으로 분해하는 목적을 방해할 것이다. 아마도 그러한 고찰조차도 무효로 만들 만한 상황이 존재할 것이다. 하지만 책임 요건을 충족시킨다고 입증된 사람에게만 배상 책임을 지게 하는 것이 가능하다면 그렇게 하는 것이 언제나 더 낫다. 이런 의미에서 완전한 일관성은 불가능한 목표이지만, 그럼에도 한 가지 목표라고 할 수 있다.

결국 위험 증가와 인과를 동등하게 보는 시도는 잘해 봐야 최후의 수단에 불과하다. 이제 우리는 역학적 증거가 위험 증가보다 **더 많은 것**을 말해줄 수 있는지 물어야 한다.

증가된 위험 때문에 오히려 배상 청구가 가능한 새로운 불법 행위가 만들어진다고 해석할 수도 있을 듯하다.(Wright 1988, 1067~1077) 하지만 이런 해석에도 개념적 난점이 있다. 특히 위험을 만들어낸 것만으로 배상해야 할 위법 행위가 된다면, 왜 위험이 실제 손실로 귀결된 경우에만 배

상이 이뤄져야 하는지 그 이유를 알기 어렵게 된다.(Wright 2008, 1296)[84]

그럼에도 이 접근을 옹호하는 사람도 상당수 있다. 바커 사건에 대한 다수 의견에 따르면, 문제 사례에서 배상해야 할 손실 가운데 가장 우선시되어야 할 부분은 바로 증가한 위험이다. 밀러는 이 해석에 찬동하며 다음과 같이 말한다.

사고로 인한 손상과 그 예측값을 '별개의' 개념으로 보기는 어렵다. 실제로 일어난 위험에만 관심을 (그리고 책임을) 묶어 두면, 어떤 위험과 그에 따른 손상은 개념적으로만 구분될 뿐 실제로는 밀접하게 연결되어 있을 것이다. 유비를 사용해 보자. 나는 몸을 가지고 있고, 몸은 무게를 지닌다. 이들은 다른 개념이지만 서로 밀접하게 연결되어 있는 개념이며, 따라서 내 몸무게가 내 몸과 별개로 있는 무언가라는 말은 의미가 없다.(Miller 2009, 42)

결국 실제로 발생한 위험과 발생하지 않은 위험을 구분해서 생기는 난점은, 이들 사이의 차이가 위험이 원인이 된 손실이 발생했는지 여부인 것처럼 보인다는 데 있다. 우리는 대체 언제 배상해야 할 위험이 발생하는지 물어볼 수 있다. 만일 배상이 손실과 밀접하게 연결되어 있다면, 배상은 분명 손실이 일어났을 경우 이뤄져야 할 것이다. 마치 몸무게의 특

----

84   (옮긴이) 석면 노출로 인한 건강 피해 배상은 석면에 대한 노출 여부가 아니라 실제 중피종 등이 발생했는지에 따라 이뤄진다. 위험과 손실에 대응하기 위한 또 다른 제도인 보험 역시, 손실 없이 위험 노출만 있는 상태에서는 보험금 적립만이 이뤄질 뿐이며 실제로 손실이 발생한 경우에야 보험금이 지급된다. 또한 이런 배상 또는 보험금 지급은 인구 일반이 아니라 손실을 입은 개개인을 단위로 이뤄진다. 이런 현실적 상황을 첫 번째 해석으로는 이해하기 쉽지 않다.

정 값은 몸이 바로 그 상태일 때만 기록될 수 있는 것처럼 말이다.[85] 하지만 대체로 위험은 바로 그 위험이 염두에 두는 손실이 발생하기에 앞서 존재한다. 배상해야 할 위험은 손실이 발생하기에 앞서 있었던 위험과는 다른 것이고, 손실이 일어났을 때에만 발생하는 특별한 종류의 위험이라고 주장할 수 있을지도 모른다. 하지만 이는 통상의 위험 개념을 본래 모습을 알아볼 수 없을 만큼 왜곡하는 것이다. 그렇다면 이제, 문제의 손실이 실현되기에 앞서 이미 존재하는 (또는 존재하기 시작하는) 어떤 위험이 누군가를 위협하고 있으며, 또한 위험과 손실 양자는 각각 개념적으로 그리고 경험적으로 구분될 수 있다고 상정해 보자. 결국 우리는 이러한 위험은 왜, 오직 다른 종류의 손실(즉 바로 그 위험이 위협적이라고 보는 손실)이 발생한 경우에만 배상해야 할 손실로 간주되느냐는 물음에 직면하게 된다.

이는 증가된 위험 접근을 거부할 만한 결정적인 이유는 되지 못한다.(강력한 옹호는 Voyoakis 2009를 참조) 어떤 사건에서, 재판관은 증가된 위험이 배상 책임의 인과 관계 요건을 충족해야 한다고 요구하거나, 그런 위험이 법적으로 인정 가능한 손실로 받아들여져야 한다고 요구할 수 있다. 또한 모종의 불확실성이 있는 경우, 피고들에게 특정한 방식으로 책임을 분담시키는 결과가 정당할 수도 있고, 그들이 겪은 손실 가운데 오직 일부만이 배상 가능하며 주어진 증거로는 누가 실제로 손실을 겪을지에 대해 알 수 없는 한 모든 원고에 대한 부분적인 배상이 정당한 결과라고 생각할 수도 있다. 증가된 위험 접근은 그 자체로 이러한 결과를 달성

---

85   아마도 질량이 더 강력한 유비의 원천이 될 수 있을 것이다. 무게, 즉 중력으로 인해 발생한 순 힘은 질량이 있는 다른 물체와의 근접성에 의존하며 그 작용 범위는 물체에서 떨어진 곳까지 도달해 있다.

할 수 있게 해 준다.

그러나 증가된 위험 접근을 피할 수 있다면 피해야 한다는 점을 알기 위해 이 접근을 전적으로 거부할 필요는 없다. 일정한 상황에서 그 사용이 정당화되든 아니든, 증가된 위험 접근을 채택하는 방침은, 이런 접근이 인과 관계를 입증하는 것처럼 취급하든 아니면 새롭고 기묘한 책임 유형을 만들어낸다고 취급하든, 인과 관계를 입증하는 것보다는 언제나 불만족스러울 것이다. 또 이 접근이 인과에 대한 통상적인 접근 방식을 향상시킨 입장이라고 볼 수도 없다. 역학적 증거는 인과가 있느냐는 질문에 답할 때 의존할 다른 증거가 없으며 실천적으로도 그렇게 할 수 없는 경우 사용하게 되는 마지막 수단의 성격을 지니고 있기 때문이다. 따라서 증가된 위험 접근이 유지될 수 있다고 하더라도, 실제로 위험 방지 의무를 소홀히 하고 있는 경우인지 아닌지를 확인하기 위해서는 역학적 증거가 **개별** 인과를 확립하는 데 어떤 중요성을 지니는지 이해해야 한다.

상대위험도가 2보다 크면 역학적 증거는 인과를 입증한다

역학적 증거가 개별 인과를 입증하는 데 적절하다고 법원과 평석자들이 주장할 때, 많은 경우 이들은 상대위험도가 2라는 문턱값보다 클 때 인과관계가 입증된다고 본다. 페어차일드 사건에서 적용된 예외 처리 방침을 고려하지 않을 때 영국 법원 일각에서는 이 견해를 지지한다. 〈아무개 대 [바이엘] 쉐링 헬스케어 유한회사 사건〉([2002] EWHC 1420 (Q.B.))에서 원고들은 다른 증거가 없는 경우 문제의 상대위험도가 2보다 크다고 입증하는 일이 그들이 소송에서 이기는 데 필수적이라고 보았으며, 매키 판사 역시 이에 찬동했다.(판결문 제20~21문단) 판사는 문제의 상대위험도로 가장 가능성이 큰 값이 1.7이라고 밝혔고, 따라서 원고는 일반 인과 자체가 성립되었는지와는 무관하게 패소했다.(판결문 제343~344문단) 물론 위험의 상당한 증가를 보여 준 사례라면 페어차일드 사건에 적용되었던 예외 처리 방침을 적용하는 일이 충분히 가능할 수도 있다. 결국 이 사건은 페어차일드 사건을 예외적으로 처리하기 위해 적용되었던 정책적 고려사항들을 적용할 수 없는 맥락에서는 아마도 계속해서 권위를 지닐 수 있을 것이다.

상대위험도가 2보다 큰 경우 인과를 입증하는 데 충분할 수 있느냐는 질문에 대해, 최근 판례들은 혼동을 보이고 있다. 〈노바티스 그림스바이 유한회사 대 존 쿡슨 사건〉([2007] EWCA (Civ) 1261)에서 이 질문에 대한 답은 긍정적이었다. 즉 이 사건에서는 상대위험도가 2보다 크기 때문에 인과가 성공적으로 입증되었다는 판정이 있었다.(판결문 제74문단) 이 사건의 판사 스미스는 어떤 노출 때문에 어떤 손실의 위험이 두 배 이상으로 늘어난다면 문제의 노출과 결부되어 있는 손실의 개별 사례는 아마도 바로 그 노출에 의해 일어났을 것이라는 추론은 '논리의 문제'라고 말했다. 스미스 판사는 시엔키에비치 사건을 항소 법원에서 다룰 때 자신의 견해를 다시 확인한 바 있다.

내가 보기에 대법원에서 나온 다른 견해를 논외로 하면, 복수의 잠재적 원인이 있는 사건에서 불법 행위로 문제가 되고 있는 노출이 그렇지 않은 원인에 비해 위험을 최소한 두 배 이상 상승시킨다는 점을 보이면 원고 측은 인과를 증명할 수 있다는 견해를 받아들여야만 할 것이다.(시엔키에비치 사건의 항소심, 스미스 판사의 판결문 제23문단)

하지만 대법원에서는 이와 다른 의견이 개진되었다. 사실 여러 개의 서로 다른 의견이 개진되었으나, 이들은 모두 역학적 증거를 통해 개별 인과를 입증하는 데 대해 일반적이지만 모호한 의심을 공유하고 있었다.

필립 판사의 다음 견해는 역학적 증거에 개별 인과를 입증할 만한 증명력을 부여하는 견해에 가장 가깝다.

어떤 질병·손상의 잠재적 원인으로 서로 누적되기보다는 서로 상충하는 선택적인 원인들이 있다고 해 보자. 나는 원리상 역학적 추론이 문제의 질병·손상을 일으킬 수 있는 다른 모든 원인을 합친 것 보다 어떤 한 원인이 두 배 이상 질병·손상에 기여했다는 점을 보이는 데 쓰여서는 안 될 이유를 찾을 수 없다.(시엔키에비치 사건의 3심, 제93문단)

이런 견해에 로저 판사는 동의하지 않는다. 통계적 증거는 인과 확률은 입증할 수 있으나 바로 이 특별한 사례를 발생시킨 인과를 입증할 수는 없다는 것이 그의 주장이다.(제153~159문단) 헤일 판사의 입장은 필립 판사에게 조금 더 기울어져 있지만, 어쨌든 두 견해 사이의 어디엔가 있다. 헤일 판사에 따르면, 원리상 통계적 증거는 그것만으로는 사실을 찾는 데 부적합한 증거라고 볼 수 없다. 하지만 판사들이 통계적 증거를 다른 종류의 증거와 잘못된 방식으로 뒤섞어 최종 결론을 내리기 위해 사용하는 상황은 우려할 만하다.(제172문단) 따라서 그는 "이 사건에서 오고 간 말들 때문에 판사들이 사실 인정 방법을 바꾸는 것은 옳지 않다."(제173문단)라고 말한다. 논리적으로 이것은 스미스 판사의 소견은 건드리지 않은 채 남겨두지만 그 소견이 널리 퍼져서는 안 된다는 뜻이다. 브라운 판사는 역학적 또는 통계적 증거에 대해 논의하지 않았다. 맨스 판사는 역학적 증거에 큰 비중을 두는 입장을 꺼림칙하게 생각했는데, 이는 "법률은 개별 상황이 올바른지 아니면 잘못되었는지에 관심을 기울이며, 사람들 그리고 회사들조차도 통계로서 다뤄서는 안되기"(제190문단) 때문이다. 이런 지적은 그가 역학적 증거를 "개별적 증거와 함께"(제205문단) 사용할 수 있다는 견해에 동의함에도 이뤄진 것이었다.[86] 커 판사는 "문제의 사건을 낳은 배경에 대한 역학 연구를 통해 적절한 통계적 정보를 획득할 수 있으며, 이 정보와 연결된 것이 명백한 증거"가 있을 수 있다고 주장했다. 하지만 그는 대체 그 증거가 무엇일 수 있는지에 대해서는 말하지 않았다. 마지막으로, 다이슨 판사는 역학적 증거는 인과를 입증할 수 없으며 오직 인과의 확률만을 입증할 수 있고, 역학적 증거를 법률적 맥락에서 인과의 증거로 볼 수 있는지 여부는 정책의 문제라는 결론을 내렸다.(제219문단)

필립 판사의 입장을 제쳐둔다면, 결국 인과를 입증하기 위해 역학적 증거를 사용하는 데 대한 이처럼 모호하고 일반적인 회의적 태도로부터 판결 이유(ratio decidendi)를 뽑아내기는 어렵다.

미국 법정의 태도 역시 혼란스럽기는 마찬가지다.(미묘하게 변모하는 태도에 대한 조사로는 Carruth and Goldstein 2001을 참조) 특히 〈도버트 대 메렐 도우 제약 사건〉(509 U.S. 579 (1993)) 이후에는 역학 연구를 증거로 받아들이

----

86   아마도 재판부는 이 견해를 공유하고 있을 것인데, 이것은 문제의 견해가 애매하기 때문이다. 소극적으로 보면 원고가 유해한 물질에 노출되었다는 증거는 이 요구 조건을 만족하기는 한다. 단, 역학적 증거를 이렇게 사용하는 데 반대하기에는 충분하지 않다.

는 데 2 이상의 상대위험도가 필요한지에 대한 논쟁이 일어났다. 증거 능력(특히 배심원이 관여하는 경우)의 문제는 증명력의 문제와는 분명히 구별되지만, 두 문제는 여기에서 분명 서로 밀접하게 연관되어 있다. 추정해 볼 수 있는 한 가지 연결 방식은 다음과 같다. 상대위험도가 2 이하인 경우 역학적 증거만으로는 어떤 노출이 손실을 일으켰다는 결론을 적법하게 이끌어낼 수 없다는 것이다. 따라서 다음 절에서는 이런 추론이 역학적으로 타당한지에 대해 검토해 보도록 하겠다.

역학적 증거가 제출된 경우, 연방사법센터(Federal Judicial Center)가 발간한 『과학적 증거 참조 편람(Reference Manual on Scientific Evidence)』(이하 『편람』)에 따르면, 상대위험도가 2보다 크면 인과가 입증될 수 있고, 2 이하이면 인과를 입증하기에 불충분하다.(Green, Freedman, and Gordis 2000, 384) 이 편람은 조심스럽게 그리고 올바르게 문제의 개별 인과에 부여된 총괄적 확률은 개별 원고마다 특수한 추가적 증거를 감안할 경우 역학적 증거가 말하는 확률과는 달라질 수도 있다고 지적하고 있다.

나는 지금까지 역학적 증거를 개별 인과를 입증하는 데 사용하는 영미법의 주요 입장들을 개괄해 왔다. 이들 입장은 다음과 같았다.

- 역학적 증거는 개별 인과를 입증하는 데 부적절하다.
- 역학적 증거만 사용할 수 있는 경우, 인과 관계 입증에 적용되는 통상적 규칙은 조금 느슨하게 적용할 수 있으며, 따라서 위험 증가는 인과적 요소를 만족시킬 수 있다.
- 역학적 증거를 사용해서 개별 인과를 입증할 수 있으려면 상대위험도가 2를 초과해야 한다.[87]

이들 입장 가운데 어떤 것도 충분히 만족스럽지 못하다. 이제 처음으로 돌아가 법률적 쟁점은 한편으로 미뤄둔 다음, 순수한 인식적 관점에서 볼 때 역학적 증거가 특정한 인과적 사실에 대해 대체 무엇을 말해 주는지 살펴보도록 하자.

결정적인 구분

◉

5장과 7장에서 나는 일정한 수준의 가능성을 지닌 명제에 대해 증거라는 지위를 부여하는 관점과, 어떤 표준에 부합하거나 기준선을 통과하는 명제에 증거라는 지위를 부여하는 관점 사이의 차이에 대해 논의한 바 있다. 전자는 일종의 도박을 허용하는 한편, 양적 접근에 적합하다. 후자는 질적·범주적인 종류의 적극적 정당화를 제시할 수 있으며, 어떤 한 가능성에 판돈을 거는 입장보다는 일종의 지식 주장에 더 가깝다. 증거 지위에 대한 이들 두 가지 사고 방식을 서로 화해시키기는 어렵다. 인과 추론과 예측에 대한 나의 모형이 지닌 목적 가운데 하나는 어떻게 양적인 용어로 포장되어 있는 역학적 증거가 질적인 기준선을 넘는다고 평가될 수 있는지 보이는 데 있었다. 예를 들어 현존하는 증거가 아세트아미노펜과 천식 사이의 인과적 연결을 지지한다는 주장을 합리적으로 받아들일 수도 있지만, 동시에 그 증거가 정당화

----

87   (옮긴이) 세 번째 입장이 『과학적 증거 참조 편람』에 등장하므로, 영미법에서 현재 공식적 지위에 가장 가까운 입장으로 볼 수 있다. 반면 현재 한국 법조계의 일반적인 입장은 첫 번째 입장에 가깝다.

된 믿음을 형성하기에는 불충분하다는 이유에서 인과적 연결에 대한 주장을 받아들이지 않을 수도 있다는 점을 살펴본 바 있다.

이 구분은 역학적 증거를 법률 영역에서 사용할 때도 응용할 수 있다. 한편으로 역학적 증거는 우리에게 어디서 개별 인과에 판돈을 걸어야 하는지 추천하는 데 쓸 수 있는 기반으로 취급될 수 있다. 그것이 어떤 선택지를 추천하든지 간에 그렇다. 반대로 우리는 역학적 증거가 특정한 기준선이나 증거로서의 표준에 부합하는지에 대해서도 물어볼 수 있다. 다시 말해 어떤 주장이 법적 책임을 뒷받침하려면 충족해야 할 표준에 대해 물어볼 수 있다.

이런 구분은 중요하다. 역학적 증거를 도입할 때 이를 둘러싸고 벌어지는 혼동은 많은 경우 역학적 증거가 말하는 바와 법률이 그에 대응하는 방법을 서로 구분하지 못하기 때문에 일어나는 것이기 때문이다. 두 가지 질문은 서로 분리해서 다뤄야만 한다. 특히, 역학적 증거가 개별 인과의 확률에 대해 말하는 어떤 내용을 받아들이면서도 동시에 그 증거가 법적 책임을 지는 데는 불충분하다고 생각할 수도 있는 것이다. 곧바로 역학적 증거의 법률적 효력에 대해 묻기 전에 그 인식적 효력에 대해 묻는 것이 좀 더 논리적인 순서로 보인다. 이제 이런 절차를 실제로 수행해 나가도록 하자.

역학적 증거는 대체 무엇을 말하는가?

이런 맥락에서, 상대위험도가 2보다 크면 인과적 관계가 있다는 주장에 주목해 보자. 대체 왜 그런가? 『편람』은 상대위험도가 2보다 큰 상황이 얼마나 중요한지에 대해 다음과 같은 설명을 시도하고 있다.

어떤 요인의 상대위험도가 1.0이라는 말은 어떤 요인도 질병의 유병률에 영향을 끼치지 않고 있다는 뜻이다. 문제의 상대위험도가 2.0에 도달하면, 해당 요인은 다른 모든 배경적 원인과 동등한 숫자의 환자를 만들어내는 원인이 된다. 따라서 상대위험도가 2.0이라는 사실은, 노출로 인해 질병이 발생한 개별 환자라면 문제의 요인으로 인해 질병에 걸렸을 가능성이 50%에 달한다는 사실을 함축한다. 상대위험도가 2.0을 상회할 경우, 개별 고소인의 질병이 문제의 요인으로 인해 생기지 않았을 확률보다 그 요인 때문에 생겼을 확률이 더 높아진다.(Green, Freedman, and Gordis 2000, 384)[88]

이 편람은 기여분율이 50%를 초과할 경우에 대해서도 동일한 분석을

----

88   (옮긴이) 가장 최근의 판본인 3판(Green, Freedman and Gordis 2011, 608~618)의 서술은 다음과 같다.

1. 역학적 증거를 개별 인과를 충분히 입증하는 증거로서 받아들이려면 상대위험도가 2.0을 넘어야 한다. 즉 기여위험도가 50% 이상이어야 한다.
2. 그러나 이런 주장이 수용되기 위해서는 몇 가지 가정 또한 동시에 받아들여야 한다.
   2.1 역학 연구와 위험 추정이 타당해야 한다.
   2.2 연구 대상과 원고가 유사해야 한다. 단순 외삽이 이뤄질 경우 그 추론은 부적절하다.
   2.3 질병을 가속시키는 요인이 문제의 환자에게 없어야 한다.
   2.4 각각의 요인이 독립적으로 작용해야 한다. 즉 위험요인 사이에 덧셈 또는 곱셈 상호작용이 없어야 한다.

여기에, 유전적 요인 등 바이어스가 발생할 소지가 있으므로 원리상 개별 인과를 추론할 때는 일반 인과에 대한 지식만으로는 불충분하고 개별적인 병인론적 작업(differential etiology)이 필요하다고 주장하고 있다.
유전적 요인이 있을 경우 어떤 노출의 상대위험도가 2.0이라 해도 사실은 그보다 해당 노출의 위험도가 낮을 수 있다는 것만을 언급하던 2판에 비해 많은 발전이지만, 여전히 인과 해석 문제(3장 참조) 및 배타적 원인 오류(8장 참조) 등에 대해서는 언급하지 않고 있다고 평가할 수 있다.

제시하고 있다. "기여위험도가 50%를 초과할 경우(이는 상대위험도가 2.0보다 높은 상황과 동등하다.), 이 사실은 사람들이 문제의 요인이 아마도 원고가 겪는 질병의 원인이라고 믿게 만들 논리적인 이유가 될지도 모른다"

(Green, Freedman, and Gordis 2000, 385)

이런 추론은 인과의 확률(PC)을 기여분율(AF)과 동일시하며, 이는 다음 등식으로 표현될 수 있다.

$$\text{(인과 확률 등식) } PC = AF = \frac{R_E - R_U}{R_E} = 1 - \frac{1}{RR}$$

이런 등식은 물론 초과분율이 인과적으로, 즉 기여분율로 해석될 수 있으며, 또 상대위험도에 대해서도 인과적 해석을 사용할 수 있다고 가정하고 있다.(이에 대해서는 3장과 8장에서 논의했다.) 이런 가정이 나오는 이유는 아마도 다음과 같을 것이다. 문제의 노출은 노출군과 비노출군 간에 특정 수준의 위험도차를 만들어낸다. 이런 상황하에서 위험도차 집단이 있다고 가정해 보자. 즉 바로 그 노출 때문에 쟁점이 되는 결과를 겪게 된 사람들로서, 위험도차의 크기가 동등한 두 집단이 있다고 가정해 보자. 노출군에 속했고, 병에 걸렸으며, 무작위로 선택된 사람이 이 위험도차 집단의 구성원일 가능성은 위험도차를 노출 위험도로 나눈 값(RD/R_E)과 같다. 다시 말해 기여분율과 같다. 물론 3장이나 8장에서 기술했듯, 이들 지표를 인과적으로 해석했을 경우에 그렇다. 문제의 위험도차 집단이 노출 때문에 결과가 일어난 모든 사람을 그리고 오직 그런 사람만을 포함한다는 이런 가정에 따르면, 문제의 노출이 어떤 환자의 질병을 일으켰을 가능성은 그 환자가 위험차 집단의 구성원일 확률과 동등하다.

마지막 가정이 없을 경우 '인과 확률 등식'은 거짓이다. 하지만 예를 들어 『편람』에서조차 이런 사항은 명시되지 않았다. 이는 8장에서 '배타적 원인 오류'라는 이름으로 논의했던 오류의 한 사례다. 고심 끝에 이를 오류라고 지적하기도 한 그린랜드와 같은 몇몇 역학자들도 있다.(Beyea and Greenland 1999; Greenland 1999; Greenland and Robins 2000) 이 등식은 환자의 수가 노출 위험도와 비노출 (또는 기대) 위험도의 순 차이와 동등한 경우에만 노출은 인과적이라는 지적을 함축한다. 이 오류를 제거하기 위한 명시적 조치를 취하더라도, 이 함축 속에는 문제의 질병에 의해서는 흔히 만족되지 않는 실질적인 생물학적 조건이 포함되어 있다. 그 조건이란 다음과 같다. 어떤 노출이 있다고 해 보자. 어떤 인구집단에서 특정 질병의 위험이 증가할 때, 문제의 노출은 쟁점이 되는 위험도차를 보여 주는 사람들에게만 영향을 주며, 그 노출 없이도 문제의 질병에 걸릴 것이라고 기대되는 사람들에게는 전혀 영향을 주지 않아야만 한다. 달리 말해 원인분율과 초과분율이 같아야 한다. 하지만 많은 질병의 상황은 이렇지 않다. 예를 들어 문제의 질병이 특정한 문턱값을 초과하는 수준의 노출로 인해 발병하는 경우, 문턱 효과라는 것이 있을 수 있다. 8장에서 등장한 흑색종 사례를 떠올려 보라. 흑색종 사례를 설명하면서 사용했던 두 번째 모형에 따르면, 노출은 노출된 모든 사람의 세포를 손상시키므로 노출군에 속한 모든 사람들의 암 발병에 기여한다. 인과 확률 등식으로는, 매우 만족되기 힘든 생물학적 가정이 만족되지 않는 한 노출군에서 무작위로 선택한 사람들에게 노출이 인과적 영향을 끼쳤을 확률을 추정할 수 없다. 그런 조건이 만족되는 경우는 매우 드물다.

어떤 사례가 **아니었다면** 검사를 통과할 확률을 추정하기 위해 인과 확률 등식을 사용하는 법적 논의가 있을 수 있다. **아니었다면** 검사(but for test)란 다음과 같은 반사실적 질문을 통해 이뤄질 수 있다. 피고의 위법한 행동이 없었더라도, 원고는 쟁점이 되는 손실을 겪었을 것인가? 이 질문에 '아니오'라고 답하면 인과가 입증되며, '예'라고 답하면 인과가 부인된다.(특히 다음 사건들의 판결문 참조. 〈코크 대 커비 매클린 유한회사 사건〉〔1952〕 2 All E.R. 402; 〈바넷 대 켄싱턴&첼시 병원〉 〔1969〕 1 Q. B. 428) 비록 가상적이지만, 위험 차이 집단은 아니었다면 검사가 초점을 맞추고 있는 바로 그 집단이다. 핵심은 이렇다. 배상은 상황이 다르게 전개되었다면 발생하지 않았을 손해에 대해서만 주어져야 한다. 이런 논의는 일반 과실 책임에서 인과 관계 요건을 엄격하게 이해해야 한다고 요구한다. 따라서 인과적 관계를 보이는 것만으로는 충분하지 않다. 오히려 피고의 위법 행위가 아니었다면 다른 어떤 원인에 의해서도 손실이 발생하지 않았을 때 소송에서 이길 수 있다. 다른 맥락에서, 몇몇 사람들은 **아니었다면** 검사가 응분의 몫(desert)을 주장하기 위한 독립적인 기반일 수 있다고 주장한 바 있다.(Moore 2009, Ch.18) 하지만 지금의 맥락에서 이런 주장은 그렇게 매력적이지 않은데, 피고가 위법 행위를 하여 손실을 일으켰는데도 그 손실은 불운한 원고에게 어차피 일어날 일이었다는 이유로 피고를 면책시키자는 주장이기 때문이다. 또 이는 불운한 원고에게 위법 행위를 하고 손실을 일으킨 사람이 원고가 마주했던 유일한 위협이 아니라는 이유 하나 때문에 원고에 대한 배상을 거부한다는 점에서도 매력적이지 않다.

그렇지만 인과 확률 등식을 타당한 대안으로 바꾸는 일은 어렵지 않다. 그린랜드와 로빈스는 이렇게 쓰고 있다.

기여분율이 0보다 클 경우, 역학적 데이터는 인과 확률의 하한선이 0이 아님을 말해 준다.(Greenland and Robins 2000, 326)

초과분율이 곧 기여분율이라고 보는 인과적 해석을 택한다고 해서 원인분율이 이들 분율과 동등하다는 보장은 없다. 하지만 그런 해석 덕분에 원인분율에 대해 다음 두 가지 결론이 가능하게 되는 것도 사실이다.

먼저 원인분율(즉 질병에 걸린 사람 가운데 문제의 원인의 작용으로 질병에 걸린, 노출된 환자의 분율)은, 그 분율이 어떤 노출의 기여 때문에(attributable to) 그 수준에 도달했다면 **최소한** 초과분율**만큼의** 크기여야 한다. 이는 기여도에 대한 8장의 논의에서 도출되며, 또 사실은 상식의 한 부분이라고 할 수 있다. 위험의 특정한 분율이 어떤 노출의 기여 때문이라고 말하면서, 그 노출이 그 분율보다 적은 부분에 대해서만 원인이라고 주장한다면 이는 말이 되지 않는 소리이다. 만일 'A의 기여 때문에(attributable to)'가 'A에 의해 설명되는'을 의미한다면, 이 주장이 왜 말이 되지 않는지를 더 분명히 알 수 있다. 어떤 질병의 발병에 노출이 인과적 역할을 하지 않는 경우, 그 노출은 해당 질병을 앓고 있는 환자를 설명할 수 없다. 결국 문제의 노출은 그것이 수행하는 인과적 역할을 나타내는 분율(즉 원인분율)보다 더 큰 분율은 설명할 수 없다.

한편 원인분율이 기여분율보다 크다는 말은 앞뒤가 맞는다. 적어도 기여분율이란 해당 노출이 초과분율을 설명한다는 함축을 가진다고 해석되는 한 그렇다.

두 결론은 양립가능하다. 원인분율은 초과분율을 초과할 수도 있다. 하지만 그런 가능성이 노출을 통해 초과분율을 설명하는 방식을 막지는 못한다. 오히려 그런 설명이 내가 예상하는 바다. 그런 설명은 곧 문제의 노출이 두 집단의 위험도차를 설명한다는 말이기 때문이다.

앞선 논의는 인과 확률 등식을 다음과 같은 인과 확률 부등식으로 대체해야 한다는 제안이라고 요약할 수 있다.

(인과 확률 부등식) $PC \geq 1 - \dfrac{1}{RR}$

이 부등식은 상대위험도가 1보다 큰 경우(즉 기여분율이 0보다 큰 경우)에만 적용될 것이다. 물론 이런 전제는 법정이라는 맥락에서는 충분히 수용가능할 것이다.[89] 동시에 이 가설은 상대위험도에 대한 인과 해석이 가능하다고 가정하고 있다.

이런 가정이 주어졌을 때, 인과 확률 부등식은 역학적 증거가 무엇을 말하는지에 대한 건전한 지침을 제공한다. 역학적 증거는 실제로는 순전히 일반적이며, 순전히 통계적이다. 하지만 어떤 원고가 노출된 인구집단에서 무작위로 뽑은(결과의 다른 알려진 원인이나 결과로 이어지기 쉬운 요인에서는 무작위적인) 환자라는 가정이 만족된다면, 역학적 증거는 노출이 문제의 질병을 일으킨 인과적 요인일 확률의 하한선을 추정할 기반이 될 것이다.

풀기 더 어려운 다음 질문은 이렇다. 소송에서 인과와 관련된 사실을 찾아내고자 할 때, 역학적 증거는 정확히 어떤 영향을 미쳐야 올바른가?

----

89   저자에게 묻는다 9번(389쪽) 참조.

역학적 증거는 무엇을 입증할 수 있는가?

역학적 증거가 말하는 내용에 대한 지금의 분석은 다음과 같은 함축을 지닌다. 개별 인과를 입증하려면 상대위험도가 반드시 2보다 클 필요가 있다는 주장은 틀렸다. 또한 상대위험도가 2보다 작은 경우, 이 증거로는 개별 인과를 입증할 수 없다는 주장도 잘못이다. 예를 들어 1.7 가량의 상대위험도를 가진 노출이라고 해도, 노출 인구집단에 속한 환자의 절반 이상에 대해 인과적 요인으로 작동할 수 있다. 초과분율이 0보다 크기만 하다면, 원인분율은 100% 이하의 어떤 값이든 지닐 수 있기 때문이다.(Robins and Greenland 1989; Greenland 1999; Greenland and Robins 2000) 상대위험도가 2보다 작다는 이유로 개별 인과가 성립하지 않는다고 주장하는 사람들은 문제의 질병이 따르는 생물학적 모형에 대해 받아들이기 힘든 가정을 하고 있다고 볼 수 있다. 그 가정이란, 노출 인구집단 가운데 바로 그 노출이 없었더라도 그 질병에 걸렸을 사람들에게는 문제의 노출이 질병 발생에 아무런 기여도 하지 않는다는 가정을 말한다. 이는 주장하는 사람이 입증 책임을 져야 할 가정이다. 결국 역학 연구 결과 나온 상대위험도가 2 미만이라고 해서 그 결과를 어떤 인과 주장을 포기하게 만드는 데 쓸 수도 없고, 상대위험도가 2 미만이라는 이유만으로는 역학적 증거를 인과적 주장을 구성할 자격이 없는 것으로 보아서도 안된다.

더 까다로운 질문은 역학적 증거가 **실제로** 입증하는 것이 무엇이냐는 질문이다. 우리는 역학이 '일반적'이거나 '통계적'이라는 이유만 가지고 역학적 증거를 기각하는 태도는 너무 성급하다는 사실을 앞서 확인했다.

일반적인 것에 대한 지식은 분명 특수한 것에 대한 우리의 추론에 무언가 함축을 지닌다. 이런 부분들은 증거에 호소하는 행위 자체가 지니고 있는 본성적 측면이다. 역학적 증거에 대한 질문은 그렇게 성급하게 결말을 맺어서는 안된다.

라이트는 역학적 증거가 인과에 관해 말하는 바는 개별 인과를 입증하기에 불충분하다고 주장하며, 이를 뒷받침하는 까다로운 논증을 제시해 왔다. 그의 논증은 맥락에 따라 서로 다른 형태를 띠기는 하지만, 그 핵심은 역학적 증거는 어디에 판돈을 걸어야 하는지에 대한 지침의 성격을 지닌 증거라는 것이다. 하지만 법률적 맥락에서의 사실 인정(fact finding)은 판돈을 거는 행동과는 성격이 판이하게 다르다.

입증 표준이란 곧 증거가 제시하는 확률을 비교하는 과정이라는 견해가 민사재판에 흔히 퍼져 있는 듯 하다. 하지만 라이트는 이를 잘못된 견해라고 본다. 라이트는 두 종류의 확률을 구분한다. 사전 확률은 '추상적인 통계적 오즈'를 제공한다.(Wright 2008, 1321) 반면 사후 확률은 '특정한 상황에 맞춰진 특유한 증거에만 기초를 두고 있는 사례 특정 확률'(Wright 1988, 1050)이다. 라이트가 생각한 방식대로 이 구분이 유지될 수 있는지는 매우 의심스럽다. '특유한 증거'라는 개념 역시 명료함과는 거리가 멀다.(Broadbent 2011b, 260~263) 확률의 두 종류를 구분하겠다는 생각이 특별한 도움이 되지도 않는다. 특히 사후 확률만을 실제로 발생한 사건에 대한 확률로 가정하는 시각은 큰 도움이 되지 않는다. '추상적인 통계적 오즈'가 무엇에 대한 오즈인 것이냐는 어색한 질문을 낳기 때문이다. 그럼에도 역학적 증거의 사용에 저항하기 위한 라이트의 노력은, 이 증거가 단지 일반적이고 통계적이라는 이유에서 거부하고자 했던 시도보다는 훨씬 더 중대하다. 따라서 이런 작업이 어떤 동기에서 이뤄졌는지 파악하는 일은 상당한 가치가 있다.

이런 입장의 기저에는, 역학적 증거를 개별 인과를 입증하는 데 사용하는 일은 일종의 도박으로, 법률적 사실 증명에서는 피해야만 할 종류의 태도라는 생각이 깔려 있다. 이런 생각을 이해하는 가장 좋은 틀은 확실성에 대한 요구가 아니다. 대신, 증거란 개연성이 가장 높은 결과라는 지위에 있을 뿐 아니라, 그에 더해 독립적인 적극적 정당화의 지위를 가진다는 생각의 표현이다. 라이트의 시각에 따르면, 사실을 판정하기 위해서는 증거에 비추어 봤을 때 가장 그럴듯한 사건의 결과가 무엇인지만을 판단해서는 안 된다. 오히려 사실을 판정하려는 자는 증거에 비추어 봤을 때 실제로 무엇이 일어났는지 판단하는 것을 목표로 한다. 이 때, 실제로 무엇이 일어났는지 판단하기 위해서는 특정한 표준에 부합하는 증거 또는 특정 기준선을 통과했다고 볼 수 있는 증거가 필요하다.[90] 이 표준이 만족되지 않았으며 따라서 무엇이 실제로 일어났는지 명확하지 않은 상황이라면, 사실을 판정하려는 자는 단지 가장 그럴듯하다는 이유에 근거해서만 판단을 내려서는 안된다. 도박을 지식처럼 취급해서는 안된다.

만일 민사재판에서의 입증의 본성에 대한 라이트의 견해가 수용된다

----

90   이는 역학자들이 지식 주장에 대해 생각하는 방식과 매우 닮은 부분이다. 또 어떤 양적 확률이든 필요 표준으로 받아들이는 일의 위해에 대한 라이트의 입장은 복권의 역설처럼 잘 알려진 역설에 의해 확인된다. 이들을 극복할 수 있느냐는 문제는 물론 다른 문제다. (복권의 역설은 헨리 카이버그 주니어가 논증한 역설이다. 복권을 사는 사람들은 누구나 자신이 당첨되리라고 기대할 만한 타당한 근거가 없는 반면, 당첨이 되지 않을 것이라는 모든 사람들의 예측은 누군가가 당첨될 것이라는 사실과 충돌하게 된다. 복권을 사는 사람들은, '누군가는 당첨될 것이다. 그게 내가 되지 않을 이유가 있는가?'라며 자신의 행동을 정당화하게 된다. -옮긴이)

면, 결국 역학적 증거는 개별 인과를 입증하는 데는 효력이 없게 될 것이다. 이번 장의 논의에 따르면, 이 증거는 어떤 노출이 원고에게 손실을 입혔을 확률의 하한선을 알려줄 수 있을 뿐이다. 물론 이렇게 말하기 위해서는 지금까지 알려진 해당 질병의 원인에 비추어 봤을 때 이 원고가 노출 인구집단에서 무작위로 선택된 사람이라는 가정도 만족되어야 한다. 이 사람이 알려진 다른 원인에 비추어 봤을 때 무작위로 뽑힌 사람이 아니라는 것을 보일 수 있는 추가적인 증거가 있을 수 있다. 다시 말해 이 사람은 업무나 기질 때문에 겪게 된 노출 덕에 손실을 입게 된 것처럼 또는 그렇지 않은 것처럼 보인다는 증거가 제시될 수 있다. 그러나 이런 추가적 증거는 그 '특유성'에도 불구하고 증거의 중요성을 바꿀 수 있을지는 몰라도 증거의 종류를 바꿀 수는 없다. 다시 말해 그 증거는 확률에 대한 증거에 속한다. 여하간, 만일 그런 확률이 사람들을 오해에 빠뜨린다면, 이런 오해에는 어떠한 특별한 설명도 필요 없을 것이다. 만일 문제의 사건이 실제로 일어나지 않았다면 그리고 그 증거가 회의적 기교의 어떠한 작동에서도 기인하지 않았다면, 역학적 증거는 단순히 똑같은 상태에 머물러 있을 것이다. 이 증거는 양적인 종류다. 또한 이 증거가 만일 천칭을 한 쪽으로 쏠리게 만들기에 앞서 모종의 기준선을 통과해야 한다면, 일종의 '이행'이 가장 먼저 일어나야 한다. 다른 원리나 격률, 논증은 이런 증거가 기준선을 넘었을 경우에나 사용될 수 있다.

이런 종류의 표준이 민사재판에서의 입증 표준을 확률을 저울질하는 것으로 보는 통상적 관행과 부합하는지, 그리고 부합해야만 하는지에 대한 질문은 훌륭한 법학적 질문이다. 가장 간단한 방법은 넘어야 할 기준을 입증 표준이 아니라 입증 책임에 두는 것이다. 격언이 말하듯이, 주장하는 사람이 입증해야 한다. 그리고 이 격언이 비중을 가질 수 있기 위해서는, 상대방이 대응해야 할 필요성을 느끼도록 만들려면 주장하는 사람은 특정한 기준선을 넘어 있어야 한다. 만일 그렇지 않으면, 주장하는 사람은 자신의 주장에 극히 적은 무게만을 실으면서 그 정도면 충분한 것이 아니냐고 말할지도 모른다. 분명 이 격언은 주장하는 사람은 자신의 주장이 정당화 가능한 적극적 정당화 지위를 가지고 있다는 점을 보여야 한다는 뜻이다. 피고는 이런 주장에 반박하려 할 것이며, 논쟁은 최소한 상대의 주장에 비해서는 더 강력한 논거를 제시하는 방향으로 흘러갈 것이라고 예측할 수 있다. 그렇게 되면, 확률의 천칭 위에서 판단되는 것은 바로 이런 충분히 좋은 논증들 사이에서의 결론이다.

이 모형은 어떤 증거를 확률 정보의 천칭에 올리기에 앞서 그것이 넘어야 할 모종의 기준선이나 절대적인 기준을 제공한다. 우리는 법학 연구를 수행하는 것이 아니기 때문에, 이런 언급은 다만 가설적·예시적 모형으로나 받아들여야 할 것이다. 그럼에도, 라이트의 입장은 유사한 효과를 낼 수 있는 모형을 필요로 한다. 민사소송(litigation)에서의 입증 표준은 하나의 명제가 다른 명제보다 더 확률이 높다는 사실을 보이는 것만으로는 마무리되지 않는다는 그의 주장이 어떤 식으로든 의미가 있으려면 그래야 한다.

이런 가설적 모형하에서 문제는 다음과 같다. 역학적 증거는 상대방이 **어떤 식으로든** 반드시 대응하게 만들 정도로 강력한 증거인가, 아니면 반대 논증이 전혀 없는 경우에도 입증 책임을 결코 완수할 수 없을 만큼 허술한 증거인가?

이런 식으로 틀을 짜 맞추면 이에 대한 답변은 다음과 같아야 할 것이다. 역학적 증거는 천칭을 한쪽으로 쏠리게 만드는 데 유효한 수준의 무게를 지니고 있으며, 적어도 입증의 부담을 옮길 능력은 있다. 만일 어떤 노출이 노출 인구집단에서 모종의 질병을 앓는 환자들 가운데 절반 이상의 원인이라면, 그 노출은 그것에 노출된 원고가 앓고 있는 질병의 원인일 가능성이 더 많다. 이런 사실을 무시해 버릴 수는 없다.

이런 상황은 누구나 적절하게 받아들이는 의학적 증거에 대한 올바른 취급에 역학적 증거가 영향을 끼치는 방식을 검토하면 해명할 수 있을 것이다. 어떤 질병이 쟁점이 되는 노출에 의해 일어났다고 말해줄 수 있는 어떤 의학적 지문채취 검사가 있다고 해 보자. 이 의학적 검사는 훌륭하기는 하지만 완벽하지는 않다. 이 검사는 위음성 결과를 내놓지는 않지만 5%의 위양성률은 지니기 때문이다. 곧 실제로는 음성이 정확한 경우에도 양성이 나올 가능성이 확률상 있다는 것이다. 그럼 이제 이 검사를, 자신이 질병 D를 일으키는 화합물 X에 노출되었기 때문에 D에 걸리게 되었다고 주장하는 원고에게 적용해 보자. 검사 결과는 양성이었다. 이 때 X가 D를 일으켰을 확률은 얼마인가?

기본율에 대한 지식 없이는 이 확률을 계산할 수 없다. 다시 말해 X에 노출된 사람 가운데 얼마나 많은 D 환자가 있는지에 대한 지식 없이는 계산할 수 없다. 그 비율이 천분의 일(1/1,000)이라고 해 보자. 만일 이러한 역학적 증거를 계산에 넣지 않는다면, D가 X를 일으켰을 확률이 95%라고 예상하게 될 것이다. 하지만 기본율을 계산에 넣는다면 그 가능성은 다만 2%를 조금 상회할 뿐이다. 인식적 의미에서 '올바른'이라는 말을 쓴다면 후자의 숫자가 정확하다. 이 검사는 다음 두 유형의 사람에게 양성 결과를 줄 것이기 때문이다. X에 노출된 사람 1,000명 가운데 1

명은 실제로 X가 D를 일으킨 사람이다.(위음성율이 0이기 때문에) 하지만 X가 실제로는 D를 일으키지 않은 사람이지만 위양성을 받은 사람이 추가로 50명 더 있다.(위양성율이 5%이므로) 따라서 문제의 검사에서 양성 결과를 받은 사람 가운데 실제로 질병에 걸린 환자는 51명 가운데 1명, 다시 말해 약 2%에 불과하다. 아마도 인식적 올바름과 법률적 올바름이 동일하지는 않을 것이다. 하지만 만일 법률이 이런 가설적 사례와 다르게 작동한다면, 이는 거의 90% 이상의 상황에서 잘못된 답을 내놓을 것이다.

이런 종류의 사례는 역학에 의해 제공된 통계적 증거와, 힐끗 보기에는 (틀릴 수도 있지만) 개별적인 환자에게 전적으로 연결된 증거를 서로 명확하게 구분하는 일은 대단히 어렵다는 것 정도만을 보여 줄 따름이다. 많은 법사상가들이 이 구분선을 명확하게 하고 싶어한다는 사실은 매우 흥미롭다. 역학적 증거는 민사적 입증 표준(civil standard of proof)이 법률가들이 바라지 않는 특징을 지니게 만드는 힘을 가진 것처럼 보인다. 단순한 확률만으로는 문제의 표준을 만족시킬 수 없다는 관점 속에서 한 가지 흥미로운 부분은, 일반 시민의 관점에서 볼 때 문제의 민사적 입증 표준은 불충분한 증거에 기초해서 논쟁을 정리하고자 하는 목적하에 설계된 메커니즘처럼 보인다는 점이다. 일반 시민들이 보기에 그렇게나 빈약한 증거에 기초해서 막대한 금액이 걸린 많은 민사 사건들을 판결한다는 사실은 경악스러울지도 모른다. 일기나 메모장을 증거로 사용하는 한편, 통화 기록을 문건으로 만들어 제출해 증거로 삼는 경우도 흔하고, 전문가 증언에 기대면서 많은 경우 말뿐인 논쟁으로 치닫는 사례마저 적지 않다. 의심할 여지 없이 많은 사건들에서, 법관들은 앞서 언급한 유형의 증거들은 재판에서 증거로 언급할 만한 기준선을 넘지 못한다고 말하고는 한다. 그러나 그렇게 하는 것은 피고에게 유리한 판결을 내리는 셈이다. 법정은 판결을 내려야만 한다. 만일 배상이 일기나 메모에 기입된 목록에 기초하여 주어지거나 거부될 수 있다면, 역학적 증거가 아무런 무게도 지니지 않는다는 생각을 옹호하기는 대단히 힘들 것이다.

이런 주제에 대한 법률적·학술적 문헌 속에는 두 가지 심각한 실수가 있다. 하나는 상대위험도가 2를 넘는 것이 개별 인과를 입증하는 데 필수적이라는 견해다. 두 번째는 역학적 증거는 개별 인과를 입증하는 데 결코 충분하지 않다는 견해다. 두 번째 견해에 따르면 위법 행위와 손실 사이의 일반적인 인과적 연결에 대한 증거가 아무리 강력하다고 하더라도 판결에 중요하지는 않으며, 또 이런 증거로는 특정한 원고가 겪은 손실이 문제의 권리 침해 때문에 일어났다는 판단을 결코 보증할 수 없다. 두 오류는 모두 부정의를 부를 수 있다. 특히 두 오류 모두는 아마도 거대 기업의 활동 때문에 손실을 입게 된 것으로 보이는 개인들이 제기한 소송에서 이들 거대 기업을 성공적으로 보호하는 결과를 낳았다. 역학적 증거가 개별 인과를 입증하는 데 충분하지 않다는 견해는 분명 기준선을 채우지 못할 수 있는 증거를 배제하려는 선의에서 비롯되었겠지만, 결과적으로는 개별 인과를 입증하는 데 2보다 큰 상대위험도가 필요하다는 주장 때문에 일어난 부정의의 원천이 되었을 것이다. 이런 상황 덕분에 이들 모두는 심대한 오류라고 할 수 있다. 과학과 철학 모두에 관련된 인식적 관점에서 볼 때, 이들 두 실수 모두가 잘못임을 보일 수 있다. 만일 법률이 이런 인식적 관점과 다른 입장을 선택한다면, 이 선택은 역학과 연결된 법률적 판단을 사실 인정 과정이 아니라 거짓 인정(finding falsehood) 과정으로 만들어 버리고 말 것이다.

결론

○

역학적 증거가 개별 인과를 입증하는 데 적절한 법률적 성격을 가지고 있느냐는 문제를 둘러싼 혼란은 전적으로 유감스럽다. 올바른 해결책이 상당히 분명하기 때문이다. 먼저 역학적 증거가 실제로 말하는 내용이 무엇이냐는 질문을 이 증거들이 법률의 맥락에서 무엇을 입증하느냐는 질문과 분리하면, 증거가 무엇을 말하느냐는 질문에 답하는 일은 상당히 쉬워진다. 이 질문에는 인과 확률 부등식을 통해 답할 수 있었다. 이 부등식은 이렇게 말한다. 어떤 질병에 걸린 원고가 겪었던 노출이 그 질병을 일으켰을 확률은 **최소한** 기여분율에 해당한다. 물론 이를 올바르게 해석하려면, 원고는 문제의 질병을 일으킬 수 있는 다른 원인에 비추어 봤을 때 무작위로 선택된 사람이라는 조건과, 관련 인과적 측정지표에 대한 인과적 해석이 올바르다는 조건이 모두 만족되어야 한다. 그 다음 질문은 이렇게 바꿀 수 있다. 역학적 증거는 사법적 맥락에서 효력을 지니기 위해 통과해야 할 기준선을 넘을 수 있는가? 다시 말해 역학적 증거는 적어도 입증 책임을 채우는 한편 상대방이 반드시 대응하도록 만들 수 있는 증거인가? 그렇다. 역학적 증거는 재판이 당장 다루고 있는 사건에 적절한 무언가를 제시할 수 있기 때문이다. 즉 그 사건과 관련된 확률을 제시할 수 있다. 게다가 만일 역학적 증거를 개별 사건에 적용할 수 없다면, 이는 의학적 검사를 통해 나온 증거처럼 분명히 받아들일 수 있는 증거조차 잘못 사용하게 만들 것이다. 이런 논의로부터, 상대위험도가 2를 초과한다는 역학적 증거 말고는 사용할 수 있는 증거가 없는 경우, 이 증거는 인과를 아마도 입증할 수 있을 것이다.

역학적 증거가 상대방이 대응하지 않으면 안될 성격이지만 상대가 적절하게 대응하지 못할 경우, 그 증거는 인과를 입증한다. 하지만 상대위험도가 2 미만이라고 해서 역학적 증거가 인과 주장을 입증할 수 없는 것은 아니다. 인과 확률 부등식은 그것이 제시하는 하한선보다 훨씬 높은 확률, 심지어 100%의 확률과도 완전히 양립가능하다.

12장

12장

결론

지금까지의 탐구는 역학의 개념적 기초에 관해 생각해 보면 철학과 역학 모두에게 보탬이 될 수 있으리라는 기대 때문에 이뤄진 것이다. 이 책의 탐구는 아직 예비적인 수준이다. 하지만 이 시작 단계만 보아도 이런 탐구가 두 분야 모두에 유용하다는 점을 알 수 있다. 만일 역학이 당신에게 좋고, 또 역학에 관해 생각하는 것이 역학에도 좋다고 해 보자. 이 경우 역학에 관해 생각하는 것은 적어도 어느 정도 당신에게도 좋을 것이다. 그러나 당신에게는 유감스럽게도, 역학에 대해 생각하는 사람이 얻는 편익은 역학을 통해 건강이 증진되는 인구집단의 성원으로서만 얻을 수 있다.

이 책의 다양한 논의를 관통하는 공통 주제는 설명의 중요성을 강조하는 한편 인과는 상대적으로 덜 강조하는 데 있다. 여러 차례 확인했던 것처럼, 인과에 관한 생각은 인과적 설명에 관한 생각보다 유용하지 않다. 이는 우리가 초점을 맞추어온 설명 모형, 즉 대조 인과 설명 때문이다. 역학적 방법은 집단 간 차이에서 질병의 원인에 관해 무언가를 알 수 있다고 보고, 집단을 서로 비교하는 것을 그 골자로 한다. 인과적 설명이 대조적이려면, 설명은 단순히 원인을 언급하는 데 그쳐서는 안 되고 차이의 원인을 언급해야 할 것이다. 이는 왜 우리가 이해한 방식의 설명이 오랫동안 철학자들의 골치를 썩게 만들었던 인과 문제를 처리하는 데 유용한 개념적 도구인지를 보여 준다.

그러나 이 짧은 연구는 다룰 필요가 있는 문제의 일면만을 다뤘다. 역학의 철학은 비옥하지만 아직 일구지 않은 들판과 같다. 나는 몇몇 세부 목적을 달성하는 과제에 착수했다. 역학적 주장의 인과적 함축을 이해하는 한편, 안정한 인과 추론을 모형화하고, 기여도를 이해하는 데 생기는 난점을 해결하며, 위험 상대주의에 이의를 제기하고, 질병에 관한 다원인적 접근에 대해 따져 물으며, 특정한 법률적 상황에서 역학적 증거가 어떻게 하면 적절히 쓰일 수 있는지를 명료하게 만드는 일이었다. 그러나 이런 세세한 과제를 넘는 더 큰 목표는, 역학을 철학적으로 탐구하면 보상이 있으리라는 점을 보이는 데 있었다. 이제 독자 여러분도 이 같은 연구에 참여해서 더 훌륭한 성과를 낼 수 있게 되길 바랄 따름이다.

철학과 역학은 서로 무엇을
주고 받을 수 있는가?

• 우리가 알기에 당신의 책은 역학의 철학을 체계적으로 다룬 최초의 저술이다. 철학 전공자로서 역학이라는 학문 분야에 관심을 가지게 된 계기가 있는가?

O   역학을 처음 접하게 된 것은 케임브리지대학교의 PHG(공중보건 유전체학) 재단의 장이었던 지면 덕택이다. 내가 인과 문제에 관한 박사 논문을 쓰고 막 졸업했을 때, 그는 나에게 철학적 관점에서 역학을 검토해 보면 좋겠다고 제안했다. 인과는 분명히 역학의 핵심 문제이고 또한 나는 오랫동안 인과에 대해 고민해왔기 때문에, 역학에 무언가 기여하는 게 어렵

----

91   이 부분은 이메일을 통해 옮긴이들이 질문하고 저자가 답한 내용을 정리한 것이다.

지 않으리라고 생각했다. 이런 생각이 큰 오산이었다는 점은 곧 알 수 있었다. 그것은 전혀 쉽지 않았다. 역학이 제기하는 문제들은 완전히 새로웠고, 인과에 관련된 문제 역시 인과에 관한 전통적인 철학 이론들과 어떻게 연결되는지 분명하지 않았다. 이 경험은 많은 선배 과학철학자들이 깨달았던 한 가지 깨달음을 나에게 주었다. 철학자가 편안한 안락의자에 앉아 있어서는 중요한 여러 철학적 문제에 접근할 수조차 없다는 통찰이 바로 그것이다. 과학을 포함한 여러 다른 지적 노력들을 들여다 보는 과정을 통해 발견할 수 있는 철학적 문제가 여럿 있다. 이런 문제들은 안락의자에 앉아 추측해서는 알아낼 수 없다. 아무튼 나는 과학철학과 인과론에 관해 상당한 식견이 있었지만, 이전에 알지 못했던 새로운 문제들에 직면했고, 이들을 다룬 문헌들은 없는 것 같았다. 게다가 역학은 불확실한 상황을 연구하며, 과거에 미처 알지 못했던 효과들을 발견해 내려고 하는데, 이러한 탐정과 같은 특징이 개인적인 흥미를 끌기도 했다. 역학의 실천적 지향도 내 흥미를 끌었다. 그래서 나는 가장 난해한 분야인 철학의 쓸모를 보여 줄 드문 기회가 역학에 있을지도 모른다고 생각했다.

• 철학과 과학의 관계에 대해 어떻게 생각하는가? 과학철학자 장하석이 제안한 '상보적 과학'과 맞닿은 대목들을 책에서 엿볼 수 있었다. 당신은 역학의 실제 역사에 시도되지 않았던 대안적 가능성을 탐색하고, 그런 가능성이 실현되었다면 역학이 달라졌을 수도 있었음을 암시하는 것 같다.

○　물론 '상보적 역학'의 요소가 있긴 하다. 하지만 나는 현행 역학만큼

좋은 대안적 역학을 제안하려고 하지 않았다. 또한 이 책은 상대주의의 관점에 서 있지도 않고, 역학의 발전이 과거 어느 시점에선가 달라질 수 있었다는 것을 말하려는 의도도 가지고 있지 않다. 나는 역학이 미래에는 달라질 수 있음을 보이고자 했다. 예컨대 8장에서 인과 강도를 측정하는 대안적인 지표들을 시험해 보았는데, 이런 시도는 역학이라는 학문 분야의 개념적 발전을 추동하려는 의도에서 이뤄진 것이다.

• 책의 3~7장에서 당신은 역학에서의 여러 지식 주장들, 예컨대 인과 주장, 안정성 주장, 예측 등에 관해 철학적으로 분석하고 있다. 그러한 분석이 역학의 철학을 넘어서 인식론이나 과학철학에 어떤 함축을 주는가?

O   이 책은 크게 두 부분으로 나누어볼 수 있다. 3장에서 7장까지는 역학 연구에서 생겨나는 일반적인 철학적 문제들을 다루고, 8장에서 11장까지는 역학에 고유한 문제들을 다룬다. 나는 역학에 관해 생각해 보는 일이 과학철학, 나아가 철학 일반에도 유익하다고 생각한다. 과학은 우리를 둘러싼 세계를 이해하는 시도들 중에서 가장 발달된 방식이다. 즉 과학은 가장 잘 정당화된 지식 주장들이다. 이런 지식 주장을 세밀하게 다루는 과학철학에서 형이상학과 인식론은 무언가를 얻을 수 있다. 이와 유사하게, 개별 과학들을 세부적으로 분석하는 작업도 유익하다. 과학 전체를 통틀어서 일반화하기 보다는 각 분야의 세부사항들을 들여다봄으로써 여러 과학 사이의 차이도 드러낼 수 있기 때문이다.

O   이런 맥락에서 보면, 역학은 비교적 젊으나 중요한 학문 분야이기

때문에 흥미로운 분석 대상이다. 역학의 가장 두드러진 특징 중 하나는 철학자들이 과학의 핵심적인 특징이라고 강조했던 두 요소가 역학에는 없다는 데 있다. 즉 역학에는 이론이 없고, 실험도 드물다. 역학은 대개 관찰 연구를 수행하며, 이를 통해 인과적 관계를 확인하려 한다. 이 과정에서 역학자들이 사용하는 방법은 철학자들의 흥미를 끌기에 충분하다. 또한 역학은 물리학이나 생물학에서처럼 일반적 이론을 구축하지도 않고, 일반 법칙으로 현상들을 포섭하려고 하지도 않는다. 이 말은 과학에 관해 일반적으로 이뤄진 주장을 역학에 대해 적용하려면 폭넓은 재검토가 있어야만 한다는 뜻이다.

O   이 책에서 나는 실재론 문제를 명시적으로 다루지는 않았는데, 이는 인과 설명 예측을 둘러싸고 역학에서 생겨난 여러 문제에 우선 집중하는 편이 더 유익하다고 생각했기 때문이다. 그렇지만 안정성에 관한 논의는 진리, 근사적 참, 경험적 적합성과 같이 철학자들에게 친숙한 범주들이 역학을 설명할 때는 잘 들어맞지 않음을 넌지시 보여 준다.

• 책의 구체적인 내용들에 관해 이야기해 보자. 무엇보다 두드러진 점은 당신이 인과보다는 설명을 강조한다는 것이다. 그렇지만 다른 한편으로는 당신의 논의에서도 인과와 설명은 밀접하게 얽혀 있는 것 같다. 만일 그렇다면, 설명을 강조하는 시도가 인과를 덜 강조해야 하는 귀결로 이어지는지 의문이다. 인과를 설명으로 대체하려는 것이 당신의 의도인가? 아니면 설명과 인과의 관계에 대해 다른 생각을 가지고 있는가?

○ 이 물음은 내가 직접 언급하지 않은 부분을 건드리고 있다. 실제로 나는 인과성이라는 개념이, 인과성에 대해 연구해온 철학자들이 생각하는 것보다 설명이나 예측 같은 개념과 더 밀접하게 엮여 있다고 생각한다. 전통적으로 철학자들은 인과적 개념이 세계에 객관적으로 존재하는 무언가를 집어낸다고 생각하며, 인과란 우리의 관심과는 독립적으로 존재한다고 믿는다. 이런 전통적인 관점에서 보면, 인과란 어떤 종류의 사건들은 서로 붙게 만들지만 다른 종류의 사건들은 달라붙지 않게 만드는 일종의 접착제와 같다.

○ 이에 반해 나는 인과란 그런 것이 아니라고 생각하는 소수의 철학자들과 의견을 같이 한다. 왜냐면, 인과적 판단의 근본적인 기능은 중요한 사건들과 사소한 사건들을 구분한 다음 중요한 사건들을 선택하는 데 있다고 생각하기 때문이다. 어떤 현상을 설명할 때 우리는 한 가지 원인을 들고는 한다. 그렇지만 아무 원인이나 든다고 적절한 설명이 되지는 않는다. 예를 들어 대기 중에 산소가 있다는 것은 내 지각의 원인이다. 그러나 이는 무차별적인 의미에서의 원인이다. 내 지각에 관한 완벽한 물리적 이야기를 만들려면 산소가 폐, 혈액, 근육으로 유입되는 현황도 언급해야 할 것이다. 하지만 대부분의 일상 상황에서 이런 설명은 내 지각에 대한 좋은 설명이 아니다. 물론 전통적인 철학에서도 모든 원인이 설명 능력을 가진다고 말하지는 않는다. 그렇지만 나는 한 걸음 더 나아가 모든 인과적 판단이 – 그것이 설명이나 예측과 관련된 경험적 맥락에서 행해지는 판단이든, 아니면 비난하거나 법적 책임을 물으려는 도덕적 맥락에서 행해지는 판단이든 간에 – 중요한 것과 사소한 것을 가르는 선택 과정을 포함한다고 생각한다. 이는 우연의 일치가 아니다. 많은 철학자들은 근본적인 인과 개념이 선

택과 무관하다고 생각하지만, 나는 인과란 선택과 뗄 수 없을 만큼 결부되어 있다고 생각한다.

O   이런 견해를 가진 철학자가 나 혼자는 아니지만, 확실히 소수 견해이긴 하다. 그래서 내가 책에서 이런 주장을 옹호하려 했다면 정작 역학에 초점을 맞추는 일은 어려워졌을지도 모른다. 그와 같은 이유로 나는 서술을 위해 인과가 감각으로는 직접 탐지할 수 없는 일종의 접착제라는 표준적인 견해를 채택했다. 대신 내 견해를 반영하기 위해, 인과에 관한 여러 가지 물음들을 설명에 관한 물음들로 다시 고쳐서 물어야 한다고 주장했다. 그렇게 하니 인과에 대한 내 입장을 간접적으로 지지할 수 있었다. 이 덕분에 많은 원인들이 설명에서는 별다른 역할을 하지 않는다는 사실을 강조할 수 있었고, 이로부터 인과에 관한 물음을 설명에 관한 물음으로 바꾸어야 할 필요성을 보일 수 있었다. 예컨대 인과가 선택과 뗄 수 없을 만큼 결부되었다는 관점을 받아들이면, 다요인주의가 단지 위험 인자들의 목록을 작성하려는 입장으로 전락할 위험을 피할 수 있다. 인과 강도의 측정과 관련해서도, 설명을 통해 인과를 조명하는 방식을 통해 역학이 관심을 가지는 원인, 즉 순 차이의 원인에 초점을 맞출 수 있었다.

O   요컨대 책에서 내가 말한 것보다 인과와 설명이 더 밀접히 연결되어 있다는 지적은 옳다. 인과를 덜 강조하고 설명을 더 강조했던 이유는, 매우 추상적이고 철학적인 논쟁을 불러일으키지 않으면서도 인과적 선택이라는 고려사항을 살며시 들여오는 효과를 노렸기 때문이다. 설명을 강조하는 서술은 선택이 인과를 이해하는 데 중요하고 유용하다는 것을 보여 주기 위함이었다. 물론 내 입장에서는 철학 논쟁이 벌어지더라도 무방하지만, 나는 그 논쟁이 책에 잘 맞지 않을까 우려했기에 이런 논의 방식을 택했다.

• 앞의 물음과 관련해, 3장에서 당신은 인과 해석 문제(CIP)에 대해 확률적 접근이나 반사실적 접근을 거부하고 설명적 접근을 채택했다. 간단히 말해 설명적 접근에 따르면 인과 강도는 노출에 의해 설명되는 결과의 순 차이를 말한다. 이때 설명이란 집단 수준의 대조 인과 설명을 뜻한다. 그러나 순환성의 우려를 피하기 위해, 당신은 일반 인과는 단일 인과를 정량화하는 것으로 환원될 수 있고, 단일 인과 자체를 원초적인 것으로 간주할 수 있다고 제안했다. 그러나 누군가는 단일 인과가 원초적이라는 것을 반대할 수도 있다. 일반 인과가 단일 인과로 환원될 때 단일 인과가 어떤 성격을 가진 것인지 분명치 않다면, 일반 인과 역시 불분명하게 될 수 있다. 단일 인과를 이해하려면 결국 반사실적 접근이나 확률적 접근을 취해야 하는 것은 아닐까?

O   물론 단일 인과가 원초적이라는 생각에 만족하지 못하는 사람들이 있을 수 있다. 그러나 나는 단일 인과가 원초적이라고 단적으로 주장하지는 않았다. 내 이야기는 만일 일반 인과를 단일 인과로 환원할 수 있다면 상당히 흥미로운 사실을 알 수 있기 때문에, 일반 인과를 분석할 때 있어 단일 인과가 원초적인 것처럼 간주할 수도 있다는 제안을 내놓는 수준이다. 단일 인과에 관해, 나는 차이 만들기 접근 혹은 반사실적 접근을 옹호해왔다. 다만 내가 말하는 차이 만들기는 전통적인 차이 만들기와는 다른 의미이다. 루이스의 반사실적 이론으로 대표되는 차이 만들기 이론은 다음과 같은 의미에서 원인이 결과에 차이를 만든다. "만일 그 원인이 달랐거나 없었다면, 그 결과는 달랐거나 없었을 텐데." 나는 이 책에서 립튼의 대조 설명 모형에서 제시된 차이 만들기의 개념을 사용했다. 이 개념은 한 원인은 다음과 같은 의미에서 결과에 차이를 만든다고 말한다. "만일 결과가 달

랐거나 없었다면, 원인은 달랐거나 없었을 것이다."

O   이제 질문에 답하자면, 이런 종류의 차이 만들기에 의존하는 반사실적 접근은 실은 설명과 매우 긴밀하게 연결되어 있다. 립튼의 방식으로 만들어진 차이는 립튼의 차이 조건, 즉 어떤 원인을 통해 대조적 상황을 설명하기 위해서는 만족해야 하는 조건이 포착해 내는 종류의 차이이기 때문이다. 단일 인과에 관한 내 입장은 내 박사학위 논문과 "Causes of Causes", "The Difference Between Cause and Condition"라는 논문에서 개진한 바 있다. 그리고 인과에 관해 또 다른 논문들도 준비 중이다.

• 또 다른 핵심 개념은 안정성이다. 안정성이 좋은 연구가 가져야 할 덕목이라는 주장은 신선하게 다가온다. 안정성은 진리를 탐지하는 신빙성이나 증거적 뒷받침을 말하는 것이 아니기 때문이다. 만일 우리가 어떤 역학 연구 결과에 기대어 조치를 취해야 한다면, 그 결과가 안정적이어야 한다는 주장은 설득력이 있다. 그런데 안정성에 대한 강조는 다소 보수적으로 보이기도 한다. 새로운 발견이나 혁신적인 연구의 중요성을 과소평가하는 것으로 생각될 수 있기 때문이다. 현실적으로 보면, 제약회사나 보험회사의 입장에 의해서 역학 연구가 제약될 수 있다는 우려가 생길 수도 있다.

O   좋은 문제제기이다. 실제로 내가 역학 학술대회에서 발표를 할 때 몇몇 역학자들은 그러한 질문을 던지곤 했다. 그러나 안정성이라는 개념은 그런 우려를 표하는 사람들과 같은 편에 서 있다. 생각해 보자. 어떤 결과는 다른 좋은 연구에 의해서 곧장 반박되지 않을 경우에 안정적이다. 그

러니 나는 역학자들 스스로 자신의 연구 결과가 안정적인지를 점검하도록 권하고 있는 셈이다. 이는 곧 안정성이라는 기준이 그들이 틀릴 수 있는 여러 가능한 상황에 관해 생각해 보도록 격려한다는 말이며, 이는 결국 포퍼식의 비판적인 태도를 고무하는 효과를 갖는다. 어떤 연구 결과는 다른 연구의 도전을 견뎌내는 경우에만 안정적인 것으로 인정받는다. 도전 자체를 받지 않아서 반박되지 않는 결과는 안정적인 결과가 아니다. 따라서 나는 제기된 우려를 이해하지만, 안정성을 강조하는 내 입장이 깔고 있는 동기는 실제로는 현재의 연구 결과에 대해 비판적 태도를 촉진하는 데 있다.

• 당신의 예측 모형에 따르면, 좋은 예측 활동이란 그것이 내어놓은 예측 주장이 옳다는 것을 설명함으로써 그 예측 주장을 정당화하는 예측 활동이다. 그런데 최근 역학적 예측의 한 가지 경향성은 인과가 아니라 오직 통계적 연관성만을 이용하여 예측 모형을 만드는 데 있다. 이렇게 연관성만을 이용하는 예측 모형에 대해서 어떻게 생각하는가?

○   내 입장에서 보면 순전히 연관성에만 기초를 둔 예측 모형은 좋은 예측을 내어놓을 수 없다. 단순 외삽 모형에 대한 내 비판을 떠올려보라.(7장) 그렇지만 내가 '순전히'라는 단어를 사용했다는 데 주의하라. 당신이 말하는 그런 예측 모형을 사용해 좋은 예측을 할 수 있는 가능성까지 내가 부정하는 것은 아니다. 나는 왜 대안적인 결과가 아니라 예측된 결과가 발생할 것인지를 설명하지 않으면서도 어떤 예측이 좋은 예측일 수 있다는 주장을 거부할 뿐이다. 이를 설명해야 한다고 해서 문제의 연관성 이면에 있

는 어떤 인과성을 발견해야 한다고 요구하는 것은 아니다. 다만 잘못된 예측과 현실 세계에서 일어난 일 사이의 인과적 차이를 언급하기는 해야 한다. 이런 요구는 연관성 이면의 인과적 이야기를 제공해야 한다는 엄격한 요구를 담고 있지는 않지만, 적어도 좋은 예측을 하기 위해 약간의 인과적 지식은 필요하다. 예를 들어 구글 검색에 사용되는 단어들 속에서 볼 수 있는 어떤 경향성을 사용해 독감 유행을 예측하는 것이 좋은 예측일 수도 있다. 그렇지만 TV 프로그램으로 인해 사람들이 독감을 겁내게 되어 관련 단어를 검색한 것이라면, 이는 나쁜 예측이 될 수도 있다. 엄밀히 말해 좋은 예측이 되기 위해 검색 단어와 독감 사이의 인과적 연결을 설명할 필요는 없다. 그렇지만 적어도 독감 관련 단어의 검색이 사실 대중매체로 인한 것이어서 실제 독감을 예측하지 못하는 경우는 아님을 설명할 필요는 있다. 독감 관련 단어에 대한 검색 빈도와 실제 독감 유행 사이의 인과적 연결을 조금이라도 파악하지 않고서, 그런 설명이 어떻게 가능한지는 알기 어렵다.

• 당신은 역학 연구에서 발견되는 위험 상대주의에 대해 강하게 비판했다. 이를 위해 9장에서 상대위험도를 선호할 만한 세 가지 이유를 검토하고 모두 반박함으로서, 위험 상대주의의 근거가 취약함을 보였다. 그렇지만 상대위험도는 여전히 계산적 편의성에서 우위에 있다고 보는 사람들도 있다. 예를 들어 역학 연구에서 가장 많이 이용되는 로지스틱 모형(logistic model)이나 비례 위험 모형(proportional hazard model)에서는 절대위험도가 아니라 상대위험도만 보고하고 있는 실정이다.

ㅇ   우선 나는 절대와 상대라는 이분법 자체를 거부한다. 또한 로짓 모형이 상대위험도만을 사용하여 구성되어야 하는지도 의심스럽다. 그렇지만 원리적으로 보면, 어떤 특정한 목적을 위해서는 하나의 측정지표가 다른 것보다 선호될 만한 정당한 이유가 있을 수 있다. 나는 이를 기꺼이 받아들인다. 만일 상대위험도가 더 유용한 어떤 맥락이 있다면, 예컨대 어떤 값을 추정하기 쉽거나 계산하기 쉽게 만든다면, 그런 경우에 상대위험도를 사용하는 데 반대하지 않는다. 나는 상대위험도가 인과 추론에 있어서 유용하다는 주장 혹은 상대위험도가 인과 강도 측정지표로서 특권이 있다는 주장에 반대할 뿐이다. 때때로 상대위험도를 사용하는 것이 편리하다는 사실만으로는 그런 주장들을 뒷받침할 수 없다.

• 법률적 맥락에서, 역학적 증거가 말하는 바와 증명하는 바가 무엇인지 물으면서 당신은 인과 확률 부등식을 제안했다. 그런데 그 부등식을 실제로 적용하는 데에는 어려움이 있을 수 있다. 상대위험도는 점추정값뿐만 아니라 신뢰구간으로 표현되기 때문이다. 예를 들어 상대위험도가 2(1.5 – 2.5, 95% CI) 혹은 1.5(0.9 – 2.6, 95% CI)라고 가정해 보라. 첫째, 추정된 구간 중에서 어떤 값을 사용해야 하는가? 둘째, 추정 구간의 하한값이 1보다 작은 경우에는 어떻게 해야 하는가?

ㅇ   이는 관련 문헌이나 사건들에서 조금은 논의되고 있는 문제이다. 내가 이 논점을 다루지 않은 것은, 역학적 증거가 어떤 경우에는 개별 인과를 입증하는 데 사용될 수 있다는 핵심 주장을 분명히 표현하기 위해서였다.

신뢰구간과 관련된 문제에 대해 미리 준비된 답변이나 어떤 공식이 있는지 모르겠다. 한 가지 선택지는, 평균값이 2보다 크면 그 값을 이용하는 데 있다. 그렇지만 그런 선택의 개념적 기초가 무엇인지는 불분명하다. 신뢰구간이란 신뢰수준이 일정한 문턱값 이상이 되는 범위를 보여 주기 때문에, 그 구간 가운데 특정한 한 점에 초점을 맞추고 다른 값들을 배제하는 조치는 정당화하기 어렵다. 두 번째 선택지는 사안별로 법원이 그 문제를 결정하도록 판단을 미루는 데 있다. 세 번째 선택지는 인과 확률 부등식의 논리를 확장해, 단일값이 아니라 신뢰구간을 입력으로 취해, 노출이 결과의 원인이 아니기는 어려울 것 같은 문턱값을 정의해 보는 데 있다.

O   요약하자면, 이것은 내가 답변을 내놓을 정도로 충분히 연구되지 않은 문제이고, 추가적인 연구가 필요하다는 지적은 옳다.

• 우리는 당신의 책이 역학과 과학철학에 중요한 영향을 미칠 것이라고 생각한다. 당신이 역학과 과학철학에 기대하는 변화가 있는가?

O   내가 때때로 역학적 실천을 변화시키는 것에 관해 이야기하곤 했지만, 사실 매우 조심스럽다. 철학자들은 스스로는 할 줄도 모르면서 다른 사람들에게 어떻게 하는 게 더 낫다고 조언하는 것은 상대방에게 성가신 일일 수 있다는 것을 잘 알고 있다. 그렇지만 나는 철학적 훈련이 쓸모없는 것은 아니며, 철학적인 기술(skill)이라는 것이 있고, 이런 기술이 통상 생각하는 것보다 더 유용할 수도 있다는 확신을 가지고 있다. 이 책에는 내가 지닌 기술을 역학자들이 씨름하고 있는 문제들에 적용하면 모종의 유용한

해법을 얻게 될지도 모른다는 생각에서 개진시킨 여러 제안이 담겨 있다. 내가 모든 철학이 유용해야 한다고 생각하는 것은 아니다. 그렇지만 나는 철학자들은 통상 그들이 해왔던 것보다는 더 유용한 방식으로 자신의 기술을 활용할 수 있다고 믿는다. 이런 노력은 쉽지 않다. 자신이 편안함을 느끼는 공간, 즉 안락의자에서 벗어나 다른 실천적인 분야의 사람들이 무엇을 염려하고 있는지를 살펴보아야 한다. 철학자들은 자신들이 모든 가능한 철학적 문제들을 상상할 수 있다고 확신한다. 물론 모두는 아니지만 어떤 분파에서는 그런 확신이 널리 퍼져 있다. 이제 그런 확신은 접어두어야 한다. 어떤 가능성은 상상할 수 없고, 철학 이외의 다른 활동에 참여함으로써만 발견될 수 있다.

O   역학자들에게는 역학의 개념적 · 방법론적 쟁점들에 대해 거리낌 없이 논의하면 좋겠다고 말하고 싶다. 그런 논의는 역학을 비판하는 일이나 역학의 목적에 어긋나는 일이 될지 모른다는 염려도 접어두면 좋겠다. 오히려 개념적 · 방법론적 논의는 역학에 풍부한 이익을 가져다 줄 것이다. 보건대학원에서 역학 수업의 일부로 과학철학 과정을 포함시키면 정말 좋겠다. 그런 과정을 적절히 설계하고 가르친다면 역학자들은 인과 같은 개념을 걱정스럽게 보기 보다는 그로부터 편안함을 느낄 수 있을 것이고, 자신들이 사용하는 다양한 방법이나 측정지표들의 개념적 기초에 관해서도 더 잘 이해하게 될 것이다.

옮긴이의
글

이태 전 가을이었다. 철학을 전공한 전현우 군과 함께 게르트 기거렌처 선생의 『숫자에 속아 위험한 선택을 하는 사람들』을 옮겨 낸 지 얼마 지나지 않았을 즈음이었다. 앞으로 어떤 책을 함께 읽을까 고민하다 알렉스 브로드벤트 교수가 그 무렵 펴낸 『역학의 철학』 원서를 함께 읽자고 제안했다. 애초 번역서를 내겠다는 생각을 하지 않고 공부를 겸해 읽다 보니 진도가 잘 나가지는 않았다. 페이스북에 『역학의 철학』을 함께 읽을 사람을 찾는다는 포스팅을 올리자 과학철학을 전공한 천현득 박사가 선뜻 나서 주었다.

두어 주마다 한 번 세미나실에서 만나 『역학의 철학』을 읽기 시작했다. 의학을 전공한 나는 인과론의 철학적 기초를 다루는 책의 전반부를 읽어 내기가 매우 고통스러웠다. 아무리 철학이 당연한 개념에 의문을 제기하는 학문이라고 해도 당연하게 여겼던 역학의 기본 개념에 대해 집요하게 묻는 질문이 이어지자 진이 빠지기 시작했다. 반면 역학 연구 결과를 예로 들어 논의를 전개하는 책의 후반부는 철학과 과학철학을 전공한 두 사람이 충분히 소화하기에 어려운 내용이 이어졌다.

당초 출판을 염두에 두고 읽지 않다가 일 년 정도 강독을 마치고 완성한 번역 초고를 모 대학 출판원에 심사를 위해 제출했다. 심사 결과는 실로 충격적이었다. 번역 원고의 품질이 낮다는 지적은 옮긴이가 모두 전문 번역자가 아니기 때문에 받아들일 수 있었다. 그러나 번역 자체의 중요성은 인정하면서도 수요가 매우 적은 경우 일반적으로 독자들은 원서를 보는 경향이 있다는 지적은 한국 학계에서 번역 작업의 가치를 얼마나 저평가하는지 다시금 알 수 있는 계기가 됐다. 결국 급히 출판사를 다시 알아보게 됐고, 과학과 철학 관련 책을 꾸준히 내온 '생각의힘' 출판사에서 선뜻 나서 주어 번듯한 책의 모양을 갖춰 나오게 됐다.

『역학의 철학』은 옮긴이 세 사람이 초벌 번역 원고를 함께 읽었으며 이해가 되지 않거나 명확하지 않은 대목은 저자와 이메일을 주고받으며 원고를 다듬었다. 이 과정에서 영어판 원문 책자의 수식 오류 등 사소한 오탈자를 발견해 저자의 확인을 거쳐 번역서에 먼저 반영했다. 철학을 전공하지 않은 대부분의 독자는 인과나 예측과 같은 일반적인 철학적 문제들이 역학의 맥락에서 풀어내고 있는 3장부터 7장까지를 읽어내기가 만만치 않겠지만 도전해 읽어볼 만한 가치가 있다. 8장부터 11장까지는 기여도, 위험 상대주의, 다요인주의, 역학적 증거의 법률적 활용 등 역학에 고유한 철학적 문제를 다루고 있으므로 관심 있는 장을 선택해 집중적으로 읽기를 권장한다. 옮긴이들이 쓰고『과학철학』2014년 3호에 실린『역학의 철학』서평에 책자에 대한 상세한 설명과 논평이 담겨 있으므로 참고하기 바란다.

역학과 철학이라는 언뜻 관계없어 보이는 두 학문 분야를 학술적으로 이어놓은 저자의 노력을 우리말로 풀어 옮겨 놓는 일은 고난의 연속이었다. 번역 작업을 마무리하기까지 여러 사람의 응원이 없었으면 아마 출판을 포기했을지도 모르겠다. 대구경북과학기술원 출판부 김현호 작가는 강독 수준에서 끝날지도 모르는 작업을 번역서로 내기 위한 실무 절차를 알려주셨다. 서강대학교 철학과 석사과정 현종환 군은 초고를 모두 읽고 많은 의견을 주었다. 고려대학교 보건과학대학 김승섭 교수는 역학의 핵심 개념에 대해 저자가 풀어낸 서술에 대해 흥미로운 논평을 제시해 주었다. 서울대학교 법학전문대학원 김형석 교수는 '11장. 역학과 법률'을 읽고 용어 교정과 사례 해설을 도와주었다. 마지막으로 많이 팔리지 않을 것이 분명해 보이는 책을 기꺼이 펴내준 '생각의힘' 출판사 김병준 대표에게 무한한 감사를 드린다.

역학과 철학 분야 전공자가 책을 옮겼지만 원저의 난이도가 매우 높은 관계로 곳곳에 의도하지 않은 오역이 있을 가능성이 다분하다. 눈 밝은 독자들이 읽고 옮긴이나 출판사에 알려주기 바란다. 오는 봄에는 『역학의 철학』을 알리기 위해 분주했으면 좋겠다.

2015년 3월 옮긴이를 대표해 황승식 씀.

여기 제시된 용어 중 대부분은 본문의 논의를 통해 정의되었다. 역학 용어와 철학 용어의 의미는 논란의 소지가 있으니 본문의 해당 부분을 참고하기 바란다.

- **가능 세계**(possible world): (필연적 사실이나 가능한 사실이 아닌) 사실들의 논리적으로 정합적인 총체. 세계가 존재할 수 있는 방식
- **가설**(hypothesis): 어떤 주장이나 이론
- **교란자** 혹은 **교란변수**(confounder or confounding variable): 어떤 노출이 관심 대상 결과에 미치는 영향을 평가하려는 연구에서 해당 노출 이외에 결과에 영향을 미치는 임의의 요인
- **관찰 연구**(observational study): 연구자가 관심 대상 노출에 개입하지 않고, 개입 없이도 일어나는 노출과 결과를 관찰하는 연구 방법
- **귀납**(induction): 추론 항목 아래의 귀납 추론 참조
- **기여분율**(attributable fraction): 분율 항목 아래에 있는 기여분율 참조
- **노출**(exposure): 역학자들이 어떤 질병이나 건강 상태의 잠재적 원인으로 간주하고 탐구하는 임의의 요인을 포괄적으로 가리키는 용어
- **무작위 대조 시험**(randomized): 실험 대상자들을 치료군이나 대조군에 무작위로 할당하고, 치료군에는 시험하려는 치료법을 시행하고, 대조군에는 위약 투여나 표준적인 치료법을 시행하는 실험 연구
- **반사실문** 혹은 **반사실적 조건문**(counterfactual or counterfactual conditional): 원리적으로 다음과 같은 형태로 표현될 수 있는 문장을 말한다. '만일 P라면 Q일 텐데' 혹은 '만일

P였다면, Q였을 텐데'

- **반사실적 의존**(counterfactual dependance): 반사실적 조건문의 전건이 가리키는 일과 후건이 가리키는 일 사이의 관계로, 후건이 가리키는 일은 전건이 가리키는 일에 반사실적으로 의존한다.

- **발생률**(incidence): 위험 항목 참조

- **분율**(fraction)

  - **초과분율**(excess –): $\dfrac{R_E - R_U}{R_E}$

  - **기여분율**(attributable –): 위험의 어떤 분율이 어떤 노출의 기여라는 말은 그 노출이 노출 위험과 비노출 위험 사이의 순(net) 차이가 왜 발생했는지를 설명해 준다는 뜻이다. 기여분율은 보통 이런 설명 조건을 만족하는 초과분율을 뜻한다. 8장을 참조

  - **인구집단 초과분율**(population excess –): $\dfrac{R_T - R_U}{R_U}$, 전체 인구 위험과 비노출 위험의 차이를 전체 인구 위험으로 나눈 값

  - **인구집단기여분율**(population attributable –): 통상적으로 노출이 기여한 인구집단 초과분율을 뜻한다. 8장 참조.

- **상대위험도**(relative risk): 노출 위험을 비노출 위험으로 나눈 값(R_E / R_U)

- **상호작용**(interaction): 모호할 수 있는 용어이지만, 이 책에서는 효과의 이질성을 가리키는 말로 쓰인다.

  - **덧셈 상호작용**(additive –): 노출 A로 인한 위험차와 노출 B로 인한 위험차의 합이 노출 A와 B가 모두 있을 때의 위험차와 같지 않은 경우

  - **곱셈 상호작용**(multiplicative –): 노출 A로 인한 상대위험도와 노출 B로 인한 상대위험도의 곱이 노출 A와 B가 모두 있을 때의 상대위험도와 같지 않은 경우

- **설명**(explanation): 이해를 목표로 하는 활동 혹은 그 활동의 결과물

  - **인과적 설명**(causal –): 어떤 사실에 대해, 그것을 일으킨 원인을 동원해 그 사실을 설명하는 형태

  - **대조적 설명**(contrastive –): 대조에 대한 설명으로, '왜 P가 아니라 Q인가?'와 같은 형태의 질문에 대한 대답으로 주어지는 설명

  - **연역–법칙적 설명**(deductive–nomological –): 자연법칙을 인용하고 그 법칙에서 설명하려는 사실을 논리적으로 연역하는 설명의 형태. 논리적 도출을 위해 법칙이 아닌

것들도 전제에 포함할 수 있다.

- **실험**(experiment): 연구자가 연구 대상에 대해 모종의 방식으로 개입하는 연구
  - **통제 실험**(controlled –): 연구자의 개입이 이루어진 어떤 상황을 그 상황과 매우 비슷하지만 연구자의 개입이 없는 상황과 비교하거나 또는 개입의 효과를 이미 알고 있는 상황과 비교하는 실험 연구
- **역학**(epidemiology): 인구집단의 건강을 증진하려는 목적으로 여러 집단을 비교하는 방식을 통해 인구집단 차원의 질병 및 건강 상태의 분포와 결정요인을 탐구하는 학문
- **오즈**(odds): 어떤 질병의 오즈는 정의된 시간 간격 동안 정의된 집단에서 발생한 환자의 수를 환자 아닌 사람들의 수로 나눈 값을 말한다. 다른 번역어로 대응비 등이 있다.
- **오즈비**(odds ratio): 두 집단에서 어떤 질병의 오즈들 사이의 비. 대개는 노출군의 오즈와 대조군의 오즈 사이의 비. 학계에서 쓰이는 다른 번역어로 교차비와 대응위험도 등이 있다.
- **연역**(deduction): 추론 항목 아래에 있는 연역 추론 참조
- **이론**(theory): 어떤 주장이나 가설. 통상적 인용법과는 달리 과학철학자들이 이론에 대해 말할 때에는 단지 잠정적이라거나 불확실하다는 함의를 갖지 않는다.
- **인식적**(epistemic): 지식과 관련된
- **인식론**(epistemology): 지식에 대한 이론이나 철학적 연구
- **입증**(confirmation): 과학철학의 용어로, 증거가 어떤 이론을 지지할때 증거는 그 이론을 입증한다고 말한다. 입증은 결정적인 증명을 뜻하지 않는다.
  - **가설연역적 입증**(hypothetico–deductive –): 어떤 가설은 그 가설을 입증하는 증거를 연역적으로 함축한다. 물론 실제로 연역하는 과정에는 보조 가설들이 함께 사용될 수 있다. 가설연역적 입증 모형에 따르면 이런 연역적 함축 관계가 바로 입증의 논리이다.
- **위약**(placebo): 임상시험에서 실험 대상자가 치료군에 속하는지 대조군에 속하는지 알지 못하게 하기 위해 실험 대상자에게 주어지는 약물이나 치료법으로, 관련된 결과와 인과적으로 무관한 것으로 가정된다.
- **위험**(risk): 특정한 시기 동안 관심 대상 결과를 가지게 되는 새로운 환자의 수를 전체 인구수로 나눈 비율

- **위험비**(risk ratio): 상대위험도를 참조
- **증거**(evidence): 어떤 주장이 진리라고 믿기 위해 필요한 정보. 국내 의학계에서는 이 말을 주로 "근거"라는 표현으로 옮기고 있으나 역자들은 여기서 증거로 옮기려 한다. 그이유는 "증거"라는 표현은 어떤 가설이나 주장을 입증하는 데 쓰이는 정보, 즉 인식적자격이 있는 정보를 지시하는 데 쓰이지만 "근거"라는 표현은 훨씬 더 넓은 맥락에서사용되고, "기반"과 같은 표현과도 의미가 유사하며 술어로도 사용되기 때문이다. "증거기반의학" 역시 마찬가지 이유에서 택한 표현이다. 이에 대한 상세한 논의는 추후에나올 역자들의 번역서를 참고하라.
- **질병**(disease): 최소한의 의미에서, 건강하지 않은 상태
  - **질병에 대한 대조 모형**(contrastive model of −): 질병의 본성에 대한 한 가지 이론. 이이론에서 D는 다음과 같은 경우 오직 그 경우에만 하나의 질병이다. (i)D의 환자들은 나쁜 건강 상태(ill health)를 나타내는 증상을 보이며 대조군은 그 증상을 보이지않는다. (ii)이 증상은 원인 C_1, …, C_n 모두 함께 작용해 일어난다. (iii)대조군에는 C_1, …, C_n 중 적어도 하나가 없다. 자세한 설명은 10장을 참조
  - **질병에 대한 단원인 모형**(monocausal model of −): 질병의 본성에 대한 한 가지 이론. 이 이론에서 D가 하나의 질병이려면 다음 두 요건을 만족해야 한다. (i)어떤 원인 C는 질병 D에 걸린 모든 환자에게서 원인이다. (필요성 요건) (ii)D가 일어나는 데 충분하지 않은 어떤 상황하에서 C가 발생할 때마다 D가 발병한다. (충분성 요건)
  - **질병에 대한 다요인 모형**(multifactorial model of −): 질병의 본성에 대한 한 가지 이론. 이 이론에서 질병 D는 그 질병을 일으키는 원인의 수에 대한 조건을 만족하지 않아도 되고, D를 일으키는 원인이나 원인들의 집합에 대해 필요성 요건이나 충분성 요건을 만족하지 않아도 된다.
- **철학**(philosophy): 오래되고 다양한 지적 활동으로, 근대적 맥락에서 철학의 주된 특징은 경험적 증거를 통해서도 쉽게 받아들일 수 있는 전제들에서 연역적으로 추론함으로써도 해결될 수 없거나 아직 해결되지 않은 문제들을 다룬다는 점이다.
- **추론**(inference)
  - **인과 추론**(causal −): 인과적 주장으로 결론을 맺는 추론
  - **연역 추론**(deductive −): 전제가 참이면 결론은 반드시 참이 되는 추론. 즉 연역 추론

에서 전제가 참이면 결론은 거짓일 수가 없다. 연역 논증에서 하나 이상의 전제가 거짓일 수도 있다. 그런 경우, 모순이나 논리적 참이 아니라면 결론은 참 또는 거짓 중 하나이다.

  –**귀납 추론**(inductive –): 연역 추론이 아니지만 합리적 동의를 이끌어낼 만큼 어느 정도는 강력한 추론. 귀납을 정의하는 일조차 철학적으로 문제가 된다. 2장을 참조

• **초과분율**(excess fraction): **분율** 항목 아래에서 **초과분율**을 참조

• **코호트 연구**(cohort study): 시간의 흐름에 따라 특정 코호트, 즉 어떤 인구집단을 추적하면서 관심 대상 노출과 결과를 기록하는 연구. 이전에는 코호트 연구를 전향적 연구로 부르기도 했으나, 과거 자료를 이용해 코호트 연구를 수행할 수도 있다.

• **환자–대조군 연구**(case–control study): 환자들, 즉 관심 대상 건강 상태에 있는 사람들이 대조군, 즉 관심 대상 건강 상태가 아닌 사람들에 비해 관심 대상 노출을 얼마나 자주 겪었는지 비교하는 연구.

• **형이상학**(metaphysics): 존재와 그것의 본성에 관한 철학적 탐구로, 경험적 증거에 의해 해결될 수 없는 측면을 탐구함

• **효과–측정 변경**(effect–measure modification): 효과의 이질성, 상호작용을 참조

• **효과의 동질성**(homogeneity of effect): 효과의 이질성이 없음

• **효과의 이질성**(heterogeneity of effect): 어떤 노출의 효과가 다른 노출이 있고 없음에 따라 다르게 측정되는 경우. 상호작용을 참조

판례 목록

미국

- 도버트 대 메렐 도우 제약 사건(Daubert v. Merrell Dow Pharmaceuticals, Inc.): [1993] 509 U.S. 579.

스코틀랜드

- 맥티어 대 임페리얼 토바코 유한회사 사건(McTear v. Imperial Tobacco Ltd.). : [2005] CSOH 69.

영국

- 바커 대 코러스 U.K 유한회사 사건(Barker v. Corus U.K Ltd.): [2006] UKHL 20, [2006] 2 A.C. 572.
- 바넷 대 켄싱턴 & 첼시 병원(Barnett v. Kensington & Chelsea Hosp.): [1969] 1 Q. B. 428.
- 코크 대 커비 매클린 유한회사 사건(Cork v. Kirby Maclean, Ltd.): [1952] 2 All E.R. 402.
- 페어차일드 대 글렌헤븐 상조 유한회사 사건(Fairchild v. Glenhaven Funeral Services Ltd. & Others): [2003] 1 A.C. 32.
- 맥기 대 영국석탄회의 사건(McGhee v. Natioanl Coal Board): [1973] 1 W.L.R. 1(H.L.).
- 노바티스 그림스바이 유한회사 대 존 쿡슨 사건(Novatis Grimsby Ltd. v. John Cookson): [2007] EWCA (Civ) 1261.
- 시엔키에비치(에니드 코스텔로의 유산 관리자) 대 그레이프 유한회사 사건(Sienkiewicz (Administratrix of the Estate of Enid Costello Ddc.) v. Greif (U.K.) Ltd.): [2009] EWCA Civ 1159.
- 시엔키에비치(에니드 코스텔로의 유산 관리자) 대 그레이프 유한회사 사건(Sienkiewicz (Administratrix of the Estate of Enid Costello Ddc.) v. Greif (U.K.) Ltd.): [2011] UKSC 10.
- 아무개 대 [바이엘] 쉐링 헬스케어 유한회사 사건(XYZ & Others v. Schering Health Care): [2003] EWHC 1420 (Q.B.).

○ 참고 문헌

Angel, Katherine. 2008. "Causality and Psychosomatic Histories in Contemporary Anglo-American Biomedicine", Ph.D dissertation, University of Cambridge.

Armstrong, David. 1983. *What Is a Law of Nature?* Cambridge University Press.

Bennett, Jonathan. 2003. *A Philosophical Guide to Conditionals*. Oxford University Press.

Berkson, Joseph. 1958. "Smoking and Lung Cancer: Some Observations on Two Recent Reports", *Journal of the American Statistical Association* 53(281): 28~38 (doi:10.2307/2282563).

Beyea, Jan and Sander Greenland. 1999. "The Importance of Specifying the Underlying Biologic Model in Estimating the Probability of Causation", *Health Physics* 76(3): 269~274.

Bhopal, Raj. 2008. *Concepts of Epidemiology* (2nd ed). Oxford University Press.

Biddle, Lucy, Jenny Donovan, Keith Hawton, Navneet Kapur, and David Gunnell. 2008. "Suicide and the Internet", *British Medical Journal* 386: 800.

Bird, Alexander. 1998. *Philosophy of Science*. London: UCL Press.

—— 2007. *Nature's Metaphysics*. Oxford University Press.

Björnsson, Gunnar. 2007. "How Effects Depend on Their Causes, Why Causal Transitivity Fails, and Why We Care about Causation", *Philosophical Studies* 133: 349~390.

Bonjour, Laurence. 1985. *The Structure of Empirical Knowledge*. Harvard University Press.

Boorse, Christopher. 1977. "Health as a Theoretical Concept", *Philosophy of Science* 44: 542~573.

Broadbent, Alex. 2008. "The Difference between Cause and Condition", *Proceedings of the Aristotelian Society* 108: 355~364.

—— 2009a. "Causation and Models of Disease in Epidemiology", *Studies in History and Philosophy of Biological and Biomedical Sciences* 40: 302~311.

—— 2009b. "Fact and Law in the Causal Inquiry", *Legal Theory* 15: 173~191.

—— 2011a. "What Could Possibly Go Wrong? – A Heuristic for Predicting Population Health Outcomes of Interventions", *Preventive Medicine* 53(4–5): 256~259.

—— 2011b. "Epidemiological Evidence in Proof of Specific Causation", *Legal Theory* 17: 237~278.

—— 2011c. "Causal Inference in Epidemiology: Mechanisms, Black Boxes, and Contrasts", in *Causality in the Sciences*, ed. Phyllis McKay Illari, Federica Russo, and Jon Williamson, 45~69. Oxford University Press.

—— 2012. "Causes of Causes", *Philosophical Studies* 158(3): 457~476 (doi:10.1007/s11098-010-9683-0).

Carruth, Russelyn S. and Bernard D. Goldstein. 2001. "Relative Risk Greater Than Two in Proof of Causation in Toxic Tort Litigation", *Jurimetrics* 41: 195~209.

Carter, K. Codell. 1994. *Childbed Fever: A Scientific Biography of Ignaz Semmelweis*. Westport, CT: Greenwood Press.

—— 2003. *The Rise of Causal Concepts of Disease*. Aldershot: Ashgate.

Cartwright, Nancy. 1983a. *How the Laws of Physics Lie*. Oxford: Clarendon Press.

—— 1983b. "Causal Laws and Effective Strategies." in her *How the Laws of Physics Lie*, 21~43. Oxford: Clarendon Press.

—— 1989. *Nature's Capacities and Their Measurement*. Oxford University Press.

—— 1999. *The Dappled World : A Study of the Boundaries of Science*. Cambridge University Press.

—— 2007. *Hunting Causes and Using Them: Approaches in Philosophy and Economics*. New York: Cambridge University Press.

—— 2010. "Will This Policy Work for You? Predicting Effectiveness Better: How

Philosophy Helps." in *PSA Presidential Address*. http://personal.lse.ac.uk/
cartwrig/PSA%20Address/PSA%202%20Nov%200900.pdf.

—— 2011. "Predicting What Will Happen When We Act. What Counts for Warrant?",
Preventive Medicine 53(4-5): 221~224.

Coady, David. 2004. "Preempting Preemption" in *Causation and Counterfactuals*, ed. J.
Collins and L. A. Paul, 325~340. MIT Press.

The Cochrane Collaboration. 2012. "The Cochrane Collaboration: Working Together to
Provide the Best Evidence for Health Care", www.cochrane.org/.

Collins, John, Ned Hall, and L. A. Paul. 2004. *Causation and Counterfactuals*. MIT
Press.

Comesana, Juan. 2005. "Unsafe Knowledge", *Synthese* 146(3): 395~404.

Cornfield, Jerome. 1951. "A Method of Estimating Comparative Rates from Clinical
Data: Applications to Cancer of the Lung, Breast, and Cervix", *Journal of the
National Cancer Institute* 11: 1269~1275.

Cornfield, Jerome et al. 1959. "Smoking and Lung Cancer: Recent Evidence and a
Discussion of Some Questions", *Journal of the National Cancer Institute* 22:
173~203.

Craver, Carl. 2007. *Explaining the Brain: Mechanisms and the Mosaic Unity of
Neuroscience*. Oxford: Clarendon Press.

Dekkers, Olaf. 2011. "On Causation in Therapeutic Research", *Preventive Medicine*
53(4-5): 239~241.

Doll, Richard, and P. Armitage. 1954. "The Age Distribution of Cancer and a Multi-
Stage Theory of Carcinogenesis", *British Journal of Cancer* 8(1): 1~12.

Doll, Richard, and Richard Peto. 1981. *The Causes of Cancer*. Oxford University Press.

Dore, Michael. 1983. "Commentary on the Use of Epidemiological Evidence in
Demonstrating Cause-in-Fact", *Harvard Environmental Law Review* 7:
429~448.

Douglas, Heather. 2009. *Science, Policy, and the Value-Free Ideal*. University of Pittsburgh

Press.

Eells, Ellery. 1991. *Probabilistic Causality*. Cambridge University Press.

Evans, Alfred S. 1993. *Causation and Disease: A Chronological Journey*. Plenum.

Farooqi, Sadaf, and Stephen O'Rahilly. 2006. "Genetics of Obesity in Humans", *Endocrine Reviews* 27(7): 710~718.

Finkelstein, Claire. 2003. "Is Risk a Harm?", *University of Pennsylvania Law Review* 151: 963~1001.

Finley, Lucinda M. 1999. "Guarding the Gate to the Courthouse: How Trial Judges Are Using Their Evidentiary Screening Role to Remake Tort Causation Rules", *DePaul Law Review* 49: 335~376.

Geistfeld, Mark. 2001. "Scientific Uncertainty and Causation in Tort Law", *Vanderbilt Law Review* 54: 1011~1037.

Gettier, Edmund L. 1963. "Is Justified True Belief Knowledge?" *Analysis* 23(6)(June 1): 121~123 (doi:10.2307/3326922).

Gillies, Donald. 2000. Philosophical Theories of Probability. *Philosophical Issues in Science*. London and New York: Routledge.

—— 2005. "Hempelian and Kuhnian Approaches in the Philosophy of Medicine: The Semmelweis Case", *Studies in History and Philosophy of Biological and Biomedical Sciences* 36: 159~181.

Glennan, Stuart. 2002. "Rethinking Mechanistic Explanation", *Philosophy of Science* 69: S342~353.

Golomb, B. A. 1995. "Paradox of Placebo Effect", *Nature* 375: 530.

Goodman, Nelson. 1983. *Fact, Fiction and Forecast*(4th ed.). Harvard University Press.

Green, Michael D., D. Michal Freedman, and Leon Gordis. 2000. "Reference Guide on Epidemiology" in *Reference Manual on Scientific Evidence*, 333~400. Federal Judicial Center, www.fjc.gov/public/pdf.nsf/lookup/sciman06.pdf/$file / sciman06.pdf.

Greenland, Sander. 1999. "Relation of Probability of Causation to Relative Risk and

Doubling Dose: A Methodologic Error That Has Become a Social Problem", *American Journal of Public Health* 89: 1166~1169.

—— 2004. "The Need for Critical Appraisal of Expert Witnesses in Epidemiology and Statistics", *Wake Forest Law Review* 39(2): 291~310.

—— 2010. "Overthrowing the Tyranny of Null Hypotheses Hidden in Causal Diagrams" in *Heuristics, Probabilities, and Causality: A Tribute to Judea Pearl*, ed. R. Dechter, H. Geffner, and J. Y. Halpern, 365~382. London: College Publications.

—— 2012a. "Causal Inference as a Prediction Problem: Assumptions, Identification, and Evidence Synthesis" in *Causal Inference: Statistical Perspectives and Applications*, ed. C. Berzuini, A. P. Dawid, and L. Bernardinelli. New York: Wiley.

—— 2012b. "Cornfield, Risk Relativism, and Research Synthesis", *Statistics in Medicine* 31: 2773~2777.

Greenland, Sander, and James M. Robins. 1988. "Conceptual Problems in the Definition and Interpretation of Attributable Fractions", *American Journal of Epidemiology* 128(6): 1185~1197.

—— 2000. "Epidemiology, Justice, and the Probability of Causation", *Jurimetrics* 40: 321.

Greenland, Sander, James M. Robins, and Judea Pearl. 1999. "Confounding and Collapsibility in Causal Inference", *Statistical Science* 14(1): 29~46.

Hall, Ned. 2004. "Causation and the Price of Transitivity" in *Causation and Counterfactuals*, ed. J. Collins, N. Hall, and L. A. Paul, 181~204. MIT Press.

Halpern, Joseph Y., and Judea Pearl. 2005. "Causes and Explanations: A Structural Models Approach. Part 1: Causes", *British Journal for the Philosophy of Science* 56: 843~887.

Hausman, Daniel. 1998. *Causal Asymmetries*. Cambridge University Press.

—— 2010. "Probabilistic Causality and Causal Generalizations" in *The Place of Probability in Science*, ed. James H. Fetzer and Ellery Eells, 284: 47~64. Boston

Studies in the Philosophy of Science. Dordrecht: Springer.

Hempel, Carl. 1966. *The Philosophy of Natural Science*. Englewood Cliffs, NJ: Prentice-Hall. (국역: 『자연 과학 철학』. 곽강제 옮김, 서광사, 2010).

Hempel, Carl, and Paul Oppenheim. 1948. "Studies in the Logic of Explanation", *Philosophy of Science* 15(2): 135~175.

Henle, Jacob. 1844. "Medizinische Wissenschaft und Empirie", *Zeitschrift für Rationelle Medizin* 1: 1~35.

Hill, Austin Bradford. 1965. "The Environment and Disease: Association or Causation?", *Proceedings of the Royal Society of Medicine* 58: 259~300.

Hitchcock, Christopher. 2001. "The Intransitivity of Causation Revealed in Equations and Graphs", *Journal of Philosophy* 98: 273~299.

—— 2004. "Do All and Only Causes Raise the Probability of Effects?" in *Causation and Counterfactuals*, ed. J. Collins, N. Hall, and L. A. Paul, 403~418. MIT Press.

Howick, Jeremy. 2011. *The Philosophy of Evidence-Based Medicine*. Wiley-Blackwell.

Hume, David. 1739. *A Treatise of Human Nature*. 2002 ed. Oxford Philosophical Texts. Oxford University Press. (국역: 『인간 본성에 대한 논고: 실험적 추론 방법을 도덕적 주제 들에 도입하기 위한 하나의 시도』. 이준호 옮김, 서광사, 1994~1998).

—— 1748. *An Enquiry concerning Human Understanding*. Oxford: Clarendon Press.

Jackson, Frank. 1987. *Conditionals*. Oxford: Blackwell.

Kaufman, Jay S. 2010. "Toward a More Disproportionate Epidemiology", *Epidemiology* 21(1)(January): 1~2 (doi:10.1097/EDE.0b013e3181c30569).

Khoury, Muin J., Marta Gwinn, and John P. A. Ioannidis. 2010. "The Emergence of Translational Epidemiology: From Scientific Discovery to Population Health Impact", *American Journal of Epidemiology* 172(5): 517~524.

Kincaid, Harold. 2011. "Causal Modelling, Mechanism, and Probability in Epidemiology" in *Causality in the Sciences*, ed. Phyllis McKay Illari, Federica Russo, and Jon Williamson, 70~90. Oxford: Oxford University Press.

Koch, Robert. 1882. "The Etiology of Tuberculosis", Trans. William de Rouville.

Medical Classics 2(8)∶ 853∼880. Originally published 1938. Philadelphia∶ Williams & Wilkins.

Krieger, Nancy. 1994. "Epidemiology and the Web of Causation∶ Has Anybody Seen the Spider?", *Social Science and Medicine* 39∶ 887∼903.

Kvart, Igal. 1991. "Transitivity and Preemption of Causal Impact", *Philosophical Studies* 64∶ 125∼160.

Ladyman, James. 2002. *Understanding Philosophy of Science*. London∶ Routledge.

Last, John M. 1995. *A Dictionary of Epidemiology* (3rd ed). Oxford University Press.

Laudan, Larry. 1981. "A Confutation of Convergent Realism", *Philosophy of Science* 48(1)∶ 19∼49.

Lenzer, Jeanne. 2012. "Most People Who Take Blood Pressure Medication Possibly Shouldn't", *Slate* (www.slate.com/articles/health_and_science/medical_examiner/2012/08/ blood_pressure_drugs_for_mild_hypertension_not_proven_to_prevent_heart_attacks_strokes_or_early_ death.html).

Lewens, Tim. 2007. *Risk*. London∶ Routledge.

Lewis, David. 1973a. "Causation." *Journal of Philosophy* 70(17)∶ 556∼567.

── 1973b. *Counterfactuals*. Harvard University Press.

── 1973c. "Counterfactuals and Comparative Possibility", *Journal of Philosophical Logic* 2∶ 418∼446.

── 1979. "Counterfactual Dependence and Time's Arrow." *Noûs* 13∶ 455∼476.

── 1986. "Causal Explanation" in his *Philosophical Papers*, Vol.II, 214∼241. Oxford University Press.

── 2004. "Causation as Influence" in *Causation and Counterfactuals*, ed. J. Collins, N. Hall, and L. A. Paul, 75∼106. MIT Press.

Lipton, Peter. 1990. "Contrastive Explanation" in *Explanation and Its Limits*, ed. D. Knowles, 246∼266. Cambridge University Press.

── 1999. "All Else Being Equal", *Philosophy* 74∶ 155∼168.

── 2004. *Inference to the Best Explanation* (2nd ed). Routledge.

—— 2005. "Testing Hypotheses: Prediction and Prejudice", *Science* 307(5707): 219~221.

Lipton, Robert, and Terje Ødegaard. 2005. "Causal Thinking and Causal Language in Epidemiology: It's in the Details", *Epidemiological Perspectives and Innovations* 2(8), www.epi-perspectives.com/content/2/1/8.

Machamer, Peter, Lindley Darden, and Carl Craver. 2000. "Thinking about Mechanisms", *Philosophy of Science* 69(1): 1~25.

MacMahon, B., and T. F. Pugh. 1970. *Epidemiology: Principles and Methods*. Boston: Little, Brown.

Madison, B. J. C. 2011. "Combating Anti Anti-Luck Epistemology", *Australasian Journal of Philosophy* 89(1): 47~58.

Marmot, Michael. 2006a. "Introduction." In *Social Determinants of Health*, ed. Michael Marmot and Richard Wilkinson, 2nd ed, 1~5. Oxford University Press.

—— 2006b. "Health in an Unequal World: Social Circumstances, Biology, and Disease", *Clinical Medicine* 6(6): 559~572.

Marshall, B. J., J. A. Armstrong, D. B. McGechie, and R. J. Glancy. 1985a. "Attempt to Fulfil Koch's Postulates for Pyloric Campylobacter", *Medical Journal of Australia* 142: 436~439.

Marshall, B. J., D. B. McGechie, P. A. Rogers, and R. J. Glancy. 1985b. "Pyloric Campylobacter Infection and Gastroduodenal Disease", *Medical Journal of Australia* 142: 439~444.

Marshall, B. J., and J. R. Warren. 1983. "Unidentified Curved Bacillus on Gastric Epithelium in Active Chronic Gastritis", *Lancet* 321(8336): 1273~1275.

—— 1984. "Unidentified Curved Bacilli in the Stomach Patients with Gastritis and Peptic Ulceration", *Lancet* 323(8390): 1311~1315 (doi:10.1016/S0140-6736(84)91816-6).

McBride, John T. 2011. "The Association of Acetaminophen and Asthma Prevalence and Severity", *Pediatrics* 128: 1181~1185.

Menzies, Peter. 2004. "Causal Models, Token Causation, and Processes", *Philosophy of Science* 71 (5 (Sup. Vol.)): 820~832.

―― 2007. "Causation in Context." In *Russell's Republic Revisited: Causation, Physics, and the Constitution of Reality*, ed. Huw Price and Richard Corry, 191~223. Oxford University Press.

Miller, Chris. 2006. "Causation in Personal Injury: Legal or Epidemiological Common Sense?", *Legal Studies* 26(4): 544~569.

―― 2009. "Liability for Negligently Increased Risk: The Repercussions of Barker v. Corus UK (plc)." *Law, Probability and Risk* 8: 39~54.

Moore, Michael. 2009. *Causation and Responsibility: An Essay in Law, Morals, and Metaphysics*. Oxford University Press.

Morabia, Alfredo. 2004. *History of Epidemiologic Methods and Concepts*. Basel: Birkhauser Verlag.

Mumford, Stephen, and Rani Lill Anjum. 2011. *Getting Causes from Powers*. Oxford University Press.

Newton-Smith, W. H., ed. 2001. *A Companion to the Philosophy of Science*. Blackwell Companions to Philosophy. Blackwell.

Northridge, Mary. 1995. "Attributable Risk as a Link Between Causality and Public Health Action", *American Journal of Public Health* 85(9): 1202~1204.

Nozick, Robert. 1981. *Philosophical Explanations*. Harvard University Press.

Parascandola, Mark. 2010. "Epistemic Risk: Empirical Science and the Fear of Being Wrong." *Law, Probability and Risk*: 1~14 (doi:10.1093/lpr/mgq005).

―― 2011. "Tobacco Harm Reduction and the Evolution of Nicotine Dependence", *Public Health Then and Now* 101(4): 632~641.

Pearl, Judea. 2000. *Causality: Models, Reasoning and Inference*. Cambridge University Press.

―― 2009. *Causality: Models, Reasoning and Inference* (2nd ed). Cambridge University Press.

Poole, Charles. 2010. "On the Origin of Risk Relativism", *Epidemiology* 21(1)(January): 3~9 (doi:10.1097/EDE.0b013e3181c30eba).

Popper, Karl. 1959. *The Logic of Scientific Discovery*. Routledge (국역:『과학적 발견의 논리』, 박우석 옮김, 고려원, 1994).

── 1963. *Conjectures and Refutations*. Routledge (국역:『추측과 논박』, 이한구 옮김, 민음사, 2001).

Porta, Miquel. 2008. *Dictionary of Epidemiology* (5th ed). Oxford University Press.

Psillos, Stathis. 1999. *Scientific Realism: How Science Tracks the Truth*. Routledge.

Putnam, Hilary. 1978. *Meaning and the Moral Sciences*. Routledge and Kegan Paul.

Quine, W. V. O. 1969. "Natural Kinds" in *Ontological Relativity and Other Essays*, 114~138. Columbia University Press.

Ramachandran, Murali. 1997. "A Counterfactual Analysis of Causation", *Mind* 106: 263~277.

── 2004. "A Counterfactual Analysis of Indeterministic Causation" in *Causation and Counterfactuals*, ed. J. Collins, N. Hall, and L. A. Paul, 387~402. MIT Press.

Robins, James, and Sander Greenland. 1989. "The Probability of Causation under a Stochastic Model for Individual Risk", *Biometrics* 45: 1125~1138.

Rockett, R. H. 1999. "Population and Health: An Introduction to Epidemiology", *Population Bulletin* 54(4): 1~44.

Rose, Geoffrey. 1992. *The Strategy of Preventive Medicine*. Oxford University Press. (국역: 『예방의학의 전략』, 김명희 외 옮김, 한울아카데미, 2010).

Rothman, Kenneth J. 1976. "Causes", *American Journal of Epidemiology* 104(6): 587~592.

── 2002. *Epidemiology: An Introduction*. Oxford University Press.

Rothman, Kenneth J., and Sander Greenland. 2005. "Causation and Causal Inference in Epidemiology", *American Journal of Public Health* 95(S1): S144~S150.

Rothman, Kenneth J., Sander Greenland, and Timothy L Lash. 2008. *Modern Epidemiology*,(3rd ed). Philadelphia: Lippincott Williams & Wilkins.

Ruben, David-Hillel. 1993. "Introduction", in *Explanation*, ed. David-Hillel Ruben, 1~16. Oxford Readings in Philosophy. Oxford University Press.

Russell, Bertrand. 1912. *The Problems of Philosophy*, 1988th ed. Great Books in Philosophy. Buffalo, NY: Prometheus Books. (국역: 『철학의 문제들』, 박영태 옮김, 이학사, 2000).

── 1919. *Introduction to Mathematical Philosophy*. Reprinted 1993. London: Routledge. (국역: 『수리철학의 기초』, 임정대 옮김, 경문사, 2002).

Russo, Federica, and Jon Williamson. 2007. "Interpreting Causality in the Health Sciences", *International Journal of the Philosophy of Science* 21 (2): 157~170.

Rutter, Michael. 2007. *Identifying the Environmental Causes of Disease: How Should We Decide What to Believe and When to Take Action?*. Academy of Medical Sciences. http://www.acmedsci.ac.uk/p48prid50.html.

Salmon, Wesley C. 1993. "Probabilistic Causality" in *Causation*, ed. Ernest Sosa and Michael Tooley, 137~153. New York: Oxford University Press.

Schaffer, Jonathan. 2005. "Contrastive Causation", *Philosophical Review* 114(3): 297~328.

── 2007a. "The Metaphysics of Causation", *Stanford Encyclopedia of Philosophy* (http://plato.stanford.edu/entries/causation-metaphysics/).

── 2007b. "Causal Contextualisms", http://rsss.anu.edu.au/~schaffer/papers/CauseContext.pdf.

── 2010. "Contrastive Causation in the Law", *Legal Theory* 16: 259~297.

See, Andrew. 2000. "Use of Human Epidemiology Studies in Proving Causation", *Defence Counsel Journal* 67: 478~487.

Spirtes, P., C. Glymour, and R. Scheines. 2000. *Causation, Prediction, and Search* (2nd ed.). New York: Springer-Verlag.

Stalnaker, Robert. 1981. "A Defense of Conditional Excluded Middle" in *Ifs*, ed. W. L. Harper, R. Stalnaker, and G. Pearce, 87~104. Dordrecht: Reidel.

Steel, Sandy. 2010. "Uncertainty over Causal Uncertainty: Karen Sienkiewicz (Administratrix of the Estate of Enid Costello Deceased) v Greif (UK) Ltd.", *Modern Law Review* 73(4): 631~655.

Suppes, Patrick. 1970. *A Probabilistic Theory of Causality*. Acta Philosophica Fennica 24. Amsterdam: North-Holland.

Susser, Mervyn. 1973. *Causal Thinking in the Health Sciences*. New York: Oxford University Press.

—— 1991. "What Is a Cause and How Do We Know One?", *American Journal of Epidemiology* 133(7): 635~647.

Szklo, Moyses, and F. Javier Nieto. 2007. *Epidemiology: Beyond the Basics* (2nd ed). Boston, Toronto, London, Singapore: Jones and Bartlett.

Thomson, Melissa Moore. 1992. "Causal Inference in Epidemiology: Implications for Toxic Tort Litigation", *North Carolina Law Review* 71: 247~292.

Tooley, Michael. 1987. *Causation: A Realist Approach*. Oxford: Clarendon Press.

US Department of Health and Human Services. 2004. The *Health Consequences of Smoking: A Report of the Surgeon General*. Atlanta: U.S. Department of Health and Human Services, Centers for Disease Control and Prevention, National Center for Chronic Disease Prevention and Health Promotion, Office on Smoking and Health.

Vandenbroucke, J. P. 1988. "Is 'The Causes of Cancer' a Miasma Theory for the End of the Twentieth Century?", *International Journal of Epidemiology* 17(4): 708~709.

Van Fraassen, Bas. 1980. *The Scientific Image*. Oxford University Press.

Voyiakis, Emmanuel. 2009. "The Great Illusion: Tort Law and Exposure to Danger of Physical Harm", *Modern Law Review* 72(6): 909~935 (doi:10.1111/j.1468-2230.2009.00774.x).

Wardle, Jane, Susan Carnell, Claire M. A. Howarth, and Robert Plomin. 2008. "Evidence for a Strong Genetic Influence on Childhood Adiposity despite the Force of the Obesogenic Environment", *American Journal of Clinical Nutrition* 87:

398~404.

Wilkinson, Richard, and Kate Pickett. 2009. *The Spirit Level: Why More Equal Societies Almost Always Do Better*. London: Allen Lane.

Williamson, Timothy. 1994. *Vagueness*. London: Routledge.

—— 2000. *Knowledge and Its Limits*. Oxford University Press.

Woodward, James. 2003. *Making Things Happen: A Theory of Causal Explanation*. Oxford University Press.

Worrall, John. 2002. "What Evidence in Evidence Based Medicine?", *Philosophy of Science* 69: 316~330.

—— 2007. "Why There's No Cause To Randomize", *British Journal for the Philosophy of Science* 58(3): 451~488.

—— 2010. "Do We Need Some Large, Simple Randomized Trials in Medicine?", *EPSA: Philosophical Issues in the Sciences* 2: 289~301.

—— 2011. "Causality in Medicine: Getting Back to the Hill Top", *Preventive Medicine* 53(4-5): 235~238.

Wright, Richard. 1988. "Causation, Responsibility, Risk, Probability, Naked Statistics, and Proof: Pruning the Bramble Bush by Clarifying the Concepts", *Iowa Law Review* 73: 1001~1077.

—— 2008. "Liability for Possible Wrongs: Causation, Statistical Probability, and the Burden of Proof", *Loyola of Los Angeles Law Review* 41: 1295~1344.

역학의 철학

1판 1쇄 펴냄 | 2015년 3월 30일
1판 3쇄 펴냄 | 2020년 10월 20일

지은이 | 알렉스 브로드벤트
옮긴이 | 전현우·천현득·황승식
발행인 | 김병준
발행처 | 생각의힘

등록 | 2011. 10. 27. 제406-2011-000127호
주소 | 서울시 마포구 양화로7안길 10, 2층
전화 | 02-6925-4185(편집), 02-6925-4188(영업)
팩스 | 02-6925-4182
전자우편 | tpbook1@tpbook.co.kr
홈페이지 | www.tpbook.co.kr

ISBN   979-11-85585-12-3 93100